Prof. Dipl. Ing. Hansjakob Führer
Dipl. Ing. Dorothea Stürmer

Grundlagen 1
Industriebau

für Architekten
und Ingenieure

 Verlag Das Beispiel GmbH

Technische Universität Darmstadt
Fachbereich Architektur
Fachgebiet Entwerfen, Industrialisiertes Bauen
und Planung von Industriebauten

Impressum

IMPRESSUM

Autoren
Prof. Dipl.-Ing. Hansjakob Führer
Dipl.-Ing. Dorothee Stürmer

Herausgeber
Fachgebiet Entwerfen, industrialisiertes Bauen
und Planung von Industriebauten
Prof. Hansjakob Führer
Technische Universität Darmstadt
Fachbereich 15 Architektur
El-Lissitzky-Straße 1
D-64287 Darmstadt

Layout
Dipl.Ing. Dorothee Stürmer

Umschlaglayout
Dipl. Des. Monika Stürmer

Realisation
Dipl.Ing. Dorothee Stürmer
cand.arch. Hannes Beinhoff
cand.arch. Ute Knippenberger
cand.arch. Caroline Lemmer
cand. arch. Monika Roth
cand.arch. Marietta Schwarz
cand.arch. Iris Sitta
cand.arch. Antje Veldman
cand. arch Tobias Willers

Verlag
db Das Beispiel GmbH, Darmstadt, 1999
ISBN 3-923974-84-1
* alle Rechte vorbehalten

Prof. Dipl.-Ing. Hansjakob Führer
Architekt, 1934 in Niederwalluf/ Rheingau geboren, Studium der Architektur an der Technischen Hochschule Darmstadt, Diplom 1961; ab 1962 wissenschaftlicher Assistent und Oberassistent bei Prof. Ernst Neufert und Prof. Günther Behnisch. Seit 1970 eigenes Architekturbüro in Partnerschaft mit Klaus Emmler. Seit 1972 Professor für Entwerfen, Industrialisiertes Bauen und Planung von Industriebauten an der Technischen Universität Darmstadt

Dipl.-Ing. Dorothee Stürmer
Architektin, 1964 in Aschaffenburg geboren, Studium der Architektur an der Technischen Hochschule Darmstadt, Diplom 1993; ab 1995 Wissenschaftlicher Mitarbeiter bei Prof. Hansjakob Führer am Fachgebiet Entwerfen, Industrialisiertes Bauen und Planung von Industriebauten. Seit 1995 eigenes Architekturbüro in Frankfurt am Main in Partnerschaft mit Begon Peter, Braun Sascha, Güth Daniel, Moczala Christian, Kopperschmidt Juliane. Seit 1999 Lehrauftrag für Gebäudemanagement an der Technischen Universität Darmstadt

Inhaltsverzeichnis

Inhaltsverzeichnis		3
Vorwort		6
Einleitung		7
1.	**Geschichte**	**9**
1.1	Begriffsdefinition	9
1.2	Beginn der Industrialisierung	9
1.2.1	Technologische Entwicklung	10
1.2.2	Industriebaugestaltung	12
1.3	Anfang des 20. Jahrhunderts	14
1.3.1	Technologische Entwicklung	15
1.3.2	Industriebaugestaltung	17
1.4	Im zweiten Weltkrieg	19
1.4.1	Technologische Entwicklung	19
1.4.2	Industriebaugestaltung	20
1.5	Nach dem zweiten Weltkrieg	21
1.5.1	Technologische Entwicklung	21
1.5.2	Industriebaugestaltung	22
1.6	Industriebau seit 1966	23
1.6.1	Technologische Entwicklung	23
1.6.2	Industriebaugestaltung	24
1.7	Aktuelle Tendenzen	25
1.7.1	Technologische Entwicklung	26
1.7.2	Industriebaugestaltung	27
2.	**Produkt**	**29**
2.1	Begriffsdefinition	29
2.1.1	Zur Situation	30
2.2	Produktcharakteristika	32
2.3	Markt	36
2.3.1	Markttypologie	36
2.3.2	Marktcharakteristika	37
2.3.3	Marktprozeß und Marktzyklus	38
2.4	Marketing	38
2.4.1	Marketingziele	40
2.4.2	Marketingaufgaben	40
2.5	Produktpolitik	42
2.5.1	Ziele der Produktpolitik	42

2.5.2	Produktentwicklung	43
2.5.3	Produktgestaltung	44
2.6	Produktionsprogramm	46
2.6.1	Programmcharakteristika	46
2.6.2	Produktionsprogrammplanung	47
2.6.3	Analysemethoden	48
2.7	Umweltgerechte Produkte	51
2.7.1	Umweltgerechte Produktgestaltung	52

3. Menschliche Arbeit 57

3.1	Begriffsdefinition	57
3.1.1	Einflußgrößen auf die Arbeitsgestaltung	58
3.1.2	Arbeitssysteme im Wandel	59
3.2	Menschliche Leistung	59
3.2.1	Einflüße auf die Leistung	59
3.2.2	Arbeitsarten	62
3.3	Arbeitsgestaltung	64
3.3.1	Physiologie	65
3.3.2	Anthropometrie	65
3.3.3	Informationstechnik	67
3.3.4	Psychologie	68
3.3.5	Organisation	70
3.3.6	Arbeitszeitgestaltung	75
3.4	Technische Arbeitsgestaltung	77
3.4.1	Regelkreis Mensch-Maschine	77
3.4.2	Abhängigkeiten und Entflechtung	77
3.5	Arbeitsplatzgestaltung	78
3.5.1	Umgebungseinflüsse	78

4. Betriebsmittel 91

4.1	Begriffsdefinition	91
4.1.1	Zur Situation	91
4.1.2	Lebens- und Nutzungsdauer	93
4.2	Betriebsmittelanforderungen	93
4.2.1	Betriebliche Anforderungen	93
4.2.2	Qualitative und Quantitative Anforderungen	96
4.3	Betriebsmittelplanung	96
4.3.1	Ablauf der Betriebsmittelplanung	97

4.4	Optimierungsstrategien	103
4.4.1	Flexibilität der Betriebsmittel	103
4.4.2	Automatisierung	104
4.4.3	Reserven/Nachrüstbarkeit/Universalität	107
4.4.4	Harmonisierung	108
4.5	Betriebsmittel und Industriebau	109
4.5.1	Flexibilität der Industriebauten	110
4.5.2	Neuplanung und Umplanung	110

5. Prozeßgestaltung 113

5.1	Begriffsdefinition	113
5.1.1	Zur Situation	115
5.1.2	Einflüsse der Prozeßgestaltung	116
5.2	Produktionsplanung	118
5.2.1	Ziele der PPS	118
5.2.2	Ablauf der PPS	118
5.2.3	Neuere Entwicklungen	119
5.3	Arbeitsorganisation	120
5.3.1	Ziele der Arbeitsorganisation	120
5.3.2	Arbeitssysteme	120
5.3.3	Arbeitsstrukturierung	121
5.3.4	Neuere Entwicklungen	122
5.4	Ablaufplanung	123
5.4.1	Ziele der Ablaufplanung	123
5.4.2	Einflußgrössen	123
5.4.3	Neuere Entwicklungen	124
5.5	Materialfluß	124
5.5.1	Materialflußuntersuchung	125
5.5.2	Einflüsse des Materialflusses	127
5.6	Informationsgestaltung	129
5.6.1	Informationsfluß	129
5.6.2	Informationsübertragung	129
5.6.3	Informationsarten	130
5.6.4	Koordination von Information	130
5.6.5	Steuerung und Regelung	130
5.6.6	Informationsplanung	131
5.6.7	Einflüsse des Informationsflusses	131
5.7	Prozeßstrategien	132
5.7.1	Einflüsse der Prozeßgestaltung	132
5.7.2	Zukünftige Entwicklungsfähigkeit	132
5.7.3	Flexibilität der Prozeßgestaltung	132

6.	**Produktion**	**133**
6.1	Begriffsdefinition	133
6.2	Produktionsorganisation	133
6.3	Produktionsstrukturierung	134
6.3.1	Fertigungsart	134
6.3.2	Fertigungsform	136
6.4	Fertigungsflexibilität	148
6.5	Fertigungsverfahren	149
6.6	Ermittlung von Fertigungsart, -form, -und -verfahren	150
6.6.1	Grobplanungsphase	151
6.6.2	Feinplanungsphase	151
6.6.3	Entscheidungsphase	152
6.7	Produktionsstrategien	152
6.7.1	Flußorientierung	152
6.7.2	Produktionssegmentierung	152
6.7.3	Wertschöpfungsorientierung	152
6.7.4	»lean production«	152
6.7.5	Automatisierungsgrad	153
6.8	Produktionsbereichsplanung	153
6.8.1	Planungsebenen	153
6.8.2	Layoutplanung	153
6.8.3	Planungsbedingungen	155
6.8.4	Darstellungsformen	157
7.	**Lagerung und Transport**	**159**
7.1	Einführung	159
7.2	Lagerung	160
7.3	Lagerplanung	161
7.4	Lagergut	165
7.5	Lagerart	167
7.6	Lageranordnung	170
7.7	Lagertyp	170
7.7.1	Lagermittel	171
7.7.2	Lagergeräte	172
7.8	Lagerungsoperation	178
7.9	Lagerorganisation	179
7.10	Lagerstrategien	179
7.10.1	Logistikstrategien	180
7.11	Kommissionieren	182
7.12	Transport	183
7.13	Transportplanung	183
7.14	Transportaufgaben	184
7.15	Transportarten	185
7.16	Transportmittel	185
7.16.1	Stetige Fördermittel	186
7.16.2	Untetige Fördermittel	188
7.16.3	Auswahl der Transportmittel	191
7.16.4	Dimensionierung des Transportsystems	191
8.	**Industriebauplanung**	**193**
8.1	Industriebauplanung	193
8.2	Industriebau – Anforderungen	194
8.3	Projektorganisation	198
8.3.1	Begriffsbestimmung	199
8.3.2	Projektcharakteristika	200
8.3.3	Projektplanung	200
8.3.4	Projektablauf	201
8.4	Planungsbeteiligte	201
8.4.1	Zusammenarbeit	206
8.5	Informationsfluß	207
8.6	Ablauf der Bauplanung	208
8.6.1	Grundlagen der Bauplanung	209
8.7	Bauausführung (Realisierung)	210
8.8	Projektdokumentation	211
8.8.1	Planungsinstrumente	213
8.9	Gesetze und Vorschriften	213
8.10	Kosten	214
8.10.1	Kostenermittlungsmethoden	215
8.10.2	Baunutzungskosten	227
8.10.3	Wirtschaftlichkeitsberechnung	231
8.11	Checklisten	231
9.	**Anhang**	**235**
	Bibliographie	235
	Bildnachweis	238

Vorwort

Das vorliegende Buch will in konzentrierter Form alle Bedingungen und Voraussetzungen für die Planung von Industriebauten zusammenfassen.
Der fachkundige Leser wird in straff gerafter Form die wichtigsten Erkenntnisse aus den angrenzenden Fachdisziplinen der Betriebswirtschaft, den Arbeitswissenschaften, der Betriebsmittel- und Fördertechnik finden, ohne ausführliche und damit umfangreiche Speziallliteratur studieren zu müssen.
Durch Grafiken, Diagramme, Tabellen und Fotos werden komplexe Sachverhalte so veranschaulicht, daß diese für den entwerfenden Architekten und konstruierenden Ingenieur leichter nachvollziehbar sind.

Es ist damit, nach unserem Kenntnisstand erstmals, eine Aufarbeitung und Zusammenfassung der komplexen Grundlagen des Industriebaus für Architekten und planende Ingenieure gelungen.
Es entsteht ein Überblick über das breit gefächerte Tätigkeitsfeld des Architekten der im Bereich Industrie- und Gewerbebau tätig ist.
Dem orginären Berufsverständnis entsprechend umfaßt dies nicht nur die Entwurfs- und üblicherweise Konstruktionsleistung, sondern auch sogenannte Manageraufgaben mit Projektentwicklung und Projektabwicklung.

Durch die Intention des Buches die komplexen, für das Bauen im weitesten Sinne relevanten Zusammenhänge darzustellen konnten viele Spezialthemen nicht in voller Breite erörtert werden. Zur Vertiefung der Spezialthemen empfehlen wir die weiterführende Literatur die in einer detaillierten, kapitelbezogenen Literaturliste aufgeführt ist.

Das vorliegende Buch entstand am Fachbereich Architektur im Fachgebiet Entwerfen, Industrialisiertes Bauen und Planung von Industriebauten an der Technischen Universität Darmstadt, dessen Leiter ich für 27 Jahre war.
Es liefert ein wichtiges Lehrmittel für die Lehrveranstaltung des Wahlpflichtfaches »Industrie- und Gewerbebau«, die wir in einem jährlichen Zyklus von Vorlesungs-, Seminar- und Übungsbetrieb durchführen.
Während im ersten Teil der Lehrveranstaltung der Schwerpunkt auf der Vermittlung der Grundlagen des Industriebaus liegt, wird im zweiten Teil die gestalterische Umsetzung in den Industrie- und Gewerbebau behandelt.

Für die inhaltliche und redaktionelle Bearbeitung des vorliegenden Buches war überwiegend meine Wissenschaftliche Mitarbeiterin an der TUD, Frau Dipl. Ing. Dorothea Stürmer verantwortlich. Frau Stürmer war im Rahmen ihrer Tätigkeit an der TUD an der konzeptionellen Vorbereitung und praktischen Durchführung der Seminare in dem Wahlpflichtfach Industrie- und Gewerbebau in den letzten Jahren maßgeblich beteiligt. Seit 1999 hatte Sie darüberhinaus einen Lehrauftrag im Wahlfach Gebäudemanagement.

In den Seminaren werden Teilbereiche des Industrie- und Gewerbebaues schwerpunktsmäßig vertieft. Neben der theoretischen Weiterentwicklung von wissenschaftlichen Erkenntnissen werden praktische Problemlösungen anhand simulierter Fallbeispiele gesucht. Die hierbei erprobte direkte Zusammenarbeit mit Industriebetrieben bei der Auseinandersetzung über aktuelle, praxisrelevante Problemstellungen war für beide Seiten immer äußerst fruchtbar.

Mit der Kombination aus breitgefächerter Information aus Vorlesung und Schwerpunktsvertiefung aus Seminaren und Übungen wollen wir die Studentinnen und Studenten für die Tragweite ihrer Entwurfsentscheidungen bei Industrie- und Gewerbebauten sensibilisieren und ein Verständnis für die komplexen Zusammenhänge von allen Teilfaktoren entwickeln, die nicht zu einer Minimierung, sondern zu einer Optimierung ihrer Ideen führen.

Bei der Bearbeitung des vorliegenden Buches und der Gestaltung des Lehrprogramms konnte immer wieder von der interdisziplinären Zusammenarbeit innerhalb der TUD mit Arbeitswissenschaftlern, Betriebswissenschaftlern, Wirtschaftsingenieuren und Maschinenbauern profitiert werden. Hierfür bedanke ich mich an dieser Stelle, auch im Namen von Frau Stürmer, bei den Kolleginnen und Kollegen.

Mein besonderer Dank gilt Frau Stürmer sowohl für die Bearbeitung des vorliegenden, für weitere Lehrveranstaltungen wichtigen Buches wie auch für ihre engargierte, kompetente Tätigkeit in der Lehre an der TUD.

Darmstadt, im Oktober 1999
Prof. Dipl. Ing. Hansjakob Führer

Einleitung

Die wichtige volkswirtschaftliche, betriebswirtschaftliche und soziale Rolle der Industrie (von: industria: Fleiß) steht kontrastierend zu der Aufmerksamkeit die den Bauten der Industrie in unsere Gesellschaft zukommt. Dies ist um so unverständlicher als es sich hierbei um die Gestaltung von Räumen handelt, die für Millionen von Menschen für einen Großteil des Tages Arbeitsstätte und Aufenthaltsort sind.

Der Industriebau wird stärker als andere Bauaufgaben von der *Nutzung* bestimmt.
Auf der Suche nach einem angemessenen architektonischen Ausdruck ist es daher wichtig vom Raum als Gebrauchsraum auszugehen, der konditioniert wird. Nicht mehr das Gebäude als statisches Formgebilde steht dabei im Vordergrund des Entwurfes, sondern die Modellierung von *Prozessen*, von Beziehungs- und Veränderungsvorgängen, in denen den Gebäuden eine zentrale Rolle als Handlungsmittel zukommt.
Der Planer muß hierzu ein fundiertes Wissen der inneren und äußeren nutzungsbedingten Anforderungen und Zusammenhänge besitzen.

Bei der Betrachtung der einzelnen Aspekte des Betriebsgeschehens muß immer ihr komplexes Beziehungsgeflecht zum Ganzen gesehen werden. Nur in einer *gesamtheitlichen Betrachtung* können *Synergien* erkannt und ein *Optimum* erreicht werden.

Die Tragfähigkeit des Gedankens einer *prozessorientierten Architektur* läßt sich im Industriebau an verschiedenen Aspekten nachweisen.

Nutzungen und Nutzer verändern sich mit zunehmender Geschwindigkeit innerhalb der Lebenszyklen von Gebäuden. Dieses allgemeine Phänomen trifft verstärkt auf Industriebauten zu.
Die Dynamik des Wirtschaftsleben wirkt sich direkt auf die Nutzungen und Anforderungen an Industriebauten aus. Schneller als in anderen Bereichen wandeln sich die inneren Nutzungen durch Veränderungen der Produktionsausrichtung, durch technologische Weiterentwicklungen oder durch Änderungen der Betriebsabläufe.
Die Diskrepanz zwischen den Lebenszyken von Produkten, Maschinen und Gebäuden ist ein Grundphänomen des Industriebaus.
Auch die äußeren Anforderungen befinden sich im Wandel: neue Anforderungen aus der Wirtschaft, neue gesetzliche Bestimmungen und Auflagen.
Das Bewußtsein über diese Veränderungsvorgänge und Prozesse beeinflußt das als statisch angesehene Metier der Architektur. Die Modellierung dieser Prozesse und die Gestaltung zukunftsfähiger Gebäudekonzeptionen für Neu- und verstärkt für Umbauten ist ein zentrales Thema der Industriebauarchitektur.

Die Planung eines derart komplexen, durch vielfältige Entwicklungen und Einflüsse modellierten Objektes bedarf einer *systematischen Vorgehensweise* und den Einsatz praxisbewährter Methoden und Hilfsmittel.
Von der Fabrikplanung wurden hierzu systematische Vorgehensweisen und Planungsmethodiken entwickelt. Die Industriebauplanung, ein Teilgebiet der Fabrikplanung, kann nur im Wissen über diese Methodiken die zur Beurteilung der Planungssituation erforderlichen Informationen erarbeiten und stimmige Lösungen gestalten.

Häufiger als bei anderen Bauaufgaben ist bei Industriebauprojekten ein *Team von Einzelfachleuten* und damit ein hohes Maß an Kooperation und Koordination erforderlich.
Ein Grundproblem der vielzitierten Teamarbeit ist die Notwendigkeit der einzelnen Fachdiszipline *interdisziplinär*, das heißt über die eigene Disziplin hinaus an der Gestaltung einer ganzheitlichen Lösung zu arbeiten.
Dieses Buch soll zur Vermittlung und als Gesprächsgrundlage zwischen den oft sehr unterschiedlichen Ausgangspositionen und Planungsbeteiligten dienen. Die fachlichen Einzelaspekte müssen in kooperativer Zusammenarbeit aller Beteiligten zu einer *optimalen Gesamtlösung* zusammengeführt werden.

Mit dieser Konzeption liefert das Buch die *Grundlagen zur Planung von Industriebauten* und wendet sich gleichermaßen an Planer unterschiedlicher Fachrichtungen (Architekten, Bauingenieure, Betriebswirtschaftler und Unternehmensberater), an Bauherren und Studierende.

Prof. Dipl. Ing. Hansjakob Führer
Dipl. Ing. Arch. Dorothee Stürmer

www.hebel.de

3 Std.
Feuerwiderstand mit 25 cm.

Jetzt anrufen:
01 80 / 523 56 65
0,48 DM / min.

Mit Hebel Wirtschaftsbau.

Wirtschaftsbau mit Hebel garantiert hohen Brandschutz ohne Mehraufwand. Mit Montagebauteilen aus Hebel Porenbeton, einem unbrennbaren Baustoff der Klasse A 1 nach DIN 4102. Schon 12,5 cm schlanke Wände entsprechen Feuerwiderstandsklasse F 90, F 180A wird mit 25 cm Wandstärke erfüllt. Schnell und flexibel ausgeführt und mit idealer Bauphysik. **Bau mit System.** Harte Fakten und neue Ideen zeigt Ihnen die Broschüre „Fassadengestaltung bringt Funktion in Form."

Informationen über das Hebel Bausystem erhalten Sie von: Hebel Info Center • 82243 Fürstenfeldbruck • Fax (0 81 41) 98-3 24 • www.hebel.de

1. Geschichte

1.1 Begriffsdefinition

Unter *industrieller Produktion* versteht man die Steigerung der Produktivität und Qualität mit Hilfe technischer Entwicklungen, organisatorischer Konzepte und Methoden. Um dieses Ziel zu erreichen, werden die Prinzipien der Arbeitsteilung, der Wiederholung, der Mechanisierung, Automatisierung und der Regelung im Planungs- und Produktionsprozeß angewandt. Im Folgenden soll ein kurzer chronologischer Abriss der Geschichte der Industrialisierung und des Industriebaus gegeben werden. Die einzelnen Zeitabschnitte werden in allgemeine Grundlagen, technologische Entwicklungen und Industriebaugestaltung gegliedert.

1.2 Beginn der Industrialisierung

Der Ausgangspunkt der Industrialisierung in Europa mit der ersten *industriellen Revolution* ab etwa 1760 war England. Mit ihr werden die bisherigen Produktionsmethoden Handwerk und Manufaktur überwunden. Gewerbliche Massenproduktion, Mechanisierung, privates Unternehmertum und Lohnarbeiter charakterisieren die neue Situation. Sie gehen einher mit grundlegenden Veränderungen des materiellen, sozialen und geistigen Lebens. Voraussetzungen waren der Ausbau des Welthandels durch den Handel mit den Kolonien, die rechtliche und soziale Befreiung des Individuums (bürgerliche Rechte), ein freies Unternehmertum (Kapitalbesitzer) und die Bevölkerungsexplosion im späten 18. Jahr-hundert. Eine entscheidende Rolle spielte auch die sogenannte *wissenschaftliche Revolution* mit der Aufklärung im 18. Jahrhundert. Empirismus und Rationalismus förderten die Naturwissenschaften und bereiteten die technisch-wissenschaftlichen und geistigen Grundlagen (Rationalismus, Positivismus, Pragmatismus) für die industrielle Revolution. Von England aus verbreitete sich die Industrialisierung auf den ganzen Kontinent und schuf einen neuen Bedarf: Industriebauten.

Die rasche Ausbreitung der Industrialisierung, die räumliche Konzentration der Industrieansiedlungen und die Wanderungsbewegungen der Arbeiter brachten eine Entwicklung in Gange, die kaum zu bewältigende *soziale und städtebauliche Probleme* verursachte.

Das rasche, unkontrollierte Anwachsen der Städte (Abb.1) hatte eine hohe Konzentration von Menschen unter oft mangelhaften und unhygienischen Wohnverhältnissen (Abb.2) zur Folge. In den Gewerbebetrieben wurde die menschliche Arbeitskraft häufig rücksichts-

1   Anwachsen der Städte, englischer suburb

2   Wohnungsnot

3   Arbeitsplatzbedingungen

los ausgebeutet.

Kinderarbeit und heute fast unvorstellbare Arbeitsbedingungen (Abb.3) waren aufgrund fehlender gesetzlicher Auflagen und Rahmenbedingungen weit verbreitet.

Die Mißstände wurden bereits von Zeitgenossen erkannt und führten zu politischen und kulturellen *Gegenbewegungen* (Abb.4). Die Arbeiterbewegungen gründen Gewerkschaften und Arbeiterparteien. Der Kampf gegen den Kapitalismus führt zum Sozialismus.

Gegen Ende des 19. Jahrhunderts können politische und soziale Verbesserungen für die Arbeiter erreicht werden.

Die Hoffnungen, die ganz zu Anfang in die Industrialisierung gesetzt wurden und sich in sozialutopischen Entwürfen beispielsweise den Industriedörfern von Robert Owen (1771 bis 1858), den Utopien von Fourier, Godin, Buckingham oder Howard niederschlugen, blieben meist unerfüllt (Abb.5).

■ 1.2.1   Technologische Entwicklung

Die technisch-wissenschaftlichen Entwicklungen bereiteten die Grundlage für die Industrialisierung und hatten direkten oder indirekten Einfluß auf den Industrie- und Gewerbebau. Sowohl im Bereich der *Wissenschaft* als auch in der *Produktions- und Bautechnologie* konnten wichtige Innovationen und Erfindungen verzeichnet werden.

□   Wissenschaftliche Grundlagen

Der bereits erwähnten *wissenschaftlichen Revolution* ist die Untersuchung wichtiger Grundlagen der Mathematik, Physik, Biologie und Chemie zu verdanken.

So die Analytische Geometrie (1637) durch Descartes, die Wahrscheinlichkeitsrechnung (um 1700) durch Bernoulli, die darstellende Geometrie (1788) durch Monge, die Gravitationsgesetze (1666) durch Newton und die Erkenntnisse über Wasserstoff (1766), Sauerstoff (1771) und Stickstoff (1772).

Im Bereich der Statik und Festigkeitslehre wurden Grundlagen geschaffen, mit deren Hilfe es erst möglich wurde, beispielsweise die Dimensionen der Binder für Brücken und Hallen zu ermitteln. Von besonderer Bedeutung sind hierbei das Hookes Gesetz der Festigkeitslehre von 1676 und die Festlegung der neutralen Faser im durchgebogenen Balken (1684) durch Mariotte (noch nicht ganz stimmig, Navier berichtigte Mariotte zu Anfang des 18. Jahrhunderts).

☐ Produktionstechnologie

Die Entwicklung technischer Verfahren, Werkzeuge und Geräte geschieht zunächst oft zufällig durch *Praktiker*. Seit dem 18. Jahrhundert werden diese Entwicklungen und Innovationen zunehmend Ergebnis systematischer, *wissenschaftlicher Forschung*. Für die Industrialisierung von besonderer Bedeutung sind: die Erfindung der Spinnmaschine (1738) durch Wyatt, des mechanischen Webstuhls (1785) durch Cartwright und die Erfindung der Dampfmaschine als Antriebskraft (1769) durch James Watt.

Die Erfindung und der Einsatz der Eisenbahn förderte die Mobilität im Personen- und Warentransport.

☐ Bautechnologie

Gleichzeitig wurden neue Techniken und Materialien zur Bewältigung der neuen Bauaufgaben entwickelt. Die jahrhundertealten handwerklichen Baumethoden wurden durch *mechanische Herstellungsmethoden* ergänzt. Dem Stand der Technik entsprachen die Möglichkeit der *Vorfertigung* und die damit einhergehende Typisierung. Unter den neuen Baumaterialien sind *Eisen, Stahl* und *Glas* aufgrund ihres wesentlichen Einflusses auf die Architektur zu nennen:

Eisen

Die Grundlagen für die industrielle Produktion von Eisen wurde in England durch die Einführung des mit Steinkoh-lenkoks befeuerten Hochofens und neuer Verfahren zur Weiterverarbeitung des gewonnenen Roheisens (Puddel-Verfahren) geschaffen. Damit waren die Vorraussetzung für den Einsatz von Eisen in großen Mengen im Maschinen-, Brücken- und Hochbau gegeben. 1801 wurden die ersten gußeisernen Dachbinder von Boulton und Watt entwickelt (Abb.6). Camille Polonceau entwickelte etwa zeitgleich Binder nach dem Fachwerkprinzip.

Die neuen Materialien und Konstruktionsprinzipien wurden zunächst überwiegend in Ingenieurbauten verwandt. Für den Eisenbau besonders zu erwähnen ist der Brückenbau.

Die 1775-1779 gebaute Coalbrookdale-Bridge des Architekten Thomas Farnolls Pritchard (gestorben 1777) zusammen mit dem Schmiedemeister John Wilkinson und Abraham Darby über den Fluß Severn in England, mit einer Spannweite von über 30 m, gilt als erste eiserne Brücke (Abb.7).

Die erfolgreiche Anwendung des Eisens im Brückenbau war Ausgangspunkt für den Einsatz des Materials im *Hochbau*. Die sechsgeschossige Calico Mill aus dem

4   Umschlag der Erstausgabe von Friedrich Engels: Zur Lage der arbeitenden Klasse in England

5   Industriedörfer von Robert Owen

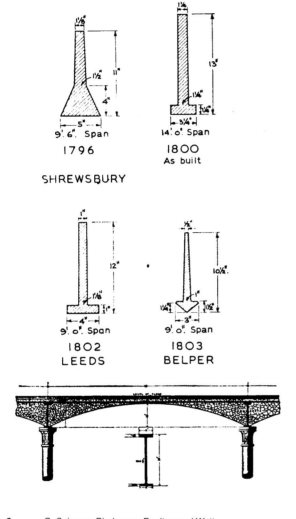

6 Gußeiserne Binder von Boulton und Watt

7 Erste eiserne Brücke: Coalbrookdale-Bridge (1775-79)

Jahre 1792 von Charles Bage mit dreischiffigem Hallengrundriß wurde zum ersten Industriebau mit tragenden Gußeisenstützen (Abb.8).

Bei der fünfgeschossigen Flachspinnerei in Shewsburry, England (1796-97, Architekt: Bage) bestand bereits das gesamte Innenskelett mit Stützen und Trägern aus Eisen. Das Äußere war aus tragendem Mauerwerk, in das das Eisengerüst wie in eine Hülle eingestellt wurde (Abb.9). Nach diesem Prinzip wurden eine große Anzahl von Fabrikbauten errichtet. Sichtbar blieb in der Fassade vorerst noch das gewohnte Material, hinter der Fassade hielt aber bereits das Neue Einzug.

Stahl

Seit 1855 ist durch das *Bessemer-Verfahren* die Herstellung von Stahl in großen Mengen möglich. Neue Methoden und Bauteile wurden in der Folge entwickelt, die dem besseren Verhalten von Stahl im Vergleich zu Gußeisen entsprachen. So entstanden räumliche Konstruktionen aus Stahlprofilen oder -röhren, die mit Nieten verbunden waren (Abb.10). Alexander Graham Bell entwickelte die ersten Stabfachwerke (Abb.11). Diese vereinfachten die Vorfertigung und Standardisierung von Bauelementen.

Glas

Nicht weniger bedeutend waren die Fortschritte bei der Herstellung von Glas. 1806 konnten erstmals Scheiben im Format bis zu 1,75 auf 2,50 Meter hergestellt werden. Erst jetzt wurde es üblich, Fenster zu verglasen. Bis dahin wurden sie meist mit Ölpapier bespannt.

■ **1.2.2 Industriebaugestaltung**

Für die neuen Bauaufgaben gab es zunächst *keine neuen Bauformen*. Häufig wurden Bautypen aus anderen Bereichen, beispielsweise aus dem Kirchen- oder dem Wohnungsbau übernommen (Abb.12). Teilweise erforderten die neuen Produktionstechnologien jedoch neue Gebäudetypen (Abb.13, 14), so daß sich langsam eigenständige Bautypologien etablierten (Abb.15).

☐ **Industriebau –
Entwurfaufgabe des Ingenieurs**

Der Industriebau war zunächst keine Aufgabe, der sich die Architekten annahmen. Diese waren vorrangig mit repräsentativen Bauten wie Museen und Kirchen beschäftigt. Die Planung und der Bau von Industriebauten war weitgehend Aufgabe der *Ingenieure und Handwerksmeister*. Sie hatten einen anderen, häufig unbefangeneren Zugang bezüglich des Einsatzes der von der Industrie entwickelten neuen technischen Möglichkeiten und Materialien und bei der Entwicklung neuer Typologien.

Die Arbeitsteilung zwischen *Architekt* und *Ingenieur* setzte mit der Etablierung der *Ingenieurwissenschaften* ein.

Gilly schlug damals eine Zusammenarbeit zwischen Architekt und Ingenieur in der Form vor, daß der Architekt sich gewisse Kenntnisse der Ingenieurwissenschaften aneigne und an der Arbeit des Ingenieurs bestimmend teilnehme.

»Ökonomie der Konstruktion und im Sinne dieser Ökonomie Anwendung neuer Materialien, Wissenschaft als Grundlage des Bauens, Arbeitsteilung, welche den Architekten als den Baukünstler aus dem Prozeß dieser durchgreifenden Erneuerung des Bauens ausschließt: Dies sind wesentliche Merkmale der Zeit zwischen 1760 - etwa - und 1840, [...].

Es sollte lange dauern, ehe sich der Architekt überhaupt bewußt wurde, daß er der neuen Technik gegenüber eine andere als eine ablehnende Position zu beziehen habe.«
(*Posener: Eisenkonstruktionen)

□ **Ästhetik**

Die Mehrzahl der Industriebauten im 18. und 19. Jahrhundert fügte sich ästhetisch in den *vorherrschenden Gestaltungskodex* ein. Nach dem Vorbild von Renaissance und Klassizismus wurden Motive der Symmetrie ebenso verwandt wie Risalite, vorgeblendete Giebel oder Spitzbogenfenster. Die kulturelle Stillosigkeit wird Ausdruck des bürgerlichen Repräsentationswillens. Vor allem Verwaltungsbauten und Werkszugänge wurden dem Repräsentationsanspruch des aufstrebenden Unternehmertums mit historischen Motiven gerecht. Die Abbildungen der Industriebauten zierten häufig die Briefköpfe der Unternehmen – sie wurden, bereits damals, als werbewirksames Element der Selbstdarstellung verstanden (Corporate Identity). Beispiele für die repräsentative Gestaltung von Industriebauten mit historisierenden Mitteln sind die Bauten der Borsigwerke in Berlin von Strack aus dem Jahre 1839 (Abb.16) und die Gebäude der Zeche Zollern in Dortmund von 1898 (Abb.17).

Die neuen Baumaterialien und Techniken traten vorerst, auch im Industriebau, noch nicht bewußt gestaltprägend in den Außenraum. Erst über die Ingenieurleistungen und die hier praktizierte Anwendung der neuen bautechnischen Möglichkeiten entwickelten sich allmählich neue Gebäudestrukturen und eine neue

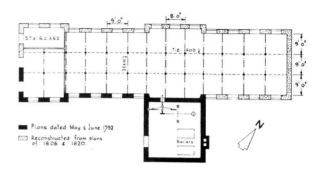
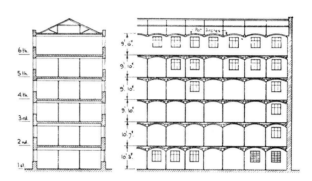

8 Erster Industriebau mit tragenden Gußeisenstützen: Calico Mill (1792)

9 Flachspinnerei in Shewsburry (1796-97)

Ästhetik.
Gautier sagte in diesem Zusammenhang:
»Man wird in dem gleichen Augenblick eine neue Architektur schaffen, in dem man sich der neuen Mittel bedient, welche die neue Industrie liefert.«
(* Ackermann: Industriebau)

Von den zahlreichen Industriehallen, die sich der neuen Methoden der Eisenkonstruktion bedienten, ist der Boat Store in Sheerness (1858-60, Architekt G.T. Gree-

GESCHICHTE

10 Stahlkonstruktionen mit Nieten von Gustave Eiffel
11 Alexander Graham Bell mit Stabfachwerk

12 Gießhütte in Sayn (1828-1830)

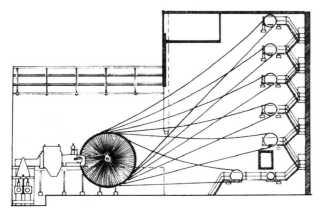

13 Neue Produktionstechnologien erfordern neue Gebäudetypologien

ne), wegen seiner erstaunlich *modernen* Erscheinung und Konstruktion zu nennen (Abb.18). Der viergeschossige 60 Meter lange Skelettbau zeigt biegesteif verbundene Träger und Stützen. Zwischen den Hauptkörpern überspannen fast 14 Meter lange schmiedeeiserne Fachwerkbinder eine zentrale glasgedeckte Halle. Die nichttragende Fassade ist mit Eisenfenstern und Wellblechbrüstungen ausgefacht, das Dach ist über die Eckstützen aus Hohlprofilen entwässert.

Das bemerkenswerteste Beispiel für den Eisenbau im 19. Jahrhundert, mit nachhaltigem Einfluß auf die Ästhetik, ist das Ausstellungsgebäude für die Weltausstellung in London 1851: der *Kristallpalast* von Joseph Paxton (1850-51) (Abb.18). Das riesige Gebäude (72 000 qm Grundfläche) konnte durch Typisierung und Vorfertigung der Elemente weitgehend aus Eisen und Glas in weniger als vier Monaten montiert werden. Was hier technologisch entwickelt wurde, hatte zugleich eine völlig neue architektonische Qualität. Der Eindruck, den das Gebäude in Fachkreisen bei Zeitgenossen hinterlies, war nachhaltig.

Gottfried Semper bemerkte:

»...ein glasgedecktes Vacuum herzustellen, war die Aufgabe des Architekten. Es ist dieser Bau gewissermaßen die Verkörperung der Tendenz, in der sich unsere Zeit vorerst bewegen wird und die in der Ausstellung so recht zur Sprache gekommen ist.« (* Posener: Ingenieur-Architektur der Jahrhundert-Mitte)

»Gegen Schluß seiner Ausführungen aber nimmt Lucae zu Räumen ganz anderer Art Stellung, die aus jeder Ordnung herauszutreten scheinen: den großen Hallen für die Arbeit und den Verkehr. Er sagt, daß wir »in der mächtigen Eisenbahnhalle [...] das Gefühl [haben], daß sie im strengen Sinne der Kunst noch kein Raum ist«. Vom Kristall-Palast sagt er, »daß [er]- ich möchte sagen schon wieder aufgehört hat, ein Raum zu sein.« (* Posener: Ingenieur-Architektur der Jahrhundert-Mitte)

Im Schatten der vorrangigen Architekturdebatte etablierte sich eine *Ingenieurästhetik*, deren Errungenschaften nach und nach auch für andere Bereiche des Bauens erschlossen wurde (Abb.20) und die Architekturdiskussion der Zeit (und der aufkommenden »Moderne«) nachhaltig beeinflußte.

1.3 Anfang des 20. Jahrhunderts

Der Anfang des 20. Jahrhunderts ist durch einen steilen *wirtschaftlichen Aufstieg* der Industriestaaten gekennzeichnet. Technische und wissenschaftliche Entwicklungen erschließen neue Energiequellen (Elektrizität, Erdöl). In der Folge entwickeln sich neue Industriezweige (Elektro-, Chemoindustrie). Verkehrs- und Nachrichtenwesen bilden die Grundlage für *Welthandel und -wirtschaft*. Steigende Kapitalinvestitionen für neue Produktionsverfahren, Verkehrs- und Versorgungsanlagen fördern neue Wirtschaftsstrukturen. Die Unternehmen stärken durch Betriebskonzentrationen, Aktiengesellschaften, Konzerne, Kartelle, Syndikate und Trusts ihre Macht (Blüte des Hochkapitalismus). Innerhalb des Finanzwesens kommt es zur Bildung von Großbanken. Die zunehmenden Verflechtungen von Staat und (Finanz-) Wirtschaft lassen wirtschaftliche Probleme zu politischen werden. Die Kolonialpolitik (moderner Imperialismus) unterstützt den Welthandel und versucht Rohstoff- und Absatzmärkte zu sichern. Als Gegenpol zu Imperialismus und Kapitalismus entsteht ein international getragener Kommunismus. Machtpolitische Gegensätze in Europa führen 1914 zum Ausbruch des 1.Weltkrieges, dessen Ende mit dem Sieg der Demokratie einherging. Der 1918 gegründete Völkerbund versucht als Weltorganisation den Frieden zu sichern und die internationale Zusammenarbeit auch auf dem Gebiet der Wirtschaft zu fördern. Die zwanziger Jahre sind zwischen 1922 und 1929 durch weltweiten wirtschaftlichen Aufschwung gekennzeichnet (Prosperität, »die goldenen zwanziger Jahre«). Die Probleme im Nachkriegseuropa wie die Verstärkung des Nationalismus, das Scheitern der allgemeinen Abrüstung und die Verzögerung des wirtschaftlichen Aufschwungs durch die Verknüpfung von Reparationszahlungen und Kriegsschulden münden in Massenarbeitslosigkeit, Inflation (Weltwirtschaftskrise 1930) und dem Aufkommen von Diktaturen.

■ **1.3.1 Technologische Entwicklung**

Der wirtschaftliche Aufschwung führt bereits vor dem 1.Weltkrieg zur Steigerung der Produktivität und zu einer Machtzunahme der Unternehmen. Der Krieg förderte die Rüstungsindustrie. Die Zeit zwischen den Kriegen ist überwiegend durch wirtschaftliche Krisen gekennzeichnet. Der Welthandel wird behindert durch die Planwirtschaft der Sowjetunion. Trotz des Anstiegs der Industrieproduktion bis 1936, der vor allem auf der rapiden Entwicklung der Technik durch Rationalisierung und Standardisierung, dem Ausbau der mechanischen, elektrischen, chemischen Großindustrie, der Rüstungsindustrie und der wirtschaftlichen Konzentration der Unternehmen beruht, gelingt es nicht die Weltwirtschaft zu sanieren.

Der Anfang des 20.Jahrhunderts ist durch *technologische Entwicklungen* in allen Bereichen der Naturwissenschaften

gekennzeichnet. Im Bereich der *Physik* ist vor allem auf die Entdeckung der Wellenmechanik (Schrödinger, 1926), der künstlichen Radioaktivität (Joliot/ Curie, 1934) und der künstlichen Kernspaltung (Hahn/ Stras-

14 Neue Produktionstechnologien erfordern neue Gebäudetypologien

15 Schokoladenfabrik Manier in Noisiel-sur-Mama (1871)

16 Historismus im Industriebau: Borsigwerke in Berlin (1837)

17 Historismus im Industriebau:
    Zeche Zollern in Dortmund (1898-1902)

18 Boat Store in Sheerness (1858-60)

19 Kristallpalast von Joseph Paxton (1850-51)
    für die Weltausstellung in London

smann, 1938) hinzuweisen. In der *Biologie* auf die Gentheorie (Morgan, 1928). Für die Entwicklungen in Industrie und Gewerbe ist die Zunahme der *Mobilität* durch Erfindungen wie den Kraftwagen (Daimler/ Benz, 1885) und den Motor-Flug (Gebrüder Wright, 1903) von besonderer Bedeutung, ebenso wie die Entwicklung der *Nachrichten-, Medien- und Kommunikationstechnik*. Sie wurden getragen durch Erfindungen wie das Telefon (Bell/ Gray, 1876), den Röhrensender (Meissner, 1913), den Tonfilm (Vogt/ Engl/ Masolle, 1919) und das Fernsehen (Karvlus/ Telefunken, 1929).

☐ **Produktionstechnologie**

Die dynamische Entwicklung der industriellen Produktionsmethoden verändert das Erscheinungsbild der Industriebauten. Die Veränderungen konzentrieren sich neben der Entwicklung und Verbesserung der Betriebsmittel und Verfahren auf die Rationalisierung und Gestaltung der *Produktionsprozesse*. Unter den Neuerungen sind vor allem die Verbreitung der Vollmechanisierung (ab den zwanziger Jahren) und des Fließbandes zu erwähnen.

☐ **Bautechnologie**

Einen wesentlichen Anteil an der Entwicklung im Industrie- und Gewerbebau in der ersten Hälfte des 20. Jahrhunderts haben Entwicklungen der Bautechnologie. Begünstigt durch neue Technologien und Materialien wurde die historisierende Formensprache des 19. Jahrhunderts in den Bauten der Frühmoderne nach 1900 überwunden.
Unter den neuen Baumaterialien ist der Stahlbeton von Bedeutung.

Stahlbeton

1892 wurde durch Francois Hennebique ein Verfahren zur Bewehrung von Deckenbalken aus Stahlbeton entwickelt.
1902 erhielt der Amerikaner Ransome ein Patent zur Fertigung von Stahlbetonverbunddecken im industrialisierten Bauverfahren. 1907 entwickelte Edison ein technisches Verfahren zur Herstellung von Betonguß. Um 1910 entwickeln der Schweizer Maillart und der Amerikaner Turner fast gleichzeitig Pilzdeckensysteme in Stahlbetonbauweise (Abb.21). Flächentragwerke und Schalen aus Stahlbeton werden von den Ingenieuren Perret, Freyssinet und Candela entwickelt (Abb.22). All diese Entwicklungen förderten die Verbreitung des Baumaterials Stahlbeton.
Der Einsatz vorgefertigter Bauelemente rationalisierte

den Bauablauf.
Sheddächer aus monolithischen Stahlbetonkonstruktionen, mit großzügiger Belichtung von Norden prägten in der Folgezeit zahlreiche Industriehallen und wurden quasi zu einem Synonym für den Fabrikbau. Unter den zahlreichen bemerkenswerten Stahlbetonbauten der Industrie vor dem zweiten Weltkrieg seien hier stellvertretend das Fiat-Lingotto Werk in Turin von Trucco, 1916-26 (Abb.23), die Werkhalle der Schneiderei Esders in Paris von Auguste Perret, erbaut 1920, und die Alfa-Romeo-Werke in Mailand von G. Baroni, erbaut 1937, genannt.

■ **1.3.2 Industriebaugestaltung**
Um 1900 sagt Cornelius Gurlitt:
»Wir empfinden bereits anders als unsere Väter. Die älteren Betrachter eines Eisenbaus werden uns vielleicht vorwerfen, daß wir roher empfinden; wir aber können ihnen dies ruhig zurückgeben. Jene hatten vorzugsweise formales, wir haben ein auf Kenntnis des Stoffes begründetes Empfinden, jenen war die schöne Form, uns ist die richtige, zweckdienliche Anwendung die Grundlage des Empfindens.«
(* Posener: Die Architektur und das Eisen)

Industrie und industrielle Produktion wurden um die Jahrhundertwende zu einem Thema der *Avantgarde*.
Nicht nur in der Architektur, auch in der bildenden Kunst, beispielsweise im Futurismus und Konstruktivismus, wurden die Themen Maschine, Dynamik, Bewegung als Zeichen einer neuen Zeit behandelt .
In Deutschland erhob der 1907 gegründete Werkbund das Thema »Kunst und Industrie« zu einem Leitmotiv. Walter Gropius schreibt 1913:
»Gerade der völlig neue Charakter der Industriebauten muß die lebendige Phantasie des modernen Künstlers reizen; denn keine überlieferte Form fällt ihr hemmend in die Zügel.« (* Lorenz, P.: Gewerbebau, Industriebau)
Vermehrt nahmen sich nun auch Architekten der Bauaufgaben in Industrie- und Gewerbe an.
Hans Poelzig bemerkte dazu:
»Gerade die Architekten, die wegen der Abkehr vom historischen Baustil an die offizielle Baukunst, an die sozusagen vornehmen Bauaufgaben nicht herangelassen wurden, retteten sich in den Industriebau. Sie waren alle geradezu hungrig nach einem Feld, das nicht beackert war, wo nicht eine vorgefaßte stilistische Meinung herrschte...«.
(* Joedicke, J. in: Ackermann: Industriebau)
Daß dabei auch soziale Aspekte eine wichtige Rolle

20   Bibliotheque Nationale von Labrouste

21   Pilzdecke

22   Shedkonstruktion

23   Fiat-Lingotto Werk in Turin von G.M. Trucco (1926)

24   Tony Garnier, Cité Industrielle

25   AEG Turbinenhalle in Berlin von Peter Behrens (1909)

spielten, wird in einem Zitat von Gropius 1911 deutlich: »Der Arbeit müssen Paläste errichtet werden, die dem Fabrikarbeiter, dem Sklaven der modernen Industriearbeit, nicht nur Licht, Luft und Reinlichkeit geben, sondern ihn auch spüren lassen von der Würde der gemeinsamen großen Idee.« (* Lorenz, P.: Gewerbebau, Industriebau)

Die Ideen des *Neuen Bauens* verwirklichen sich zunächst vor allem in den neuen unvorbelasteten Bautypen des Industriebaus. Angeregt von den Formen früher, anonymer Industriebauten dominiert der Wille, eine *neue Formensprache* zu entwickeln. Sachlich, nüchtern und schnörkellos sollen Funktion und Konstruktion in der Form ausgedrückt werden. Später mündet dieser von Europa ausgehende Stil im international verbreiteten Stil der *Neuen Sachlichkeit*.

Unter den Bauten und Projekten, die der Idee des »Neuen Bauens« verpflichtet sind, ist der Entwurf Toni Garniers für eine Citè Industrielle von 1901 bis 1904 (Abb.24) einer der ersten. Das Projekt enthält bereits wesentliche Elemente der *Moderne*: Trennung der Funktionen, offene Bauweise, Durchgrünung, Stahlbetonbauweise sowie Fensterband, Pilotis und Flachdachterrassen als Formelemente.

Peter Behrens konnte 1909 mit der AEG Turbinenhalle in Berlin (Abb.25) einen bedeutenden modernen Industriebau realisieren.

Weitere herausragende Industriebauten im Geiste des »Neuen Bauens« sind die Faguswerke in Alfeld von Walter Gropius 1911 (Abb.26) und die 1929 realisierte Tabakfabrik Van Nelle von Johannes Brinkmann und L.C. van der Vlught (Abb.27). Die wirtschaftliche Blütezeit in den zwanziger Jahren war auch die Blütezeit der »Moderne«.

Durchaus nicht allen Formentwicklungen jener Zeit lag eine rein sachliche und nüchterne Formauffassung zugrunde.

Beispielhaft sollen hier zwei *expressive Bauten* von Hans Poelzig und Erich Mendelsohn genannt werden:

Die chemische Fabrik in Luban von Hans Poelzig (1913) steht bewußt in der Tradition des norddeutschen Backsteinbaues (Abb.28). Die Bauten der Hutfabrik in Luckenwalde von Erich Mendelsohn (1922) sind stark plastisch gestaltet, wobei die expressive Form der Färberei aus den Anforderungen der Nutzung entwickelt wurde. Die hohe, konisch zulaufende Dachhaube verbessert durch ihre Kaminwirkung die natürliche Lüftung (Abb.29). Dieses Beispiel verdeutlicht, daß die Notwendigkeit funktionale Anforderungen in architektonische Gestalt umzusetzen unterschiedlichen Formvorstellungen verpflichtet sein kann.

Neben den herausragenden Leistungen des Industriebaus für die Ästhetik der Moderne sollte nicht vergessen werden, daß ein sehr großer Teil der Industriebauten nach wie vor einem *traditionsgebundenen Baustil* verpflichtet war.

1.4 Im zweiten Weltkrieg

In Deutschland übernimmt 1933 die NSDAP mit Hitler die Macht. In Folge der Zentralisierung und Festigung der „totalen Macht" der NSDAP kommt es rasch zur verfassungsmässigen Aufhebung der Grundrechte, zur Liquidation und Auflösung von Parteien und Gewerkschaften. Die *NS-Wirtschaftspolitik* beruht auf dem Streben nach wirtschaftlicher Autarkie gekoppelt an eine expansive Außenpolitik (»Volk ohne Raum«). Die hohe Arbeitslosigkeit wird durch Instandsetzungsprogramme (»Unternehmen Reichsautobahn«), Aufrüstung und Reichsarbeitsdienst (finanziert durch Schuldenpolitik) beseitigt. Industrielle Neugründungen wie das Werk der Volkswagen AG Wolfsburg (1938) bestätigen den wirtschaftlichen Aufschwung.

Die Kulturpolitik fördert das »Völkische« und unterdrückt die Bewegungen der Avantgarde (»Entartete Kunst«).

Die Ideologien des Nationalsozialismus wie die Rassenlehre vom »Herrenvolk« und der Antisemitismus führen zur Verteidigung von »Blut und Boden«.

Mit dem deutschen Angriff auf Polen beginnt 1939 der *2. Weltkrieg*. Die Wirtschaft ist infolge des Krieges durch Mangel an Rohstoffen, Energie und Arbeitskräften gekennzeichnet. Dies fördert die Rationalisierung in Industrie und Gewerbe.

Die deutsche *Kriegswirtschaft* unterliegt zu Beginn keiner einheitlichen Führung. Unter Reichsminister Albert Speer erfolgt eine Konzentration der Kriegswirtschaft (ab 1943). Der Arbeitskräftemangel wird kompensiert durch den Einsatz von Frauen und vor allem von Zwangsarbeitern (seit 1939) in fast allen deutschen Großbetrieben (Stahl, Chemie, Rüstung und Maschinenbau). Die Rohstoff- und Energieknappheit führt zur Ausbeutung der Ressourcen. Durch die Ausnutzung des Industriepotentials in den besetzten Ländern erreichen die Produktionsziffern in der Rüstungsindustrie 1944 ihren Höhepunkt. Die deutsche Wirtschaft profitierte finanziell von der Rüstungsindustrie. Sie profitierte auch von der »Ausschaltung« der Juden aus dem deutschen Wirtschaftleben und ihrer rücksichtslosen Ausbeutung durch Zwangsarbeit in den deutschen Betrieben häufig bis zum Tode.

1.4.1 Technologische Entwicklung

Technologische Entwicklungen fördern die Rationalisierung und Mechanisierung in den Betrieben. Der Einfluß der Rüstung ist hierbei von entscheidender Bedeutung.

26 Faguswerke in Alfeld von Walter Gropius (1911)

27 Tabakfabrik Van Nelle
von J. Brinckmann und L.C. van der Vlught (1929)

Bautechnologie

Das Bauwesen ist kurz vor und während des zweiten Weltkrieges, der Priorität der Rüstung wegen, durch *Material-, Finanz- und Arbeitskräftemangel* gekennzeichnet. Permanent wurden in Deutschland Erlässe zur Ausführung von Bauten und Zuteilung von Baustoffen für bestimmte Bauaufgaben bekannt gemacht. Der Industrie- und Gewerbesektor, vor allem natürlich die Rüstungsindustrie, genossen innerhalb

GESCHICHTE

28 Chemische Fabrik in Luban von H. Poelzig (1913)

29 Hutfabrik in Lukenwalde von E. Mendelsohn (1922)

30 Bundesautobahnbrücke

der Mangelwirtschaft politisch unterstützte Vergünstigungen. Das Bauvolumen nahm jedoch auch in diesen Bereichen während der Kriegszeit erheblich ab und kam fast gänzlich zum erliegen.

Vom Deutschen Institut für Normung wurden unzählige »DIN-Normen« herausgegeben und damit ein Normenwerk begründet das bis heute Gültigkeit und wesentlichen Einfluß auf die Baugestaltung hat.

Auch das Militär hatte direkt und indirekt großen Einfluß auf die Entwicklung des Bauwesens. Zahlreiche Konstrukteure und Architekten arbeiteten im Dienste des Militärs. Im baukonstruktiven Bereich wurden ökonomische, schnell auf- und abbaubare Konstruktionen entwickelt. Zunächst im Brücken- und Barackenbau angewandt, fanden die hierbei entwickelten Prinzipien später Verwendung im Wohnungs-, Industrie- und Gewerbebau. Vorfertigung, Elementierung und Standartisierung wurden vorangetrieben. An solche Entwicklungen konnte in der Nachkriegszeit angeknüpft werden.

■ 1.4.2 Industriebaugestaltung

Die Bauwirtschaft wurde vor dem Krieg durch politische Anordnungen unterstützt. Während für private und soziale Bauaufgaben traditionelle, massive Bauformen „Blut- und Bodenarchitekten" propagiert wurde, sollte der Ausdruck der öffentlichen Bauten die Macht des NS-Regiems manifestieren. Verkehrsbauten (Flughäfen, Autobahnen) hatten Priorität (Abb.30). Gestalterisch benutzt die offizielle Architektur häufig klassizistische Formelemente. Solide, massive, steinerne Architektur mit großplastischem, häufig monumentalem Formwillen kennzeichnen die Bauten der Zeit (Abb.31).

Während des Krieges entwickelte sich im Industrie- und Gewerbebau international ein *ökonomisch geprägter Funktionalismus* {Abb.32}. Trotz der Einschränkungen entstanden einige bemerkenswerte Bauten wie das 1928 erbaute Doppelfördergerüst der Zeche Zollern von Fritz Schupp (Abb.33), das Chrysler Half-ton-Truck Plant in den USA (1937) von Albert Kahn (Abb.34) und 1938 die Borgward-Automobilfabrik in Bremen von Rudolf Lodders (Abb.35).

Als Beispiel für den Einfluß des Militärs auf die Gestaltung sei das System »Mobilar Structure« genannt, das Konrad Wachsmann 1945 im Auftrag der amerikanischen Luftwaffe für die Konstruktion beliebig großer Flugzeughallen entwickelte.

1.5 Nach dem zweiten Weltkrieg

Mit der totalen Niederlage und bedingungslosen Kapitulation Deutschlands ist der Krieg 1945 zuende. Er hatte 55 Millionen Tote gefordert und Kriegskosten in Höhe von 1500 Milliarden US-Dollar verursacht.

Der allgemeine technisch-industrielle Fortschritt gleicht die Kriegsschäden relativ schnell wieder aus. Nach den Entbehrungen der Kriegszeit bestand in der Bevölkerung ein großer Nachholbedarf an Konsumgütern. Dieser förderte die *industrielle Massenproduktion*. Schon 1948 wird weltweit in Produktion und Handel der Vorkriegsstand erreicht.

Europa verliehrt seine politische und wirtschaftliche Führungsrolle. Zerstörte Wohn- und Industriegebiete behindern den Wiederaufbau. Der Konflikt zwischen den Großmächten USA und UDSSR, zwischen Kapitalismus und Kommunismus, teilt die Welt in zwei Lager. Spiegelbild für den Ost-West Konflikt wird die Deutschlandfrage. Die Teilung Deutschlands in West- (Gründung der BRD 1949) und Ostdeutschland (Gründung der DDR 1949) mit unterschiedlichem Währungs- und Marktwirtschaftssystem (West: soziale Marktwirtschaft; Ost: soziale Planwirtschaft) erreicht ihren Höhepunkt mit dem Bau der Berlin Mauer (1961).

Der *Kalte Krieg* bestimmt durch Aufrüstung (hohe Kapitalinvestitionen), technische und wirtschaftliche Rivalität die Nachkriegszeit. Parallel dazu entstehen politische (UN: Vereinte Nationen), militärische (NATO, Warschauer Pakt) und wirtschaftliche Bündnisse und Organisationen (EWG: Europäische Wirtschaftsgemeinschaft; OECD: Organisation für wirtschaftliche Zusammenarbeit) auf unterschiedlichen Ebenen.

1.5.1 Technologische Entwicklung

Das *Gleichgewicht des Schreckens* zwischen Ost- und West ist durch einen Wettlauf der technischen Entwicklungen vor allem im Bereich der Raumfahrt und der Kernwaffen gekennzeichnet.

Die technologischen Entwicklungen in Produktion und Bauwesen bauen auf den Entwicklungen der Kriegszeit auf und bedienen die Anforderungen der Nachkriegszeit.

Bautechnologie

Moderne Bautechniken wie der Einsatz industriell gefertigter Bauelemente und die Rationalisierungen durch die Stahl- und Stahlbetonbauweise halfen bei der raschen Neuerrichtung großer Baumassen

31 Neue Reichskanzelei von A. Speer in Berlin

32 Deutsches Flugzeugwerk Henkel Oranienburg von Rimpl

33 Zeche Zollern 12 in Essen von Fritz Schupp (1928)

zunächst im *Wiederaufbau* der ersten Nachkriegsjahre, später in der überstürzten Bautätigkeit und im Boom des »Deutschen Wirtschaftswunders«. Der Wiederaufbau beschäftigt weltweit Architekten und Ingenieure. Richard Buckminster Fuller arbeitet an schnell zu er-

34   Chrysler Halfton Truckplant von Albert Kahn (1937)

35   Borgward-Automilfabrik in Bremen von Rudolf Lodders (1938)

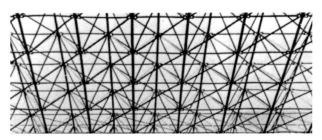

36   Konstruktion von Konrad Wachsmann

37a   Elektronikfirma in Los Angelos von Craig Ellwood (1961)

37 b   Elektronikfirma in Los Angelos von Craig Ellwood (1961)

richtenden, transportablen, weiträumigen Konstruktionen. Resultat seiner Bemühungen sind die Entwicklung der geodätischen Kuppel und die »Tesegrity« - Strukturen, die in vielen Bereichen Einsatz fanden.
Konrad Wachsmann suchte nach einfachen, vielfältig kombinierbaren Elementen in modularer Ordnung (Abb.36).
»In zunehmendem Maße werden Fertigelemente aus Leichtmetallen, Stahl oder Kunststoffen die alten Baustoffe ersetzen. Mit industriell gefertigten Elementen ist aber der Verzicht auf individuelle Formen verbunden; das Gesetz der industriellen Serie erzwingt eine Reihe gleicher Elemente....«
(*Joedicke, J. in Ackermann: Industriebau)

■ 1.5.2   Industriebaugestaltung

Im Unterschied zum Wohnungs- und Siedlungsbau, der nach einiger Zeit eine gewisse Sättigung erreichte, blüht der Wirtschaftsbau weiter durch *Betriebsumbauten, -auslagerungen oder -erweiterungen*. Der Umfang und die Geschwindigkeit der Bautätigkeit in den ersten Nachkriegsjahrzehnten sind mit eine Ursache dafür, daß architektonische und städtebauliche Qualität oftmals vernachlässigt wurden. *Flexibilität* und Erweiterbarkeit ließ sich, bei niedrigen Grundstückspreisen, am kostengünstigsten in eingeschossigen Flachhallen realisieren. Zudem entsprach dieser Typus der zur Produktion von Massengütern eingesetzten Fließbandfertigung. Ökologische Aspekte, wie hohe Flächenversiegelung, spielten kaum eine Rolle in der materiell geprägten Nachkriegsgesellschaft.
Die Forderungen nach Flexibilität und Erweiterbarkeit führten gebäudetypologisch zur Trennung von Nutzflächen, Funktions- und Verkehrsflächen. Es ergibt sich ein Standardtyp mit frei unterteilbarem Grundriß für die Nutzflächen und separater Zusammenfassung der dienenden Elemente (Sanitär, Lüftung, Strom-, Wasserversorgung und Erschließung). Leitbild für die Architektur der Nachkriegszeit wurde die durch die emigrierte Avantgarde im Ausland weiterentwickelte *Moderne*, welche im Nazi-Deutschland von der Ideologie der »Blut- und Bodenarchitektur« unterdrückt wurde. Vor allem das Werk von Ludwig Mies van der Rohe mit großzügigen, einfachen Baukuben und ruhig gestalteten Fassaden (Abb.37) hatte Einfluß auf die Formensprache.
Das »Erbe der Moderne« wurde in der Nachkriegszeit jedoch häufig schematisiert, banalisiert und zum Billigbau mißbraucht. So finden sich in der Masse der in diesen Jahren realisierten Bauten in Deutschland nur

wenige erwähnenswerte Gebäude. Ausnahmen sind die 1950 gebaute Weberei in Blumberg von Egon Eiermann (Abb.38), die Eisengieserei Rexroth (Abb.39) von Kurt Siegel und Rudolf Wonneberg in Lohr am Main (1959), das Versand- und Verwaltungsgebäude der Firma Neckermann in Frankfurt am Main (Abb.40) von Egon Eiermann (1960) und die Glashütte der Thomas-Werke in Amberg von Walter Gropius (1965). Von den Bauten im Ausland sei hier das technische Zentrum von General Motors in Warren, Michigan/USA (1956) von Eero Saarinen erwähnt (Abb.41).

38 Weberei in Blumberg von Egon Eiermann (1950)

1.6 Industriebau seit 1966

Das Wirtschaftswachstum der Nachkriegszeit erlebt seinen ersten Einbruch. Die hohen Kapitalinvestitionen in die Rüstung und in Kernwaffen und das Wissen um die große Gefahr eines Atomkrieges zwingen zu Abrüstungsverhandlungen (Genfer Konferenzen, SALT: Strategic Arms Limitation Talks). Die *politische Entspannung* fördert auch die wirtschaftliche Zusammenarbeit zwischen den Wirtschaftsblöcken (1972: erste Euro-Dollar-Anleihe der UdSSR; 1974/75: Kontaktgespräche der COMECON mit der EG zur Normalisierung der wirtschaftlichen Beziehung). Die weltweite Erdölkrise 1973, ausgelöst durch die Produktionsdrosselung der arabischen Staaten, verstärkt das Bewußtsein für Energieeinsparung, ökologische Probleme und einen schonenderen Umgang mit den Ressourcen.

Friedensbewegung und Studentenunruhen setzen Veränderungen der sozialen und gesellschaftlichen Systeme in Gang. Sie fördern das Ideal des freien Individuums.

1.6.1 Technologische Entwicklung

Die technologischen Entwicklungen der Zeit beeinflussen die Entwicklungen in Industrie und Gewerbe. Die Erfolge der Raumfahrt (1969, Fersehdirektübertragung der ersten bemannten Mondlandung) beeinflussen die Technikentwicklung (Mikroelektronik, Satellitentechnik, Kommunikationstechnik).

Produktionstechnologie

Die Entwicklung der Produktionstechnologien ist gekennzeichnet durch zunehmende Automation und rasche Entwicklung der Fertigungsverfahren. Dies führt zur Reduktion der Erwerbstätigen im Produktionssektor.

Neue Produkte (v.a. im Elektronikbereich) und neue

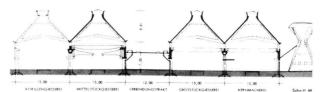

39 Eisengießerei in Lohr am Main von Kurt Siegel (1959-65)

40 Hauptgebäude der Firma Neckermann in Frankfurt am Main
    von Egon Eiermann (1960)

*41   Zentrum von General Motors in Warren, Michigan
     von Eero Saarinen (1956)*

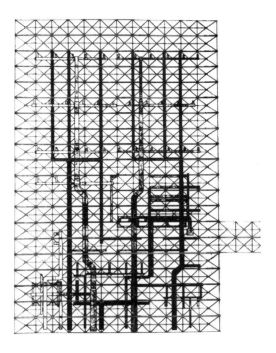

42   Möbelfirma B+B in Como von Renzo Piano (1973)

Produktionszweige entstehen. Immer kürzer werdende Produktlebensdauer zwingen zur permanenten Produktentwicklung und verstärken die Anforderungen nach *Flexibilität* und *Nutzungsneutralität* für Industriebauten.

☐ Bautechnologie

Die Veränderungen im Produktionssektor haben direkt Auswirkungen auf die Anforderungen an den Industrie- und Gewerbebau. Neue Produkte beispielsweise der Elektronikindustrie stellen neue Anforderungen wie nach Reinsträumen. Diese Anforderungen wiederum bedeuten eine erhebliche Zunahme des Anteils der Gebäudeausrüstung und erfordern strukturelle Änderungen der Gebäudekonzeption (Abb.42). Automation und Abnahme der Erwerbstätigen fördern zusammen mit der Energiekrise die überwiegend künstliche Belichtung und Belüftung der Gebäude und damit ebenfalls eine Zunahme der haustechnischen Einrichtungen.

Der Flexibilitätsanspruch fördert den Einsatz industriell gefertigter, wiederverwendbare Bauelemente und Halbzeuge (z.B. Sandwichpaneele). Die Forderung nach kurzen Bauzeiten führt zur Vorfertigung von Tragwerk und Raumabschluß in Stahl und Beton (Abb.43). Für den Fortschritt im Bauwesen steht auch die Konstruktion hybrider Tragwerke (Abb.44) und der Einsatz neuer Materialien wie Kunststoffe, Halbzeuge und Verbundstoffe.

■ 1.6.2   Industriebaugestaltung

Impulse aus dem Ausland kommen – neben Vorbildern aus den USA – vor allem aus Großbritannien und Italien. Teilweise führen sie das Motiv des klar gegliederten Kubus aus der »Moderne« fort, teils zeigen sie eine expressive Betonung der Konstruktionselemente als Gestaltfaktor wie beispielsweise bei dem Hauptgebäude einer Zeitungsdruckerei in Oxford (1971) von Ove Arup (Abb.45).

Gestaltbildend ist weniger ein Formwille als funktionale, technische oder energetische Anforderungen.

Die technische Prägung in Form und Konstruktion (Stahltragwerk, Verwendung von Halbzeugen, Industrieverglasungen mit minimierten Anschlußdetails) ist ein Kennzeichen der Industriebauten der Zeit. Beispiele hierfür sind das Gebäude der Reliance Controls (1965) in Swindon von Foster, Rogers und Hunt, das Lager-, Ausstellungs-, und Bürogebäude der Möbelfirma B+B in Como (1973) von Renzo Piano (Abb.42) und die Entwicklungen für die Elektronikfirma PATS bei

Cambridge (1976) von Renzo Piano und Richard Rogers (Abb.43).

Die rasche Entwicklung der Produktionstechnologien und der Wandel der Betriebsstrukturen machen es einem Bauherrn nahezu unmöglich, den zukünftigen Bedarf und die zukünftigen Anforderungen zu beschreiben, geschweige denn festzulegen.

Dies schlägt sich im Programm des Industrie- und Gewerbebaus der siebziger Jahre nieder. Forderungen sind die Offenheit für jede Nutzung (Nutzungsflexibilität), für ständig sich verändernde Bedingungen, für Wachsen und Schrumpfen.

Variabilität, Flexibilität, Multifunktionalität sind die Schlagworte (seit) dieser Zeit. Sie führen zu nutzungsneutraler Grundrißorganisation, variabler Raumaufteilung, weitgespannten Dachtragwerken und leichter Erweiterungsmöglichkeit der Industriebauten. Derek Walker erarbeitet 1971 ein System variabler Typenhallen für neue Industrieansiedlungen (Abb.46), Michael Hopkins 1980 den Prototyp einer Gebäudegrundeinheit für den Industriebau (Patera, Abb. 47). Flexibilität in Bezug auf die Gestaltung der haustechnischen Einrichtungen zeigt sich in Bauten wie den IBM-Werken in Cosham (1972) von Norman Foster (Abb.48). Der Wandel der Betriebsstrukturen führt dazu, daß die unterschiedlichen Nutzungsbereiche eines Betriebs sich sowohl organisatorisch als auch gestalterisch weniger abzeichnen (Abb.42 und 49).

Der Forderungen nach kurzer Planungs- und Bauzeit führen zusammen mit der Forderung nach kostengünstiger Errichtung oft zu einer generalisierenden Betrachtungsweise der Planungsprozesse und gestalterisch zu monotonen und austauschbaren »Industriecontainern«. Die Energiekrise fördert das Bewußtsein für die Gebäudebetriebskosten. Die Antwort der Zeit ist analog zu Entwicklungen in der Raumfahrt die künstliche Kontrolle der Gebäudebedingungen (Vollklimatisierung, künstliche Belichtung). Die Verwendung industrieller Baumaterialien unterstützt die gestalterische Einheitlichkeit vieler Industriebauten (Stahlkonstruktion, Trapezblechverkleidung).

1.7 Aktuelle Tendenzen

Die Entwicklungen der letzten Jahre im Gewerbe- und Industriebau sind geprägt von den Entwicklungen in der Wirtschaft selbst. Wirtschaftliche Liberalisierung der Ostblockstaaten führt zu einer Ausweitung des Marktes. Zunehmende Industrialisierung der Schwellen- und Entwicklungsländer verstärkt diese

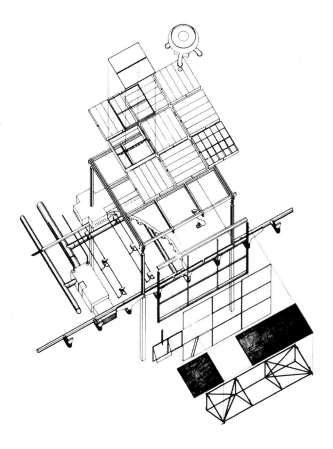

43   *Elektronikfirma PATS bei Cambridge von Renzo Piano und Richard Rogers (1976)*

44   *Hybrides Tragwerk einer Lagerhalle in Genua von Renzo Piano (1966)*

Tendenz. Die Folge sind ein wachsender *Konkurrenzdruck* auf einem sich ausweitenden Markt *(Weltmarkt)* mit sich ständig ändernder Markt- und Wirtschaftslage. Die Flexibilitätsanforderung an die Unternehmen

GESCHICHTE

45   Zeitungsdruckerei in Oxford von Ove Arup (1971-74)

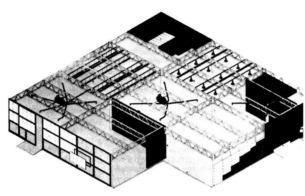

46   Variable Typenhalle für Milton Keynes von Derek Walter (1971)

nimmt zu. Durch *Dezentralisierung* und *Vernetzung* versuchen die Unternehmen der veränderten Situation strukturell zu begegnen. Innerhalb des Finanzwesens wird versucht, durch Währungsunionen den Handel zu fördern (EG beschließt Einführung der europäischen Währung EURO für 1999).

Weltweit *steigende Produktivität* aufgrund des Nachholbedarfs der Entwicklungsländer, kürzerer Produktlebensdauern und massivem Marketingmanagement in den hochentwickelten Industriestaaten verstärken im Gegenzug die *Umweltprobleme.*

Rohstoffverknappung und Umweltverschmutzung, verstärkt durch unzureichende Schutzmaßnahmen in den Entwicklungsländern, Ozonproblematik, Klimaveränderungen durch rücksichtslose Ausbeutung der Rohstoff- und Energieressourcen, führen aufgrund egoistischer Interessen noch nicht zu einer einschneidenden Änderung der auf Konsumtion basierenden Wirtschaft. Umweltkatastrophen und Prognosen wie Tschernobyl (1985), Rheinschäden (1986) und Waldsterben verdeutlichen die ökologischen und sozialen Schäden unseres Wirtschaftens. Sie führen zu zunehmendem Umweltbewußtsein der Käufer.

Durch einen Wettlauf in der *Produktionstechnologie* mit steigender Komplexität der Produktionsanlagen (computergesteuerte Maschinen, Einsatz von Industrierobotern) kann die Produktivität gesteigert und ein Marktvorsprung erreicht werden.

Neue Industrie- und Gewerbezweige vor allem in der Elektrobranche und im Dienstleistungsgewerbe entstehen.

Zunehmende *Rationalisierung* unter anderem durch verstärkten Computereinsatz führen trotz steigender Produktivität zu strukturell bedingter Arbeitslosigkeit.

■ 1.7.1   Technologische Entwicklung

□ Produktionstechnologie

Wichtigstes Kennzeichen der Entwicklung der Produktionstechnologien ist das Fortschreiten der Automation durch den Einsatz moderner Steuerungssysteme auch als *Informatisierung* bezeichnet (Industrieroboter, CIM, CAD). Weitere Entwicklungen sind auf die zunehmende Bedeutung der »Soft«-Faktoren Logistik, Steuerung und Mitarbeitermotivation zurückzuführen. Sie bedingen neue strukturelle Konzepte beispielsweise in der Arbeitsorganisation (Teamarbeit). Kundennahe Produktion führt zur Verlagerung von Arbeitsplätzen in den tertiären Sektor.

□ Bautechnologie

Auch die Entwicklungen im Bauwesen sind durch den Einsatz des Computers gekennzeichnet. Als Planungsinstrument (CAD, AVA-Programme) im Bauwesen fördert er die Zusammenarbeit der Planungsbeteiligten.

Gestalterisch und konstruktiv ergeben sich *neue Lösungen.* So erlaubt der Einsatz computerunterstützter Rechenmethoden bei der statischen Berechnung extreme Optimierungen der Tragwerke. Die Möglichkeit der *Simulation* des energetischen Verhaltens von Gebäuden in der Planungsphase gewinnt Einfluß auf die Formgestaltung.

Veränderte *Herstellungsmethoden* für Bauteile durch den Einsatz computerunterstützter Produktions-methoden (z.B. computergesteuerte Schweißvorrichtungen) fördern die wirtschaftliche und materialsparende Herstellung. Auch individuelle Lösungen lassen sich hierdurch wirtschaftlich realisieren.

Neben dem Einfluß des Computers prägen *veränderte Anforderungen* den Industrie- und Gewerbebau. Die wachsende Bedeutung der Installationen und Gebäudeausrüstung führt zur Unabhängigkeit der Installationen von anderen konstruktiven Systemen zur Gewährleistung der Flexibilität.

Der Einsatz neuer Baumaterialien und Fügungstechniken (z.B. Verbundwerkstoffe, Klebeverfahren) verändert die Detailausformung und den Bauablauf.

Die Bedeutung energetischer und ökologischer Aspekte (durch gesetzliche Auflagen, Baustoffrecycling) beeinflußt zunehmend die Planung und Gestaltung von Industriebauten.

■ 1.7.2 Industriebaugestaltung

Die Veränderungen in Wirtschaft, Produktion und Gewerbe stellen neue Anforderungen an den Industriebau.

Strukturelle Veränderungen bedürfen neuer Bau- und Raumkonzepte. Neben den inneren Anforderungen (Flexibilität) an den Industriebau nehmen verstärkt auch die äußeren Anforderungen zu (wie städtebauliche Anforderungen, Anforderungen an die Arbeitsumfeldgestaltung, ökologische Anforderungen). Dies drückt sich unter anderem in Gesetzen und Verordnungen (BImSch-Gesetz, etc.) und in Auflagen der Bebauungspläne aus, die wiederum Einfluß auf die Industriebaugestaltung haben. Die in den achtziger Jahren aufkommenden »Industrieparks« können als Ausdruck der zunehmenden Bedeutung städtebaulicher Rahmenbedingungen gesehen werden. Als »Retortengeburten« auf der grünen Wiese war der (auch wirtschaftliche) Erfolg dieser Bemühungen jedoch oft gering (Abb.50).

Das heutige Bauen im Bereich von Gewerbe und Industrie ist einerseits geprägt von der Notwendigkeit zu *maßgeschneiderten Lösungen* und unterschiedlichen der jeweilgen Nutzung und Branche angepaßten Bautypen, andererseits zeigt sich aber auch eine deutliche Tendenz zu austauschbaren und *nutzungsneutralen Gebäuden*, die je nach Bedarf unterteilbar und erweiterbar sind (Abb.51).

Der finanzielle Druck auf die Unternehmen bei gleichzeitiger Notwendigkeit zu betrieblicher Flexibilität führt zu neuen Finanzierungstechniken für Industrie- und Gewerbebauten (Leasing). Im Unterschied zu den in den siebziger Jahren entwickelten und verbreiteten strukturellen Erweiterungskonzepten erweist es sich für ein Unternehmen als wirtschaftlicher, ein Gebäude lediglich anzumieten und auf Expansion oder Schrumpfung durch Zumietung, von vorher vertraglich gesicherten Flächen- und Raumoptionen zu rea-

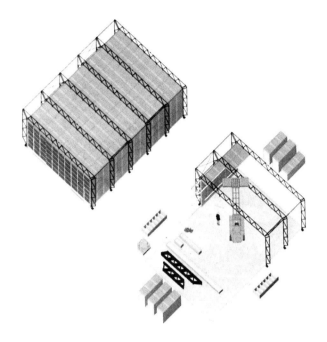

47 Patera - Prototyp einer Gebäudeeinheit für den Industriebau von Michael Hopkins (1980)

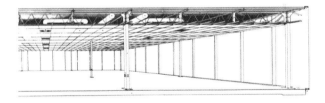

48 IBM Mehrzweckgebäude in Cosham von Norman Foster (1972)

49 Elektronikfirma PATS bei Cambridge von Renzo Piano und Richard Rogers (1976)

50   Industriepark

51   Austauschbare, nutzungsneutrale Industriegebäude

52   Coop Himmelblau

gieren. Die Verantwortung für das Bauen liegt dadurch verstärkt beim Immobilienmarkt und ist durch anonyme Nutzer (Mieter) gekennzeichnet. Allgemein steigen die Anforderung nach erhöhter *Wirtschaftlichkeit* der Bauten in Bezug auf Bau- und Betriebskosten.

Gewerbe- und Industriebauten werden heute überwiegend ohne individuellen Entwurf und ohne Architekten erstellt. Generalunternehmer und Fertighallenanbieter erstellen sie schlüsselfertig. Anstatt ganzheitlicher Planung, die auch Gestaltung und Detailausformung intensiv berücksichtigt, sind vielfach nur noch Baukosten - und Bauzeitenminimierung von Interesse. Die Bauplanung wird Teilbereich der Betriebsplanung.

»Industriebau als »Bauen von der Stange« verlangt nach Architekten, die auf Zusammenarbeit mit dem Bauherrn und den Spezialisten der Bauindustrie vorbereitet sind.«

(*Kaag, in: Ackermann: Industriebau)

Architekturtendenzen der »Postmoderne« oder auch des »Dekonstruktivismus«, die zunächst an formale und architekturtheoretische Aspekte anknüpfen, finden nur vereinzelt Niederschlag im Gewerbe- und Industriebau, dessen Grundkriterien nach wie vor Funktionalität und Nützlichkeit sind (Abb.52).

»Aus der Verpflichtung gegenüber der Natur und dem Menschen leitet sich ein gemeinsamer hoher Anspruch an den Industriebau ab. Er steht auf der Basis bewährter Materialien und Techniken, wenn diese auch in neuer Form angewendet werden. Dauerhaftigkeit, Anpassungsfähigkeit und Flexibilität sind dafür Voraussetzung.«

(*Kaag in: Ackermann: Industriebau)

2. Produkt

2.1 Begriffsdefinition

Im allgemeinen Sprachgebrauch versteht man unter einem Produkt ein Erzeugnis, das das Ergebnis (Output) eines Produktionsprozesses ist.

Aus *absatzwirtschaftlichen Überlegungen* empfiehlt es sich, den Produktbegriff weiter zu fassen.

Unter »Produkt« ist demnach alles zu verstehen, was als eigenständige Einheit mit spezifischer Nutzenstiftung angeboten und vermarktet werden kann. Das können konkrete Objekte, Dienstleistungen, Rechte oder Ideen (Know-How) sein.

»Ein Produkt ist alles, was einem Markt zwecks Erlangung von Aufmerksamkeit, zum Erwerb, zum Gebrauch oder Verbrauch angeboten werden kann und geeignet ist, Wünsche oder Bedürfnisse zu befriedigen. Es umfaßt konkrete Objekte, Dienstleistungen, Personen, Orte, Organisationen und Ideen.«
(*Kotler P./Armstrong G.: Marketing)

Unter *Marketinggesichtspunkten* liegt es nahe, den Produktbegriff anhand der Eignung zur *Bedürfnisbefriedigung* bzw. *Problemlösung* für den Nachfrager zu definieren. Produkte im Sinne von Problemlösungen umfassen über die konkreten Vermarktungsobjekte hinaus auch weitere Marketingleistungen des Anbieters und quasi das gesamte absatzpolitische Instrumentarium, wie Lieferfristen und Beschaffungsmodalitäten, Garantie- und Servicedienste, Beratung und Schulung, etcetera. Abbildung 53 zeigt die verkaufsfördernden Faktoren eines Produktes.

»Während aus produktionswirtschaftlicher Sicht das zu erstellende Produkt als die final angestrebte Ausbringungsmenge der Produktion definiert wird, sind aus absatzwirtschaftlicher Sicht Produkte als Ausbringungsgüter dadurch gekennzeichnet, daß sie zur *Bedürfnisbefriedigung* Dritter geeignet sind. Ein Produkt wird dabei als eine Menge von Eigenschaften verstanden, die in der Lage sind, bei den potentiellen Verwertern einen *Nutzen* zu stiften. Ein Nachfrager erwirbt damit ein Produkt, um aus ihm einen Nutzen zu ziehen, was letztlich eine bestimmte Verwendungssituation unterstellt.«
(*Corsten H.: Lexikon der Betriebswirtschaftslehre)

Im Folgenden werden die bereits verwandten Begriffe »Nutzen« und »Bedürfnis« erläutert.

☐ **Nutzen und Nutzenkategorien**

Unter *Nutzen* wird das Maß der *Bedürfnisbefriedigung* verstanden, das einem Käufer aus der Verwendung von Produkten erwächst. Der Nutzen kann in

53   Verkaufsfördernde Faktoren eines Produktes

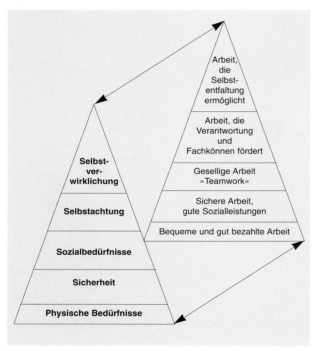

54   Bedürfnispyramide nach Maslow

Nutzungskategorien unterteilt werden. Hierbei unterscheidet man in *Grund-* und *Zusatznutzen*. Der Grundnutzen knüpft an die eigentliche Funktion des Produktes an (funktionaler, stofflich-technischer Nutzen). Mit dem Zusatznutzen wird eine darüberhinausgehende geistig-seelische oder soziale Nutzenstiftung erfaßt. Der Zusatznutzen ist ein persönlich empfundener Nutzen. Er läßt sich in individuellen (Ästhetik, Selbstverwirklichung, Wohlbefinden) und sozialen Nutzen (Geltungsnutzen, soziale Anerkennung, Image) differenzieren. Bei den heute angebotenen Produkten ist der Grundnutzen häufig sehr ähnlich (z.B. das technische Niveau der Produkte). Hierdurch gewinnt der Zusatznutzen eines Produktes (Verpackung, Marke, Image) immer größere Bedeutung.

☐ **Bedürfnis**

Zur Charakterisierung und Hierarchisierung von Bedürfnissen hat Maslow ein anschauliches und weit verbreitetes Modell entwickelt. Die *Bedürfnispyramide von Maslow* zeigt einzelne Bedürfnisse und ihr Verhältnis zueinander.

In der Reihenfolge ihrer Wichtigkeit werden psychologische Bedürfnisse sowie Bedürfnisse nach Sicherheit, sozialer Integration, Anerkennung und Selbstverwirklichung unterschieden (Abb.54). »Ein Bedürfnis ist ein Gefühl des Mangels, den eine Person empfindet.« (*Kotler P./Armstrong G.: Marketing). Die ranghöheren Bedürfnisse gewinnen nach Maslow erst an Bedeutung, wenn die rangniedrigeren befriedigt sind.

■ **2.1.1   Zur Situation**

Die zunehmende Konkurrenz auf dem Weltmarkt mit sich ständig ändernder Markt- und Wirtschaftslage stellt *neue Anforderungen* an Produkte und Produktion.

Ständige Marktbeobachtung und Marktforschung zur Erschließung neuer Absatzmärkte sowie permanente Anpassung der Produkte und des Produktmix an die aktuelle Marktsituation werden notwendig, um auf dem *dynamischen Weltmarkt* konkurrenzfähig zu bleiben.

Bereits bei der Produktgestaltung müssen zukünftige Entwicklungen mitberücksichtigt werden. Die Produktentwicklung und Anpassung muß sich in immer kürzeren Zeitintervallen vollziehen.

Methoden zur effektiveren und kostengünstigeren Produktion sind erforderlich. Hinter »Philosophie der schlanken Fabrik«, »lean production«, Rationalisierung durch Automation verbergen sich einige dieser Konzepte, die sich bisher überwiegend auf den Logistikbereich konzentrieren.

Weltweit *steigende Produktivität*, unter anderem aufgrund zunehmender Industrialisierung der Entwicklungs- und Schwellenländer (auf technologisch niedrigem Niveau) verändern den Produktionssektor, verstärken aber auch die bereits existierenden Umweltprobleme (Klimaproblematik, Rohstoffverknappung). Die *Umweltsituation* wird sich zukünftig verstärkt auf die Marktlage und darüber wiederum auf die Produktgestaltung auswirken -->siehe Kap. 2.9.

Die Entwicklungen in Industrie und Gewerbe sind durch zunehmende *Dezentralisierung* und *Vernetzung* bezüglich Informationstechnik, Marketing, Produktpolitik, Logistikplanung, Unternehmensstruktur gekennzeichnet. Auch diese Entwicklungen beeinflussen letztendlich das Produkt und die Produktion (z.B. die Produktkonstruktion, den Aufbau eines Produktes aus mehreren Komponenten, so daß mehrere Zulieferfirmen Einzelbausteine produzieren). Ziel der Unternehmensplanung muß eine Verbesserung der *Flexibilität*, *Transparenz* und Logistikleistung in der Produktion sein.

☐ **Standort Deutschland**

Um im Produktions- und Gewerbesektor wirtschaftlich arbeiten zu können, sind in Deutschland, im Vergleich zu anderen Ländern, besondere Anstrengungen erforderlich (Abb.55).
Nachteile des Standortes Deutschland im internationalen Vergleich sind:
– hohe Produktionskosten
– hohe Lohnkosten
– hohe Bodenkosten (Grundstückskosten)
– hohe Gebäudekosten
– hohe Energiekosten
– geringe Rohstoffvorkommen
– Vielzahl gesetzlicher Auflagen
– Restriktionen durch staatliche Umweltschutzpolitik
– große Anzahl gesetzlicher und anderer freier Arbeitstage
– hohe Besteuerung des Gewinns.

Hierdurch besteht die Gefahr der Verlagerung der Produktion an andere Standorte. Langfristig bedeutet eine solche Entwicklung für Deutschland einen Wandel von der *Industrie-* zur *Dienstleistungsgesellschaft*. Für den Produktionsbereich folgt daraus eine Verlagerung der Fertigung auf Produkte mit anspruchsvoller Fertigungstechnologie, wodurch die Konkurrenz weniger hochentwickelter Industrieländer mit niedrigerem Lohnniveau keine existenzgefährdende Wirkung haben kann.
Die gegenwärtige wirtschaftliche Rezession und die damit verbundene Reduktion der Kaufkraft führt zusammen mit der Öffnung der Märkte dazu, daß die Ansprüche des Kunden an die Produkte steigen. Die *Käufermarkt-Situation* bewirkt eine zunehmende *Kundenorientierung* (Abb.59) der Produktion und führt zu einer Modifikation der Produkte (Produkt auf Anfrage, Varianten, individuelle Serie, Baukasten).

Weitere Folgen für das in Deutschland produzierte industrielle Produkt sind:
– zunehmende *Wertschöpfungsorientierung*
– Erweiterung des Leistungsspektrums durch Angebot von *Produkt plus Nebenleistungen*, z.B. Know-How, Servicedienste, Beratung, Reparaturdienst, Planung
– Trend zur Produktion von kleineren Fertigungseinheiten (Einzelfertigung, Kleinserien)
– Trend zu kleineren und leichteren Produkten.

Diese Entwicklungen haben wiederum Einfluß auf den Produktionssektor im allgemeinen:
– Ausbau eines Dienstleistungssektors, durch den die Produkte zusammen mit Gesamtanlagen oder in Form von Problemlösungen für spezielle Anwendungen angeboten werden
– Bedeutungszuwachs von Forschung und Entwicklung
– veränderte Anforderungen an die Mitarbeiterqualifikation
– zunehmende Bedeutung der Produktionsflexibilität.

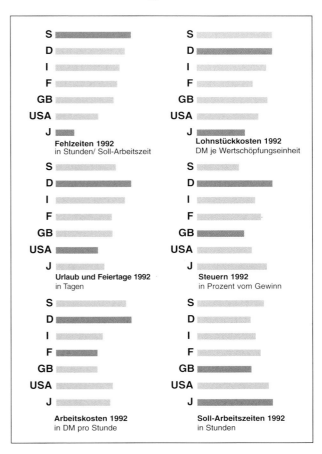

55 Standort-Kennzahlen

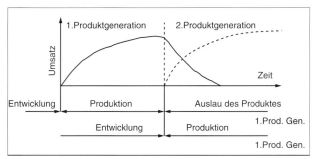

56 Produkt-Generationsfolge

2.2 Produktcharakteristika

Im Folgenden werden einige wichtige Begriffe erläutert, die von Unternehmen und Produktentwicklern zur Charakterisierung und Beurteilung von Produkten verwandt werden.

☐ Produktlebensdauer

Unter Produktlebensdauer versteht man die *Lebensdauer* eines Produktes *am Markt* bis zur Ablösung von Nachfolgeprodukten und der damit verbundenen Einstellung der Produktion (Abb.56). Der Betrachtungszeitraum kann über die Marktphase eines Produktes hinaus um die Entstehungsphase (Produktfindung, -entwicklung und -realisierung) und die Demontage- oder Rückstandsphase erweitert werden (Abb.57).

Im *Lebenszyklusmodell* werden objektcharakteristische Maßgrößen zur Zeit in Bezug gesetzt. Der Produktlebenszyklus beschreibt in der Regel die Absatzentwicklung (gemessen an Umsatz oder Deckungsbeitragentwicklung) im Zeitverlauf.

Das sogenannte Lebenszykluskonzept befaßt sich ganz allgemein mit dem zeitlichen Entwicklungsverlauf von Objekten, die während ihrer Existenz verschiedene Entwicklungsphasen durchlaufen. In der Regel unterscheidet man in *Einführungs-*, *Wachstums-*, *Reife-* und *Verfallsphase*. Das Lebenszykluskonzept läßt sich außer auf Produkte und Produktgattungen auf Mode- und Stilrichtungen, Unternehmen, Betriebsstätten und Gebäude anwenden. Es stellt den Versuch einer Verallgemeinerung empirischer Beobachtungen dar, die im einzelnen mehr oder weniger ähnliche Entwicklungsverläufe erkennen lassen. Das Standardmodell des Lebenszyklus unterstellt einen S-förmigen Verlauf der Entwicklung über die Zeit (Abb.58). Das Lebenszykluskonzept dient als grobe Orientierungshilfe für Prognose- und Entscheidungszwecke.

Allgemein ist bei Produkten der Trend zu beobachten, daß die Lebenszyklen immer kürzer werden. So findet

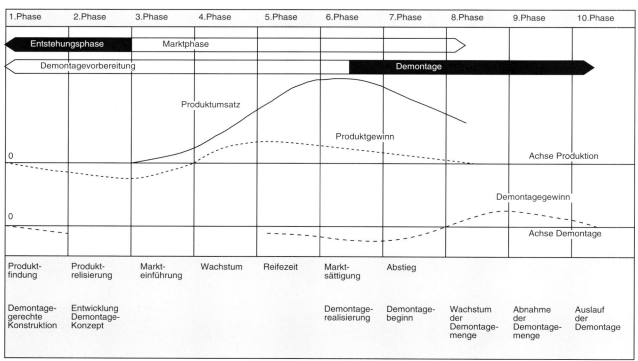

57 Erweiterter Produktlebenszyklus

beim Auto die Ablösung durch Nachfolgemodelle derzeit nach circa 5 Jahren statt, in den fünfziger Jahren dagegen nach circa 10 Jahren. Diese Tendenz wird sich aufgrund steigender Produktivität und rascher technischer Entwicklung voraussichtlich noch verstärken.
An dieser Stelle soll noch auf die *Diskrepanz* zwischen der Produktlebensdauer (circa 5 bis 7 Jahre) im Vergleich zur Lebensdauer der zu ihrer Produktion benötigten Betriebsmittel (circa 10 bis 15 Jahre) und zur Lebensdauer von (Betriebs-)Gebäuden (circa 30 bis 50 Jahre) hingewiesen werden. Der Trend zu immer *kürzeren Lebenszyklen* ist in allen drei Bereichen zu beobachten. Aus der gegenseitigen Abhängigkeit der Systeme ergeben sich folgende Forderungen:
– Flexibilität der Produktion, des Produktionsprogrammes (Abb.59)
– Flexibilität der Betriebsmittel
–> siehe Kap. 4.4.1
– Flexibilität der Gebäude –> siehe Kap. 2.9.

☐ **Produktbreite und -tiefe**
Produktbreite und -tiefe sind wesentliche Charakteristika bei der Produktentwicklung und bei der Zusammenstellung des *Produktmix*, das heißt der Gesamtheit der Produkte, die ein Unternehmen anbietet. Die *Produktbreite* bezieht sich auf die Anzahl unterschiedlicher Produkte. Die *Produkttiefe* kennzeichnet die Variantenvielfalt innerhalb einer Produktlinie, wobei man unter *Produktlinie* eine Gruppe von Produkten versteht, die für die gleiche Verwendung angeboten werden und oft ähnliche physikalische Eigenschaften haben (Abb.60).
Die Festlegung der Produktbreite und -tiefe ist ein strategisches Instrument im Rahmen der *Produktpolitik* und fällt damit in den Rahmen der *Marketinginstrumente*
–> siehe Kap. 2.5.
Je nach Produkt bieten sich unterschiedliche Gliederungskriterien für Produktbreite und -tiefe an:

Verwendungszweck/ Einsatzgebiet
– allgemein
– vielfältig
– anpassungsfähig
– Spezialeinsatz.

Verwendungsart/ Nutzer
– Industrie
– Handwerk
– Spezialist
– Hobby.

Qualitätsstufe
– Durchschnittsqualität
– Präzisionsqualität
– Hobbyqualität
– Spielzeugqualität.

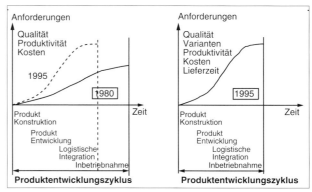

58 *Entwicklung der Produktlebenszyklen*

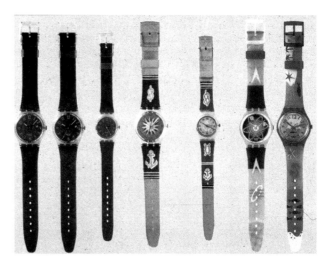

59 *Individuelle Serie – Beispiel aus: Swatch-Programm »Spring-Summer 1992«*

	Produktbreite		
	Produktlinie A	Produktlinie B	Produktlinie C
Produkttiefe	Produkt A 1	Produkt B1	Produkt C 1
	Produkt A 2		Produkt C 2
	Produkt A 3		Produkt C 3
			Produkt C 4

60 *Produktbreite und Produkttiefe*

Nutzungsdauer
– Langzeitgüter / -produkte
– kurzlebige Produkte.

Preisgestaltung
– Preis
– Konditionen
– Rabatte
– Kredite
– Ratenzahlung (Leasing).

Nebenleistungen
– Zusatzausrüstungen
– Kundendienstleistungen (Service, Beratung, Reparatur)
– Garantieleistungen (Rücknahmepflicht)
– Kompatibilität mit anderen Produkten
– Aus- und Weiterbildung der Belegschaft
– Lizenzvergabe
– Know-How-Transfer
– Projektierung und Planungsarbeit
– Erarbeitung von speziellen Problemlösungen
– Transfer von zukünftigen Weiterentwicklungen und Verbesserungen.

Präsentation
– Engros-Verpackung
– Einzelverpackung
– Geschenkverpackung
– Sichtverpackung
– Werbung
– Marke, Markenname.

Gestalt, Form
– Design
– Mode.

☐ **Produkttyp/-art**

Der Produkttyp oder die Produktart charakterisiert ein Produkt nach der *Absatzstruktur*. Man unterscheidet grundsätzlich folgende Produkttypen:
– auftragsorientierte (Kunden-)Produktion mit *kundenindividuellen Produkten*
– marktorientierte Produktion mit *standardisierten Produkten*.

☐ **Produktfeld**

Ein Produktfeld umfaßt die Produkte, die sich gedanklich auf ein Grundprodukt zurückführen lassen. Es besteht eine verwendungs- oder technologiebezogene Verwandtschaft. Ein Produktfeld ist ausschließlich qualitativ spezifiziert und weist keine Mengenorientierung auf. Die Grenzen eines Produktfeldes sind vom zugrundeliegenden Grundprodukt abhängig. Produktfelder charakterisieren das *generelle Betätigungsfeld* eines Unternehmens und werden im Rahmen der Programmplanung festgelegt.

☐ **Produktionsmenge**

Die Produktionsmenge ist ein quantitatives Kriterium zur Beschreibung von Produkten. Nach der Produktionsmenge (Stückzahl, Mengeneinheit) unterscheidet man:
– Massenprodukt
– Kleinserien
– Einzelfertigung
– Prototypen.

☐ **Marketingziele**

Marketingziele für ein Produkt leiten sich grundsätzlich aus den *Unternehmenszielen* ab. Marketingziele lassen sich nach unterschiedlichen Aspekten gliedern. Die Produktpolitik ist ein wichtiges Instrument der Marketingpolitik zur Durchsetzung der Marketingziele. Die marketingpolitischen Instrumente charakterisieren ein Produkt und sind bereits in der Planungsphase der Produktentwicklung festzulegen.
–> siehe Kap. 2.5

☐ **Ökonomische Charakteristika**

Die *Rentabilität* eines Produktes ist für ein Unternehmen von vorrangigem Interesse. Sie wird im Rahmen des Produktinnovationsprozesses anhand der *Wirtschaftlichkeitsanalyse* vor der Produktentwicklung überprüft. Dafür stehen mehrere Methoden zur Verfügung. Ohne näher auf diese eingehen zu können, seien genannt:
– Gewinnvergleichsrechnung
– Break-even-Analyse
– Kapitalwertmethode
– Risikoanalyse.

Für die Rentabilität eines Produktes und damit das unternehmerische Risiko sind folgende Aspekte von Interesse:
– Kosten: Lizenzkosten, Entwicklungskosten, Herstellungskosten (Materialkosten, Lohnstückkosten, Energiekosten, Zulieferteilkosten, Vertragsbedingungen)
– Marktwert, Preis, Umsatz, Gewinn

– Umsatzkurve eines Produktes über die Lebenszeit (Abb.61)
– Kapitalbindung (im Material gebundenes Kapital, im Produkt gebundenes Kapital, in Betriebsmitteln gebundenes Kapital).

☐ **Logistikaspekte**

Unter Logistikaspekten sollen sämtliche beschaffungs- und absatzpolitische Kriterien zusammengefaßt werden, die ein Produkt beeinflussen.
Zur Durchsetzung der absatzpolitischen Ziele stehen die marketingpolitischen Instrumente der Distributionspolitik zur Verfügung. –> siehe Kap. 2.5.
Die *Distributionspolitik* beeinflußt zusammen mit der Beschaffungspolitik die Produktentwicklung und -gestaltung. So ist beispielsweise zu überlegen, ob ganz bestimmte Teile, Maschinenelemente oder ganze Bauteile eines Produktes als Zukaufteile integriert werden können. Dies verkürzt die Durchlaufzeit und spart Konstruktions- und Planungskosten bei der Produktentwicklung.
Folgende Logistikaspekte charakterisieren ein Produkt:
– Beschaffungsmodalitäten
– Materialbeschaffung und Materialeigenschafte (Ausgangsprodukte, Rohmaterial, Halbfabrikate und Komponenten)
– Anteil Kaufteile und Eigenproduktion
– Materialentsorgung, Abfallprodukte (Recyclinganforderung, Ressourcenschonung, Möglichkeit der Kreislaufwirtschaft, Kuppelproduktion)
– Absatzwege (direkte oder indirekte Absatzwege)
– Marketing-Logistik.

☐ **Infrastrukturelle Aspekte**

Zunehmende Energieverknappung veranlassen dazu, infrastrukturelle Aspekte bereits bei der Produktentwicklung zu berücksichtigen. Die Reduktion des Energieverbrauchs ist zu einem wichtigen Faktor geworden, um wirtschaftlich produzieren zu können. Rationalisierungen und Produktanpassungen beziehen sich immer häufig auf die Optimierung infrastruktureller Aspekte.
Bei der Produktentwicklung interessieren folgende Aspekte:
– Menge und Art der zur Herstellung benötigten Medien
– Menge und Art der zur Demontage benötigten Medien.

☐ **Fertigungstechnische Aspekte**

Für die Fertigung sind folgende Produktcharakteristika entscheidend:
– Fertigungsmaterial
– Abmessungen: Länge, Breite, Höhe, Größe, Gewicht, Volumen
– Konstruktion
– Fertigungsverfahren (Fertigungstechnologie)
– Fertigungsmengen/ -einheiten
– Variantenvielfalt (Baukastentyp, Serie).

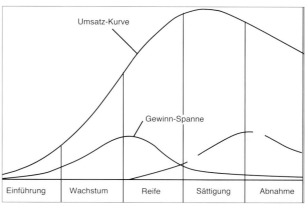

61   Lebenslauf eines Industrieerzeugnisses

☐ **Rechtliche Aspekte**

Bei der Entwicklung, Einführung, Produktion und dem Vertrieb von Produkten sind zahlreiche rechtliche Regelungen, Normen und Vorschriften zu beachten.
Der Waren- und Informationsaustausch zwischen den Ländern der ganzen Welt, insbesondere aber innerhalb Europas, nimmt ständig zu. Daher ist es wichtig, neben den rechtlichen Regelungen des Produktions- oder *Herstellungslandes* auch die *Gesetze und Vorschriften* des entsprechenden *Bezugsmarktes* eines Produktes zu beachten und hierbei zukünftige Entwicklungsmöglichkeiten offenzuhalten.
Zur Beseitigung technischer *Handelshindernisse* wurden für die Mitgliedsländer der Europäischen Gemeinschaft (EG) im Europäischer Wirtschaftsgemeinschaft-Vertrag (EWG-Vertrag) verbindliche Richtlinien vereinbart.
Die Kennzeichnung CE (Abb.62) ist beispielsweise Nachweis für die sicherheitsgerechte und gesundheitsschutzgerechte Beschaffenheit eines Produktes nach europäischen Richtlinien.
Die Richtlinien der EG werden erst mit der Überführung in deutsche Vorschriften und Regeln für

62 CE-Kennzeichnung

Deutschland verbindlich. Zahlreiche deutsche Vorschriften wurden zur Umsetzung der europäischen Richtlinien erlassen. Zugleich wurden viele nationale Vorschriften an *europäische Normen* (Euronormen EN) oder *internationale Normen* (ISO) angepasst.
Die europäischen Normen wurden vom Deutschen Institut für Normung in die *DIN-Normen* übernommen. Darüberhinaus sind für die Produkte und deren Produktion in Deutschland vor allem die Vorschriften und Regeln des Arbeitsschutzes von Belang.
–> siehe Kap. 3.1.2 und 4.2.1.

Als wichtige rechtliche Regelungen und Normen bei der Entwicklung, Produktion und dem Vertrieb von Produkten seinen genannt:
– Normen der CEN (Comité Européen de Normalisation)
– Normen des CENELEC
  (Comité Européen de Normalisation Electronique)
– Richtlinien nach Artikel 100 a EWG-Vertrag
– Richtlinien nach Artikel 118 a EWG-Vertrag
– Bauproduktegesetz
– Gerätesicherheitsgesetz (GSG)
– Verordnung über das Inverkehrbringen elektrischer Betriebsmittel (1. GSGV)
– Verordnung über das Inverkehrbringen von einfachen Druckbehältern (6. GSGV)
– Chemikaliengesetz
– Chemikalienverbotsverordnung
– Strahlenschutzverordnung
– Röntgenverordnung
– Verordnung über elektromagnetische Felder
– Gefahrstoffverordnung
– Technische Regeln für Gefahrstoffe (TRSG)
– DIN-Normen
– Schutzrechte (Gebrauchsmusterschutzrecht, Geschmacksmusterschutzrecht, Patentrechte)
– Werksnormen.

2.3   Markt

Der Markt ist ursprünglich der ökonomische Ort des Tausches. Er besteht aus *Abnehmern* (Kunden) mit ihrem Bedarf und *Anbietern* mit ihren Produkten, Waren und/oder Dienstleistungen. Er wird durch die Übereinstimmung beziehungsweise Diskrepanz zwischen den Vorstellungen des *Angebots* und der *Nachfrage* über die Eigenschaften und Preise der Produkte bestimmt. Der *Preis* ist der in Geld ausgedrückte Tauschwert eines Gutes. Die Preishöhe kann dabei als Indikator für die relative Knappheit der Güter interpretiert werden. In der Marktwirtschaft sind Märkte und die sich dort bildenden Preise von zentraler Bedeutung. Sie haben Steuerungs- und Koordinationsfunktion – beispielweise die Koordinationsfunktion des Preismechanismus, des Marktausgleiches und des Marktgleichgewichtes.
»Der Markt ist in seiner Idealform nicht nur Stätte der Begegnung, sondern auch das älteste und zugleich wirksamste Steuerungsmittel für den Fluß von Mengen, Werten und Informationen. Dabei erfüllt er eine wichtige Aufgabe als Forum des Leistungsvergleichs zwischen wirtschaftenden Menschen [....]. Die Ausbalancierung des Angebots und der Nachfrage mit Berücksichtigung der Vorräte bildet wohl eines der zentralen Probleme der Wirtschaft in den kommenden Jahrzehnten. Es bleibt dahingestellt, ob die erst anlaufende sogenannte zweite industrielle Revolution mit ihren kaum übersehbaren Möglichkeiten der Computer- und Informationstechnik dieses Problem zufriedenstellend lösen kann.«
(*Aggteleky, B.: Fabrikplanung, Band 1)

■ 2.3.1   Markttypologie

Im Folgenden sollen einige Begriffe erläutert werden, die den Marktbegriff näher charakterisieren. Zunächst werden hierbei typologische Gliederungkriterien erläutert, die zur Spezifizierung des Marktes herangezogen werden, danach diejenigen, die den Markt näher definieren.

☐ Markttypologie

Typologisch läßt sich der Markt grundsätzlich gliedern in den *Gesamtmarkt* als Markt aller wirtschaftlichen Güter und in *Partialmärkte* als Märkte für ein Produkt (z.B. Automarkt, Immobilienmarkt).
Der *Absatzmarkt* eines Unternehmens ist der Ort, auf dem die von einem Unternehmen produzierten oder erworbenen Güter veräußert werden. Der *Absatz* ist die

entgeltliche Verwertung der erstellten Leistungen am Markt und somit eine produktive Aktivität, die mit einer rechtlichen Transformation einhergeht (Eigentumsrecht). Zum Absatz zählen alle Aktivitäten, die die Beziehungen einer Unternehmung mit dem (Absatz-) Markt zum Gegenstand haben. In dieser Betrachtungsweise nähert sich der Begriff Absatz dem Marketingbegriff an. Marketing impliziert darüberhinaus eine aktive Gestaltung der Märkte.

Weiterhin lassen sich die Märkte nach sachlichen (Sachgüter-, Dienstleistungsmarkt), räumlichen (regionale Märkte), zeitlichen (zeitpunktbezogene Märkte: Börse, saisonale Märkte: Weihnachtsmarkt), qualitativen (vollkommene und unvollkommene Märkte, Verhaltensweise der Marktteilnehmer) Merkmalen unterteilen.

Wettbewerbspolitisch wichtig ist die Abgrenzung des relevanten Marktes oder *Bezugsmarktes*.

Marktformen stellen eine Klassifikation der Märkte nach Eigenschaften dar, die für die Erklärung der Preisbildung relevant sind. Es kann hierbei nach quantitativen (Anzahl der Marktteilnehmer) und qualitativen (Vollkommenheitsgrad des Marktes) Merkmalen unterschieden werden (Abb.63).

Eine der meistverbreitesten Gliederungsgesichtspunkte bezieht sich auf die Marktkonstellation zwischen Angebot und Nachfrage. Man unterscheidet hiernach:
– die Konstellation des *Käufermarktes*, in der das Angebot dominiert und die Nachfrage den Engpaß des Wertflusses bildet
– Die Konstellation des Verkäufermarktes, in der die Anfrage überwiegt und auf der Angebotsseite der Engpaß liegt.

Je nach Konstellation ist ein unterschiedliches Vorgehen (Marketingkonzept) notwendig. Idealzustand wäre die Ausgewogenheit von Angebot und Nachfrage.

■ 2.3.2 Marktcharakteristika

Nach der grundsätzlichen typologischen Einteilung der Märkte sollen hier einige Kriterien zur Charakterisierung der Märkte, insbesondere zur Definition der Beziehung Markt – Käufer und der Beziehung Markt – Produkt, erläutert werden.

☐ Marktanteil

Marktanteil ist ein *Kundenkreis*, der die Produkte, Waren oder Dienstleistungen eines Unternehmens

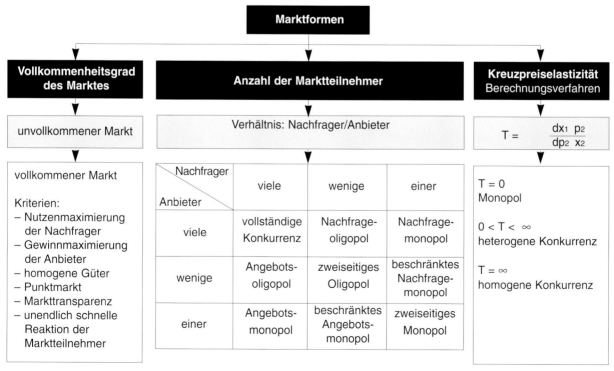

63 Marktformen

zur Deckung seines Bedarfs bezieht (bezogen auf den Marktumfang, d.h. die Nachfrage bezogen auf den Gesamtmarkt).

□ **Marktbereich**

Nach dem Verhalten der verschiedenen *Käuferkreise* gegenüber dem Produkt unterteilt man den Absatzmarkt in Marktbereiche. Typische Marktbereiche sind:
- konservativer Abnehmerkreis, der auf das Bewährte zurückgreifen will
- informierte Kunden, die ihre Auswahl kritisch treffen
- avantgardistisch eingestellte Kundschaft mit anspruchsvollen Sonderwünschen.

Der Marktbereich ist ein Kriterium zur Bestimmung des *Bezugsmarktes*. Bei der Produktentwicklung ist die Berücksichtigung der Marktbereiche (Zielgruppen) von entscheidender Bedeutung, beispielsweise für die Produktgestaltung, aber auch für die Preisbildung.

□ **Marktbreite**

Neben dem Marktbereich kann die Definition des Bezugsmarktes nach verschiedenartigen Parametern oder nach ihrer Kombination vorgenommen werden:
- *geographische Gebiete:* lokal, regional, Inlandmarkt, Kontinentalmarkt
- *Wirtschaftsgebiete:* nach Zoll- und Tarifschranken, Transportentfernung, nach Kultur- und Sprachgebieten, Gewohnheiten und Kundentreue
- *Bedürfnisstruktur:* Nutzungsart, Einsatzgebiet, Qualitätsanforderungen und Preisvorstellungen
- *Wirtschaftslage:* Entwicklungsstand, techn. Infrastruktur, Wohlstand, Kaufkraft, Ansprüche, Modebewußtsein
- *Käuferschicht:* Handwerk, Industrie, Konsumgut, spezifische Käuferschichten, Qualitätsanspruch, Geschmacksrichtung
- *Absatzwege:* Großhandel, Fachhandel, Warenhaus, Kleinhandel, Direktverkauf, Versandhaus, Kopplungsmöglichkeit mit anderen Produkt/Markt-Bereichen.

□ **Marktwert**

Der Marktwert bezieht sich auf das Produkt. Er setzt sich aus mehreren *Nutzfaktoren* zusammen:
- *materieller Nutzen* einschließlich der materiellen Lebensdauer der Produkte, Waren oder Dienstleistungen
- *funktionaler Nutzen* einschließlich der funktionalen Lebensdauer
- *meinungsmäßiger Nutzen* – ein nicht quantifizierbarer Zusatznutzen –> siehe Kap. 2.1.

Zur Veranschaulichung und Analyse der Beziehungen zwischen Marktbereichen (Käuferschichten) und Produktarten, ferner der an den Betrieb gestellten spezifischen Forderungen kann der *Marktwertschlüssel* (Abb.64) herangezogen werden.

■ **2.3.3 Marktprozeß und Marktzyklus**

Ein Markt stellt nichts Gegebenes dar, sondern ist Ergebnis unternehmerischen Handelns.

□ **Marktprozeß**

Der Marktprozeß läßt sich dabei gedanklich in die Triebkräfte *Innovation, Arbitrage* und *Akkumulation* zerlegen.

□ **Marktzykus**

Jeder Markt durchläuft verschiedene *Phasen*, die sich sowohl hinsichtlich der zeitlichen Ausprägung als auch in Bezug auf das Absatzprofil und den dominierenden Unternehmertyp unterscheiden. Der Marktzyklus im Sinne eines theoretischen Konstrukts ordnet diese Phasen in einen schematischen Verlauf (Abb.65). Hinter einem solchen Marktzyklus verbergen sich stets einzelne Produktzyklen, die jedoch nicht eine gegebene Größe darstellen, sondern vom Unternehmer durch *Aktionen* und *Reaktionen* mitgestaltet werden können. *Produktzyklen* sind in der Regel kürzer als Marktzyklen. Es kommt jedoch auch vor, daß ein Produkt verschiedene Märkte überlebt, beispielsweise durch Erschließung neuer Verwendungsmöglichkeiten. Ein Unternehmen, das langfristig am Markt existieren will, kann sich unter Wettbewerbsverhältnissen nach der Schaffung eines Produktes oder eines Marktes nicht auf seinen Lorbeeren ausruhen. Es ist herausgefordert, das angerissene Marktpotential zu erschließen. Hierbei kommt dem Produkt als Aktionsparameter eine besondere Bedeutung zu –> siehe Kap. 2.2.

■ **2.4 Marketing**

Unter Marketing im engeren Sinne versteht man das auf den Absatzmarkt bezogene Entscheidungsverhalten kommerzieller Unternehmer.
»Marketing bedeutet die konsequente Orientierung des unternehmerischen Denkens und Handelns am

Markt« (*Baaken, T.: Markt)
Detailliertere Definitionen beschreiben Marketing als Ausdruck für eine umfassende Philosophie und Konzeption des Planens und Handelns, bei der – ausgehend von systematisch gewonnenen Informationen – alle Aktivitäten eines Unternehmens konsequent auf die gegenwärtigen und zukünftigen Erfordernisse der Märkte ausgerichtet werden. Alle unternehmerischen Aktivitäten gründen in der Absicht, durch Bedürfnisbefriedigung gewinnbringende Austauschprozesse mit einer bestimmten Zielgruppe zustandezubringen, um damit die Unternehmensziele zu erreichen.

Der Marketingbegriff läßt sich demnach in unterschiedliche *Bedeutungsebenen* gliedern:
– Marketing als unternehmerische Maxime
– Marketing als Mittel
– Marketing als Methode.

☐ **Marketing als unternehmerische Maxime**
In Abhängigkeit von der jeweiligen Marktsituation ergeben sich unterschiedliche Marketingmaxime, das heißt spezifisch marktorientierte Denkhaltungen und Grundverhaltensanweisungen, an denen sich alle unternehmerischen Entscheidungen ausrichten sollen:
– Maxime der Kundenorientierung (in Käufermarktsituationen)
– Verteilungsorientierung (in Verkäufermarktsituationen)
– Verkaufsorientierung (z.B. bei relativer Sättigung des Marktes)

☐ **Marketing als Mittel**
Hierunter ist der systematische Einsatz von Instrumenten (*Marketinginstrumenten*) zur Entwicklung, Durchdringung oder Ausweitung von Märkten zu verstehen. Marketing ist nicht nur eine passive Anpassung des Angebots an bestehende Bedürfnisstrukturen, sondern auch *aktive* Beeinflussung der Marktpartner (Kunden, Konkurrenz). So geht es beispielsweise darum, Bedürfnisse in Bedarf und diesen wiederum in Nachfrage umzuwandeln, die auf das unternehmerische Angebot gelenkt wird. Weitere Zielsetzungen können sein, die Konsumintensität zu erhöhen, die Nachfrage zeitlich zu verlagern, neue Absatzschichten oder Absatzgebiete zu erschließen. Zu diesem Zweck müssen alle Marketinginstrumente im Marketingmix koordiniert und zielorientiert eingesetzt werden.

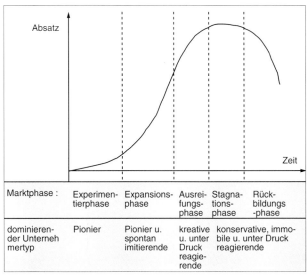

64 Marktwertschlüssel

65 Marktzyklus

☐ **Marketing als Methode**
Marketing als Methode meint die systematische Entscheidungsfindung und deren unternehmerische Institutionalisierung im Marketing-Management.
Dies umfaßt sämtliche Aufgaben des Marketing-Mana-

gements wie: zielgerichtete Planung, Gestaltung, Koordination und Kontrolle aller absatzbezogenen Maßnahmen. Eine wichtige Aufgabe des *Marketing-Managements* im Bereich der Planung ist die Aufstellung einer *Marketingkonzeption*. Dabei handelt es sich um einen umfassenden gedanklichen Entwurf, der sich an einer Leitidee (Unternehmenszielen) orientiert und grundlegende Handlungsrahmen festlegt.

☐ **Der erweiterte Marketingbegriff**

Ähnlich wie beim Produkt gibt es Überlegungen, den Marketingbegriff auszudehnen, um seine Anwendbarkeit auf verschiedene aktuelle Vorgänge zu garantieren.

Marketing bezeichnet im weitesten Sinne alle Prozesse der Schaffung, Gestaltung und Auflösung von Austauschbeziehungen. Im Mittelpunkt des *erweiterten Marketingbegriffs* steht der Terminus »*Transaktion*«, definiert als Austausch von Werten zwischen zwei oder mehr Parteien.

Eine Transaktion findet zwischen *Transaktionssubjekten* (Institutionen oder Personen, die als marketingtreibende Subjekte auftreten) und *Transaktionspartnern* (den Institutionen oder Personen, die als Austauschpartner für Transaktionen auftreten) statt. Die Werte, die zum Gegenstand der Transaktion gemacht werden, bezeichnet man als Transaktionsobjekte. Entscheidend dabei ist die Ausdehnung der Transaktionssubjekte über kommerzielle Unternehmen hinaus auf politische, soziale oder kulturelle Institutionen. Transaktionspartner können auch aus der nicht-marktlichen Umwelt kommen. Hierdurch kommen als *Transaktionsobjekte* zusätzliche Produkte wie Zeit, Werte oder Unterstützung hinzu.

Einer der Gründe für eine derartige Erweiterung des Marketingbegriffs ist eine gesellschaftlich, vor allem verbraucherpolitisch und ökologisch motivierte Kritik am kommerziellen Marketing-Konzept. Als Alternative wird beispielsweise das *Öko-Marketing* angesehen, das die Marketingverantwortung bezüglich der natürlichen Umwelt thematisiert und alle Maßnahmen umfaßt, die darauf gerichtet sind, die Marketingziele mit einem geringen Maß an Belastung des ökologischen Systems zu erreichen (im Gegensatz zur kurzfristigen Verbraucherbedürfnissorientierung).

■ **2.4.1 Marketingziele**

Marketingziele leiten sich wie die übrigen funktionalen Ziele aus den Unternehmenszielen ab (Abb.66). Sie können nach verschiedenen Kriterien gegliedert werden. So ist zum Beispiel eine Differenzierung in quantitative und qualitative, in kurz-, mittel-, und langfristige, sowie in monetäre und nicht-monetäre Ziele möglich (Abb.67).

■ **2.4.2 Marketingaufgaben**

Um die Marketingziele erreichen zu können, müssen im Rahmen des Marketing bestimmte Aufgaben wahrgenommen werden. Diese bestehen in der Beschaffung der für das Planen und systematische Vorgehen erforderlichen Informationen (*Marketinginformationsbeschaffung*) und dem Einsatz der zur Zielerreichung erforderlichen Mittel (*Marketingpolitische Instrumente*).

☐ **Marketinginformationsbeschaffung**

Die Marktinformationsbeschaffung ist eine wichtige Aufgabe im Rahmen des Marketing. Die Bereitstellung von Marktinformationen zur Erleichterung der Entscheidungsfindung des Marketingmanagements ist Aufgabe der Marktforschung.

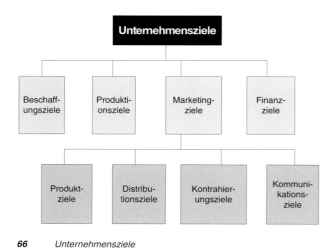

66 Unternehmensziele

67 Marketingziele

Marktforschung

Die Marktforschung beschäftigt sich mit der systematisch betriebenen Erkundung, Sammlung und Auswertung von marktbezogenen Informationen, insbesondere der Analyse der Fähigkeit der Märkte, Umsätze hervorzubringen. Die Marktforschung hat grundsätzlich zwei Untersuchungsbereiche:
- den *Gesamtmarkt*
- die *Stellung am Markt*.

Die Marktforschung läßt sich nach verschiedenen Kriterien unterteilen. Die gängigsten Gliederungskriterien:
- nach den Bereichen, die erforscht werden (Absatzmarktforschung, Beschaffungsmarktforschung, Finanzmarktforschung, Personalmarktforschung)
- nach den Produkten (Konsumgütermarktforschung, Investitionsgütermarktforschung)
- nach den Gebieten, mit denen sich die Marktforschung beschäftigt (Inlands-, Auslandsmarktforschung)
- nach der Stellung am Markt (Hersteller-, Handels-, Verbrauchermarktforschung). Innerhalb dieser Bereiche unterscheidet man die Untersuchung des Ist-Zustandes (Situationsanalyse) und die Beurteilung der zukünftigen Entwicklung des Marktes (Entwicklungsanalyse).

Die Marktforschung bedient sich der Methoden und Verfahren der Mathematik, Statistik, Psychologie und Soziologie. Man unterscheidet zwischen primärer (Erhebung problemspezifischer Daten) und sekundärer (Auswertung bereits vorhandene Daten) Marktforschung (Abb.68).

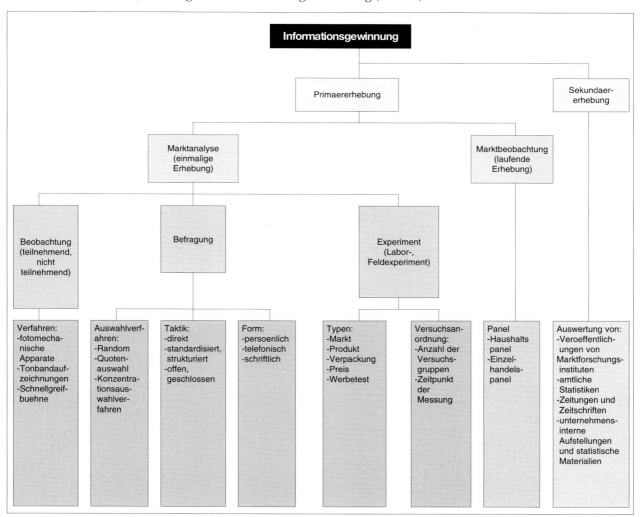

68 Informationsgewinnung

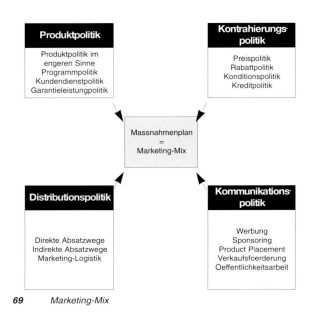

69   Marketing-Mix

☐   **Marketinginstrumente**

Marketinginstrumente sind Maßnahmen und Strategien zur Beeinflussung des Bedarfs. Sie werden aufgrund ihrer wechselseitigen Abhängigkeiten innerhalb des Maßnahmenplanes oder Marketing-Mix periodisch oder für bestimmte Marketingaktivitäten aufeinander abgestimmt (Abb.69).
Es gibt unterschiedliche Gliederungen der Marketinginstrumente, so beispielsweise die Gliederung der Marketinginstrumente nach *Aktionsbereichen*:
– Produktpolitik (Produktpolitik, Programmpolitik, Kundendienstpolitik, Garantiepolitik)
– Kontrahierungspolitik (Preispolitik, Rabattpolitik, Konditionspolitik, Kreditpolitik)
– Kommunikationspolitik (Werbung, Sponsoring, Produkt Placement, Verkaufsförderung, Öffentlichkeitsarbeit)
– Distributionspolitik (direkte/ indireke Absatzwege, Marketing-Logistik).

2.5   Produktpolitik

Die Produktpolitik wird in der amerikanischen Marketinglehre als das »Herz des Marketing« bezeichnet. »Dem liegt die Überlegung zugrunde, daß nur über den Entscheid des Verbrauchers, ein bestimmtes Produkt zu kaufen oder nicht, Umsatz und Gewinn erzeilt werden kann.« (*Weiß, C.: Marketing)
Die Aufgaben der Produktpolitik lassen sich in folgende Bereiche unterteilen:

– Suche nach neuen Produktideen
– Produktentwicklung
– Markteinführung neuer Produkte
– Produktgestaltung
– Qualitätsveränderung von Produkten
– Variation und Differenzierung von Produkten
– Elimination von Produkten
– Überwachung von Produkteinführungen.

■ 2.5.1   Ziele der Produktpolitik

»Soweit die mit der Produktpolitik zusammenhängenden Entscheidungen echte Führungsentscheidungen sind, muß für ihre Lösung auch die allgemeine Zielsetzung der Unternehmung gelten. Alle der Produktpolitik dienenden Maßnahmen müssen sich an den Oberzielen der Unternehmung und den daraus abgeleiteten Marketingzielen orientieren.« (*Meffert, H.: Marketing)
Im einzelnen werden mit der Produktpolitik folgende Ziele verfolgt (*Meffert, H.: Marketing):

Wachstumssicherung
– Umsatzwachstum
– Gewinnwachstum
– Kapitalwertwachstum.

Gewinnziele
– Erreichung eines bestimmten Deckungsbeitrages
– Erreichung einer bestimmten Kapitalrentabilität.

Steigerung des Goodwills
– Marktführerschaft im Sinne technologischer Überlegenheit
– Aufbau eines bestimmten Produkt- bzw. Marketingimages.

Verbesserung der Wettbewerbsposition
– Marktanteilsteigerung
– Qualitätsführerschaft.

Risikostreuung und Sicherheitsstreben
– Gewinnung eines breiten Kundenkreises
– saisonaler und konjunktureller Beschäftigungsausgleich.

Auslastung überschüssiger Kapazitäten
– Fertigungskapazität
– Marketing-Kapazität.

Rationalisierung
des Produktionsprozesses, insbesondere Nutzung von Synergieeffekten (z.B. Baukasten).

■ 2.5.2 Produktentwicklung

Produktentwicklung bedeutet, die Produkte den Bedürfnissen der Zielgruppen anzupassen oder zukünftige Bedürfnisse vorwegzunehmen.
Die Zielsetzung der Produktentwicklung ist das Erreichen eines Vorsprungs oder einer Alleinstellung bezüglich Menge, Güte, Leistung, Preis oder Gestaltung. Hintergrund für Produktentwicklungen ist die Umsatz- und Gewinnsituation eines Produktes oder Produktionsprogramms über den Lebenszyklus am Markt. Es ist wichtig, rechtzeitig für bestehende Produkte *Varianten* und *Differenzierungen* zu entwickeln, um den Übergang in Sättigungs- und Schrumpfungsphasen des *Produkt-Lebenszyklus* hinauszuzögern. Ebenso gilt es, rechtzeitig *Neuentwicklungen* für Produkte einzuleiten, um durch Überlappung der Produktlebenszyklen Einbrüche in der Umsatzentwicklung zu vermeiden.
Weitere Anlässe für Produktentwicklung sind:
– technologischer Fortschritt der Produkte
– neue Anforderungen an Produkte
– geänderte Nachfrage (neue Bedürfnisse)
– Ablauf des patentrechtlichen Schutzes
– neue Möglichkeiten der Produktionstechnologie.

Die Produktentwicklung gliedert sich in die technisch-materielle (technische Produktentwicklung) und die argumentativ-gestalterische und marktmäßige Entwicklung (Marktentwicklung).

☐ Technische Produktentwicklung

Die technische Produktentwicklung hat zum Ziel, ein erstes Modell oder einen *Prototyp* des neuen Produktes zu entwickeln. In der Produktentwicklungsphase werden die Herstellkosten eines Produktes weitgehend bestimmt.
Untersuchungen haben ergeben, daß Entwicklungs- und Konstruktionskosten nur ca. 25 % der Produktkosten betragen, die Herstellkosten aber zu 70 % festgelegt sind, wenn Zeichnungen und Stücklisten das Konstruktionsbüro verlassen. Zum systematischen Vorgehen bei der Produktentwicklung hat der Verein Deutscher Ingenieure die VDI-Richtlinie 2222 Blatt 1 (Konzipieren technischer Produkte) und VDI-Richtlinie 2221 (Methodik zum Entwickeln und Konstruieren technischer Systeme und Produkte) herausgegeben.

☐ Marktentwicklung

Die Marktentwicklung läßt sich unterteilen in:
– Produktdesign
– Marke
– Verpackung.

Produktdesign

Der erste Eindruck eines Produktes wird durch das Produktäußere vermittelt, lange bevor der Käufer beispielsweise die Funktionsfähigkeit des Produktes beurteilen kann. Dieses Äußere muß den potentiellen Kunden für das gesamte Produkt gewinnen.

Marke

»Die Marke ist ein Zeichen, das geeignet ist, die Waren und Dienstleistungen eines Unternehmens von Waren und Dienstleistungen eines anderen Unternehmens zu unterscheiden. Als Kennzeichen dieser Art können nicht nur Worte, Buchstaben, Zahlen und Abbildungen, sondern auch Hörzeichen, dreidimensionale Gestaltungen und sonstige Aufmachungen geschützt werden.« (Deutsches Patentamt: Wie melde ich eine Marke an)
Eine *Marke* dient zur Unterscheidung, Identifikation und Differenzierung eines Produktes.
Marken lassen sich Klassifizieren nach:
– *Herstellermarken:*
   synonymer Begriff für den industriellen Markenartikel;
   Kennzeichnung des Produktes durch den Hersteller
– *Handelsmarken:*
   Kennzeichnung des Produktes durch den Handel
– *Gattungsmarken:*
   Kennzeichnung der Produktart (Zucker, Mehl, Erbsen)
Produkte die nur mit einem Gattungsnamen versehen sind werden als »no name-Produkte« bezeichnet.

Verpackung

Die Verpackung ist ein wichtiges Instrument im Rahmen der Produktpolitik, das durch Selbstpräsentation den Verkaufsvorgang erleichtert und fördert. Oft bestimmt die Gestaltung der Verpackung stärker das Image eines Produktes als sein Inhalt. *Verpackungsfunktionen* sind:
– Schutz- und Bewahrungsfunktionen
– Produktidentifizierung
– Produktdifferenzierung
– optimale Distributionsfähigkeit

– Wertausdruck des Produktes
– Verkaufsaufforderung
– Information
– Selbstpräsentation
– Imagebildung.

☐ **Produktentwicklungsbereiche**

Aus der Sicht der Prognostizierung und Planung werden folgende Produktentwicklungsbereiche unterschieden:
– Produktanpassung
– Produktvariation
– Produktdifferenzierung
– Produktinnovation.

Die Übergänge von Produktanpassung, Produktvariation oder -differenzierung zur Produktinnovation sind in der Praxis oft nicht genau zu bestimmen.

Produktanpassung

Produktanpassung bedeutet die Weiterentwicklung und Verbesserung bestehender und im Markt befindlicher Produkte und die Entwicklung der folgenden Produktgeneration (Spezialisierung der Produkte, funktionelle und produktionstechnische Verbesserung).

Bei der Produktanpassung unterscheidet man weiter in:
– Produktvariation und
– Produktdifferenzierung.

Produktvariation

Bei der Produktvariation geht es darum, ein bestehendes Produkt an technische Weiterentwicklungen und oder Veränderungen in den Nutzererwartungen der Nachfrager anzupassen. Das Produkt in seiner alten Form wird dann aus dem Markt genommen und nur noch in der neuen Variante weitergeführt (z.B. Audi A4, A6, A8).

Produktdifferenzierung

Die Produktdifferenzierung ist im Gegensatz dazu durch das Nebeneinander verschiedener Produktvarianten gekennzeichnet. Von ein und demselben Grundprodukt werden verschiedene Ausprägungen gestaltet, mit denen man die spezifischen Nutzererwartungen einzelner Zielgruppen besser zu erfüllen sucht als durch ein einziges standardisiertes Produkt (z.B. Combi, Limusine, Coupé).

Produktinnovation (Neuentwicklung)

Produktinnovation bedeutet die Gestaltung und Entwicklung neuer Produkte. Es kann sich dabei um Marktneuheiten oder um Betriebsneuheiten handeln, die nur aus der Sicht des anbietenden Unternehmens neu sind.

Produktinnovation ist nicht grundsätzlich gleichzusetzen mit echten technisch-technologischen Neuentwicklungen. Produktinnovationen liegen beispielsweise auch dann vor, wenn mit bekannten Technologien neue Nutzenstiftungen verbunden sind (andere Motive wie z.B. Nutzung eines Fahrrades auch aus Imagegründen).

Abbildung 70 zeigt die Arbeitsschritte und Methoden des Produktinnovationsprozesses.

■ **2.5.3 Produktgestaltung**

Produktgestaltung (Abb.71) betrifft alle marktbezogenen Entscheidungen von Unternehmen, die sich auf die Beschaffenheit der angebotenen Produkte beziehen.

Die Produktgestaltung ist eine Teilaufgabe der *Produktpolitik*. Auf der Grundlage der durch die Marketingplanung festgelegten unternehmerischen Betätigungsfelder umfaßt die Produktgestaltung die Gestaltung einzelner Produkte, aber auch die Zusammenstellung

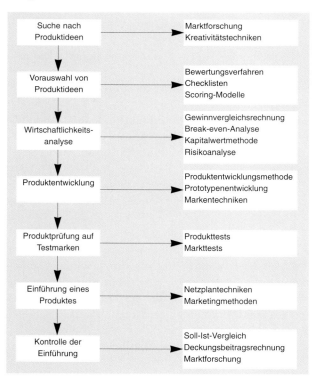

70 Arbeitsschritte und Methoden der Produktinnovation

der Produkte zu Angebotsprogrammen. Die Produktgestaltung zählt deshalb zu den zentralen betriebswirtschaftlichen Aufgaben und ist Kern des absatzpolitischen Instrumentariums. Unter Orientierung auf die Kunden- oder Anwender wird Produktgestaltung – bezogen auf einen erweiterten Produktbegriff – zur *Nutzengestaltung*, die in erster Linie den für einen (potentiellen) Käufer zentralen Nutzen und nicht allein die Gestaltung konkreter, physikalisch-chemische Produkteigenschaften umfaßt. Der Nutzen kann sowohl im Bereich sachlich-funktionaler Gebrauchstauglichkeit (Grundnutzen) als auch im Bereich symbolisch-ideeller Nutzenwahrnehmung (Zusatznutzen) liegen.
–> siehe Kap. 2.1

Unter Berücksichtigung der subjektiven Nutzenerwartungen und -urteile von Käufern und Verwertern hat die Produktgestaltung konkrete Produkteigenschaften zu gestalten.

Hierbei unterscheidet man in:
– »innere« und
– »äußere« Produkteigenschaften.

Innere Produkteigenschaften

Innere Produkteigenschaften beziehen sich auf die *sachlichen Grundfunktionen* eines Produktes (Funktionssicherheit, Haltbarkeit, Wertbeständigkeit, Wirtschaftlichkeit, etc.).

Äußere Produkteigenschaften

Äußere Produkteigenschaften beziehen sich auf den *Zusatznutzen* eines Produktes, zum Beispiel Form, Farbe, Produktverpackung und Markierung.

Diese analytische Trennung in äußere und innere Produkteigenschaften widerspricht einer Auffassung von Produktdesign im modernen Sinne, die den Zusammenhang zwischen Ästhetik, Symbolik und Gebrauchsfunktionalität zur Grundlage hat und versucht, die unterschiedlichen Anforderungen gestalterisch zu vereinbaren.

☐ Initiatoren und Bedeutung

Produktgestaltung fällt in der Regel in den Zuständigkeitsbereich der Sachgüter beziehungsweise -leistungen erstellenden Unternehmen. In zunehmendem Maße übernimmt aber auch der Handel diese Funktion, indem er seinen Lieferanten hinsichtlich der Gestaltung der Produkte Auflagen macht oder sogar eigene Produkte (Eigenmarken, Handelsmarken) konzeptionell schafft. Die Bedeutung der Produktgestal-

Produktgestaltung	Produktforschung	Produktplanung
		Forschung
	Konstruktion	Entwicklung
		Ausführungskonstruktion
	Arbeitsvorbereitung	Fertigungsplanung
		Fertigungssteuerung
Produktion	Fertigung	Bearbeitung
		Handhabung
		Transport
		Zwischenlagerung
	Montage	Fügen
		Handhabung
		Transport
		Lagerung
	Versand	Prüfen
		Verpacken

71   Teilfunktionen der Produktgestaltung und Produktion

tung für die Unternehmen dokumentiert sich an der Vielzahl der angebotenen Produkte und den beschleunigten Produktlebenszyklen. Neue oder verbesserte Produkte verschaffen Unternehmen vorübergehend einen Konkurrenzvorsprung.

Über die Produktgestaltung leisten Unternehmen einerseits einen Beitrag zur Realisation des technologischen Fortschritts, andererseits werden durch die hierdurch angeregte steigende Produktivität auch ökologische Probleme (Rohstoffverknappung, Energieverbrauch, Klimaprobleme) verursacht, die in Zukunft im Rahmen umweltgerechter Produktgestaltung mehr Beachtung finden müssen.
–> siehe Kap. 2.9.

☐ Produktqualität

Im Zusammenhang mit dem Thema der Produktgestaltung ist auch der *Qualitätsbegriff* eines Produktes zu klären. Die Produktqualität bezieht sich nicht auf die objektiven Ausprägungen einzelner Produkteigenschaften, sondern auf das Urteil der Käufer und

Verwender über die Eignung des Produktes zur Bedürfnisbefriedigung.

Obwohl also Produkte reale Sachgüter oder -leistungen sind, ist es nicht sinnvoll, von einer objektiven Produktqualität auszugehen. Es ist stattdessen im Sinne eines teleologischen Qualitätsbegriffes (Qualität im Sinne von *Zweckeignung*) die subjektive Wahrnehmung und Qualitätsbewertung über die subjektive Nutzenerwartung mit in den Qualitätsbegriff einzubeziehen.

»Es gibt keine von vornherein guten oder schlechten Produkte, es gibt nur Eigenschaften (tatsächliche oder meinungsmäßige), die die Produkte für bestimmte Zwecke geeignet machen. Der Grad der Eignung bestimmt den unterschiedlichen Nutzen und rechtfertigt unterschiedliche Preise. Entscheidend dabei ist nicht das Material, sondern der funktionell oder psychologisch hineinprojizierte Nutzen.«

(*Aggteleky, B.: Fabrikplanung, Band 1)

Grundsätzlich gibt es zwei Betrachtungsweisen auf das Produkt:
– als Kunde / Abnehmer
– als Produzent.

Je nach Betrachtungsstandpunkt sind die Ziele und Schwerpunkte andere. Für den Produzenten sind die primären Ziele Gewinnmaximierung und Absatzsicherung. Für den Kunden ist das primäre Ziel die maximale Bedürfnisbefriedigung.

2.6 Produktionsprogramm

Produktion wird als Kombination von *Inputs* (Werkstoffen, Energie, Arbeit) und deren Transformation in *Outputs* (Produkte, Abfälle) verstanden.

Die Produktionsprogrammplanung befaßt sich innerhalb dieses Schemas mit der *Outputplanung*, im Unterschied zur Potential- und Bereitstellungsplanung (Inputplanung) und zur Prozeß- oder Ablaufgestaltung (Throughputplanung).

Das Produktionsprogramm umfaßt die Gesamtheit des *Leistungsangebots* einer Unternehmung. Dies gilt sowohl für Sachleistungs- als auch für Dienstleistungsbetriebe. Das Leistungsangebot umschließt eine qualitative und eine quantitative Komponente: die qualitative Programmplanung befaßt sich mit dem Artenprogramm oder Fertigungsrepertoire, die quantitative Programmplanung erstreckt sich auf das nach Umfang und Zeitpunkten festgelegte Mengenprogramm.

Die Artenprogrammplanung bezieht sich in der Regel auf einen lang- oder mittelfristigen Planungshorizont.

Sie legt zunächst in strategischer Hinsicht den langfristigen, grundsätzlichen Betätigungsraum einer Unternehmung am Absatzmarkt fest. Sie definiert die Produktfelder, das heißt die jeweilige Gesamtheit von Enderzeugnissen, die auf ein Grundprodukt zurückführbar sind (*strategische Geschäftseinheiten*). Darüber hinaus konkretisiert die Artenprogrammplanung in taktischer Hinsicht die einzelnen Produktfelder.

Am Beispiel des Produktionsfeldes »Optische Geräte« könnte sich die Produktionsprogrammplanung auf die Leistungsangebote »Ferngläser«, »Filmkameras« und »Mikroskope« erstrecken. Die Mengenprogrammplanung bewegt sich auf der kurzfristigen, operativen Planungsebene. Sie trifft Aussagen bezüglich der in der Folgeperiode zu produzierenden Stückzahlen der durch die Artenplanung konkretisierten Produktarten.

2.6.1 Programmcharakteristika

Zur Klassifizierung von Produktionsprogrammen können unterschiedliche Kriterien herangezogen werden. Einige Begriffe, die in diesem Zusammenhang auftauchen, wurden bereits weiter oben erläutert. So der Produktmix (–> siehe Kap. 2.2), die Produkttiefe - und -Breite (–> siehe Kap. 2.2), die Produktionsmenge (–> sieheKap. 2.2).

Produktartenanzahl

Nach der Produktartenanzahl unterscheidet man das Produktionsprogramm in:
– *Ein-Produkt-Programme*
  (z.B. Kiesgrube, Wasserwerk)
– *Mehr-Produkt-Programme*.

Art der Marktbeziehung

Nach der Art der Marktbeziehung unterscheidet man zwischen:
– *Auftrags-, Kunden- oder Bestellproduktion* und
– *Markt-, Lager- oder Verdachtsproduktion*.

Im ersten Fall setzt sich das endgültige Programm aus dem Auftragseingang einer Periode zusammen, wodurch keine unvorhersehbaren Diskrepanzen zwischen Fertigungs- und Absatzprogramm auftreten. Es handelt sich bei der Auftragsproduktion um *kundenindividuelle Produkte*.

Die Programmplanung im Fall der Marktproduktion basiert auf stochastischen Prognosen, die eine Produktion »auf Verdacht« rechtfertigen. Eine solche erwartungsbezogene Produktion für den anonymen Markt

hat *standardisierte Produkte* zur Folge.
In der Praxis kommen beide Produktionsformen nur selten in Reinform vor, da auch die Auftragsfertigung aus Kosten- und Betriebsaspekten an Standardisierung des Programms interessiert ist, wie umgekehrt die Marktfertigung aus Umsatz- und Vertriebsaspekten auch an Individualität des Programms (z.B. Autoindustrie).
Ein Kompromiß zwischen kundenindividuellen und standardisierten Produkten kann durch Vereinheitlichungs- und Mehrfachverwendbarkeitsbestrebungen auf Baugruppenebene (Normung, Typung, Baukastensysteme) erreicht werden, wodurch die Auftragsfertigung die Standardisierungsziele der Produktion bei Wahrung der Individualitätsziele des Absatzes besser erfüllen kann. Umgekehrt bietet sich für die Marktproduktion an, das Problem standardisierter Grundprodukte durch kundenindividuelle Ausrüstung (Aufbauten, Ausstattung) zu flexibilisieren.

■ 2.6.2 Produktionsprogrammplanung

Der zahlenmäßige Umfang des Leistungsangebots ist in der Regel wenig aussagekräftig für die Produktionsprogrammplanung. Aussagekräftiger sind Merkmale, die auf die marktmäßige oder technische Verwandtschaft der Produktarten eingehen. Die Marktverbundenheit wird durch die *Diversifikation* und das *Sortiment*, die herstellungstechnische Verbundenheit durch die *Kuppelproduktion* ausgedrückt. Die Möglichkeiten, die einem Unternehmen bei der Gestaltung des Produktionsprogramms zur Verfügung stehen sind in Abbildung 72 zusammengefaßt.

□ Diversifikation

Die Diversifikation gibt Aussagen über den Umfang an eigenständigen *Produktfeldern*, also von Leistungsarten, die auf jeweils ein Grundprodukt zurückführbar sind.
Diversifikation ist neben der Produktdifferenzierung eine Methode der Produktinnovation.
»Die Diversifikation kann durch eigene Produktentwicklung, Erwerb einer Lizenz, Kauf eines Unternehmens oder Kooperation mit anderen Unternehmen bewirkt werden.«
(*Olfert,K./ Rahn, H.J.: Einführung in die Betriebswirtschaftslehre) (Abb.73).

Horizontale Diversifikation

Hierbei spricht man von »horizontaler Diversifikation« (*Programmbreite*), wenn Produktfelder einer annähernd gleichen Wertschöpfungsstufe, aber unterschiedlicher Branchen, Sparten oder Geschäftsbereiche im Programm vertreten sind, beispielsweise die Produktfelder »Brauerei« und »Fruchtsaftbetrieb«.

Vertikale Diversifikation

»Vertikale Diversifikation« (*Programmtiefe*) bezeiht sich auf Leistungsangebote unterschiedlicher, benachbarter Wertschöpfungsstufen innerhalb einer Branche. Man unterscheidet hierbei noch in Vorwärts- und Rückwärtsintegration. Bei der *Vorwärtsintegration* wird die nachgelagerte Produktionsstufe der Wertschöpfungskette in das Programm aufgenommen (beispielsweise die Angliederung eines Getränkegroßhandes an einen Fruchtsaftbetrieb), bei der *Rückwärtsintegration* die vorgelagerte Stufe (beispielsweise Erweiterung des Fruchtsaftbetriebs um eine Obstplantage). Oft stehen Diversifikationsmaßnahmen in Zusammenhang mit Unternehmenzusammenschlüssen.

Laterale Diversifikation

Laterale Diversifikation schließlich bedeutet, daß Produktionsfelder unterschiedlicher Veredelungsstufen und Branchen in einem Programmvertreten sind. Es besteht kein Zusammenhang zwischen den Produkten.

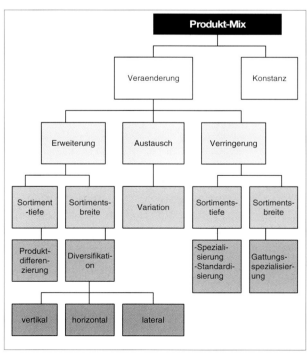

72 Gestaltungsmöglichkeiten des Produktionsprogramms

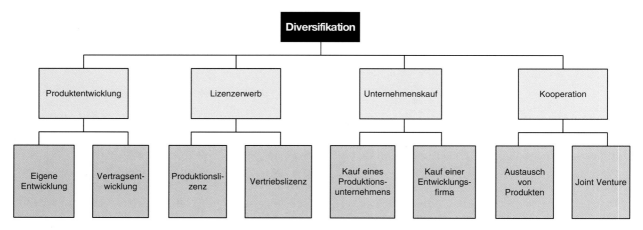

73 Diversifikation

Horizontale und lateral diversifizierte Programme haben den Vorteil größerer Krisensicherheit wegen des gestreuten Branchenrisikos. Vertikal diversifizierte Programme bieten Kosten- und Planungsvorteile der Beschaffungs- und Absatzorganisation.

□ **Sortiment**

Das Sortiment beschreibt die Differenzierung des Leistungsangebots eines *Produktfeldes* in verwandte Ausführungsformen (Sorten, Typen, Varianten). Unterscheidungsmerkmale können beispielsweise Größen, Farben oder Muster, Ausstattungsmerkmale, oder Qualitäten sein. Hierdurch kann unter Umständen auf ähnliche Herstellungsverfahren oder/und Entwicklungs-Know-How zurückgegriffen werden. Unter *Sortimentsbreite* versteht man die Anzahl der Enderzeugnisse eines Sortiments.

Während die Diversifikation als Maß der Heterogenität verschiedener Produktfelder gesehen werden kann, gibt das Sortiment den *Grad der Verwandtschaft* der Produktarten innerhalb eines Produktfeldes an.

Diversifikation und Sortiment treffen Aussagen zur marktmäßigen Verbundenheit der Produkte eines Produktionsprogramms, die Kuppelproduktion trifft Aussagen bezüglich der technischen Verbundenheit von Produkten.

□ **Kuppelproduktion**

Unter Kuppelproduktion versteht man naturgesetzlich-technisch zwangsläufigen Output von Haupt- und Neben- oder Abfallprodukten. Neben den geplanten Produkten fallen bei vielen Produktionsprozessen auch ungeplante Nebenprodukte oder gar unerwünschte Abfallprodukte an.

Bei einer umweltbezogenen Orientierung der Produktion wird deutlich, daß es keinen Produktionsvorgang ohne Abfallentstehung (Emissionen, Rückstände) gibt. Die Produktionsprogrammplanung muß sich daher auch mit der umweltneutralen Entsorgung von Abfallprodukten befassen. Die Kuppelproduktion nutzt die Rückstände/Nebenprodukte der Produktion wieder zur Produktion. Diese Form der Abfallentsorgung (Recycling von Rückständen) und ihre Nutzung als »Sekundärrohstoffe« setzt zugleich Entsorgungskapazitäten (z.B. Deponiekosten) und Primärressourcen frei. Die Ausnutzung der Kuppelproduktion bei der Produktionsprogrammplanung gewinnt durch Ressourcenverknappung und zunehmende Umweltprobleme an Bedeutung.

■ **2.6.3 Analysemethoden**

Die Analyse des Produktionsprogramms fällt in der Regel nicht in den Zuständigkeitsbereich des Architekten. Sie sollte abgeschlossen sein, bevor die Planungsarbeit des Architekten beginnt. Es soll an dieser Stelle auf wichtige Analyseverfahren und Hilfsmittel eingegangen werden, um ein Grundverständnis der Fachtermini und Kenntnisse der Darstellungsformen zu vermitteln.

□ **Langfristige Absatzplanung**

Die Produktionsprogrammplanung ist auf eine *dynamische Betrachtungsweise* angewiesen. Dies bedeutet die Notwendigkeit der Untersuchung von *Daten in der Zeit*. Die »langfristige Absatzplanung« stützt sich auf die Ergebnisse einer langfristigen (zukunftsbezogenen) Marktbeurteilung und berücksichtigt das mutmaßliche Verhalten der eigenen Produkte am Markt.

In der Regel bleibt eine Diskrepanz zwischen dem möglichen Planungshorizont der langfristigen Absatzplanung und dem zeitlichen Planungshorizont der Fabrikplanung. Die Diskrepanz wird durch allgemeine *Trendangaben* und durch *flexible Auslegung* der Produktionsbereiche überbrückt.

Die langfristige Absatzplanung bestimmt das *langfristige Produktionsprogramm* (Sortiment und voraussichtliche Menge der zukünftigen Produktion, Abb.74).

Die Erarbeitung des langfristigen Absatzplanes ist Aufgabe des *Marketing-Managments*.

Die langfristigen Absatzplanung gliedert sich in Situations- und Entwicklungsanalyse.

Situationsanalyse

Hierbei müssen verschiedene Produkte oder Produktgruppen in der Regel einzeln betrachtet werden.

Die Analyse kann verbal, tabellarisch oder graphisch durchgeführt werden. Bei der *Analyse* der zur Verfügung stehenden Informationen gilt es, grundsätzlich folgende Punkte zu beachten:
- Eliminierung kurzfristiger Einflüsse (Bereinigung)
- Klarstellung der kausalen Zusammenhänge
- Erkennen der dominierenden Einflußfaktoren
- Quantifizierung der Abhängigkeiten.

Die relevanten Einflußfaktoren unterscheidet man in:
- genau erfaßbare und quantifizierbare (deterministische) Faktoren
- erfaßbare, aber nicht quantifizierbare (z.B. stochastische) Faktoren
- nicht vorhersehbare Einflußfaktoren.

Hieraus geht hervor, daß selbst die Analyse des Ist- Zustandes von der Erfahrung und Kompetenz der Planer abhängt. Von noch größerer Bedeutung ist dies für die Herleitung von Daten für die Zukunft, da aufgrund dieser Daten die Entscheidungen für die zukünftigen Planungen getroffen werden, wie zum Beispiel Einführung eines neuen Produktes, Abstoßen eines nicht mehr profitablen Produktes. Fehlentscheidungen in diesem Bereich können tiefgreifende ökonomische Konsequenzen für ein Unternehmen bedeuten.

Entwicklungsanalyse

Nach der Situationsanalyse werden Daten für die Zukunft unter Berücksichtigung von zusätzlichen Einflußfaktoren (neue Produkte, Ersatzprodukte, auslaufende Produkte) ermittelt.

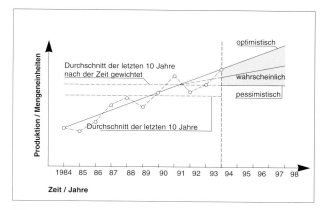

74   Trendbestimmung – graphische Methode

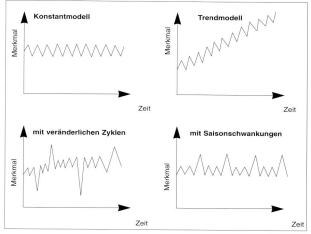

75   Charakteristische Trendverläufe

Arbeitsmethoden und Hilfsmittel hierbei sind:
– Trendermittlung
– Prognose.

Ein *Trend* ist die lanfristige Grundrichtung oder Tendenz einer Datenreihe (z.B. Zeitreihe). Ziel der Trendberechnung ist es, eine Funktion zu finden, die sich dem Verlauf der tatsächlichen Werte in optimaler Weise anpaßt. Ist ein Trend vorhanden, so kann dieser steigend oder fallend sein. Trendaussagen berufen sich somit auf Datenangaben der Vergangenheit und Gegenwart.

Eine *Prognose* trifft eine Aussage über die zukünftige Entwicklung. Nach dem zeitlichen Horizont der Prognose unterscheidet man kurz-, mittel- und langfristige Prognosen.

Man unterscheidet vier Kategorien der Trendberechnungs- und Prognosemethoden:

– analytische Prognosemethoden (»Hochrechnung«)
– Verwendung von mathematischen Modellen
– formalistische Methoden
– intuitive Prognosemethode (Delphi-Methode)
– Kombinationen der oben genannten Methoden.

☐ **Umsatz- und Gewinnanalyse**

Die Umsatz- und Gewinnanalyse (Abb.61) untersucht die Umsatzkurve eines Produktes über seine *Lebenszeit.*

»Um gewinnträchtige und verlustbringende Artikel zu unterscheiden, und um auslaufende Artikel so rasch wie möglich zu erkennen, ist es notwendig, den Gewinn oder Verlust, den jeder Artikel gebracht hat, im einzelnen zu berechnen und die Umsatzkurve eines Artikels über seiner ganzen »Lebenszeit« mit dem theoretischen Lebenslauf eines Industrieerzeugnisses zu vergleichen.«
(*Dolezalek, C.M./Warnecke, H.-J.: Planung von Fabrikanlagen)

☐ **ABC-Analyse**

Die ABC-Analyse ist ein Ordnungsverfahren nach statistischen Kriterien zur Klassifizierung einer größeren Anzahl von Daten aufgrund der *Häufigkeitsverteilung* nach charakteristischen Eigenschaften. Sie ist für die Fabrikplanung ein Hilfsmittel zur Ermittlung von repräsentativen Mehrheiten, auf die der Akzent der Untersuchung und Planung zu legen ist. Die Analyse des Produktionsprogramms beschränkt sich im allgemeinen auf eine Anzahl repräsentativer Produkte, die mit Hilfe der ABC-Analyse ermittelt werden können.
Darstellungsform:
– in Diagrammform (Abb.76).

Anwendungsgebiete der ABC-Analyse:
– Betriebsanalyse: Ermittlung der repräsentativen Produkte
– Rationalisierungsstudien
– Standortbestimmung: Berücksichtigung der domnierenden Transportrelationen
– Materialfluß-Planung: Berücksichtigung der domnierenden Transportbeziehungen
– Produktgestaltung: Konzentration auf die gängigen Produkte
– Lagerplanung: Bildung von Zonen nach Zugriffshäufigkeit
– Ausschußsenkung: Ermittlung der häufigsten Ausschußursachen
– Reparaturstatistik: Konzentration auf die häufigsten Störungsquellen
– Werbung: Ermittlung der ertragsreichsten Produkte
– Ersatzteil- und Werkzeuglager: Ermittlung von Gängigkeitslisten zur Vermeidung von Lagerhütern.

☐ **Mengengerüst**

Das Mengengerüst (Abb.77) untersucht die Umwandlung des Fertigungsmaterials zum Produkt. Hier werden die *mengenmäßigen Angaben* des Fertigungsmaterials (Rohmaterial, Halbfabrikate, Zwischen- und Fertigprodukte), der wichtigsten Hilfsstoffe und der Nebenprodukte von Operation zu Operation festgehalten. Es zeigt zugleich die jeweiligen Ausbringungsfaktoren, Abfallmengen und Ausschußquoten an. Das Mengengerüst zeigt den *Grad der Materialausnutzung* in der ganzen Produktion sowie in den einzelnen Fertigungsschritten und zugleich die ausbringungsmäßige *Produktivität* der eingesetzten Maschinen. Es ist eine quantitative Untersuchung des Materialverbrauchs. Das Mengengerüst liefert somit wichtige Angaben über:
– Materialbedarf (Rohstoffe, Kaufteile, Hilfsstoffe)
– Ausbringungsgrad
– Abfallquote
– Maschinenkapazitäten und Betriebsmittelausnutzung
– Beurteilung der flußgerechten Anordnung der Betriebsmittel
– Übersicht über den Bedarf an Bereitstellplätzen
– Errechnung des Transportkapazitätsbedarfs und der Nutzung der Transportmittel.

Das Mengengerüst ist somit eine wichtige Grundlage für die Ermittlung von Anforderungen für die Planung von Industrie- und Gewerbebauten zum Beispiel zur Ermittlung des Flächenbedarfs für Lager- und Bereitstellplätze oder zur Ermittlung der erforderlichen Transportwegebreiten.
Darstellungsformen:
– als Blockschema (Abb.77)
– als Flußdiagramm (Abb.78).

☐ **Produkt-Markt-Matrix**

Die Produkt-Markt-Matrix gibt Hinweise auf die grundsätzliche Programmpolitik einer Unternehmung. Ausgangspunkt sind dabei die Produkte und Absatzmärkte, die jeweils in »vorhanden« und »neu« gegliedert werden. Hieraus ergibt sich eine 4-Feld-Matrix (Abb.79).

Die Produkt-Markt-Matrix veranschaulicht die *Marktstrategie* eines Unternehmens und ist Grundlage für Produkt-Mix-Entscheidungen.

2.7 Umweltgerechte Produkte

»Klar wird, daß wir uns als unwürdige Gäste auf der Erde aufführen. Mit unseren Aktivitäten, die Gewinn bringen, erleiden wir aber auch täglich Verluste, auch wenn sie oft nicht sofort sichtbar werden. Die Gewinne benutzen wir für uns selber, die Verluste geben wir leichtsinnig an die Generation nach uns weiter.«
(*Königin Beatrix, Weihnachsbotschaft 1988; in: Hopfenbeck, W.: Allgemeine Betriebswirtschafts- und Managementlehre)

Die Umweltfrage hat in den letzten Jahren einen enormen Bedeutungszuwachs in der Medienaufmerksamkeit und in der öffentlichen Meinung erfahren.
Umweltskandale und Prognosen (Tschernobyl, Rheinschäden, Ozonloch, Waldsterben, Treibhauseffekt, Nordseealgen) zeigen die ökologischen und sozialen Schäden unseres Wirtschaftens und verdeutlichen Grundprobleme der heutigen Industriegesellschaft. Experten reden in diesem Zusammenhang von der *ökologischen Krise der Marktwirtschaft*. Die Umweltproblematik wird allen Voraussagen zufolge das Thema der Weltpolitik der nächsten Jahrzehnte.
Nicht nur aufgrund dieses Bedeutungszuwachses sind wir darauf angewiesen, uns in unserem Konsumverhalten und Wirtschaften der »ökologischen Herausforderung« zu stellen.
Experten schätzen die Kosten der jährlichen Umweltschäden auf ca. 6%* bis 10%* des Bruttosozialproduktes. Diesen defensiven oder heimlichen »Kosten des Fortschritts« stehen zur Zeit je nach Land ca. 0,2%* bis ca. 1%* Umweltschutzausgaben gegenüber.
(*Zahlen aus Hopfenbeck,W.: Allgemeine Betriebswirtschafts- und Managementlehre)
Diese Zahlen sind vor dem Hintergrund steigender Produktivität noch bedenklicher. Laut Cecchini-Report wird die Produktivität in den kommenden Jahren noch steigen. Der mit der Hinwendung zur Marktwirtschaft steigende Konsum-Nachholbedarf in den osteuropäischen Ländern, die zunehmende Industrialisierung der Entwicklungsländer (Schwellenländer) bei gleichzeitig ungebrochener Bevölkerungsexplosion verschärfen die Umweltkrise und machen deutlich, daß Umweltschutz ein ökologisches Umdenken in globalem Ausmaß erfordert.

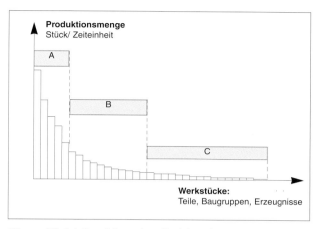

76 Häufigkeitsverteilung eines Produktsortiments
    ABC-Analyse

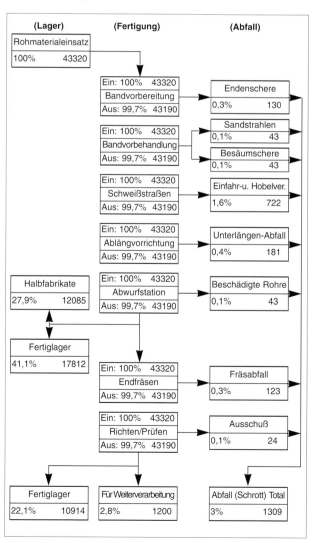

77 Mengengerüst einer Produktionsanlage

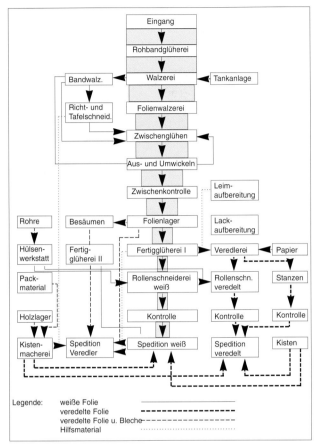

78 Flußdiagramm

Produkt \ Markt	vorhanden	neu
vorhanden	Marktdurchdringung	Marktentwicklung (durch Segmentierung und Differenzierung)
neu	Produktentwicklung	Diversifikation

79 Produkt-Markt-Matrix

»Einer der größten Umweltfeinde ist das ständige Wachstum. So vermeldet die Firma Zweckform ganz stolz, daß bei manchen Papiersorten in zehn Jahren der Recyclinganteil von einem auf vierzig Prozent gestiegen sei. Gleichzeitig wuchs aber der gesamte Papierausstoß so stark, daß heute mehr Normalpapier hergestellt wird als vor zehn Jahren. Die Umwelt hat verloren statt gewonnen.«
(*Kurbjuweit,1989 in: Hopfenbeck: Allgemeine Betriebswirtschafts- und Managementlehre)

■ 2.7.1 Umweltgerechte Produktgestaltung

Die oben genannten Aspekte verändern die Betrachtung auf das Produkt. Der (Marketing)-Terminus *Produktlebenszyklus* muß um den *Rückstandszyklus* oder *Demontagezyklus* erweitert werden (Abb.57). Die Konsequenz ist die Forderung nach *Kreislaufwirtschaft* zur Schonung der Ressourcen (Abb.80).

Da die Rückstandsproduktion in der Entsorgungsphase je nach Schadstoff noch viele Jahre umfassen kann, erweitert sich auch der *Betrachtungszeitraum* auf das Produkt.

Probleme und Kosten, die durch Produktrückstände entstehen (Deponiekosten, Verbrennungskosten, etc.) werden langfristig dem Verursacher oder dem Verbraucher zugeordnet werden müssen.

Die Hersteller sind dazu aufgerufen, durch ökologische Produktgestaltung (gesetzliche Restriktionen, wachsendes Umweltbewußtsein der Konsumenten) die Ursachen des Rückstands zu vermeiden oder zumindest zu reduzieren.

Umweltfreundliche Erzeugnisse müssen in allen drei Phasen – Produktion, Gebrauch und Entsorgung – möglichst geringe ökologische Nachteile verursachen.

»Ein Produkt ist nicht »an sich« umweltfreundlich, sondern erfüllt im Vergleich zu anderen Produkten den gleichen Gebrauchszweck mit weniger Umweltbelastung.«
(*Hopfenbeck, W.: Allgemeine Betriebswirtschafts- und Managementlehre)

☐ Umweltkriterien

Wicke hat die Kriterien für umweltgerechte Produkte in Erstellungsphase, Verkaufs-/Ge- und Verbrauchsphase und Entsorgungsphase untergliedert. Hiernach gelten folgende Kriterien:

für die *Erstellungsphase*:
– Einsatz umweltfreundlicher und wenig energieintensiver Stoffe
– Verwendung recyclbarer Ausgangsstoffe
– Einsatz reichlich vorhandener Rohstoffe

- möglichst geringe Ressourcenverwendung
- Langlebigkeit der Produkte
- Herstellen von recyclbaren Produkten
- produktbezogener Beitrag zur emissions- und energieseitigen Umweltfreundlichkeit der Produktion
- Berücksichtigung des Energieaufwands für die Produktion eines Produktes
- soweit möglich: Verstärkung von Produktion (und Absatz) nicht nur relativ umweltfreundlicher Produkte (leise Kat-Autos), sondern von per se umweltfreundlichen Produkten (Fahrräder).

für die *Verkaufs-, Ge- und Verbrauchsphase*:
- Umwelt- und Gesundheitsunschädlichkeit der Verpackung
- Wiederverwend- bzw. Weiterverwertbarkeit der Verpackung
- möglichst geringes Produkt- und Verpackungsvolumen
- Gesundheitsunschädlichkeit bei Ge- und Verbrauch
- keine bzw. umwelt- und gesundheitsverträgliche gasförmige und flüssigen Emissionen und Immissionen beim Ge- und Verbrauch
- energiesparende Ge- und Verbrauchsphase
- Erleichterung des möglichst umweltfreundlichen und sparsamen Gebrauchs (Produktionshinweise, Service, Beratung)
- Erhöhung der Reparatur- und Wartungsfreundlichkeit, leichte Austauschfähigkeit von Verschleißteilen
- sonstige Erhöhung der Langlebigkeit (Erhöhung der stilistischen, funktionalen und materialdeterminierten Lebensdauer).

für die *Entsorgungsphase*:
- geringes Abfallvolumen
- unproblematische Deponier-, Verbrennungs- ode- Kompostierungsmöglichkeit
- Minimalbeseitigungsvolumen durch Wiederverwertbarkeit (auch von Teilen)
- Recyclingfähigkeit der Abfallprodukte
- unproblematische energetische (thermische) Verwendung durch Abfallverbrennung
- bei gefährlichen (Sonder-) Abfällen: erleichterte Wiederverwertung (Altöl) oder getrennte Sammlung und Beseitigung.

(*Hopfenbeck, W.: Allgemeine Betriebswirtschafts- und Managementlehre)

☐ **Umweltgerechte Produktgestaltung**
Die Forderungen einer umweltgerechten Wirt-

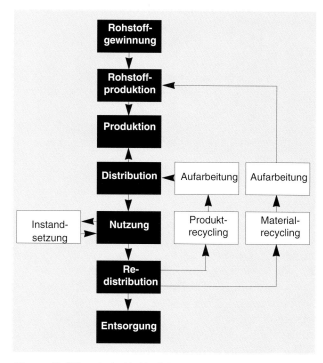

80   Stoffflüsse in der Kreislaufwirtschaft

81   Umweltgerechte Produktgestaltung

schaft nach Langzeitgütern, Reparaturfreundlichkeit, regenerativem Rohstoffeinsatz, Clean-& Recycling-Attributen stellen neue Ansprüche an die Konstruktion und Entwicklung von Produkten.

82 Umweltgütezeichen

Stahel fordert eine »Strategie der Dauerhaftigkeit« als Kern einer in ihrem wirtschaftlichen Denken neu ausgerichteten »nachhaltigen« Gesellschaft. Sie zielt auf die Abkehr von der heutigen kurzfristigen Optimierung von Produktion und Verkauf zu einer »Nutzungsoptimierung über längere Zeiträume«. Damit verbunden ist ein veränderter Produkt- und Marketingbegriff mit dem Prinzip »Verkauf der Nutzung des Produktes anstelle des Produktes« (Beispiel: Pfandflasche). Grundsätzlich werden dabei folgende Konzepte vorgeschlagen:

Nutzungsdauerverlängerung

Auf Produkt- und Komponentenebene kann dies durch unterschiedliche Maßnahmen erreicht werden:
- Wiederverwendung (Mehrwegflasche)
- Reparaturen (Autos nach Unfall)
- Wiederinstandsetzung (Nachfärben von Farbbändern bei Druckern)
- technologische Hochrüstung (Ausbau eines PC durch Austausch der Platine).

Modulbauweise

Ein entsprechendes Systemdesign ermöglicht durch standardisierte Funktionsmodule und normierte Anschlußverbindungen die Auswechslung einzelner Komponenten eines Produktes und verlängert damit die Lebensdauer des gesamten Systems (Lego, Harley Davidson).

Langzeitgüter

Langzeitgüter haben als gesamtes Produkt (z.B. Energiesparlampe) eine längere Lebensdauer als herkömliche Konkurrenzgüter.

Nutzungskaskaden

Durch Nutzungskaskaden können ältere Güter für einen etwas weniger anspruchsvollen Zweck weiter verwendet werden (Lokomotive: von Schnellzug-, über Güter- zur Rangiermaschine)

Flottenmanager

verkaufen nicht ein Gut oder ein System, sondern nur deren Nutzung (z.B. Autovermieter oder Car-Sharing-Systeme auf Genossenschaftsbasis wie »Stattauto« in Berlin).

Recycling

Von den oben genannten Formen der Nutzungsdauerverlängerung unterscheidet man das Recycling, das nur die für die Güter verwendeten Rohstoffe erneut einsetzt.
Man unterscheidet dabei grundsätzlich in Wertstoff-Recycling und thermisches Recycling.
Forderungen, die sich dadurch für die Produktkonstruktion und -gestaltung ergeben, entnehmen Sie Abbildung 81 und Abbildung 83.
»War Umweltfreundlichkeit des Produktes gestern noch eine kaum honorierte Nebenleistung, so ist sie heute ein wichtiges Verkaufsargument, und morgen wird sie Voraussetzung für die Verkäuflichkeit des Produktes überhaupt sein.«
(*Hopfenbeck, W.: Allgemeine Betriebswirtschafts- und Managementlehre)
Die Umsetzung ökologisch orientierter Produktion hat tiefgreifende Einflüsse auf die Materialwirtschaft, das Marketing und die Unternehmensstruktur.
Am Beispiel der Umweltgütezeichen oder »Ökologos« (»Grüner Punkt«,»Blauer Umweltengel«) zeigt sich beispielsweise bereits umweltorientiertes Marketing (Abb.82).

Produkte mit langer Lebensdauer anstreben
- Langzeitgüter
- Nichtverschleißteile für lange Lebensdauer auslegen und vor Umgebungseinflüßen schützen
- Verschleißteile reduzieren

Produkte wiederverwertbar gestalten

Anpassung an den Stand der Technik mitplanen
- Raum für Erweiterungen anbieten
- integrierte Bauweisen vermeiden
- technische Vorkehrungen für Erweiterungen anbieten (Zusatzanschlüße, Leistungsreserven)

Produkte reparaturfreundlich gestalten
- Verschleißteile demontagefreundlich anordnen
- Einsatz demontagefreundlicher Verbindungstechniken
- Modulbauweise
- Standardisierung der Ersatzteile und normierte Anschlußverbindungen

Bei Nichtverwendungsfähigkeit der Produkte Gewährleistung des erneuten Einsatzes von Baugruppen oder Bauteilen
- Modulbauweise
- Zusammenfassung von Bauteilen zu demontage- und verwendungsfähigen Funktionsmodulen
- Standardisierung von Bauteilen (standardisierte Funktionsmodule und normierte Anschlußverbindungen)
- Demontagefreundlichkeit verwendbarer Bauteile
- Kennzeichnung verwendbarer Bauteil

Nutzungskaskaden mitbedenken
- Möglichkeit der Weiterverwendung/Umnutzung vorsehen z.B. bei irreparabler technischer Veralterung
- Anpassungsmöglichkeit an weitere Verwendungszweck(e)
- Vorgaben für Umwandlung anbieten

Zusatznutzen berücksichtigen

Produkte recyclinggerecht gestalten

Demontageverfahren mitbedenken
- Einsatz demontagefreundlicher Verbindungstechniken
- Energiebilanz unterschiedlicher Demontagemöglichkeiten

Einsatz wiederverwertbarer Werkstoffe bevorzugen

Einfache Wiederverwertung der Werkstoffe planen
- ausschließliche Verwendung untereinander verträglicher Werkstoffe
- Herabsetzung der Anteile unverträglicher Werkstoffe
- unverträgliche Werkstoffe demontagefreundlich gestalten
- Kennzeichnung der Werkstoffarten
- eine möglichst geringe Anzahl von Werkstoffen verwenden

Verwendung beschränkt oder nicht wiederverwertbarer Werkstoffe
- Substitution durch häufig wiederverwertbare Stoffe
- Einsatz möglichst nur in langlebigen Gütern
- Verwendungszyklenzahl beschränkt wiederverwertbarer Stoffe durch Qualitätsverbesserung erhöhen

Produktrohstoffverträglichkeit
- Regenerativen Rohstoffeinsatz bevorzugen
- Produktrohstoffverträglichkeit bezüglich Produktion, Gebrauch und Demontage

Energiebilanz der Produkte
- Energiebilanz bezüglich Verarbeitung, Gebrauch und Demontage

Regeln zur umweltgerechten Produktgestaltung

3. Menschliche Arbeit

3.1 Begriffsdefinition

Arbeit – aus dem Mittelhochdeutschen »arebeit«, bedeutet »Mühsal« oder »Not« und meint das bewußte, zielgerichtete Handeln eines Menschen zum Zweck der Existenzsicherung sowie der Befriedigung von Einzelbedürfnissen.

Darüber hinaus spielt Arbeit in Bezug auf die *gesellschaftliche Stellung* des Menschen eine bedeutende Rolle. Der Wert der Arbeit hat sich im Laufe der Zeit immer wieder gewandelt. Arbeit hat auch eine *politische Dimension*. Sie steht im Spannungsfeld zwischen einzelwirtschaftlichen und gesamtgesellschaftlichen Interessen. Politische Veränderungen und Entscheidungen beeinflußen die Arbeitsbewertung und -gestaltung ebenso wie daraus resultierende rechtliche Regelungen (Betriebsverfassungsschutzgesetz, Arbeitsschutzgesetze, Tarifverträge, Steuergesetze).

Wirtschaftlich betrachtet ist Arbeit ein *Produktionsfaktor* neben Boden, Kapital, Technologie (Betriebsmittel und deren Einsatz) Material und Energie. Die Bewertung des Produktionsfaktors Arbeit steht im Verhältnis zur Bewertung der anderen Produktionsfaktoren.

Der kontinuierliche Anstieg von Wert und Bedeutung der Arbeit erfordert einen ökonomischen Umgang mit ihr (bzgl. Zeit, Ausnutzung und Effizienz). Die optimale Ausnutzung der *Human Ressources* durch Arbeitsgestaltung als wechselseitige Anpassung von Mensch und Arbeit gewinnt immer größere ökonomische Bedeutung.

In *Deutschland* nimmt das Volumen der Erwerbsarbeit rapide ab. Gründe für die strukturell bedingte Arbeitslosigkeit sind vielseitig und umstritten. Einige davon lauten:

– wachsende Produktivität ist durch arbeitssparende Rationalisierung und zunehmende Automatisierung mit immer weniger Arbeitskräften zu erreichen
– ökonomische Entscheidungen der Unternehmen fallen nach einzelwirtschaftlichen (betriebswirtschaftlichen) und nicht nach gesamtgesellschaftlichen (volkswirtschaftlichen) Kriterien
– ökologische und soziale Kosten des gegenwärtigen Systems der industriellen Produktion werden zum großen Teil als Gemeinkosten auf die Gesamtgesellschaft verteilt beispielsweise: Kosten durch Arbeitslosigkeit, arbeitsbedingte Gesundheitskosten (Vor- und Nachsorge), Umweltbelastung, Umweltschäden
– Globalisierung von Kapital und Produktmärkten
– hohe Kosten der Arbeit (Lohn- und Lohnnebenkosten) im Verhältnis zu Energie- und Materialkosten.

Neben dem quantitativen Bedarf an Erwerbsarbeit verändern sich die qualitativen Leistungsanforderungen.

■ 3.1.1 Einflußgrößen

Arbeit muß im Spannungsfeld zwischen *Ökonomie* (Maximierung der Wertschöpfung, Produktivitätswachstum), *Ökologie* und *gesellschaftlich-humanitären* Anforderungen gesehen werden (Abb.84).
Die wichtigsten Einflußgrößen die von außen auf die Arbeitsgestaltung einwirken sind: Marktbedingungen, technischer Entwicklungsstand, rechtliche Regelungen und gesellschaftliche Bedingungen. Die derzeitige Situation in diesen Teilbereichen ist durch nachfolgend beschriebene Faktoren gekennzeichnet.

84 Einflußgrößen auf Arbeitssysteme

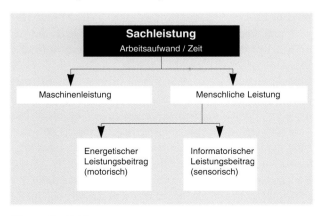

85 Sachleistung

☐ **Marktbedingungen**

Die vorherrschenden Marktbedingungen bestimmen das unternehmerische Handeln. Die äußeren Wettbewerbsbedingungen beeinflußen die Arbeitspolitik eines Unternehmens. Sie sind von Branche zu Branche unterschiedlich und können nicht generalisiert werden.
Einige der häufig angesprochenen Auswirkungen der derzeitigen Bedingungen am internationalen Markt auf die Arbeitsgestaltung sind –> siehe Kap. 2:
– flexibler Einsatz der Arbeitskräfte
– flexible Gestaltung der Arbeitszeit
– veränderte Anforderungen an die Qualifikation der Mitarbeiter
– Notwendigkeit der permanenten Weiterbildung
– geringerer Bedarf an Arbeitskräften in der Produktion durch Rationalisierung und Automatisierung
– Forderung nach dynamischen Entgeldsystemen (Grundlohn mit zusätzlicher Leistungsprämie).

☐ **Technischer Entwicklungsstand**

Der technische Entwicklungsstand sowohl der Betriebsmittel, als auch der Produktentwicklung wirkt sich direkt auf die Arbeitsgestaltung und die Anforderungen an den Arbeiter (»Know-How«) aus.
So zwingen beispielsweise kürzere Innovationszeiten und sinkende Produktlebensdauer zu:
– Flexibilitätsorientierung der Arbeitsstrukturierung (flexibler Arbeitskräfteeinsatz, Arbeitswechsel, Teilautonome Gruppenarbeit)
– permanente Anpassung der menschlichen Qualifikation an die geänderten Anforderungen durch Weiterbildung und zusätzliche Maßnahmen.

☐ **Rechtliche Regelungen**

Rechtliche Regelungen – Gesetze, Verordnungen, Tarifverträge, Richtlinien und Normen – beeinflussen die Arbeitsgestaltung und Organisation sowie allgemein die Umweltgestaltung. Sie bilden die Gesetzesgrundlage innerhalb derer Arbeitgeber und Arbeitnehmer agieren können. Die wichtigsten rechtlichen Regelungen der letzten Zeit sind:
– Betriebsverfassungsgesetz
– Arbeitsstättenverordnung und -richtlinien
– Lohnrahmentarifvertrag
– Sicherheitsregeln für Bildschirmarbeitsplätze der Berufsgenossenschaft Verwaltung
– Ergonomie-DIN-Normen, DIN 33400 ff.

Die Abbildung 85 verschafft einen Überblick über die

wichtigsten Vorschriften und Regeln mit Einfluß auf die Arbeitsgestaltung.

☐ **Gesellschaftlichen Bedingungen**

Arbeitsgestaltung kann nicht außerhalb der gesellschaftlichen Rahmenbedingungen gesehen und gedacht werden. International operierende Unternehmen passen ihre Arbeitspolitik den jeweiligen gesellschaftlichen Potentialen und Möglichkeiten an. Aber auch innerhalb der nationalen Gegebenheiten müssen bei Standortentscheidungen die gesellschaftlichen Unterschiede verschiedener Regionen berücksichtigt werden.

Einige *gesellschaftliche Bedingungen* mit Einfluß auf die Arbeitsgestaltung sind:
– Staatsform
– Wirtschaftsform
– allgemeiner Wohlstand
– Bildungsniveau
– soziale Bindungen.

■ 3.1.2 Arbeitssysteme im Wandel

Die Arbeitssysteme befindet sich in den sogenannten *nachindustriellen Ländern* im Wandel. Zunehmende *Automatisierung* führt einerseits zur steigenden Unabhängigkeit vom Produktionsfaktor Mensch. Andererseits wird durch die Notwendigkeit der Unternehmen auf Veränderungen wie Marktveränderungen oder Technologieschübe möglichst flexibel reagieren zu können die Abhängigkeit vom Produktionsfaktor Mensch wesentlich verstärkt.

Bezogen auf die Tätigkeit kommt es durch zunehmende Automatisierung zu Verschiebungen vom Ausführen und Bedienen hin zum Überwachen, Steuern und Optimieren (Beziehung: Mensch-Maschine). Hierbei kommt der Nutzbarmachung der spezifischen Potentiale des Menschen (Kreativität, Anpassungsfähigkeit, Intelligenz) eine starke Bedeutung zu.

Um den steigenden *Flexibilitätsanforderungen* gerecht werden zu können gibt es Bestrebungen, die Komplexität in der Produktion durch Bildung kleinerer Leistungseinheiten zu reduzieren. Dies führt bezogen auf die Arbeitsgestaltung zu:
– Ausweitung und Verteilung der Verantwortung auf den Einzelnen (Weiterentwicklung der Arbeitsorganisation am einzelnen Arbeitsplatz, Teilautonome Gruppenarbeit, Arbeitsbereicherung)
– Enthierarchisierung der Arbeitsformen
– zunehmenden Bedeutung der Arbeitsorganisation.

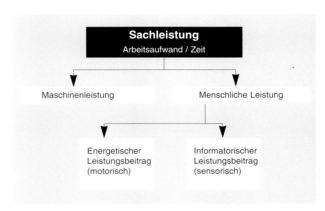

86 Sachleistungen

3.2 Menschliche Leistung

Sachleistungen (Abb.86) können sowohl die Herstellung von Produkten, als auch die Erstellung von Dienstleistungen sein.

Sachleistung (des Systems) = $\dfrac{\text{Arbeitsaufwand}}{\text{Zeit}}$

Sie setzen sich aus der *Maschinenleistung* und der *menschlichen Leistung* zusammen. Der menschliche Leistungsbeitrag zur Erfüllung des Systemzwecks kann *energetisch* (motorisch) oder *informatorisch* (u.a. sensorisch) sein, wobei jedoch weder der energetische noch der informatorische Leistungsbeitrag in Reinform vorkommt. Dementsprechend kann man nur von einer charakteristischen Ausprägung der einen oder der anderen Leistungsart sprechen, das heißt vorwiegend motorische beziehungsweise vorwiegend informatorische Leistungen.

Menschliche Leistungen sind nicht konstant, sondern streuen mehr oder wenigen stark. Wir unterscheiden eine *intraindividuelle* Streuung (Schwankung des Arbeitsverhaltens bei ein und derselben Person) und eine *interindividuelle* Streuung der Leistung (Schwankungen aufgrund von Wesensunterschiede zwischen verschiedenen Personen).

■ 3.2.1 Einflüsse auf die Leistung

Einflüsse auf den arbeitenden Menschen resultieren aus unterschiedlichen Bereichen und Dimensionen, die sich nur schwer voneinander abgrenzen lassen.

Entsprechend der Leistungsstreuung unterscheidet man in *intraindividuelle Einflüsse* und *interindividuelle Einflüsse*.

☐ Intraindividuelle Einflüsse

Zu den intraindividuellen Einflüssen zählen Belastung, Beanspruchung, Ermüdung und Erholung.

Belastung

»Die Arbeitsbelastung ist die Gesamtheit der erfaßbaren Einflüsse, die im Arbeitssystem auf den Menschen einwirken« (*DIN 33400)
Anders als in der Umgangsprache ist Belastung in der Arbeitswissenschaft ein *wertfreier Begriff*. Belastungen können in unterschiedlichen Situationen und unter unterschiedlichen Aspekten als positiv, als neutral oder als negativ angesehene Auswirkungen auf den Menschen haben. Die Arbeitsbelastung als Gesamtheit der erfaßbaren Einflüsse auf den Menschen im Arbeitssystem beschreibt die Belastung des Menschen durch Arbeitsaufgabe und -inhalt.

Beanspruchung

»Die Arbeitsbeanspruchung ist die *individuelle Auswirkung* der Arbeitsbelastung im Menschen in Abhängigkeit von seinen Eigenschaften und Fähigkeiten.« (*DIN 33400)

Ermüdung

»Ermüdung tritt als Folgeerscheinung einer vorhergehenden Beanspruchung auf und geht einher mit einer umkehrbaren Leistungs- oder Funktionsminderung, einer abnehmenden Leistungsmotivation und einem gesteigerten Anstrengungsgefühl.« (*Schmidtke)

Erholung

Mit zunehmender Arbeitsermüdung entsteht, wenn keine anderen Erholungsmöglichkeiten bestehen, die Notwendigkeit von *Erholungspausen*. Mit Erholungspausen sind hier alle Unterbrechungen der Arbeitszeit gemeint. Solche Unterbrechungen können das Abfallen der Leistung verhindern oder verzögern (physiologische Pausenwirkung), sie können aber auch die Leistungsmotivation für die nachfolgende Arbeitsphase erhöhen (psychologische Pausenwirkung).

☐ Interindividuelle Einflüsse

Interindividuelle Einflüsse auf die Leistung des Menschen beruhen auf Wesensunterschieden zwischen verschiedenen Personen. Sie sind Ursache für interindividuelle Leistungsstreuung. Zu den interindividuellen Einflüssen zählen Alter, Geschlecht, Nationalität und Gesundheitszustand.

Alter

Die Beachtung von möglichen Beeinträchtigungen der Leistung durch steigendes Lebensalter ist in unserer heutigen »überalterten« Gesellschaft von großer Bedeutung. Nicht nur der absolute, sondern auch der relative Anteil älterer Menschen ist größer geworden.
Die 45- bis 65-jährigen umfassen heute mehr als 22 % der Bevölkerung, ihr Anteil an der Beschäftigtenzahl liegt bei 30 %.
Die Fähigkeit des Menschen, körperliche Höchstleistungen zu vollbringen, sinkt mit zunehmendem Lebensalter.
Das Maximum der Leistungsfähigkeit liegt um das 20ste Lebensjahr, danach erfolgt ein stetiger Leistungsabfall.
Die physiologische Alterung betrifft die Sinnesorgane, das Nervensystem, die Muskulatur sowie den Kreislauf und die Atmung. Sie kann zu folgenden Beeinträchtigungen führen:
– Hörverluste (besonders oberhalb von 2000 Hz)
– Abnahme der Akkommodations- und Adaptionsfähigkeit des Auges
– Abnahme der Reaktionsfähigkeit
– Nachlassen der Handgeschicklichkeit
– Verlangsamung der Denkvorgänge
– Nachlassen von Lern- und Merkfähigkeit
– Abnahme der maximalen Muskelkraft
– Verringerung der maximalen Herzschlagfrequenz
– Verringerung des Lungenvolumens.

Der ältere Mensch ist in der Regel nicht häufiger aber länger krank, er braucht mehr Erholung. Auch die Unfallschwere (Dauer des Krankseins und durch Unfall verursachte Kosten) steigt mit zunehmendem Alter stetig an.
Diese altersbedingten Veränderungen der körperlichen und sinnesphysiologischen Leistungsfähigkeit können, aber müssen nicht zwangsläufig zu einer beruflichen Beeinträchtigung führen.

Geschlecht

Der Arbeitseinsatz von Frauen bildet in der heutigen industrialisierten Gesellschaft einen bedeutenden Teil des Erwerbspotentials. Im April 1993 waren von ca. 40,2 Millionen Erwerbspersonen in Deutschland ca. 17 Millionen Frauen, was einer Erwerbsquote von ca. 42,5% entspricht.
In Bezug auf die Muskelkapazität und Leistungsfähigkeit bei physischer Arbeit sind zwischen Frau und

Mann folgende Unterschiede zu beachten:
- Körpergröße und -gewicht ist kleiner
- morphologische Unterschiede (unterschiedliche Proportionen der Gliedmaßen)
- strukturelle Unterschiede (größerer Fettanteil, weniger Muskelmassen: Muskelgewebe beträgt beim Mann 41,8 % der Körpermasse, bei der Frau hingegen nur 35,8 %)
- kleineres Herzvolumen
- das Blut der Frau enthält weniger rote Blutkörperchen pro Volumeneinheit (weniger Hämoglobinmasse)
- geringeres Lungenvolumen
- größerer Grundumsatz (kcal/Tag), bezogen auf Alter, Größe und Gewicht
- weniger Körperoberfläche pro Körpergewichtseinheit.

Arbeitsphysiologische Auswirkungen:
- kleinere Muskelkräfte (die durchschnittliche Muskelkraft der Frau beträgt im allgemeinen zwei Drittel von derjenigen des Mannes)
- kleinere Stellungskräfte
- ungünstigere Kraftübersetzungsverhältnisse
- höhere Belastungen durch Eigengewichte
- Dauer des Stehens beschränkt
- niedrigere Belastungsmöglichkeit durch Lastengewichte
- gewisse Arbeiten bzw. Bewegungen ungünstig (Hammer, Schraubenzieher)
- niedrigere Dauerleistungsgrenze
- Belastungsspitzen gefährlich, unerwünscht.

Bei der Beurteilung der Beanspruchung berufstätiger Frauen ist besonders zu beachten, daß in den meisten Fällen eine Dreifachbelastung (durch Beruf, Kinder und Haushalt) vorliegt.

Die von Arbeitswissenschaftlern untersuchten geschlechterspezifischen Unterschiede beziehen sich vor allem auf die körperliche Leistungsfähigkeit. Hierzu ist anzumerken, daß der Anteil der körperlichen Leistung in vielen Berufszweigen in den Industriestaaten an Bedeutung verliert.

Nationalität

Die Gesamtzahl ausländischer Arbeitnehmer betrug im April 1993 ca. 3,5 Millionen, was einem Anteil von etwa 9 % an der Gesamtzahl der Beschäftigten entspricht.

Der Anteil an der Zahl der Gesamtbeschäftigung je Wirtschaftszweig schwankt stark und erreicht den höchsten Anteil für die männlichen Beschäftigten im Baugewerbe, der Eisen- und Metallerzeugung und in der Metallverarbeitung. Die rund 30 % der weiblichen ausländischen Arbeitnehmer sind vor allem im verarbeitenden Gewerbe, das heißt im Textil- und Bekleidungsgewerbe sowie in der Eisen- und Metallverarbeitung beschäftigt. Die gegenwärtige Arbeitsmarktsituation zeigt eine Stagnation der Ausländerbeschäftigung in Deutschland. In einigen Wirtschaftszweigen nimmt die Notwendigkeit allerdings zu, da sich für bestimmte Arbeitsplätze keine deutschen Arbeitskräfte finden.

Der Krankenstand wird nicht nur von der Dauer des Aufenthaltes in Deutschland beeinflußt, sondern schwankt auch zwischen den Nationalitäten. Im allgemeinen ist eine höhere Unfallgefährdung festzustellen, welche vor allem folgende Ursachen hat:
- fehlende industrielle Erfahrung, oft verstärkt durch mangelhafte Schulausbildung
- Mißverständnisse durch fehlende Sprachkenntnisse
- ungünstige anthropometrische Abmessungen von Maschinen und Apparaturen
- psychische Belastung durch gesellschaftliche Isolation.

Regionale sowie gesellschaftliche Unterschiede (Klima, Landschaft, Arbeitsrhythmus, Arbeits- und Religionsauffassung) zwischen Herkunfts- und Gastland können zu Schwierigkeiten der psychologischen Anpassung führen. Als Folge können neben einer erhöhten Unfallgefahr Konzentrationsschwierigkeiten, Ermüdungserscheinungen, Vitalitätsverlust und erhöhte Aggressivität auftreten.

Gesundheitszustand

Der Gesundheitszustand kann sowohl zu den intraindividuellen wie zu den interindividuellen Einflüssen auf die Leistung des Menschen gezählt werden. Aufgrund von akuter oder chronischer Krankheiten und Unfall können *Leistungsminderungen* entstehen. Leistungsgemindert ist ein Mensch, wenn seine Leistungsfähigkeit so vermindert ist, daß er früher bewältigten Anforderungen nicht mehr gewachsen ist. Dieser Begriff beschreibt also eine negative Entwicklung der Leistungsfähigkeit eines Menschen in Bezug auf sich selbst (*intraindividueller Einfluß*).

Aufgrund des Gesundheitszustandes kann sich die Leistungsfähigkeit unterschiedlicher Menschen grundlegend unterscheiden zum Beispiel bei Behinderten im

Vergleich zu gesunden Menschen (*interindividueller Einfluß*).

Da die Leistungsminderung bei den meisten behinderten Menschen nur durch die Einschränkung einiger weniger Funktionen verursacht wird, bietet sich die Möglichkeit an, dem Leistungsgeminderten einen anderen Arbeitsplatz zu geben, an dem er entweder die verbleibende Arbeitskraft oder aber seine gesunden Funktionen einsetzen kann.

Die bloße Feststellung einer Berufsunfähigkeit oder Invalidität ist aus sozialen und psychologischen Gründen unzulänglich. Durch das Fehlen jeder Arbeit und damit jedes Trainingsreizes verliert der noch verbliebene Rest an Leistungsfähigkeit in psychologischer Hinsicht an Bedeutung.

■ 3.2.2 Arbeitsarten

Die Arbeitswissenschaft gliedert Arbeit in *körperliche* oder *Muskelarbeit* und *nichtkörperliche Arbeit*. Grundsätzlich ist bei jeder körperlichen Arbeit auch ein gewisser Anteil nichtkörperliche Arbeit vorhanden und umgekehrt.

□ Körperliche (Muskel-) Arbeit

Die muskuläre Arbeit läßt sich aufgrund von unterschiedlicher Beurteilung der Belastungskriterien sowie unterschiedlicher Beanspruchung in vier verschiedene Arten untergliedern:
– schwere dynamische Muskelarbeit
– einseitig dynamische Muskelarbeit
– statische Muskelarbeit (Abb.87)
– sensomotorische Muskelarbeit.

Als *schwere dynamische Muskelarbeit* bezeichnet man die Arbeit großer (schwerer) Muskelgruppen, die immer einen erhöhten Energieumsatz notwendig macht. Hier wird Arbeit im physikalischen Sinne geleistet.

Im Gegensatz zur schweren dynamischen Muskelarbeit werden bei der *einseitigen dynamischen Muskelarbeit* kleine (leichte) Muskelgruppen beansprucht. Es kann zu einer hohen Beanspruchung dieser Muskelgruppen kommen, ohne daß der Organismus als Ganzes nennenswerte Beanspruchungsreaktionen zeigt.

Bei *statischer Muskelarbeit* werden große oder kleine Muskelgruppen lediglich zur Fixierung von Gelenk- oder Körperstellungen (Haltungsarbeit) beziehungsweise zur Abgabe von Kräften nach außen (z.B. Anpressen eines Werkstückes an eine Schleifscheibe, Haltearbeit) angespannt.

Die Muskelanspannung führt hier nicht zu einer Bewegung von Körperteilen. Die statische Muskelarbeit gewinnt zunehmend an Bedeutung.

Bei vielen beruflichen Tätigkeiten nimmt die Bewegungsarmut zu, Ausgleichbewegungen im Arbeitsablauf fehlen.

Zu den bereitsgenannten Arten der Muskelarbeit, die im strengen Sinne mit Muskelarbeit bezeichnet werden, läßt sich als Vierte die *sensomotorische Muskelarbeit* einordnen. Die alleinige Betrachtung der physisch beanspruchten Körperorgane des Muskels (Herz, Lunge, Blutkreislauf) reicht nicht aus, da die muskuläre Arbeit nicht primär im Erzeugen von Kräften, sondern in der Koordination von Motorik und Sensorik besteht (z.B. bei manueller Montage und bei Steuertätigkeiten, wie Kran- bzw. Autofahren).

Bei dieser besonderen Form der muskulären Arbeit werden neben den bereits genannten Organen insbesondere auch die Sinnesorgane mit beansprucht. Sensomotorische Tätigkeiten liegen zwischen den vorwiegend motorischen Tätigkeiten (Krafterzeugung mit erhöhtem Energieumsatz beim Menschen) und den vorwiegend sensorischen Tätigkeiten (Informationsverarbeitung und gelegentlich handelndes Eingreifen des Menschen).

Bei sensomotorischer Muskelarbeit handelt es sich um Arbeiten, welche eine hohe Koordinationsleistung ver-

87 Statische Muskelarbeit durch Belastung der Arm und Nackenmuskeln infolge Überkopfarbeit

schiedener Körperteile aufweisen.
Sensomotorische Arbeiten gewinnen durch verstärkten Maschineneinsatz an Bedeutung (z.B. bei der Steuerung von Maschinen).

Beanspruchungserfassung

Abhängig von der Zielsetzung und Fragestellung der Untersuchung können unterschiedliche Methoden zur Erfassung der Beanspruchung des arbeitenden Menschen eingesetzt werden. Man unterscheidet hier *physiologische* (Pulsfrequenz, Elektromyogramm, Elektrookulogramm, etc.), *psychologische* (Fragebogen, Interview) und *soziologische Untersuchungsmethoden* (Fragebogen, Interview, Gruppenbeobachtung). In der betrieblichen Praxis werden überwiegend physiogische Methoden zur Erfassung der Beanspruchung eingesetzt, da den so ermittelten Daten ein größeres Maß an Objektivität zugemessen wird (Abb.88). Nach Beendigung oder Verminderung der Arbeitsbelastung geht in zeitverzögerter Form die Pulsfrequenz zurück. Wurde oberhalb von Dauerbeanspruchungsgrenzen gearbeitet, sind längere Erholungszeiten notwendig.
Die Erholungssumme (Anzahl der Pulsschläge bis zum Erreichen des Ausgangszustandes) kann als Maß für die Schwere der vorangegangenen Beanspruchung verwendet werden.

☐ Nichtkörperliche Arbeit

In den industrialisierten Ländern setzt sich der Wandel von der Industriegesellschaft zur Dienstleistungsgesellschaft immer weiter fort. Dies hat einen Abbau von Arbeitskräften in der Produktion (vorwiegend körperliche Arbeit) und eine starke Tendenz zur nichtkörperlichen Arbeit zur Folge.
Die *Arten* der vorwiegend nichtkörperlichen Arbeit lassen sich nach den *Arbeitsfunktionen* des Menschen im Mensch-Maschine-System und nach dem *Aktivitätsniveau* folgendermaßen untergliedern:

Gliederung nach Arbeitsfunktionen
– Überwachungstätigkeiten
– Kontrolltätigkeiten
– Steuerungstätigkeiten.

Das Ausmaß der Belastung durch die drei Tätigkeitsformen ist abhängig von der Dauer ununterbrochener Beobachtungsperioden, der Anzahl der zu beobachtenden Objekte, der Häufigkeit dieser Tätigkeiten sowie von Häufigkeit und Toleranz der zu prüfenden Merkmale. Ungünstige Umgebungseinflüsse (Blendung, Lichtmangel, Lärm, Vibrationen, unangenehme Raumtemperatur, ablenkende Störreize) können diese Tätigkeiten erschweren.

Gliederung nach Aktivitätsniveau
– geistiges Tätigsein im engeren Sinne (Forschung, Management, hohe Beamte)
– Tätigkeit mit kontinuierlicher Informationsverarbeitung (Kontrolltätigkeiten, Bürotätigkeiten, Fahrzeugführung, Steuerungstätigkeiten)
– einförmige Tätigkeit (Überwachungstätigkeiten, Bandarbeit, sensomotorische Tätigkeiten mit geringem Arbeitsinhalt)
– Mangel an aktiver Betätigung (Schalttafelwärter, Überwachen automatischer Fertigungsprozesse, Radarbeobachtung).

Gliederung nach Informationsverarbeitungsschwerpunkt

Ein weiterer Ansatz der Gliederung nichtkörperlicher Arbeit basiert auf der Unterteilung der Informationsverarbeitungsmechanismen in funktionelle Blöcke des Entdeckens, Erkennens, Entscheidens und Handelns. Diesen Blöcken können strukturelle physiologische Einheiten zugeordnet werden. Als Gliederungskriterium dient die *Engpaßbetrachtung*, die festlegt, in welchem der Blöcke der Informationsverarbeitung der eigentliche Engpaß, gemessen an den Anforderungen der Tätigkeit, liegt.

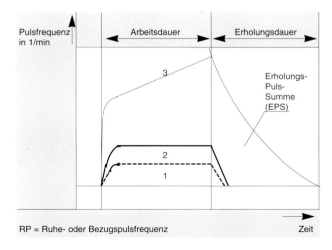

88   Verlauf der Pulsfrequenz unter, im Bereich und über der Dauerbeanspruchungsgrenze bei dynamischer Muskelarbeit

Sensorische Arbeit
Liegt der Engpaß im Block des Entdeckens oder Wahrnehmens, das heißt bei einem der Rezeptoren des Menschen, so handelt es sich um sensorische Arbeit.

Diskrimatorische Arbeit
Hier sind die Erkennungs-, Unterscheidungs- oder Identifikationsmechanismen die Engpässe.

Kombinatorische Arbeit
In diesem Fall liegt der Engpaß im zentralen Entscheidungsmechanismus.

Signalisatorisch - motorische Arbeit
Bei dieser Arbeit ist die Informationsausgabe an die Umgebung durch die Steuerung von Ausdrucks- (Mimik, Gestik, Sprache) oder Leistungs-Bewegungen (Arbeitshandlungen) kapazitiv begrenzt.
Aufgrund der Vielfalt der Ausprägungen vorwiegend nichtkörperlicher Arbeitsformen ist eine der Muskelarbeit ähnliche logisch-ausschließliche weitere Untergliederung bis heute nicht gelungen.

Belastungs- und Beanspruchungsermittlung

Zur Beurteilung der geistigen Belastung in einfachen Mensch-Maschine-Systemen reichen im allgemeinen die Verfahren der summarischen und analytischen Arbeitsbewertung aus. Bei komplexen Systemen werden *Arbeitslastmodelle* bevorzugt, welche mit Hilfe mathematisch statistischer Analysetechniken zu Aussagen über die Belastung des Menschen kommen.
Die Methoden zur Ermittlung der geistigen Beanspruchung lassen sich untergliedern in solche, die *Begleiterscheinungen* erfassen und solche, die *Folgeerscheinungen* vorheriger geistiger Aktivität messen.
Bei den Messungen von Begleiterscheinungen, auch *Simultanmessungen* genannt, unterscheidet man folgende Methoden:
– Doppeltätigkeitsmethode von Bornemann (Bornemann mißt bei beliebigen geistigen Tätigkeiten die Leistungsminderung in einer Zweittätigkeit (z.B. Kopfrechnen) und setzt den Prozentsatz der Leistungsminderung gleich der Beanspruchung.
– Messung korreliereder physiologischer Größen (z.B. Elektroenzephalogramm, Pulsfrequenz).

Bei den Messungen von Folgeerscheinungen einer vorausgegangenen geistigen Belastung, auch *Sukzessivmessungen* genannt, unterscheidet man folgende Folgerscheinungen:

– reversible Leistungs- und Funktionsminderung
– Störung des organischen Zusammenspiels von Einzelfunktionen (z.B. Wahrnehmung, Koordination, Konzentration, Denken, Antriebstruktur)
– abnehmende Arbeitsfreude (z.B. bei Monotonie)
– gesteigertes Anstrengungsgefühl (z.B. Überforderung)
– Störung des Funktionsgefüges der Persönlichkeit (z.B. bei physischer Sättigung).

3.3 Arbeitsgestaltung

Die planmäßige Beeinflussung oder Veränderung der Arbeitsbedingungen bezeichnet man als »Arbeitsgestaltung«. Arbeitsgestaltung ist das Schaffen von Bedingungen für das Zusammenwirken von Mensch, Technik, Information und Organisation im Arbeitssystem. Ziel ist die Erfüllung der Arbeitsaufgabe unter Berücksichtigung der menschlichen Eigenschaften und Bedürfnisse und der Wirtschaftlichkeit des Systems.
Bei der Arbeitsgestaltung im Rahmen einer umfassenden Systemgestaltung ist das Ziel in der Regel die Rationalisierung eines Arbeitsprozesses. Unter rein technisch-wirtschaftlichen Aspekten könnte ein Arbeitsprozeß auch dann als rationeller gestaltet angesehen werden, wenn dabei die Belastung für den beteiligten Menschen erhöht oder eine zu hohe Belastung nicht verringert wird. Unter Berücksichtigung der spezifischen Eigenschaften des »Systemelementes Mensch« können Arbeitsvorgänge aber auch rationeller gestaltet werden, ohne daß der arbeitende Mensch mehr belastet wird. Diese wechselseitige Anpassung von Mensch und Arbeit geschieht durch *physiologische, anthropometrische, informationstechnische* und *psychologische Arbeitsgestaltung*.
Die Arbeitsgestaltung baut auf den in der Ergonomie entwickelten Grundlagen auf.

Ergonomie

Das Wort »Ergonomie« stammt aus dem Griechischen und setzt sich aus den Teilen »ergon« (Arbeit oder Tätigkeit) und »nomos« (Regel, Ordnung oder Gesetz) zusammen. Ausgehend von der Bedeutung dieser beiden Wortteile läßt sich Ergonomie als die Wissenschaft verstehen, mit der Regeln zur Beurteilung und Gestaltung menschlicher Arbeit entwickelt werden.
Zur Gewinnung von Erkenntnissen zur Beschreibung des Menschen und seines Verhaltens unter den gegebe-

nen Arbeitsbedingungen und zur Entwicklung von Regeln zur Gestaltung der Arbeitsbedingungen werden Methoden angewendet, die sich an physiologischen und psychologischen Modellen des Menschen orientieren. Mit diesen Modellen versucht man, sowohl die Reaktion organischer Funktionen (z.B. des Blutkreislaufs) als auch das Verhalten von Personen (z.B. dereu Motivation) in Abhängigkeit von den jeweiligen Arbeitsbedingungen zu beschreiben.

■ 3.3.1 Physiologie

Physiologische Arbeitsgestaltung bedeutet die Anpassung von Arbeitsplatz, Arbeitsmittel, Arbeitsmethode, Arbeitsablauf und Arbeitsumgebung an den Menschen unter Berücksichtigung arbeitsphysiologischer Erkenntnisse. Die Arbeitsphysiologie liefert uns Erkenntnisse von Funktionen des menschlichen Körpers unter den besonderen Bedingungen der Arbeit. Während sich die *anthropometrische Arbeitsgestaltung* mit den *statischen Komponenten* im System Mensch-Arbeit beschäftigt, betrachtet die *physiologische Arbeitsgestaltung* das Teilsystem Mensch als eine *dynamische Komponente*, da sich die Funktionen des menschlichen Körpers als physiologische Reaktionen auf die Arbeit zeitabhängig verändern. Unter diesem Aspekt sind in Bezug auf die jeweiligen Tätigkeiten folgende Einflußfaktoren zu berücksichtigen:
– Arbeitsform
– Arbeitsschwere
– Arbeitsdauer
– Arbeitsgeschwindigkeit
– eingesetzte Muskelmasse
– Umgebung (physikalisch, sozial).

Daneben beeinflussen bei körperlicher Arbeit die in Kapitel 3.2.1 beschriebenen individuellen Einflußfaktoren die Wechselwirkungen zwischen Tätigkeit und körperlichen Funktionen des Menschen.

Aus der Kenntnis der für einen Menschen erträglichen Beanspruchung und der Übertragung dieser Kenntnis auf den Arbeitsplatz ergibt sich für die Arbeitsphysiologie die Aufgabe, Kriterien für konstruktive Maßnahmen zur Arbeitsgestaltung zu liefern. Weiterhin sind vorbeugende Maßnahmen zum Schutz des arbeitenden Menschen vor gesundheitlichen Schäden festzulegen. Beide Maßnahmen tragen dazu bei, dem Menschen die Möglichkeit zur individuellen Leistungsentfaltung über die Gesamtdauer eines Arbeitslebens zu erhalten.

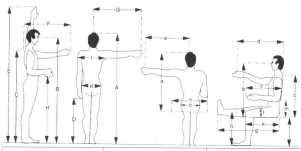

Bezeichnung	Männer unterer Grenzwert	Mittelwert	oberer Grenzwert	Frauen unterer Grenzwert	Mittelwert	oberer Grenzwert
Stehende Körperhaltung						
A Körperhöhe	161	172	183	150	161	172
B Augenhöhe	150	161	172	139	150	161
C Schulterhöhe	131	142	153	120	131	142
D Reichhöhe nach unten	69	75	81	64	70	76
E Reichhöhe nach oben	192	206	220	172	186	200
F Reichweite nach vorn						
ohne Schulterbewegung	75	82	89	63	70	77
mit Schulterbewegung	84	92	100	72	80	88
G Reichweite zur Seite	73	80	87	67	74	81
H Ellenbogenhöhe	98	106	114	89	97	105
I Schulterbreite	41	45	49	36	41	46
K Hüftbreite	31	35	39	33	37	41
Sitzende Körperhaltung						
a Scheitelhöhe	84	90	96	79	85	91
b Augenhöhe	73	79	85	68	74	80
c Schulterhöhe	54	59	64	49	54	59
d Reichweite nach vorn						
ohne Schulterbewegung	73	80	87	67	74	81
e Reichweite zur Seite	74	82	89	63	70	77
f Unterarmlänge bis Fingerspitze	43	47	51	38	42	46
g Beinlänge: Kreuzbein-Sohle	98	107	116	86	100	114
h Unterschenkelhöhe über Knie	51	55	59	46	50	54
i lichte Unterschenkelhöhe	42	45	48	40	43	46
k Sitzlänge	54	59	64	52	57	62
l Dicke des Oberschenkels	11	14	17	11	14	17
m Ellenbogenhöhe über Sitzfläche	19	23	27	19	23	27
n Ellenbogenaußenbreite	38	44	50	33	40	47
o Gesäßbreite	33	36	39	43	47	51

Für Schuhe sind nötigenfalls zu addieren:
bei Männern: 2,5 cm +/- 1 cm
bei Frauen: 4,0cm +/- 2 cm

Körpermaße in cm für 95 % der Männer und Frauen in Mitteleuropa

89 Anthropometrische Ausgangsdaten der ergonomischen Arbeitsplatzplanung

■ 3.3.2 Anthropometrie

Anthropometrie ist die Lehre von der Ermittlung und Anwendung der Körpermaße des Menschen. Neben der empirischen Ermittlung der Abmessungen verschiedener Gliedmaße und Körperteile ist die Untersuchung der Art und Größe der Unterschiede dieser Abmessungen in Abhängigkeit von verschiedenen Einflußfaktoren (z.B. Berufs-, Bevölkerungs-, Alters-, und Geschlechtsgruppen) wichtigstes Aufgabengebiet der Anthropometrie. Man unterscheidet drei unterschiedliche *Arten* von anthropometrischen Abmessungen beziehungsweise Parametern:
– räumliche Begrenzungsmaße (Skelett- bzw. Umrißmaße)

Arbeitshöhe bei sitzender Körperhaltung in cm (nach Stier)

A Objekthöhe bei Feinarbeit
B Werkzeughöhe bei Maschinenarbeit, Handarbeiten mit Augenkontrolle
C Schreibtisch
D Schreibmaschinentisch, Handarbeit ohne genaue Augenkontrolle, aber mit Ellenbogenfreiheit
E Minimaler Knieraum

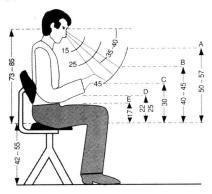

Arbeitshöhe bei stehender Körperhaltung in cm (nach Stier)

A Höhe von Objekten, die dauernd beobachtet werden müssen
B Werkzeughöhe bei Maschinenarbeit
C Handarbeit ohne genaue Augenkontrolle, aber mit Ellenbogenfreiheit
D Aughöhe beim Hantieren mit schweren Gegenständen

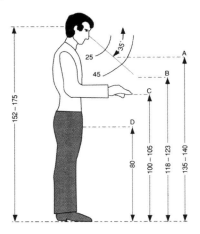

Schnitt durch den Greifraum in Höhe der Tischebene

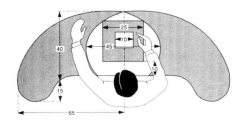

90 *Anthropometrische Grundmaße*

– Funktionsmaße (Beweglichkeitsbereiche, Reichweiten, Sichtmaße)
– anthropometrische Parameter als zu berücksichtigende Einflußgrößen innerhalb anderer Themengebiete (z.B. Physiologie, Biomechanik).

»Die anthropometrische Arbeitsgestaltung strebt die förmliche und räumliche Anpassung der Bestandteile des Arbeitsplatzes und der technischen Erzeugnisse an die menschliche Gestalt in Bezug auf die oben genannten anthropometrischen Abmessungen beziehungsweise Parameter und die jeweilige Arbeitsaufgabe an. Der Schwerpunkt liegt in der Gestaltung der geometrischen Beziehungen zwischen dem menschlichen Körper und dem Arbeitsplatz als einer funktionalen Einheit.«
(*Rohmert, W.: Arbeitswissenschaft 1)

Die Berücksichtigung der anthropometrischen Gegebenheiten des Menschen gehört zu den Grundlagen der Arbeitsplatzgestaltung. Dies gilt nicht nur für Arbeiten, die mit einer physikalischen Kraftentfaltung verbunden sind, sondern auch für die Bedienung und Steuerung von Betriebsmitteln und Maschinen im Stehen, Sitzen, mit Ortsveränderung und für geistige Arbeit, die vornehmlich sitzend vorgenommen wird. Die Abbildungen 89 und 90 vermitteln die wichtigsten anthropometrischen Grunddaten, die bei der Planung und Gestaltung von Arbeitsplätzen und Arbeitsbewegungen für sitzend und stehend durchzuführende Tätigkeiten zu berücksichtigen sind. Folgenden Maßen kommt hierbei eine besondere Bedeutung zu:
– Sitzhöhe
– Objekthöhe (bei sitzender und stehender Tätigkeit)
– Wirkraum der Hände (Greifraum)(Abb.91)
– Wirkraum der Füße (Fußraum)
– Greifhöhe (nach unten und oben bei stehender Tätikeit)
– Sichtfeld (bei Überwachungs-, Beobachtungs- und Steuertätigkeiten).

☐ **Gestaltungsregeln**
– Ein Arbeitsplatz kann in der Regel nicht für einen einzelnen Menschen »maßgeschneidert« gestaltet werden. Es muß davon ausgegangen werden, daß Personen mit unterschiedlichen Körperabmessungen abwechselnd am gleichen Arbeitsplatz arbeiten werden. Ergonomisch richtig gestaltete Arbeitsplätze müssen deshalb an einen vorgegebenen Körpergrößenbereich angepaßt werden und nicht, wie oft anzutreffen, an ei-

nen hypothetischen, in Wirklichkeit nicht existierenden »durchschnittlichen« Menschen. Jeder Arbeitsplatz soll für einen gewählten Körpergrößenbereich, das heißt gleichzeitig für eine gewählte minimale und maximale Gestalt konstruiert werden.

– Die Abmessungen von Arbeitsplätzen sollen möglichst individuell anpaßbar sein (z.B. Arbeits-, Sitz- und Fußstützenhöhe), um eine optimale Körperhaltung und Wirksamkeit bei der Arbeit zu ermöglichen.

– Für den Anpaßbereich ist ein angemessener Prozentsatz von Benutzern zu berücksichtigen, zum Beispiel 90 % bis 95 % aller Benutzer (2,5 tes beziehungsweise 5 tes bis 95 tes beziehungsweise 97,5 tes Perzentil).

– Die Einschränkung des Bereiches auf Männer und Frauen ist nur dann sinnvoll, wenn tatsächlich nur die angenommene Benutzergruppe in Frage kommt.

– Feste, nicht anpaßbare Abmessungen sollen so festgelegt werden, daß für eine größtmögliche Benutzerzahl optimale Voraussetzungen geschaffen werden oder daß die negativen Folgen einer nicht optimalen individuellen Anpassung minimiert werden. Beispiele:
– Türhöhe: sollte nach den größten Benutzern, (95tes Perzentil oder mehr) gewählt werden.
– feste Sitzhöhe: sollte nach kleineren Benutzern festgelegt werden, z.B. für 20tel Perzentil; große Benutzer können die Beine ausstrecken, nur für sehr kleine Benutzer ist der Sitz zu hoch.

– Da für Außen- und Innenmaße die Begrenzung nur einseitig ist, werden hier beispielsweise mit dem 95sten Perzentil 95% aller Benutzer erfaßt.

■ 3.3.3 Informationstechnik

Das zweckgerichtete Zusammenwirken von Mensch, Betriebsmittel und Material erfordert den Austausch von Information. Information ist *Nachricht* die beim *Empfänger* eine Ungewißheit über ein Ereignis beseitigt und kann somit durch die Begriffe Wahrnehmung und Entscheidung charakterisiert werden kann. Durch Information wird Energiefluß gesteuert.
Im Mensch-Maschine-System wird Information in Form von *Signalen* übertragen. Beispiele für Signale:
– Stellung eines Zeigers auf einer Skala
– Signallampe (z.B. Blaulicht)
– Signalton (z.B. Warnton der Feuerwehr)

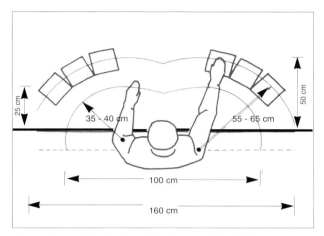

91 Horizontaler Greif- und Arbeitsraum auf Tischhöhe

– Maschinengeräusch
– taktile Merkmale von Werkstücken oder Bedienteilen
– Widerstände (Rückstellkräfte) von Bedienteilen.

☐ **Gestaltungsregeln**
– Der Informationsgehalt (Inhalt) muß eindeutig sein.

– Mehrere Informationen dürfen einander nicht wiedersprechen beziehungsweise müssen durch entsprechende Hierarchie geordnet werden können und zu eindeutigen Handlungsanweisungen führen.

– Wichtige Informationen müssen von unwichtigen Informationen unterschieden werden können.

– Bei der Informationsübertragung muß die Verwechslung unterschiedlicher Informationen vermieden werden, zum Beispiel werden unterschiedliche Informationen (Höhenangabe und Neigungswinkel im Flugzeugcockpit) in gleicher Form (digitale Zahlen auf einem einzigen Monitor in unterschiedlichen Ebenen) übertragen.

– Nicht vorhersehbare Signale (z.B. Warnsignale) werden am besten akustisch übertragen.

– Zur Entlastung der Augen sollten optische Signale wenn möglich durch taktile ersetzt werden.

– Signale müssen deutlich oberhalb der Wahrnehmungsgrenze liegen, welche ihrerseits vom umgebenden Störpegel abhängt, um wahrgenommen zu werden.

– Die Anzahl alternativer Signale sollte so gering wie möglich gehalten werden, beispielsweise ist die Zahl der relevanten Zeigerstellungen bei Meßgeräten durch Bereichsmarkierung optisch zu begrenzen oder sind Signallampen statt Meßinstrumenten einzusetzten.

– Die Darbietungsfrequenz von Signalen sollte, unabhängig von deren Informationgehalt, drei Signale pro Sekunde nicht überschreiten.

– Eine Informationsaufnahme kann gleichzeitig mit einfachen motorischen Reaktionen erfolgen (z.B.: Briefkodieranlagen der Post, bei der sich der nächste Brief in »Vor-Lese-Stellung« befindet, während der Kode des vorhergehenden geschrieben wird).

– Signal- und Bedienungselemente müssen so angeordnet werden, daß Elemente mit großer Verbindungshäufigkeit und Wichtigkeit dicht nebeneinander und im Wahrnehmungszentrum angebracht werden.

– Bei beidhändig-symmetrischer und beidhändig-unsymmetrischer Arbeitsweise muß der Arbeitsplatz so aufgebaut werden, daß alle wichtigen Informationen mit möglichst geringem Aufwand an Blickveränderungen aufgenommen werden können.

– Die Geschwindigkeit der Reaktion und die Fehlerzahl hängen davon ab, wie gut eine Reaktion einem bestimmten Signal zugeordnet ist (z.B. räumliche Nähe von Signallampe und Reaktionstaste).

■ 3.3.4 Psychologie

Arbeit führt zu psychischer Belastung und Beanspruchung. Sie können sich sowohl positiv (z.B. Arbeitszufriedenheit) als auch negativ (z.B. Ermüdung, Frustration) auf den Menschen auswirken.
Psychische Fehlbelastungen haben *negative Folgen* sowohl auf den Menschen (kurzfristige und chronische Reaktionen), als auch auf das Funktionieren des Arbeitssystems (Fehlhandlungen, Unfälle, Leistungsminderung).
Die Anpassung der Planung und Organisation der Produktion an die Bedürfnisse des Menschen stieg parallel zur technischen Entwicklung in der Produktion stetig an. Zur Ausschöpfung der »Human Resources«, zur Steigerung der Leistungsbereitschaft, zur Vermeidung psychischer Fehlbelastungen und deren Konsequenzen gewinnt die psychologische Arbeitsgestaltung zunehmend an Bedeutung.

Psychische Belastungen hängen ursächlich zusammen mit der Arbeitstätigkeit, der Arbeitsorganisation, der Arbeitszeitgestaltung und sozialen Rahmenbedingungen wie Anerkennung, berufliche Weiterentwicklungsmöglichkeiten, Entgeldsystem, Betriebsklima. Sie haben jedoch auch Ursachen in Arbeitsbedingungen wie der Arbeitsraumgestaltung, der Betriebsmittelgestaltung und Ausstattung und der Gestaltung der Arbeitsumgebung (Licht, Raumklima, Lärm, Vibrationen).
Von Seiten der psychologischen Arbeitsgestaltung sind folgende *Grundsätze* zu beachten:
– Die Anforderungen an den Arbeiter sollen seinem Leistungsvermögen entsprechen
– Vermeidung von Über- oder Unterforderung
– Vermeidung von Reizüberflutung
– Vermeidung von externen und internen Störgrößen auf das Arbeitssystem
– Arbeitsraumgestaltung, Arbeitsmittel und Arbeitsorganisation sollen so gestaltet sein, daß die Gesundheit und die Sicherheit der Arbeiter gewährleistet sind.

Für die Gestaltung ergeben sich daraus folgende *Regeln*:
– informationstechnisch richtige Gestaltung sicherheitsrelevanter Informationen
– Schaffung optimaler akustische Bedingungen
– Schaffung optimaler lichttechnischer Bedingungen
– Schaffung optimaler klimatischer Bedingungen
– richtige Gestaltung der Arbeitszeit (Arbeitszeitregelungen, Arbeitspausen, Erholpausen)
– ergonomische Farbgestaltung
– Übersichtliche Gestaltung der Arbeits- und Betriebsräume.

Aufgrund der individuell verschiedenen Reaktion auf psychische Belastung sollten auch die Gestaltungsregeln individuelle Anpassungsmöglichkeiten aufweisen.
Im Folgenden werden einige der für die psychologische Arbeitsgestaltung relevanten Begriffe erklärt.

□ Monotonie

Monotonie ist die Reaktion des Organismus auf eine *reizarme Situation* oder auf Bedingungen mit *wenig Abwechslung an Reizen*. Die wichtigsten *Symptome* der Monotonie sind Ermüdungsgefühle, Schläfrigkeit, Unlust und eine Abnahme der Aufmerksamkeit. Für die Entstehung von Monotonie am Arbeitsplatz sind äußere Ursachen sowie auch persönliche Voraussetzungen

des Einzelnen (Monotonieanfälligkeit) von Bedeutung.
Äußere Ursachen können sein:
- langandauernde, repetitierende Tätigkeiten mit geringem Schwierigkeitsgrad
- langandauernde reizarme Überwachungsaufgaben mit dem Zwang zu ununterbrochener Wachsamkeit (z.B. Steuerpult)
- kurze Zyklusdauer von Arbeitsabläufen
- geringe Möglichkeit zu körperlicher Bewegung
- dunkle oder warme Arbeitsräume
- soziale Isolation (keine Möglichkeit zum Kontakt mit Arbeitskollegen).

Persönliche Voraussetzungen für das Auftreten von Monotonie sind:
- Ermüdung
- niedrige Motivation
- Überqualifikation (hoher Grad an Bildung, Kenntnissen und Fertigkeiten).

☐ Streß

Der Ausdruck und der Begriff »Streß« wurde von dem kanadischen Arzt Selye nach dem 2.Weltkrieg eingeführt und zunächst in der Medizin angewandt. Danach konnte Streß wie folgt definiert werden:
»Streß ist die Reaktion des Organismus auf eine bedrohliche Situation. Die Stressoren sind die äußeren Ursachen, während der Streß die Antwort des menschlichen Körpers auf die Stressoren darstellt.«
Das häufige und vielfältige Auftreten von *Stressoren* (und Streß) in den unterschiedlichsten Lebenssituationen (Alltag, Straßenverkehr, Beruf, Freizeit, Sport) zeigt, daß Streß eine ganz natürliche und *zweckmäßige Reaktion* darstellt. Ein Leben ohne Streß wäre nicht nur unnatürlich, sondern auch monoton und langweilig.
In Bezug auf Arbeit kann der Begriff »Streß« folgendermaßen definiert werden:
Arbeitsstreß ist ein negativer emotionaler Zustand, der durch eine Diskrepanz zwischen dem Grad der Arbeitsanforderung und dem Vermögen sie zu bewältigen verursacht wird. Er ist somit im wesentlichen ein subjektives Phänomen, das von der individuellen Einstellung und den individuellen Fähigkeiten abhängt.

☐ Motivation

Ein wesentlicher Bestandteil der Leistungsbereitschaft ist die psychologische Leistungsbereitschaft oder Leistungsmotivation. Die Motivation bestimmt Inhalt, Art und Dauer des Handelns eines Menschen. Wenn Handeln durch äußere »Anreize« ausgelöst wird,

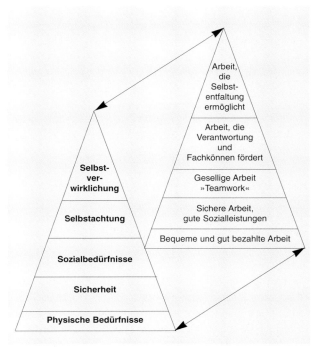

92   Motivationspyramide nach Maslow

spricht man von *äußerer Motivation. Innere Motivation* läßt sich vorwiegend auf die Bedürfnisstruktur des Menschen zurückführen und ist von der umgebenden Situation weitgehend unabhängig.

☐ Arten menschlicher Bedürfnisse

Es gibt verschiedene Arten menschlicher Bedürfnisse, sie unterscheiden sich von Mensch zu Mensch. Eines der wichtigsten theoretischen Modelle zur Gliederung der menschlichen Bedürfnisse ist die *Motivationspyramide von Maslow* (Abb.92). Maslow teilt die menschlichen Bedürfnisse in fünf Stufen ein:

Physische Bedürfnisse
Arbeit als Existenzgrundlage, Arbeitsplatzgestaltung, werksärztliche Betreuung, Kantine.

Sicherheit
Arbeitsschutz, Sicherheit des Arbeitsplatzes, Krankenversicherung, Altersversorgung.

Sozialbedürfnisse
Gutes Betriebsklima, angenehme Kollegen, kooperative Vorgesetzte, Kommunikationsmöglichkeiten am Arbeitsplatz.

Selbstachtung
Belobigungen, Titel, Aufstiegschancen, Ansehen der Beschäftigung.

Selbstverwirklichung
Möglichkeiten zum Einsatz der individuellen Fähigkeiten, Freiheitsspielräume, verantwortliche Tätigkeiten, abwechslungsreiche Arbeitsaufgaben, Weiterbildungsmöglichkeiten.

»Nach Maslow strebt der Mensch zunächst nach der Erfüllung der Bedürfnisse der untersten Stufe der Bedürfnispyramide, bevor die Bedürfnisse der höheren Stufen bewußt werden. Dabei müssen Bedürfnisse jedoch nicht voll erfüllt sein, bevor die jeweils höheren auftreten.« (*Wiendahl,H.-P.: FAP 08)
Die Theorie von Maslow hat für die praktische Umsetzung nur die Bedeutung, zum Verständnis der psychologischen Zusammenhänge beizutragen. Dagegen können die Erkenntnisse des amerikanischen Psychologen *Frederik Herzberg*, die in der »*Zwei-Faktoren-Theorie*« (Abb.93) niedergelegt sind unmittelbar umgesetzt werden.
»Herzberg bestimmt zwei unabhängige Faktoren, die für die Arbeitswelt von Bedeutung sind: *Motivatoren* (Zufriedenmacher) und *Hygienefaktoren* (Unzufriedenmacher). Motivatoren führen bei Menschen, die auf diese Faktoren ansprechen, auf Dauer zu Arbeitszufriedenheit und erhöhter Leistungsbereitschaft, während Hygienefaktoren, wenn sie den Erwartungen der Mitarbeiter entsprechen, Unzufriedenheit mit der Arbeitswelt verhindern; sie sind jedoch nicht in der Lage, auch bei noch so guter Ausprägung zu einer dauernden Zufriedenheit der Mitarbeiter und zur Motivation beizutragen. Hieraus läßt sich für die Praxis die Erkenntnis gewinnen, daß Leistungserfolg, Anerkennung, die Arbeitsaufgabe und Verantwortung die wichtigsten Motivatoren darstellen. Sie können vor allem aus den Arbeitsinhalten abgeleitet werden.« (*Wiendahl, H.-P.: FAP 08)

■ 3.3.5 Organisation

Unter *organisatorischer Arbeitsgestaltung* wird die Gestaltung des Mensch-Mensch-Systems innerhalb des Arbeitssystems verstanden. Dazu zählt die Festlegung und planmäßige Beeinflussung der quantitativen und qualitativen Anforderungen an den Menschen im Arbeitssystem zur Optimierung des Mitarbeitereinsatzes. *Anforderungen* ergeben sich aus den Normen der Aufgabenstellung einer Tätigkeit. Sie werden in der *Anforderungsermittlung* bestimmt. Sie dient zur anforderungsabhängigen Lohn- und Gehaltsdifferenzierung, zum eignungsadäquaten Personaleinsatz und zur Bestimmung des qualitativen und quantitativen Personalbedarfs.

□ Anforderungsermittlung und Qualifizierung

Neben dem, über die Anzahl der Mitarbeiter, *quantitativ* bewertbaren Arbeitspotential ist das *qualitative Arbeitspotential*, das heißt die Qualifikation der Mitarbeiter, ihre Fähigkeiten von entscheidendem Einfluß auf die organisatorische Arbeitsgestaltung. Die Unternehmen sind aufgerufen, durch langfristige Planung der Personalstruktur und durch gezielte Aus- und Weiterbildung einen optimalen Einsatz der Mitarbeiter zu ermöglichen. Folgende *qualitative Anforderungen* stehen hierbei im Vordergrund:
– fachliche Qualifikation
– selbstständiges Handeln
– Fähigkeit zu Teamarbeit (Verhalten, Verantwortung)
– sorgsamer Umgang mit Produktionsmitteln
– Initiative.

Optimierung des Mitarbeitereinsatzes

Nach Berechnung der Anzahl der für die Abteilung benötigen Mitarbeiter und der Erstellung der Anforderungsbilder (A) für die einzelnen Arbeitsplätze werden diese mit den Fähigkeiten (F) der Mitarbeiter verglichen (Abb.94). Anhand dieses Vergleichs können dann geeignete Maßnahmen eingeleitet werden, um einen optimalen Mitarbeitereinsatz zu ermöglichen:

– $A > F$

Sind die Anforderungsbilder größer als die Fähigkeiten

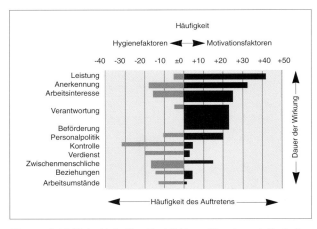

93 Betriebliche Motivation; Zwei-Faktoren-Theorie nach Frederik Herzberg

der Mitarbeiter müssen Maßnahmen zum Abbau der Unterdeckung eingeleitet werden. Dies kann durch Aus- und Weiterbildung, Methodentraining, Motivationsprogramm, Automatisierung und Arbeitsplatzgestaltung erfolgen.

– $A < F$

Sind die Anforderungsbilder dagegen kleiner als die Fähigkeiten der Mitarbeiter müssen Maßnahmen zum Abbau der Überdeckung eingeleitet werden, wie Jobenlargement, Jobenrichment, Jobrotation und Teilautonome Gruppenarbeit. Diese Methoden führen zu mehr Eigenverantwortung der Mitarbeiter und ermöglichen eine abwechslungsreichere Arbeitsgestaltung.

– $A = F$

Decken sich die Anforderungsbilder mit den Fähigkeiten sind keine Maßnahmen nötig. Die Mitarbeiter können optimal eingesetzt werden.

☐ **Lohn- und Entgeldsysteme**

Lohn ist der geldmäßige Gegenwert der menschlichen Arbeit. Neben dem gezahlten Entgelt werden hier auch die *Nebenleistungen* und *Vergünstigungen* (Dienstfahrzeug, mietfreie oder ermäßigte Wohnung, etc.) die ein Arbeiter zusätzlich erhält und deren Geldwert ermittelt werden kann als Lohn bezeichnet. Lohn hat für ein Unternehmen *Kostencharakter*. *Lohnpolitik* ist ein wichtiges Steuerungsinstrument unternehmerischen Handelns. Mit zunehmender Bedeutung der Ausnutzung der »Human Resources« gewinnt auch die Lohnpolitik an Bedeutung (Leistungsanreiz durch erfolgsorientiertes Entgeld).

In *Tarifverträgen*, das heißt Kollektivverträgen zwischen Arbeitgeberverbänden und Gewerkschaften werden neben Arbeitszeitbestimmungen und Urlaubsregelungen, Entlohnungssysteme und Lohnsätze (Tariflöhne), die den Charakter von Mindestlohnsätzen haben, für einzelne Lohngruppen festgesetzt.

Für die Bestimmung des Lohnes werden unterschiedliche *Beurteilungskriterien* angewendet.

Hierbei kann zwischen
– anforderungsorientiertem
– leistungsorientiertem
– verhaltensorientiertem
– sozialorientiertem und
– marktorientiertem
Lohn differenziert werden.

Lohnformen

Die Lohnformen lassen sich grundsätzlich in *Leistungslohn-* und *Zeitlohnformen* unterscheiden. Die Leistungslohnformen gliedern sich wiederum in Akkordlohn- (Geldakkord-, Zeitakkordlohn) und Prämienlohnformen, die Zeitlohnformen in Zeitlohn mit Leistungszulage und reinen Zeitlohn (Stunden-, Tages-, Monats-, Jahreslohn) (Abb.95). Die Entscheidung für eine bestimmte Lohnform hängt von der Art der Tätigkeit, tariflichen Vereinbahrungen und unternehmerischen Zielen ab.

Mit der Einführung neuer Formen der Arbeitsorganisation verändern sich die Arbeitsbedingungen der Mitarbeiter. Häufig wird es nötig, die Entgeltsysteme an die neuen Strukturen anzupassen. Für die Ausrichtung auf neue Aufgaben werden Entgeldformen benötigt, die sich am Erfolg des Gesamtsystems orientieren. Sie setzen sich häufig aus einem *fixen Lohnanteil* (Grundlohn = Tariflohn plus tarifliche Zulagen) und einem *variablen Lohnanteil* (Zusatzlohn) zusammen.

Wird ein Entlohnungssystem eingesetzt, bei dem ein Teil der Vergütung *variabel* in Abhängigkeit vom Erreichen definierter Ziele vereinbart wird, so muß dieses Entlohnungssystem drei *Aufgaben* erfüllen:
– eine vom Mitarbeiter umsetzbare, zwischen Arbeit-

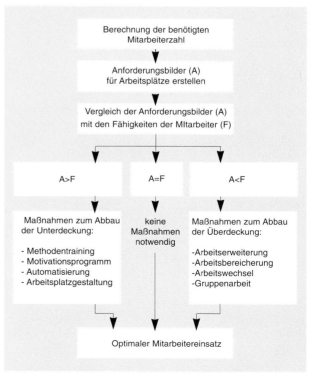

94 Ablaufdiagramm der Personalorganisation

geber- und Arbeitnehmerseite vereinbarte Zielsetzung muß gefunden werden.
- Die Höhe des variablen Anteils sollte so vereinbart werden, daß der variable Anteil im Laufe der Jahre nicht überproportional anwachsen kann.
- Die Zielvereinbarungen müssen flexibel an sich verändernde Rahmenbedingungen anpaßbar sein.

Der Zusatzlohn kann sich beispielsweise aus folgenden Prämienanteilen zusammensetzen:
- Qualifikation des Mitarbeiters
- Umgesetzte Verbesserungen
- Verkürzung der Auftragsdurchlaufzeit
- Anlagenausnutzung.

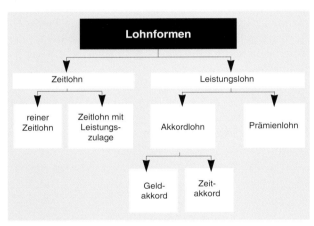

95   Lohnformen

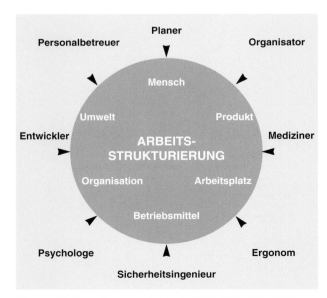

96   Arbeitsstrukturierung als interdisziplinäre integrierende Betrachtungsweise

☐ Arbeitsbewertung

Die Arbeitsbewertung dient dazu, Bewertungsnormen festzulegen, die die Anforderungen einer Arbeit im Verhältnis zu anderen Arbeiten definieren.
Sie ist ein *methodisches Hilfsmittel*, das bei dem Versuch eine anforderungsgerechte Entlohnung der Arbeit zu finden angewandt wird.
In der Praxis wurden *unterschiedliche Methoden* der Arbeitsbewertung entwickelt wie Rangreihen-, Rangfolge-, Lohn/Gehaltsgruppen-, Stufenwertzahlmethode. Mit Hilfe der Arbeitsbewertung werden Anforderungen einer Tätigkeit ermittelt und entsprechend der Anforderungshöhe/ des Arbeitswertes hierarchisiert. Die Arbeitsbewertung bewertet nicht die Leistung eines Arbeiters ist also keine Form der Leistungsentlohnung. Nach Betriebsverfassungsgesetz gehört die Arbeitsbewertung zu den »sonstigen Arbeitsbedingungen« und kann durch Tarifverträge geregelt werden (§ 77 Abs. 3 BetrVG, §§ 73, 74, 75 Abs. 5 Bundespersonalvertretungsgesetz).

☐ Arbeitsorganisation

Um die vielfältigen Anforderungen an die Arbeitsorganisation optimieren zu können, ist eine *integrierende* und *interdisziplinäre Betrachtungsweise* erforderlich. Wichtig ist hierbei die frühzeitige Einbeziehung der am Planungsprozeß beteiligten Fachleute (Ingenieure, Betriebswirte, Mediziner, Psychologen, etc.) und die gemeinsame Abstimmung auf eine Zielrichtung (Abb. 96).

☐ Einführung neuer Arbeitsstrukturen

Die Einführung neuer Arbeitsstrukturen betrifft unterschiedliche Bereiche der Arbeitsgestaltung. Zur Sicherstellung einer umfassenden Betrachtung empfiehlt sich folgende Vorgehensweise:
1. Neuordnung der Arbeitsorganisation
2. Arbeitsplatzgestaltung
3. Umgebungsgestaltung
4. Anforderungsermittlung
5. Konzepte zur Mitarbeiterqualifizierung
6. Ermittlung von Leistungskennzahlen
7. Einführung neuer Entgeltsysteme.

Mit der Einführung neuer Arbeitsstrukturen können unterschiedliche Ziele verfolgt werden, wie:

Wirtschaftliche Ziele
- Steigerung der Produktionsmittelausnutzung
- Senkung von Ausschuß und Nacharbeit

- Personaleinsparung
- flexibler Einsatz der Produktionsmittel
- Reduzierung der Fehlzeiten.
  Organisatorische Ziele
- Bildung integrierter Verantwortungsbereiche
- Verbesserung der Informationsflüsse
- Förderung von Verbesserungsvorschlägen.
  Personelle Ziele
- Steigerung der Mitarbeitermotivation
- Höherqualifizierung der Mitarbeiter
- Qualifikationsanpassung der Mitarbeiter
- Verbesserung der Zusammenarbeit
- Verbesserung der Kommunikation
- Verbesserung des Arbeitsklimas
- höhere Flexibilität im Arbeitseinsatz.
  Auswirkungen

Alte Organisationsformen sind gekennzeichnet durch:
- Arbeitsteilung
- strikte Trennung von Entscheidung und Ausführung
- Intelligenz in der Planung, nicht in der Ausführung.

Neue Organisationsformen sind gekennzeichnet durch:
- Rückverlagerung der Intelligenz in die Ausführung
- Aufgabenerweiterung
- Ausweitung und Verteilung der Verantwortung
- Bildung kleinerer Einheiten in der Produktion und Arbeitsorganisation
- flexible Organisation des Informationsflusses
- produktionswirtschaftliche Ziele können häufig besser realisiert werden.

Kriterien zur Beschreibung und Untersuchung einer Arbeitsstruktur sind:
- Arbeitsart (Einzelarbeit, Gruppenarbeit)
- Produktvarianten (Stückzahlschwankung, Typenvielfalt)
- Verhältnis der Anzahl der Betriebsmittel zur Anzahl der Mitarbeiter
- Arbeitsteilung (vorgegeben, frei wählbar)
- Mengenteilung (durchführbar, nicht durchführbar)
- Arbeitsgangfolge (festgelegt, wählbar)
- Verkettung der Arbeitsplätze (starr, lose).

☐ **Formen von Arbeitsstrukturen**

Im Folgenden sollen einige *Grundbegriffe zur organisatorischen Arbeitsgestaltung* erläutert werden.
Die unterschiedlichen Formen von Arbeitsstrukturen (Abb. 97,98) versuchen eine Optimierung der Arbeitsabläufe und -ergebnisse.

Arbeitsteilung

»Arbeitsteilung ist die Teilung einer Arbeit nach Menge und Art auf mehrere Menschen beziehungsweise Betriebsmittel«
(*REFA: Grundlagen der Arbeitsgestaltung).
Arbeitsteilung ist ein Grundprinzip zur Rationalisierung von Arbeitsabläufen. Man unterscheidet bei der Arbeitsteilung zwischen Mengen- und Artteilung.
Mengenteilung meint die mengenmäßige Teilung einer Arbeit auf mehrere Arbeitskräfte oder Betriebsmittel. Jede Arbeitskraft oder jedes Betriebsmittel führt dabei den gesamten Ablauf an einer Teilmenge durch. Hauptziel ist die Verkürzung der Gesamtarbeitszeit zur Durchführung einer Arbeitsaufgabe.
Artarbeitsteilung meint die Unterteilung einer Arbeit in mehrere Teile des gesamten Arbeitsablaufes sodaß jede Arbeitskraft oder jedes Betriebsmittel eine Teilaufgabe an der Gesamtmenge ausführt.
Hauptziel ist durch Spezialisierung die Mengenleistung zu erhöhen.
Neben diesen Grundprinzipien treten auch *Mischformen* aus Art- und Mengenteilung auf.
Beispielsweise die Artteilung beim Herstellen von

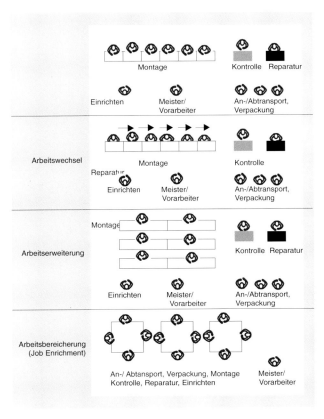

97 *Formen von Arbeitsstrukturen*

MENSCHLICHE ARBEIT

Holztischen in Zuschneiden, Hobeln, Fräsen, Schlitzen, Bohren und Montieren gekoppelt mit der Mengenteilung der Montagearbeiten auf mehrere Arbeitskräfte oder Betriebsmittel.

Arbeitswechsel

»Der Arbeitsplatzwechsel – auch *job-rotation* genannt – soll dem Mitarbeiter ermöglichen, zwischen einzelnen Arbeitsplätzen oder Tätigkeiten zu wechseln. Die Aufgaben können dabei einander ähnlich sein oder sich deutlich voneinander unterscheiden. Je nachdem, ob der erste oder der zweite Sachverhalt gegeben ist, ähnelt dieses Prinzip der Arbeitserweiterung oder Arbeitsbereicherung.«
(*Wiendahl, H.-P.: FAP 08, S.5)

Arbeitserweiterung

»Bei der Arbeitserweiterung, auch als horizontale Arbeitserweiterung oder *job-enlargement* gegenüber der reinen Arbeitsteilung bezeichnet, werden untereinander ähnliche Arbeitszyklen, die vorher von mehreren Mitarbeitern ausgeführt wurden, zusammengelegt. Die Anzahl der Arbeitsvorgänge erhöht sich für jeden Mitarbeiter, und dadurch erhöht sich auch die Zykluszeit.
Völlig neue oder andersartige Aufgaben übernimmt der Mitarbeiter jedoch nicht. Der Vorteil der Arbeitserweiterung besteht darin, daß ein Belastungswechsel des Mitarbeiters – z.B. Sitzen und Stehen – erreicht werden kann. Außerdem sind dadurch eintönige Arbeitsabläufe abwechslungsreicher zu gestalten.« (*Wiendahl, H.-P.: FAP 08, S.5)

Arbeitsbereicherung

»Bei der Arbeitsbereicherung – auch vertikale Arbeitserweiterung oder *job-enrichment* genannt – werden den bisherigen Arbeitsvorgängen neue Aufgaben hinzugefügt. Beispielsweise kann eine Montagetätigkeit um die Aufgaben der Materialdisposition, der Qualitätsprüfung und/oder der Verpackung bereichert werden. Dadurch entstehen höhere Freiheitsgrade und ein gewisses Maß an Selbstkontrolle in einem für den einzelnen oder die Gruppe überschaubaren Verantwortungsbereich. Um bereicherte Arbeitsstrukturen bewältigen zu können, ist normalerweise eine Höherqualifizierung des Mitarbeiters erforderlich.«
(*Wiendahl, H.-P.: FAP 08, S.5)

Ziele \ Methoden	Arbeitsplatzwechsel	Arbeitserweiterung	Arbeitsbereicherung	Teilautonome Gruppen
Störanfälligkeit des Arbeitssystems verringern	■	■	■	■
Flexibilitätserhöhung des Arbeitssystems	■	■	■	■
Qualitätsverbesserung des Produktes	□	■	■	■
Betriebsorganisation dezentralisieren	□	□	■	■
Verringerung der Abwesenheitsrate	■	■	■	■
Verringerung der Fluktuationsrate	■	■	■	■
Erhöhung der Arbeitsmotivation	■	■	■	■
Verringerung der Physische Belastung	■	□	□	□
Verringerung der Monotoniebelastung	■	■	■	■
Psychischer u. physischer Belastungswechsel	■	■	■	□
Verhindern von Unterforderung	■	■	■	■
Verbessern der internen Kommunikation	□	□	□	■
Anpassung an Umweltveränderungen	□	□	□	■
Höherqualifizierung ermöglichen	■	■	■	■
Erhöhung der Verantwortung	□	□	■	■
Vergrößerung des Handlungsspielraum	□	□	■	■
Selbstverwirklichung ermöglichen	□	□	■	■
Selbstbestätigung ermöglichen	□	□	■	■
Berücksichtigung individueller Unterschiede	□	□	□	■

■ Ziel erreicht (bei entsprechender Mitarbeitermotivation)
□ Ziel nicht erreicht

Ziele und Methoden menschengerechter Arbeitsgestaltung

Teilautonome Gruppenarbeit

Alle Prinzipien können schließlich in Form von Gruppenarbeit realisiert werden. *Gruppenarbeit* ist dann sinnvoll und erforderlich, wenn mehrere Personen in gegenseitiger Abhängigkeit zusammenwirken müssen, um eine bestimmte Arbeit gemeinsam ausführen zu können. Von *Teilautonomie* beziehungsweise von Gruppenarbeit mit erweitertem Handlungsspielraum wird dann gesprochen, wenn einer Arbeitsgruppe unterschiedliche Aufgaben (z.B. Materialdisposition, Maschineneinrichtung, Reparaturarbeiten) übertragen werden und wenn diese Gruppe Teilerzeugnisse oder komplette Produkte in mehr oder weniger eigener Disposition und Verantwortung erstellt.

■ 3.3.6 Arbeitszeitgestaltung

Bei der Regelung der Arbeitszeit (Abb.99) greifen vier Regelungsebenen ineinander:
– Gesetze und Verordnungen
– Tarifverträge
– Betriebsvereinbarungen
– Arbeitsvertrag.

Gesetzliche Grundlage des öffentlich-rechtlichen Arbeitszeitschutzes ist die Arbeitszeitordnung (AZO).
Nach dem Text wird als *Arbeitszeit* die Zeit von Beginn bis zum Ende der Arbeit ohne Ruhepausen definiert. Die regelmäßige werktägliche Arbeitszeit darf die Dauer von acht Stunden nicht übersteigen (§ 3 AZO). Das Gesetz geht von einer gleichmäßigen Verteilung der Arbeitszeit auf die Werktage aus, gestattet jedoch in bestimmten Grenzen auch eine andere Verteilung dieser Arbeitszeit in der Woche. Nach Beendigung der täglichen Arbeitszeit ist den Arbeitnehmern eine ununterbrochene Ruhezeit von mindestens 11 Stunden zu gewähren. Außerdem sind während der Arbeitszeit bestimmte (unbezahlte) Ruhepausen einzuhalten. Die Regelung dieser Ruhepausen ist bei männlichen und weiblichen Arbeitnehmern unterschiedlich und hängt wesentlich von der Dauer der Arbeitszeit ab. Für Frauen besteht ein besonderer Nachtarbeitschutz, das heißt sie dürfen nicht in der Zeit von 20 bis 6 Uhr beschäftigt werden. In Mehrschichtbetrieben ist eine Beschäftigung bis 23 Uhr zulässig. Neben der AZO gibt es eine Reihe ergänzender gesetzlicher Bestimmungen insbesondere im Hinblick auf bestimmte Personengruppen.

Planung und Verteilung der Arbeitszeit

Bei der Planung der Arbeitszeit ist die Orientierung an *ergonomischen Erkenntnissen* wichtig. So lassen sich beispielsweise aus dem Verlauf der biologischen Tagesrhythmik zwei wichtige Erkenntnisse ableiten:
– Damit sich die Arbeitszeit mit den Maxima der physiologischen Leistungsbereitschaft annähernd deckt, sollte bei Ein-Schicht-Arbeit der Arbeitsbeginn zwischen 7 und 8 Uhr liegen, eine Ruhepause zwischen 12 und 14 Uhr und das Arbeitsende zwischen 16 und 18 Uhr.
– Da dieser Kurvenverlauf der biologischen Tagesrhythmik nur einen Mittelwert darstellt und viele Menschen ihr Leistungsmaximum früher oder später erreichen, sind Überlegungen zur Einführung einer variablen Arbeitszeit zweckmäßig.

Bei der Auswahl des Arbeitsmodells sind neben den betrieblichen Gegebenheiten auch die Vorteile, die sich für die Allgemeinheit (z.B. in Hinblick auf die Verkehrssituation) und für die privaten Lebensumstände der Mitarbeiter ergeben können (z.B. lange Anfahrtszeiten) zu berücksichtigen.

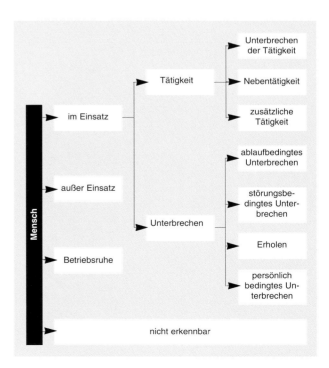

99 *Gliederung der Zeitaufwendung bei der menschlichen Arbeit*

Tätigkeit	Funktion	Arbeitskraft theoretisch erforderlich	Arbeitskraft Ist-Zustand	Arbeitskraft Soll-Zustand
Meister	Meister	1	1	1
Schichtführer	Vorarbeiter	1	2	1
Waagen-Bedienung	Vorarbeiter	0	1	0
Abfüllen, Reinigen	Arbeiter	3	2	3
Hubstaplerfahrer	Arbeiter	1	1	1
Granuliermaschine – Bedienung	Arbeiter	2,5	3	3
Extruder – Bedienung	Vorarbeiter	1,5	3	2
Extruder – Bedienung	Arbeiter	12	15	12
Extruder – Bedienung	Hilfsarbeiter	9	6	9
Materialtransport	Arbeiter	3	4	3
Qualitätskontrolle	Vorarbeiter	2	3	3
Qualitätskontrolle	Hilfsarbeiter	3	3	3
Abteilung PVC	Total	39	44	41

100 Beispiel für einen Personalbelegungsplan

☐ **Arbeitszeitregelungen**

Bei den Arbeitszeitregelungen differenziert man grundsätzlich in feste und flexible Formen:
Feste Arbeitszeitregelungen sind in der Regel dadurch gekennzeichnet, daß die Lage der Arbeitszeit überhaupt nicht oder nur noch in sehr eingeschränkter Weise betrieblich geregelt werden kann. Als fest können sowohl Formen der Vollzeit- als auch der Teilzeitarbeit bezeichnet werden. Auch versetzte Arbeitszeiten, wie beispielsweise die Schichtarbeit, sind vom Grundsatz her feste Arbeitsmodelle.
Flexible Arbeitszeitregelungen haben sich in den letzten Jahren in vielen Bereichen durchgesetzt. Sie sind dadurch gekennzeichnet, daß die Tarifparteien bestimmte Bereiche der Arbeitszeitgestaltung betrieblichen Vereinbarungen überlassen. Flexible Arbeitszeiten können für den ganzen Betrieb, einzelne Gruppen von Arbeitnehmern oder einzelne Beschäftigte vereinbart werden.

Sie enthalten Dispositionsspielräume für die Verteilung der Arbeitszeit, deren Grenzen durch Betriebsvereinbarungen und Einzelarbeitsverträge festgelegt werden. Formen von flexibler Arbeitszeit sind zum Beispiel:
– Gleitzeit
– gestaffelte Arbeitszeit (d.h. unterschiedliche Arbeitszeiten für einzelne Betriebe, Abteilungen oder Arbeitsgruppen eines Unternehmens)
– Teilzeitarbeit (z.B. Halbtagsarbeit; Anpassung der Arbeitszeit an individuelle Bedürfnisse)
– job sharing (Partner-Teilzeitarbeit; d.h. mindestens zwei Mitarbeiter teilen sich einen Arbeitsplatz; modifizierte Form der Teilzeitarbeit)

Arbeitspausen

Die Leistung einer Arbeitsperson kann, wie bereits in Kapitel 3.2.1 dargestellt, durch Erholungspausen gesteigert werden. Bei der Einfügung von Pausen in den Arbeitsablauf sollten folgende Grundsätze berücksichtigt werden:
– Die ersten Pausensekunden haben den höchsten Erholungsgewinn.
– Die Häufigkeit muß sich nach der körperlichen und geistigen Arbeitsschwere richten. Grundsätzlich soll sie im Laufe der Schicht zunehmen, d.h. die Arbeitsintervalle sollen immer kürzer werden.
– Die Länge der Kurzpausen soll im Laufe der Schicht zunehmen.
– Die Pausen sollen nicht mit Nebenarbeiten ausgefüllt werden.
– Die Mittagspause sollte 45 Minuten nicht unterschreiten, da mindestens 20 Minuten Arbeitsruhe nach der Essenseinnahme zur Verfügung stehen sollten.

Durch organisierte Pausen werden willkürlich eingelegte Pausen und mit Nebenarbeiten »getarnte« Pausen deutlich reduziert. Weiterhin ist der Erholungswert offiziell sanktionierter Pausen größer als derjenige von willkürlichen oder »getarnten« Pausen.

☐ **Personalbedarf / Personaleinsatz**

Die Fragen des Personaleinsatzes spielen im Rahmen der Betriebsanalyse als Vorstufe der Fabrikplanung oder als Basis einer Rationalisierungsstudie eine bedeutende Rolle. Bei der *Personalbedarfsanalyse* wird wie folgt vorgegangen:
– Ermittlung des Ist-Zustandes
– Ermittlung der theoretisch erforderlichen Belegung
– Erkennen von Ansatzpunkten für Verbesserungen

und Rationalisierung (Bereinigter Ist-Zustand) (Abb.100).

Durch die ständig wachsende Mechanisierung und Automatisierung entsteht ein enges Zusammenwirken und eine Abhängigkeit zwischen Mensch und Maschine. Für die Ermittlung des Personalbedarfs spielt die Gestaltung dieser Mensch-Maschine-Systeme eine bedeutende Rolle. Neben dem *Mechanisierungs- und Automatisierungsgrad der Betriebsmittel* sind für die Planung des Personalbedarfs die *Arbeitsorganisation* (z.B. Ein- oder Mehrschichtbetrieb) und die *Arbeitsstruktur* (Mehrmaschinenbedienung, wechselnde Arbeitsplatzzuteilung-Job-rotation) von großer Bedeutung.

Aufgrund ständig steigender *Personalkosten* ist der sinnvolle Einsatz und die gute Auslastung der Mitarbeiter von großer Bedeutung für die Wirtschaftlichkeit und Konkurrenzfähigkeit eines Unternehmens.

Als Folge der immer teurer werdenden Betriebsmittel entwickelt sich ein Trend zum Mehrschichtbetrieb, um die optimale Auslastung zu gewährleisten. Aus humanitären Gründen sollte der Schichtbetrieb jedoch in Grenzen gehalten werden. Die Lösung dieser Diskrepanz liegt in den Händen des Betriebsplaners, welcher in der Hauptschicht die arbeitsintensiven Operationen und im Schichtbetieb die weitgehend automatisierbaren Prozesse einzuplanen hat. Im Allgemeinen wird eine durchgehende Produktion angestrebt, bei der im Schichtbetrieb mit wenigen Personen lediglich Überwachungstätigkeiten ausgeübt werden.

3.4 Technische Arbeitsgestaltung

Unter »Mensch-Maschine-Systeme« verstehen wir die vielfältigen Wechselbeziehungen zwischen der Maschine und dem sie bedienenden Menschen. Das Arbeitssystem »Mensch-Maschine« kann gewissermaßen als ein *Regelkreis* aufgefaßt werden, in welchem der Mensch eine Schlüsselrolle innehat, indem ihm Entscheidungsmöglichkeiten überlassen bleiben.

3.4.1 Regelkreis Mensch-Maschine

Die Informations- und Steuerungsschleife weist im Prinzip folgende Stufen auf:
Das Anzeigegerät gibt die Informationen über den Gang der Produktion; der Mensch nimmt die Information über den Sehapparat wahr (Wahrnehmung); er muß die wahrgenommene Information verstehen und richtig deuten (Interpretation). Aufgrund der interpretierten Wahrnehmung und unter Berücksichtigung von Weisungen trifft er Entscheidungen. Die nächste Stufe ist die Ausführung dieser Entscheidungen durch die adäquate Handhabung der Bedienungselemente. Eine Kontrollanzeige informiert den Menschen, in welchem Maße der Steuerungseingriff erfolgt. In der Maschine läuft der Produktionsprozeß in der gewünschten Art ab. Der Regelkreis schließt sich, indem charakteristische Vorgänge der Produktion auf den Anzeigegeräten in Erscheinung treten (Abb.101).

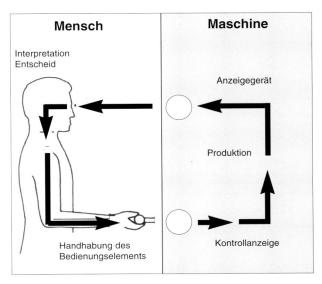

101 Regelkreis »Mensch-Maschine«

3.4.2 Abhängigkeit und Entflechtung

Mensch-Maschine-Systeme sind für einen gewissen Entwicklungsstand der Mechanisierung und Automatisierung der Produktionsanlagen charakteristisch. Bei diesen Systemen wird ein Teil der Funktionen mechanisch, der andere von der Bedienungsperson durchgeführt. Diese beiden Verrichtungsarten können in einer engen bewegungsmäßigen und zeitlichen Verflechtung stehen, die eine starke gegenseitige Abhängigkeit zur Folge haben kann. Sobald diese Abhängigkeiten zu eng werden und für die Bedienungsperson eine Streßsituation entsteht, sind auch die Grenzen der Zumutbarkeit aus humaner Sicht erreicht. Durch eine höhere Stufe der Automatisierung mit Einsatz von elektrischen Steuerungselementen kann diese Konstellation relativ leicht überwunden und eine Entflechtung der Mensch-Maschine-Abhängigkeiten erzielt werden. Bei rechnergesteuerten Betriebsmitteln und Produktionssystemen erfolgt ohnehin eine Entkoppelung der beiden Produktionsfaktoren »Mensch« und »Maschine«, weil der Mensch immer weniger Bedienungsfunktionen und immer mehr Überwachungs- und Programmierungsaufgaben zu erbringen hat. Auf diese Weise werden die Fertigkeiten und physikalischen Beanspruchungen durch geistige Beanspruchungen und nervliche Belastungen (Aufmerksamkeit, Ablaufkontrolle) abgelöst.

Mit steigendem Entwicklungsstand der Elektronik, mit der Perfektionierung der Steuerung der Maschinen und mit der Erhöhung der Produktionsleistungen sind die Funktionen des Menschen, insbesondere die Wahrnehmung sowie die fehlerlose Interpretation der Information und die Bedienung der Maschinen immer anspruchsvoller geworden. Die Geschwindigkeit seiner Reaktion kann (z.B. im Cockpit eines Flugzeugs) von lebenswichtiger Bedeutung sein; die Richtigkeit seiner Entscheidungen kann für die Vermeidung von Katastrophen (z.B. in chemischen Produktionsanlagen) entscheidend sein. Aus diesen Gründen wird heute der ergonomischen Gestaltung von »Mensch-Maschine-Systemen« eine große Bedeutung beigemessen.

Entscheidend sind die beiden »Übergänge« vom Menschen zur Maschine und von der Maschine zum Menschen. In der Fachsprache der elektronischen Datenauswertung würde man diese Übergänge als »Interfaces« bezeichnen. Aus der Sicht der Ergonomie heißen diese beiden »Interfaces«:
– Wahrnehmung aller Informationen, die auf den Anzeigegeräten dargeboten werden
– Handhabung der Bedienungselemente, welche die Maschine steuern.

Die elementaren Zusammenhänge von Signal (Wahrnehmung von Information) und Reaktion (Handhabung) wurden bereits in Kapitel 3.3.3. dargestellt.

3.5 Arbeitsplatzgestaltung

Bei der Gestaltung der Arbeitsplätze im Rahmen der Fabrikplanung handelt es sich um die optimale Abstimmung der Anforderungen am Arbeitsplatz auf die Gegebenheiten des menschlichen Leistungsangebots. Diese wechselseitige Anpassung von Mensch und Arbeitsplatz bezeichnet man als Arbeitsplatzgestaltung.

□ **Arbeitsplatzanforderungen**

Die Arbeitsplatzanforderungen lassen sich in Grundanforderungen und Anforderungen an das Arbeitssystem differenzieren. Zu den *Grundanforderungen* zählen die ergonomischen Anforderungen wie sie in Kapitel 3.3 beschrieben wurden, das heißt physiologische, anthropometrische, informationstechnische und psychologische Anforderungen.

Zu den *Anforderungen an das Arbeitssystem* zählen:
– organisatorische Anforderungen (System: Mensch – Mensch), –> siehe Kap. 3.3.5
– technische Anforderungen (System: Mensch – Maschine, –> siehe Kap. 3.4.

□ **Anordnung von Arbeitsplätzen**

Für die Anordnung von Arbeitsplätzen gibt es die unterschiedlichsten Möglichkeiten, die die verschiedenen Zielkriterien, die bei der Strukturierung im Vordergrund stehen, erfüllen (Abb.102).

3.5.1 Umgebungseinflüsse

Mit Umgebungseinflüsse bezeichnet man die Gesamtheit der physiologischen, chemischen und sozialen Umwelt des Menschen, die auf den arbeitenden Menschen leistungsbeeinflussend wirkt. Die arbeitsphysiologisch relevanten physikalischen Umgebungseinflüsse lassen sich entsprechend der unterschiedlichen Rezeptorgruppen der menschlichen Sensorik folgendermaßen untergliedern:
1. Klima (Thermofühler der Haut und des Zentralnervensystems)
2. Luftverunreinigung (Geruch)
3. Licht und Beleuchtung (Auge)
4. Farb- und Oberflächengestaltung (Auge, Haptik)
5. Schall, z.B. Lärm, Musik (Ohr)
6. Mechanische Schwingung (Haptik)

Die einzelnen Einflüsse beeinflussen die Mitarbeiter in ihrem Leistungsvermögen, Gesundheitszustand und ihrem allgemeinen Befinden. Aus diesem Grund zählen die genannten Faktoren zu den *Gestaltungsfeldern* menschengerechter Arbeitsplätze.

□ **Klima**

Das Klima ist keine direkt meßbare Größe, sondern steht als Sammelbegriff für diejenigen physikalischen Größen, die den Wärmeaustausch des Körpers mit seiner Umgebung beeinflussen. Maßgebend sind dabei die folgenden *Klimakomponenten* (Klimagrundgrößen) der Luft:
– Lufttemperatur (°C) in Verbindung mit Wärmestrahlung
– Luftfeuchte (%)

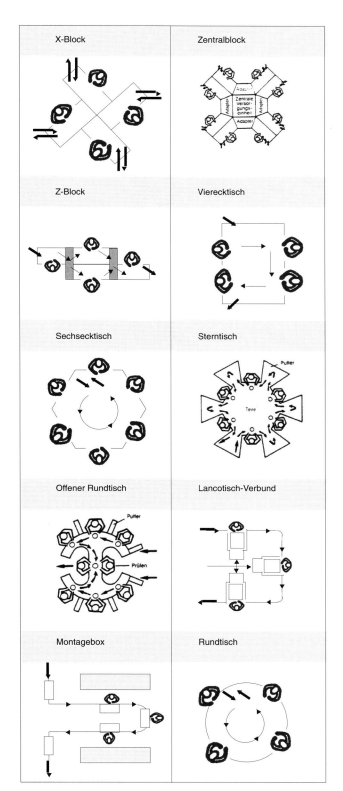
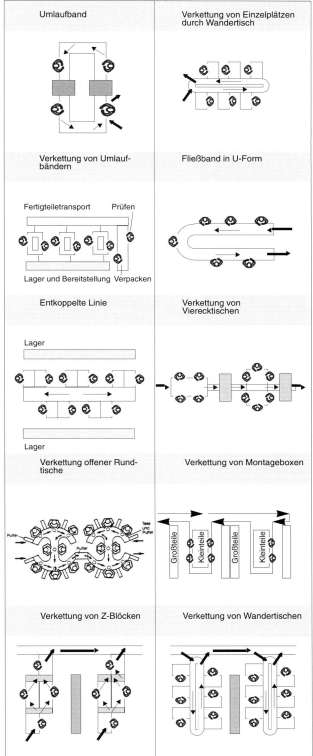

102 Prinzipskizzen zur Arbeitsplatzanordnung

- Luftgeschwindigkeit, Luftbewegung (m/s)
- Luftzusammensetzung, Luftqualität, Reinheit
- Abweichung der mittleren Temperatur der Umgebungsflächen von der Lufttemperatur (°C).

Die *ergonomischen Anforderungen* an das Raumklima bestehen aus zwei grundsätzlichen Aspekten, nämlich der *Vermeidung von gesundheitlicher Gefährdung* und der Gewährleistung der *Behaglichkeit*.

Raumart bzw. Tätigkeit	Körperliche Belastung	Lufttemp. (°C) min opt max	relative Luftfeuchte (%) min opt max	max. Luftgeschwindigkeit (m/sec)
Büroarbeit	sehr leicht	20 21 24	40 50 60	0,1
leichte Handarbeit im Sitzen	sehr leicht bis leicht	19 20 24	40 50 70	0,1
leichte Handarbeit im Stehen	leicht bis mittelschwer	17 18 22	40 50 70	0,2
Schwerarbeit	schwer bis sehr schwer	12 17 21	40 50 70	0,4
Schwerstarbeit	schwerst	14 16 20	30 50 70	0,5
Hitzearbeit (Strahlungsbelastung)	leicht bis schwer	12 15 18	20 35 60	1,0 bis 1,5
Verkaufsräume	–	19 20 24	40 50 70	0,1
Pausen-, Aufenthalts-, Bereitschafts-, Sanitätsräume	–	21 22 24	40 50 70	0,1

103 Optimale Klimawerte

Frischluft qbm/n je Person	Lüftungsregel nach VDI	Amerikanische Lüftungsregel ASRE
10	Nichtraucher bei Luftheizung unter 0°C Außentemperatur	
10 – 27		Büroraum
20 – 30	Nichtraucher	
26 – 34		
30 – 40	Raucher	
34 – 51		Raucher
51 – 68		Direktoren Zimmer

104 Lüftungsregeln nach VDI und ASRE

Klimatische Behaglichkeit

Die *Behaglichkeit* läßt sich aus den einzelnen Klimafaktoren nicht direkt ableiten, weil auch ihr Zusammenwirken und die jeweilige körperliche Beanspruchung der Personen eine Rolle spielen. In der Regel ist man sich eines behaglichen Raumklimas kaum bewußt, nimmt dafür aber ein unbehagliches Klima um so eher wahr, je mehr dieses von den »behaglichen« Werten abweicht. Störungen der Behaglichkeit sind von funktionellen Änderungen begleitet, die den ganzen Organismus betreffen. So führt beispielsweise übermäßige Wärme zu Müdigkeit und Schläfrigkeit, was die Leistungsbereitschaft reduziert und die Tendenz zu Fehlleistungen erhöht. Mit dieser Dämpfung der Tätigkeit des Menschen will die Natur die Wärmeproduktion im Innern des Körpers reduzieren. Ist umgekehrt der Organismus von Abkühlung bedroht, dann tritt ein erhöhter Bewegungsdrang auf, wobei auch die Aufmerksamkeit – vor allem die Konzentration für intellektuelle Arbeit abnimmt.

Lufttemperatur

Die optimalen Lufttemperaturen in Abhängigkeit zu der *Art der Tätigkeit* können aus Abbildung 103 entnommen werden. Diese Werte sind bei zusätzlicher Wärmestrahlung entsprechend zu korrigieren. Kalte Flächen sind zur Vermeidung von »Kältestrahlung« und Kondensation (Schwitzwasserbildung) zu isolieren. Bei hoher Außentemperatur darf die Raumtemperatur nicht mehr als 2-3 °C über die Außentemperatur steigen (maximal 26 °C). Bei klimatisierten Räumen darf die Temperaturdifferenz zwischen Innen und Außen 2-3 °C nicht überschreiten, da sonst Erkältungsgefahr beim Eintreten in kühle Räume entsteht.

Relative Luftfeuchte

Den Einfluß der Luftfeuchtigkeit kann man aus den folgenden Wertepaaren für eine gleiche Temperaturempfindung erkennen:
- 70% rel. Feuchtigkeit und 20 °C
- 50% rel. Feuchtigkeit und 20,5 °C
- 30% rel. Feuchtigkeit und 21 °C.

Daraus ist ersichtlich, daß die *relative Luftfeuchtigkeit* im Bereich zwischen 30 und 70% einen geringen Einfluß auf das Temperaturempfinden hat. Die Grenzlinie, an welcher Schwüleempfindungen auftreten, liegt zwischen folgenden Wertepaaren:
- 80% rel. Feuchtigkeit und 18 °C
- 60% rel. Feuchtigkeit und 24 °C.

In beheizten Arbeitsräumen sind aus der Sicht der Behaglichkeit im allgemeinen relative Luftfeuchtigkeiten von 40-45% erwünscht. Sinkt der Wert auf 30% und weniger, dann wächst das hygienische Risiko der Lufttrockenheit, welche die Atemwege austrocknet und die Anfälligkeit für Erkältungskrankheiten erhöht.

Luftbewegung

Die Richtwerte für die zulässige Luftbewegung in Räumen mit unterschiedlicher Nutzungsart können aus Abbildung 103 entnommen werden.
Die Luftbewegung hat von 0 m/s bis zu Werten von 0,2 m/s nur einen sehr geringen Einfluß auf das Temperaturgefühl. Richtung und Temperatur des Luftstromes sowie die dem Luftzug exponierten Körperteile sind von Bedeutung: Luftzüge von hinten, sowie Luftzüge mit niedrigen Temperaturen sind besonders unbehaglich. Nacken und Füße sind besonders empfindlich.

☐ Luftverunreinigung

Bei der Reinheit der Atemluft steht zunächst das *Empfinden,* daß »die Luft nicht verbraucht ist« im Vordergrund. Dies wird in erster Linie vom CO_2 -Gehalt und von Geruchsstoffen bestimmt. Die Erneuerung der Atemluft erfolgt durch Lüften beziehungsweise Luftwechsel (Abb.104).
Die *Luftwechselrate* gibt das Verhältnis von zugeführter Frischluftmenge je Stunde zum Rauminhalt als Erfahrungswert an. Diese soll je nach Nutzungsart der Räume folgende *Werte* aufweisen:
– Werkstätten 2 - 6fach/h
– Büroräume 3 - 7 fach/h
– Toiletten 4 - 8 fach/h
– Großküchen 10 - 20 fach/h
– Hörsäle klein 6 - 15 fach/h
– Hörsäle groß 5 - 10 fach/h
– Farbspritzräume 20 - 50 fach/h.

Bei *natürlicher Lüftung* soll die öffenbare Fensterfläche nicht unter 2,5% der Fußbodenfläche des Raumes betragen.
In Arbeitsstätten, bei denen infolge der Nutzungsart eine *Luftverschmutzung* entsteht, kommt der Reinhaltung der Atemluft von Fremd- und Schadstoffen und der ständigen Kontrolle eine besondere Bedeutung zu. Die Verunreinigung kann durch feste Schwebstoffe (Stäube, Rauche), flüssige Schwebstoffe (Nebel) und gasförmige Schwebstoffe (Gase, Dämpfe) verursacht werden. Hinzu kommt die toxische beziehungsweise krebserzeugende Wirkung bestimmter Stoffe (z.B. Asbest).

Das Raumklima hat nicht nur Auswirkungen auf die menschliche Arbeit sondern muß auch die Anforderungen der Betriebsmittel und Erzeugnisse erfüllen (z.B. bei der Produktion und Lagerung von Lebensmitteln).
Die *Gestaltungsbereiche* des Raumklimas sind seitens der *Haustechnik*:
– Heizung
– Lüftung
– Klimatisierung
– Filteranlagen,

seitens der Bauplanung:
– Wandaufbau
– Bodenbelag
– Dämmung
– Dampfsperren
– Fensterflächen.

☐ Licht und Beleuchtung

Licht ist physikalisch gesehen *elektromagnetische Strahlung*. Der für den Menschen sichtbare Teil dieser Strahlung hat Wellenlängen im Bereich von 380 nm bis 760 nm. Das lichttechnische Maßsystem baut auf den vier Grundgrößen Lichtstrom, Lichtstärke, Leuchtdichte und Beleuchtungsstärke auf.
Der *Lichtstrom* (Einheit: Lumen lm) ist die Strahlungsleistung, die von einer Lichtquelle abgegeben und vom Auge wahrgenommen wird. Eine Glühlampe von 100 W gibt beispielsweise 1380 lm ab.
Die *Lichtstärke* (Einheit: Candela cd) ist ein Maß für den pro Raumwinkel ausgestrahlten Lichtstrom.
Die *Leuchtdichte* (Einheit: Candela/m^2= Stilb sb) ist ein Maß für die Flächenhelligkeit. Da die Leuchtdichte der Lichtausstrahlung einer Fläche entspricht, hängt sie bei Wänden, Möbeln und sonstigen Gegenständen wesentlich vom *Reflexionsgrad* der beleuchteten Flächen ab. Bei Lichtquellen ist die *Lichtstärke* des Leuchtkörpers entscheidend.
Die *Beleuchtungsstärke* (Einheit: Lux lx = Lumen/m^2) gibt das Ausmaß des auf eine Fläche fallenden Lichtstromes an. Das menschliche Auge ist für einen sehr weiten Bereich von Beleuchtungsstärken empfindlich, der von einigen lx in einem dunklen Raum auf 100 000 lx im Freien unter der Mittagssonne reicht. Die Beleuchtungsstärken im Freien schwanken am Tag zwischen 2 000 und 100 000 lx. Nachts sind bei künstlicher Beleuchtung 50 bis 500 lx üblich. Die Beleuchtungsstärken sollen keine zeitlich rasch aufeinanderfolgenden Schwankungen aufweisen, da die Adaption des Auges

MENSCHLICHE ARBEIT

Raumart bzw. Tätigkeit	Nennbeleuchtungsstärke E_n (lx)	Lichtfarbe	Farbwiedergabequalität	Güteklasse der Blendbegrenzung
Abstell- und Nebenräume	50	ww, nw	3	–
Lagerräume	100	ww, nw	3,4	–
Umkleideräume	100	ww, nw	2	2
Waschräume, Toiletten	100	ww, nw	2	2
Treppen	60	ww, nw	2	–
Archive, Registratur	120″/ 250*	ww, nw	2	1
Büro mit leichten Sehaufgaben	250″/ 500*	ww, nw	2	1
Büro mit normalen Sehaufgaben	500	ww, nw	2	1
Großraumbüro	750	ww, nw	2	1
Zeichenarbeiten	600″/ 1000*	ww, nw	2	1
Labor	4000*	nw, tw	1,2	1
Schmieden Großmontage	200	ww, nw	3,4	2
Schweiß- und Schlosserarbeiten	300	ww, nw	3	2
Einrichten von Maschinen	500	ww, nw	3	1
Montage	500	ww, nw	3	1
Kontrollplätze, Anreißen	750	nw, tw	1,2	1
Feinmontage	750	nw, tw	1,2	1
Feinstmontage, Feinmechanik	1000	nw, tw	1,2	1
Meß- und Prüfarbeiten	1000	nw, tw	1,2	1
Montage feinster Teile	1500	nw, tw	1,.2	1

tw : tageslichtweiß
nw: neutralweiß
ww: warmweiß

″ : Mittlere Beleuchtungsstärke
* : Platzbeleuchtung

105 Nennbeleuchtungsstärken für verschiedene Raumarten und Tätigkeiten gemäß DIN 5035

an unterschiedliche Beleuchtungsstärken nur langsam vor sich geht und das Sehvermögen in der Adaptionsphase herabgesetzt ist.
Neben den genannten vier physikalischen Grundgrößen sind für die *ergonomische Gestaltung* der Beleuchtung weiterhin von Bedeutung:
– Lichtrichtung und Schattenbildung
– Kontraste
– Blendwirkung
– Lichtfarbe (Farbechtheit und Wahrnehmung)
– Farbgebung und Reflexion von Umgebungsflächen.

Aus der Sicht der Gestaltungsbereiche wird zwischen *Tageslicht,* das durch bauliche Maßnahmen gestaltet wird und *Kunstlicht* mittels Beleuchtungskörper unterschieden. Die Anforderungen an die Beleuchtung hängen weitgehend von der Art der zu verrichtenden Arbeit ab. Abbildung 105 vermittelt einen Überblick über die erforderlichen Beleuchtungsstärken, Lichtfarben, etc. für Räume mit unterschiedlicher Nutzungsart. In Abbildung 107 ist die Abhängigkeit von Leistung und Ermüdung von der Beleuchtungsstärke dargestellt.

Tageslicht

Tageslicht ist im allgemeinen nur bis maximal 5 m Raumtiefe (= Abstand vom Fenster) ausreichend. Bereits ab 4 m Raumtiefe ist häufig am Tage eine Tageslichtergänzungsbeleuchtung erforderlich. Eine solche wird auch erforderlich, wenn der Leuchtdichteunterschied zwischen Fensterplatz und Innenraum zu groß wird.

Kunstlicht

Die Beleuchtung mit Kunstlicht kann erfolgen als:
– Allgemeinbeleuchtung (z.B. fest installierte Decken- und Wandleuchten)
– Einzelplatzbeleuchtung (fest installierte, flexible oder freie Leuchten).

Die Einzelplatzbeleuchtung muß stets mit einer Allgemeinbeleuchtung kombiniert werden, damit jederzeit ein *Mindestbeleuchtungsniveau* vorhanden ist.
In Abbildung 108 sind unterschiedliche Lichtquellen, deren Eigenschaften und Anwendungsbereiche dargestellt.

☐ Farb- und Oberflächengestaltung

Farbe ist ein durch das menschliche Auge vermittelter Sinneseindruck. *Licht* und *Farbe* sind untrennbar miteinander verbunden. Farbe ohne Licht gibt es nicht. Selbst im hellen farblosen Licht sind die Farben in den einzelnen Wellenbereichen des Lichtspektrums »verborgen«.

Die bekanntesten Farben entsprechen im Lichtspektrum folgenden Wellenlängen:
- violett 380 - 436 nm
- blau 436 - 495 nm
- grün 495 - 566 nm
- gelb 566 - 589 nm
- orange 589 - 627 nm
- rot 627 - 780 nm .

Die elektromagnetischen Wellen oberhalb 780 nm gehören zur *infraroten Strahlung* (Wärmestrahlung), unterhalb 380 nm liegt der Bereich der *ultravioletten Strahlung*.

Ein *Farbeindruck* entsteht zum einen durch das Licht selbst (Lichtquelle) und zum anderen durch Gegenstände, an deren Oberfläche das Licht reflektiert wird. Je nach der molekularen Zusammensetzung der betrachteten Oberflächen werden nur diejenigen Lichtstrahlen des Spektrums reflektiert, die der Farbe der Oberfläche entsprechen. Der komplementäre Lichtanteil wird absorbiert.

Durch *Mischung von Farben* entstehen neue Farben: Bei der *subtraktiven Farbmischung* (z.B. Farbstoffe) ergeben sich die bekannten Mischfarben (z.B. Gelb mit Blau ergibt Grün). Bei der *additiven Farbmischung* (Farblichtmischung; z.B. Farbfernseher) ergeben sich andere Farben (z.B. Rot mit Grün ergibt Gelb).

Ein *Farbkreis* als Systematisierungshilfe für die Ordnung der Farben entsteht, wenn man die Farben des Spektrums in ihrer natürlichen Reihenfolge nach den Wellenlängen anordnet (vgl. Regenbogen) und dann die Enden miteinander verbindet. Die Komplementärfarben der subtraktiven Farbmischung liegen sich nun gegenüber.

Das *Farbsehen* des Menschen wird durch die Zapfen als Sinnesorgane auf der Netzhaut des Auges ermöglicht. Der *Farbeindruck* setzt sich aus drei Grundfarben zusammen, für die jeweils andere Zapfen eingesetzt werden, und entsteht erst im Gehirn.

Die *Farbwahrnehmung* ist von der äußeren Helligkeit abhängig. Unterhalb einer Beleuchtungsstärke von 0,01 lx (nachts) ist keine Farbe mehr wahrzunehmen. Man sieht nur noch verschiedene Grautöne.

Der *Farbsinn* kann gestört sein. *Farbenblind* sind etwa 7,5% der Männer und 0,5% der Frauen, wobei Rot-Grün-Blindheit mit 3,5% am häufigsten ist.

106 Faustregel für Tageslichtausleuchtung im Verwaltungsbau

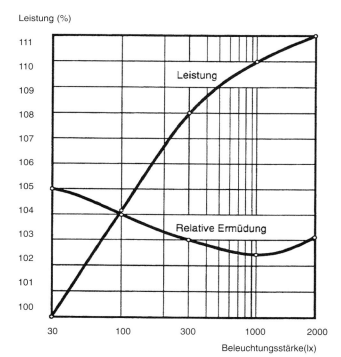

107 Leistung und Ermüdung in Abhängigkeit von der Beleuchtungsstärke

Die Unterscheidbarkeit von Farben ist bei relativem Vergleich – nebeneinander zu betrachtende Farben – sehr groß (bis zu 600 000 verschiedene Farbtöne). Bei absolutem Vergleich – Farben unterscheiden ohne Vergleichsmuster – ist die Unterscheidbarkeit dagegen gering (bis zu zehn unterschiedliche Farbtöne).

Die Erkennbarkeit ist bei farbigem Untergrund unterschiedlich. Komplementärfarben heben sich besonders gut voneinander ab. Auf farbigem Untergrund erscheinen Farben anders. Bei diesem »*Simultankontrast*« steigern sich die Farben gegenseitig in Richtung des komplementären Partners (z.B. erscheint hellgrau auf Grün rötlich und auf Rot grünlich). Durch Nachleuchten auf

Lichtquelle	Licht-ausbeute π in lm/W	Licht-farbe	Farb-wiedergabe-qualität	Anwendungs-bereich
Vakuum-Glühbirne	8	rötlich gelb (ww)	mittelmäßig	Einzelplatzbeleuchtung, privater Bereich, nicht mit Tageslicht kombinierbar
gasgefüllte Glühlampe	12	gelblich weiß (ww)	mittelmäßig bis gut	
Leuchtstofflampe Universalweiß	50	rein weiß (nw)	gut	allgemeine Industriebeleuchtung bei niedrigen bis mittleren Aufhänge-höhen
Leuchtstofflampe Tageslichtweiß	40	bläulich weiß (tw)	sehr gut	
Leuchtstofflampe Warmton	60	gelblich weiß (ww)	mittelmäßig bis gut	Kantinen, Aufenthaltsräume, nicht mit Tageslicht kombinierbar
Quecksilberdampf-Hochdrucklampe	40 bis 65	blaugrün (nw)	schlecht bis mittelmäßig	Werkhallen, Werften, Gießereien, Maschinenhallen, Lagerplätze, Fabrik- und Verkehrsbeleuchtung
Halogen-Metall-dampflampe	über 90	weiß (tw)	sehr gut	
Natriumdampf-Hochdrucklampe	84 bis 104	gelblich weiß	schlecht	
Natriumdampf-Niederdrucklampe	56 bis 143	rein gelb-orange	sehr schlecht	Straßenbeleuchtung, Lagerplätze, Fabrikhöfe

108   Lichtquellen und ihre Eigenschaften

der Netzhaut kann sich auch ein *Sukzessivkontrast* nach Wegnehmen der Farbe einstellen. Auf weißem Hintergrund ergibt sich beispielsweise für einen roten Gegenstand dann ein grünes Nachbild.
Auch die Lichtfarbe der Beleuchtung kann Farben verändern.

Farbmessung

In der Farbmetrik werden die Farben nach den drei Dimensionen *Farbton* (Wellenlänge im Spektrum), *Sättigung* (Buntheit, Reinheit) und *Helligkeit* (Reflexionsgrad) bestimmt (DIN 5033).

Farbnormen

Da die Messung von Farben recht aufwendig ist, verständigt man sich besser über Farbnormen, die in *Farbtafeln* (z.B. RAL - Farbtafeln) zusammengestellt sind (DIN 6164).
Die Farben im Arbeitsbereich haben folgende *Funktionen:*
– Ordnungsprinzip, Orientierungshilfe
– Sicherheitssymbole (Unfallverhütung)
– Farbkontraste zur Arbeitserleichterung
– psychologische Farbwirkungen.

Ordnung und Orientierung
Unterschiedliche Farbgebungen von einzelnen Stockwerken oder Räumen können zur allgemeinen Übersicht beitragen. Bei größeren und weniger übersichtlichen industriellen Anlagen oder beim Vorliegen vielfältiger Leitungen kann durch die Verwendung verschiedener Farben ein gewisses Ordnungsprinzip verwirklicht werden, wodurch die Bedienung erleichtert wird.

Sicherheitsfarben
Verwendet man zur Kennzeichnung einer Gefahr immer die gleiche Farbe, so kann sich beim Menschen so etwas wie eine automatische Schutzreaktion einstellen. Aus diesem Grund werden heute in den meisten Ländern bestimmte Farben zur Kennzeichnung bestimmter Gefahren verwendet. (Abb.109)

Farbkontraste
Für die Schaffung von Farbkontrasten ist zwischen der Farbgebung größerer Flächen (Wände, Möbel, etc.) und kleiner Flächen (Blickfänge für Knöpfe, Griffe, Hebel etc.) zu unterscheiden. Bei größeren Flächen sollen Farben gewählt werden, die einen ähnlichen Reflexionsgrad aufweisen. Die Vermeidung von Leuchtdichtekontrasten zwischen größeren Flächen ist eine der wichtigsten Voraussetzungen für die Gewährleistung eines ungestörten Sehvermögens. Außerdem sollen bei größeren Flächen oder Gegenständen keine leuchtenden Farben verwendet werden, da solche Farbflächen die Netzhaut einseitig beanspruchen, was sich in der Erzeugung von Nachbildern äußert. Die Orientierung und visuelle Erfassung des Arbeitsgutes wird durch die Schaffung eines Farbkontrastes zwischen Arbeitsgut und unmittelbarer Umgebung (Arbeitstisch oder Maschine) erleichtert. Auch hier sind Helligkeitsunterschiede zu vermeiden.

Psychologische Farbwirkung
Unter psychologischen Wirkungen der Farbe verstehen wir die *Sinnestäuschungen* und die *psychischen Wirkungen*, die von den Farben ausgehen können. Diese beeinflussen die psychische Stimmungslage und damit auch das Verhalten des Menschen. Die einzelnen Farben haben ihre besonderen psychologischen Wirkungen, die zwar individuell verschieden stark, aber mehr oder weniger gleicher Art sind. Die wichtigsten sind

die Distanztäuschungen, die Temperaturtäuschungen und die Auswirkungen auf die allgemeine psychische Stimmungslage (Abb.110).
Durch Farben werden *physiologische Funktionen* des Körpers beeinflußt. So erhöhen beispielsweise Rot, Orange und Gelb Blutdruck und Atmung, während Blau-grün, Dunkelblau und Schwarz diese Größen erniedrigen. Weißes Licht in weißen Räumen wirkt auf die Dauer ermüdend. Leicht gegensätzliche Farbanteile vermögen die Ermüdung herabzusetzen.
Die Bevorzugung bestimmter Farben und Farbkombinationen ist abhängig vom Alter, Geschlecht und besonders von der Mode.

Farbgebung in Abhängigkeit zur Tätigkeit

Die Farbgestaltung eines Arbeitsraumes muß sich nach der Art des Arbeitsvorgangs richten. Bei monotoner Arbeit ist die Anwendung einiger anregender Farbelemente im Raum empfehlenswert. Dabei sollten aber nicht große Flächen (Wände, Decke) mit einer anregenden Farbe versehen werden, sondern nur einige Elemente (z.B. Säule, Türe). Ist der Arbeitsraum groß, dann kann man ihn mit besonderen Farbelementen räumlich unterteilen. Auf diese Weise läßt sich die Anonymität eines Fabriksaals reduzieren. Stellt die in einem Arbeitsraum ausgeübte Tätigkeit hohe Anforderungen an die Konzentration dann soll man mit der Farbgebung eher zurückhaltend sein, um unnötige Ablenkungen und beunruhigende Faktoren zu vermeiden. In diesem Fall sind Wände, Decke und andere Bauelemente mit möglichst hellen, farblich kaum wahrnehmbaren Tönen zu versehen.

Farbe und Material

Das »Erscheinungsbild« Architektur, der sinnliche, optische Eindruck wird primär von der *Farbe der Materialien* und deren *Struktur* bestimmt. Es besteht also ein direkter Zusammenhang zwischen der Wahl des Baustoffes und dem Erscheinungsbild des fertigen Gebäudes. Im Außenraum bestimmt entweder die *Eigenfarbigkeit* von Materialien wie Sichtbeton, Metall, Holz, Naturstein und Kunststoff oder eine *farbliche Beschichtung* den Charakter eines Gebäudes. Im Innern des Gebäudes spielt die Materialwahl in Bezug auf die Behaglichkeit eine große Rolle. Neben der Farbigkeit der Materialien sind *Stofflichkeit* und *Oberflächenstruktur* (visuelle und haptische Wahrnehmung) wichtige Kriterien für das »Raumklima«. So haben beispielsweise lackierte Wände eine anderen Charakter als solche mit mattem Anstrich.

Sicherheitsfarben	Bedeutung	Kontrastfarbe	Anwendung
rot RAL 300	unmittelbare Gefahr	Weiß	Notausschalteinrichtungen Notbremsem
gelb RAL 1004	Vorsicht! mögliche Gefahr	Schwarz	Transportbänder, Verkehrswege, Treppenstufen
grün RAL 6001	Gefahrlosigkeit Erste Hilfe	Weiß	Türen der Notausgänge, Räume und Geräte zur ersten Hilfe
blau RAL 5010	Gebot	Weiß	Hinweiszeichen mit sicherheitstechnischer Anweisung (z.B. Lärmbereich)

109   Sicherheitsfarben und ihre Anwendung, gemäß DIN 4818

☐ Schall

Durch Anregung mechanischer Schwingungen (Dichte- oder Druckschwankungen) infolge von Krafteinwirkungen in elastischen Medien, das heißt in gasförmigen, flüssigen oder festen Medien entsteht Schall. Die Schwingungen breiten sich in Form von *Wellen* (Schallwellen) in den Medien aus. Je nach Medium unterscheidet man Luft-, Flüssigkeits-, und Körperschall. *Lärm* ist die unerwünschte Form des hörbaren Schalls. Als Lärm bezeichnet man Geräusche, Töne und Klänge, die als störend, belästigend und unangenehm empfunden werden. Prinzipiell kann man zwischen Lärm, der *von außen* in die Gebäude eindringt (z.B. Verkehr, Gewerbe- und Baulärm) und demjenigen, der im Gebäude entsteht (z.B. Maschinenlärm, Bürolärm), unterscheiden.

Kenngrößen

Schall (und auch Lärm) werden gekennzeichnet durch den *Schalldruckpegel L* (in Dezibel, dB), als das Maß für die Stärke der Druckschwankungen, den *A-bewerteten Schalldruckpegel LA* (in dB(A)), als Maß für die annähernd gehörrichtige Schallstärkewahrnehmung und die *Frequenz* (in Hertz, Hz) als Maß für die gehörmäßig wahrgenommene Tonhöhe. Bezogen auf den Arbeitsplatz ist der *äquivalente Dauerschalldruckpegel LA_{eq}* von Bedeutung. Er kennzeichnet den Mittelwert der unterschiedlichen Schalldruckpegel bezogen auf die Arbeitsdauer. Treten hörbar impulsartige Geräusche (z.B. Preßlufthammer) auf, mit oder ohne tonale Komponenten (z.B. durch Zentrifugen), werden zum äqui-

Farbe	Distanz-wirkung	Temperatur wirkung	Psychische Stimmung
blau	Entfernung	kalt	beruhigend
grün	Entfernung	sehr kalt	sehr beruhigend bis neutral
rot	Nähe	warm	sehr aufreizend und beruhigend
orange	sehr nahe	sehr warm	anregend
gelb	Nähe	sehr warm	anregend
braun	sehr nahe	neutral	anregend ermutigend
violett	sehr nahe	kalt	beunruhigend

110   Psychologische Farbwirkung

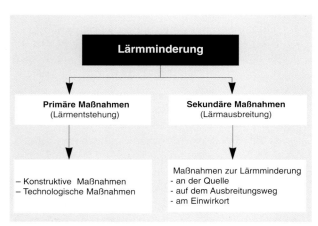

111   Lärmminderung

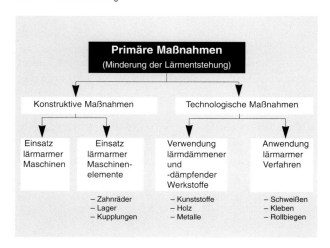

112   Primäre Maßnahmen zur Lärmbekämpfung

valenten Dauerdruckpegel LA_{eq} Zuschläge addiert und daraus der *Beurteilungspegel* LA_r gebildet. Er bezeichnet die *Lärmimmision* als Gesamtheit der Geräusche, die auf einen Arbeitsplatz einwirken (d.h. incl. reflektierender Schallanteile, Schallabstrahlung benachbarter Maschinen, etc.). *Lärmemission*, ausgedrückt durch den *Schalleistungspegel* LWA, kennzeichnet im Unterschied dazu lediglich die Luftschallabstrahlung einer Schallquelle (ohne reflektierende Schallanteile und ohne Störgeräusche).

Das menschliche Ohr

Gehörempfindungen entstehen, wenn Luftschallwellen durch den äußeren Gehörgang in das Innenohr gelangen, wo die Schallenergie in nervöse Impulse umgewandelt wird, die in bestimmten Zentren des Gehirns als etwas »Gehörtes« bewußt werden.
Das Gehör besitzt zwei verschiedene *Funktionen:*
– Kommunikation zwischen den Menschen
– Weckung gesteigerter Aufmerksamkeit bis hin zur Alarmierung
  (z.B. akustische Signale, Straßenverkehr)

Das menschliche Ohr kann Schallereignisse im Intensitätsbereich von 10^{-12} W/m2 (*Hörschwelle*) bis 1 W/m2 (*Schmerzgrenze*), also über 12 Dekaden aufnehmen. Kurzzeitig können Schallintensitäten 16-20 Dekaden über der Hörschwelle liegen (z.B. Explosionen).
Damit die Sprache ungestört und ohne Anstrengung verstanden wird, sollte der allgemeine Geräuschpegel des Hintergrundgeräusches Werte von 55 - 60 Dezibel (bei hohen Anforderungen: 45 - 50 Dezibel (dB(A)) nicht überschreiten.
Schallereignisse werden von unterschiedlichen Menschen verschieden beurteilt (Lärm, Musik). Ausmaß und Art der Lärmbelästigung hängt von *objektiven* und *subjektiven Faktoren* ab. Die wichtigsten sind:
– gleichmäßige Geräusche sind weniger aufdringlich als unregelmäßige
– je intensiver der Lärm, um so größer der Anteil an hohen Frequenzen, desto höher die Belästigung
– ungewohnte Geräusche belästigen mehr als bekannte Lärmreize
– die Art der Erfahrung, die ein Mensch mit einem bestimmten Geräusch früher gemacht hat, ist für das Auftreten und Ausmaß der Belästigung entscheidend
– die persönliche Einstellung und Beziehung des Menschen zur Lärmquelle (z.B. Motorradfahrer, Musiker)
– die Tätigkeit des Menschen und die Tageszeit, während welcher er dem Lärm ausgesetzt ist.

Auswirkungen auf den Menschen

Langandauernder und wiederholt auftretender Lärm wirkt psychisch belästigend und gesundheitsschädigend. Lärm kann zu nicht mehr heilbaren Schädigungen im Innenohr führen. *Lärmschwerhörigkeit* stellt sich erst im Laufe der Jahre ein und wird als Berufskrankheit anerkannt. *Weitere Auswirkungen* andauernder Lärmeinwirkung auf den menschlichen Organismus sind beispielsweise: Die Erhöhung des Blutdrucks, Steigerung der Muskelspannung, Pupillenvergrößerung, Störungen des vegetativen Nervensystems (z.B. Piepsen im Ohr).

Neben den beschriebenen organischen Auswirkungen führt Lärm am Arbeitsplatz häufig zu Reizbarkeit, Nervosität und Konzentrationsschwäche, Ermüdung, Herabsetzung der Reizwahrnehmung und damit verbundenen Sicherheitsrisiken (z.B. Warnsignale werden überhört).

Der Gehörsinn passt sich durch *Adaption* (vergleichbar dem Auge) an den Lärm an. Man unterscheidet zwischen *physiologischer Adaption* (Erhöhung der Hörschwelle im Frequenzbereich des einwirkenden Schallreizes) und *psychologischer Adaption* (Gewöhnung, d.h. Reiz wird gehört, aber nicht mehr wahrgenommen).

Im Vergleich zum Auge ist die arbeitswissenschaftliche Bedeutung des Gehörsinns relativ gering, da es nur wenige Tätigkeiten gibt, die besonders hohe Anforderungen an die Empfindlichkeit des Gehörorgans stellen.

Von besonderer Bedeutung ist der Gehörsinn jedoch für die Aufnahme akustischer Warnsignale. Sinnvoll ist die Kombination akustischer mit optischen Anzeigegeräten. Dabei erfolgt mit dem akustischen Signal eine »Alarmierung« des Gehirns, damit der Mensch anschließend aufmerksam die spezifischen Informationen der optischen Anzeigegeräte zur Kenntnis nimmt (z.B. bei Überwachungsaufgaben an Steuerpulten oder an Schaltwarten, bei der Lenkung von Flugzeugen oder Lokomotiven).

Maßnahmen zur Lärmminderung

Grundsätzlich gibt es zwei unterschiedliche Möglichkeiten der Lärmminderung (Abb.111):
1. Primäre Maßnahmen
   Maßnahmen zur Minderung der Lärmentstehung (Abb.112)
2. Sekundäre Maßnahmen
   Maßnahmen zur Minderung der Lärmausbreitung (Abb.113).
   Sie gliedern sich in Maßnahmen zur:

– Lärmminderung an der Quelle (Minderung der Lärmemission)
– Lärmminderung auf dem Ausbreitungs- bzw. Übertragungsweg
– Lärmminderung am Einwirkungsort (Minderung der Lärmimmission) z.B. Kabinen, Schallschirme, Gehörschutz.

Primäre Maßnahmen gliedern sich in konstruktive Maßnahmen, wie den Einsatz lärmarmer Maschinen und technologische Maßnahmen, wie die Verwendung lärmdämmender und -dämpfender Werkstoffe und die Anwendung lärmarmer Verfahren.

113   Sekundäre Maßnahmen zur Lärmbekämpfung

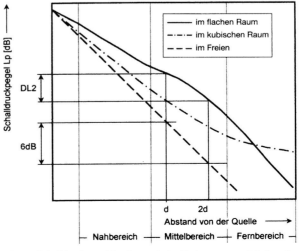

114   Schalldruckpegelabnahme mit der Entfernung zur Schallquelle

Material	Schallabsorbtionsgrad alpha bei	
	250 Hz	1000 Hz
Kalkputz	0,03	0,04
Holz	0,03	0,04
Holzwolleplatte 25 mm	0,25	0,50
Mineralfaserplatte 50 mm	0,60	0,90
Schaumstoff (25 kg/m³) 50 mm	0,60	0,90

115   Schallabsorptionsgrad von Baustoffen

Tätigkeit	Beurteilungspegel L_{Ar} (dB)	
	Anzustrebende Werte nach DIN EN ISO 11690	Grenzwerte nach § 15 Arb.StättV
Überwiegend geistige Tätigkeit	35...45	55
Pausen-, Bereitschafts-, Liege-, Sanitärräume	–	55
Einfache, überwiegend mechanisierte Bürotätigkeiten oder vergleichbare Tätigkeiten	45...55	70
sonstige Tätigkeiten	75 80	85 (z.T. 90)

116   Grenzwerte und anzustrebende Werte für den Lärm in Arbeitsstätten

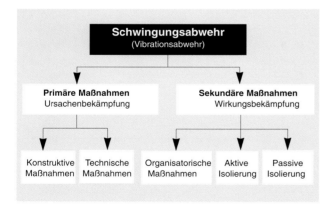

117   Maßnahmen zur Schwingungsabwehr

Unter den *sekundären Maßnahmen* ist die *Lärmminderung an der Quelle* (z.B. an der Maschine) anderen Maßnahmen vorzuziehen.
Mit zunehmendem Abstand von der Quelle verringert sich der Schalldruckpegel. Die Minderung der Luftschallübertragung ist abhängig von der Raumform (Abb.114), der Einrichtung des Raumes, und dem Schallabsorbtionsgrad. (Abb.115). Kenngröße für die Minderung der Schallausbreitung ist die mittlere Schalldruckpegelabnahme je Abstandsverdopplung von der Schallquelle DL 2 (–>siehe VDI 3760).
Bei den *Maßnahmen zur Luftschallminderung* unterscheidet man zwischen Maßnahmen zur Luftschallabsorbtion (Luftschalldämpfung) beispielsweise durch Verkleidung von Decken- und Wandflächen mit schallabsorbierenden das heißt weichen, offenporigen Materialien geringer Dichte (Schaumstoffe, Weichfaserplatten) und Maßnahmen zur Luftschallisolation (Luftschalldämmung) beispielsweise Trennwände, Decken, Schallschutzschirme aus harten, dichten Materialien (z.B. Beton, Ziegelmauerwerk). Schallabsorbierende und -isolierende Maßnahmen können und müssen häufig kombiniert werden.
Organisatorische Maßnahmen zur Lärmminderung beziehungsweise Minderung der Lärmbelästigung sind das Zusammenlegen mehrerer Lärmquellen in Räume mit besonderen Vorkehrungen zum Schallschutz (z.B. Schallschutzkapseln) sowie die räumliche Trennung von leisen und lauten Arbeitsplätzen. Hierdurch können die Kosten für Schallschutzmaßnahmen (Schallschutztüren, etc.) erheblich reduziert werden.
Neben dem *Luftschall* ist bei der Planung von Gewerbe- und Industriebauten vor allem die Minderung der *Körperschallübertragung* von besonderer Bedeutung. Die Körperschallisolation erfolgt zum Beispiel durch Trennungsfugen in festen Bauteilen in Verbindung mit zwischengelegten weiche, elastische Materialien (z.B. Gummi, Kork, Kunststoffe). Hierdurch wird die Weiterleitung von Körperschall verhindert.

Normen, Vorschriften und Regeln

Bezogen auf den Lärmschutz sind folgende Normen und Richtlinien bei der Planung von Gewerbe- und Industriebauten zu beachten:
– § 15 Arbeitsstättenverordnung
– DIN EN ISO 11690-1, 2 Akustik. Richtlinien für die Gestaltung lärmarmer maschinenbestückter Arbeitsstätten
– DIN 4109 Schallschutz im Hochbau
– VDI 2569 Schallschutz und akustische Gestaltung im Büro
– VDI 3760.

Die angegebenen Normen und Richtlinien enthalten Hinweise auf weitere Normen und Regeln zum Lärmschutz.
Abbildung 116 enthält Grenzwerte und Richtwerte für den Lärm in Arbeitsstätten.

☐ Mechanische Schwingung (Vibration)

Unter *Vibration* versteht man *mechanische Schwingungen*, die durch zeitlich regelmäßige oder unregelmäßige Schwankungen eines Körpers um eine Ruhelage gekennzeichnet sind.

Auswirkungen auf den Menschen

Als Teil der den arbeitenden Menschen zusätzlich belastenden Umgebungseinflüsse können sie seine Beanspruchung und Leistung beeinflussen und dementsprechend auch ermüdungswirksam sein. Langandauernde mechanische Schwingungen können *gesundheitliche Schäden* verursachen wie Nervenerkrankungen, Verschleißerkrankungen an Knochen und Gelenken, Durchblutungsstörungen. Der Mensch besitzt kein spezielles Rezeptororgan zur Aufnahme mechanischer Schwingungsreize, so daß die Sinnesqualität Schwingungsempfindung als Begleiterscheinung eines besonderen Erregungsmusters bei zeitlich wechselnder Reizung aller Mechanorezeptoren (Muskeln, Haut) angesehen werden kann.
Neben den schädigenden Wirkungen auf den Menschen müssen auch die *schädigenden Wirkungen* mechanischer Schwingungen *auf Maschinen* und *Gebäudeteile* berücksichtigt werden. Durch Schwingungen entstehen *dynamische Lasten* auf Konstruktionsteile. Werden diese bei der Konstruktion nicht berücksichtigt können erhebliche Bauschäden (Risse, Lösen von Kontaktstellen, etc.), bis zur Einsturzgefahr, entstehen.

Kenngrößen

Kenngrößen von Schwingungen sind die *Einwirkrichtung*, die *Amplitude* und die *Frequenz* (in Hertz, Hz) sowie deren *zeitlicher Verlauf*. Wichtige Kenngrößen der Schwingungsübertragung sind die *Erregerfrequenz* f_{err} und die *Eigenfrequenz* f_o von kontaktierten Gegenständen. Kritischer Punkt bei der Schwingungsübertragung ist dabei der Fall daß Erregerfrequenz f_{err} und Eigenfrequenz f_o übereinstimmen. Hierbei entsteht *Resonanz*, das heißt intensives Mitschwingen. Der *Effektivwert* der frequenzbewerteten *Schwingbeschleunigung* aw (ms^{-2}) (–>siehe DIN 45671), sowie die dimensionslos bewertete *Schwingungsstärke* K (–>siehe VDI 2057) dienen als Beurteilungsgrößen für die Wirkung der mechanischen Schwingung auf den Menschen.
Zur Beurteilung der Schwingungsbeanspruchung eignen sich psychologische (subjektive) und physiologische (objektive) Meßgrößen, die experimentell bestimmbar sind.

Maßnahmen zur Schwingungsabwehr

Die Maßnahmen zur Schwingungsabwehr können ebenso wie diejenigen zur Lärmbekämpfung in *primäre* und *sekundäre* Maßnahmen unterteilt werden (Abb.117).
Primäre Maßnahmen zielen auf Bekämpfung der Schwingungsursache. Sie werden unterteilt in konstruktive Maßnahmen (z.B. Reduzierung von Fahrbahnunebenheiten bei Flurförderanlagen) und technische Maßnahmen zum Beispiel durch Einsatz schwingungsarmer Maschinen und Verfahren (Schmiedepressen statt Fallhämmer).
Sekundäre Maßnahmen dienen der Wirkungsbekämpfung, das heißt der Verminderung der Schwingungsübertragung. Dies geschieht durch aktive und passive Schwingungsisolierung.
Organisatorische Maßnahmen zur Schwingungsabwehr sind beispielsweise Arbeitsplatzwechsel um die Dauer der Schwingungeinwirkung für den Einzelnen zu verringern.

Normen, Vorschriften und Regeln

Bezogen auf mechanische Schwingungen sind folgende Normen und Richtlinien bei der Planung von Gewerbe- und Industriebauten besonders zu beachten:
– § 16 Abs. 1 Arbeitsstättenverordnung
– DIN 45671
– VDI 2057.

☐ Strahlung

Bei der Strahlung unterscheidet man zwischen *elektromagnetischer Strahlung* (Ausbreitung elektromagnetischer Felder) und *Korpuskularstrahlung* (vor allem Alpha-, Beta-, und Neutronenstrahlung). Strahlung ist überall auf der Welt vorhanden. Eine der wichtigsten Strahlenquellen ist die Sonne.
Strahlung findet auch in vielen Bereichen der Arbeitswelt Anwendung (z.B. Einsatz von Laserstrahlen zum Schweißen), teilweise auch als ungewollte Begleiterscheinung von industriellen Prozessen.

Auswirkungen auf den Menschen

Aufgrund ihrer ionisierenden Wirkung sind vor allem elektromagnetische Stahlen mit Wellenlängen unter 10 -8 Metern (Röntgen- und Gammastrahlen) sowie Korpuskularstrahlen radioaktiver Stoffe für den Menschen gefährlich. Daneben haben Laserstrahlung (stark gebündelte elektromagnetische Strahlung im Bereich des ultravioletten, sichtbaren oder infraroten

Lichtes) gesundheitsschädigenden Einfluß auf den menschlichen Organismus. Die *Gesundheitsschäden* durch Strahlung können in akute -, Spät-, und Genschäden unterteilt werde. Akute Schäden sind beispielsweise Entzündungen der Augen, Rötungen der Haut (z.B. beim Sonnenbrand durch UV-Strahlung). Spätschäden sind beispielsweise. Neoplasien (bösartige Geschwüre) in Folge der Einwirkung ionisierender Strahlung.

Durch elektromagnetische Felder können Funktionsstörungen beispielsweise von Herzschrittmachern auftreten. Der Aufenthalt in der Nähe bestimmter Stahlungsquellen ist daher für Personen mit Herzschrittmacher auszuschalten.

Neben den *schädigenden Wirkungen* auf den Menschen können elektromagnetische Felder auch die Funktionstüchtigkeit von *Geräten* und *Anlagen* (z.B. Computeranlagen) negativ beeinflußen.

Kenngrößen

Kenngrößen elektromagnetischer Strahlen sind die *Feldstärke* und die *Flußdichte*. Ionisierende Strahlung wird über die *Teilchenflußdichte* und verschiedene *Dosisgrößen* bewertet.

Maßnahmen zum Strahlenschutz

Grundsätzlich müssen *Strahlenschutzmaßnahmen* auf die zu erwartende Strahlungsart reagieren. Unterschiedliche Strahlungsarten haben unterschiedliches Durchdringungsvermögen und bedürfen daher unterschiedlicher Abschirmungsmaßnahmen beispielsweise schützt vor Alphastahlen bereits Papier, vor Betastrahlen dünne Bleche, vor Röntgenstrahlung müssen Abschirmungen aus Werkstoffen hoher Dichte, wie Blei, eingesetzt werden. Die Reichweite ist bei unterschiedlichen Strahlungsarten verschieden. Bei Alphastahlung beträgt sie beispielsweise 4 cm, bei Gammastrahlung mehrere hundert Meter. Grundsätzlich gilt, daß mit der Entfernung zur Strahlenquelle die Intensität der Strahlung abnimmt.

Maßnahmen zum Strahlenschutz lassen sich in primäre und sekundäre Maßnahmen unterteilen.

Primäre Maßnahmen versuchen das Auftreten gefährlicher Strahlung zu vermeiden. Hierunter zählen technische Maßnahmen wie der Einsatz von Geräten und Anlagen mit geringer Strahlungsintensität, Strahlungsdauer, Reichweite und damit geringer schädigender Wirkung. Grundsätzlich sollen Geräte und Anlagen strahlensicher beschaffen sein.

Sekundäre Maßnahmen versuchen die Ausbreitung gefährlicher Strahlung zu kontrollieren. Hierunter zählen technische Maßnahmen wie der Strahlenschutz durch feste oder bewegliche Abschirmung (Abschirmwände, Schweißvorhänge). Die Abschirmwände müssen ausreichende Abmessungen und Form, sowie Absorbtions- beziehungsweise Reflektionsgrad besitzen.

Organisatorische Strahlenschutzmaßnahmen sind die räumliche Separierung von Geräten und Anlagen mit hoher Strahlungsintensität von Aufenthaltsbereichen. Arbeitsplätze sind in sicherem Abstand von Strahlenquellen anzuordnen. In der Umgebung von Strahlungsquellen mit gefährlicher Strahlung sind Strahlenschutzbereiche und Hinweisschilder anzubringen. Messgeräte können den Personen im Umkreis von Strahlungsquellen die Intensität der Strahlung anzeigen und sie durch Warnsignale hinweisen. Arbeitsplätze im Nahbereich gefährlicher Strahlungsquellen sind soweit möglich zu automatisieren oder zur Einhaltung eines geeigneten Sicherheitsabstandes mit Fernsteuerungen, und dergleichen auszustatten. Unbefugte Personen sind vor Zutritt in Bereiche mit gefährlicher Strahlung durch geeignete technische Maßnahmen wie Warnsignale, Türkontakte zu schützen.

Normen, Vorschriften und Regeln

Anlagen wie Röntgenstrahler, Hochfrequenz- und Niederfrequenzanlagen, die der Verordnung über elektromagnetische Felder unterliegen dürfen nicht ohne behördliche Genehmigung in Betrieb genommen werden. Der Einsatz radioaktiver Stoffe unterliegt ebenfalls der Genehmigungspflicht.

Darüberhinaus sind folgende Normen und Richtlinien besonders zu beachten:

– Strahlenschutzverordnung
– Röntgenverordnung
– Verordnung über elektromagnetische Felder
– VBG 30 Kernkraftwerke
– VBG 93 Laserstrahlung
– ZH 1/43 Sicherheitsregeln für Arbeitsplätze mit Gefährdung durch elektromagnetische Felder
– ZH 1/204 Richtlinien zum Schutz gegen ionisierende Strahlen bei Verwendung und Lagerung offener radioaktiver Stoffe
– DIN VDE 0848 Gefährdung durch elektromagnetische Felder
– DIN 54115 Strahlenschutzregeln für die technische Anwendung umschlossener radioaktiver Stoffe
– DIN EN 60825 Sicherheit von Lasereinrichtungen.

4. Betriebsmittel

4.1 Begriffsdefinition

Unter Betriebsmittel sind sämtliche Einrichtungen, Aggregate und Anlagen zu verstehen, die die *technische Voraussetzung der* betrieblichen *Leistungserbringung,* insbesondere der Produktion, bilden. Hierunter fallen Maschinen, Arbeitsplätze, Werkzeuge, Vorrichtungen, Lager- und Fördermittel, Transportmittel sowie technische Einrichtungen und haustechnische Apparate.

Betriebsmittel zählen zu den *Produktionsfaktoren.*

Darunter versteht man den »Input« des Produktionssystems, das heißt Güter, die im Produktionsprozeß kombiniert werden um andere Güter hervorzubringen.

In der Literatur tauchen unterschiedliche Systematisierungsversuche der Produktionsfaktoren auf.

Nach Aggteleky, Gutenberg und anderen, zählen Betriebsmittel zu den primären Produktionsfaktoren neben Material (Werkstoffe und Hilfsstoffe), Energien (die für die Betriebsprozesse erforderlich sind) und menschlicher Arbeit.

4.1.1 Zur Situation

Aus der zunehmenden Konkurrenz auf dem Weltmarkt erwachsen differenzierte und *neue Anforderungen* an die Betriebsmittel.

Kundenorientierung der Produktion, flexible Anpassung an die jeweilige Auftragslage, neue Produkte (High-Tech-Produkte) mit immer kürzeren Produktlebenszyklen verändern die Qualitäts- und Flexibilitätsanforderungen an die Betriebsmittel.

Weitere daraus erwachsende *Anforderungen* an die Betriebsmittel sind:
– Umrüstfreundlichkeit
– hohes Leistungsvermögen
– flexibler Einsatz der Betriebsmittel
– reaktionsfähige Produktions-Steuerungs-Systeme
– Vermeiden von Über- und Unterspezifikation
– Benutzerfreundlichkeit durch einfache Bedienung
– hohe Betriebssicherheit.

Die Dynamisierung der Produktlebenszyklen, sowie die rasche technische Entwicklung der Betriebsmittel erfordern die Berücksichtigung *zukünftiger Entwicklungen* bei der Betriebsmittelplanung innerhalb eines geeigneten Planungshorizontes.

Um bei steigenden Lohnkosten gegenüber Billiglohnländern konkurrieren zu können muß die Produktion in Deutschland unter Ausnutzung des Technologievorsprungs optimiert werden. Die Betriebsmittelpla-

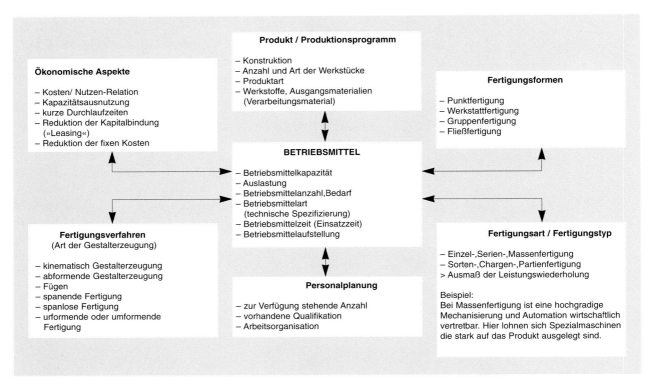

118 Anforderungen an Betriebsmittel

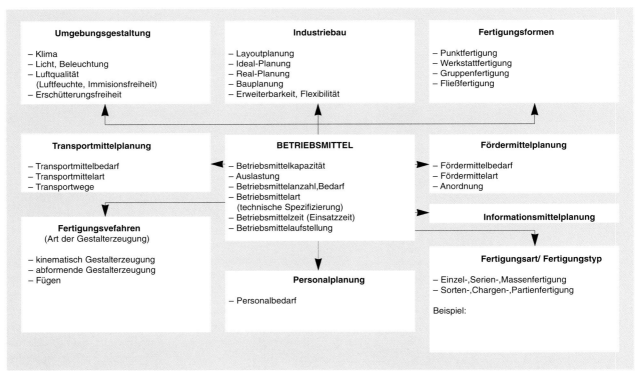

119 Anforderungen der Betriebsmittel

nung kann hierbei nicht als abgeschlossener Planungbereich der Fabrikplanung betrachtet werden. Optimierungskonzepte verlangen ein *ganzheitliches Denken* in Systemen (synthetischer Ansatz).

■ 4.1.2 Lebens- und Nutzungsdauer

Wie bereits in Kapitel 2 erläutert ist die Lebensdauer der Produkte und der Produktionsverfahren in vielen Fällen unterschiedlich und meist deutlich kürzer als die Lebensdauer der Betriebsmittel.

Infolge der raschen technischen Entwicklung der angewendeten Produktionsverfahren kommt es darüberhinaus teilweise zu einer Differenz zwischen eigentlicher *Lebensdauer* und *effektiver Nutzungsdauer* von Betriebsmitteln. Die Folge davon ist, daß sich immer komplexere und teurere Betriebsmittel in immer kürzerer Zeit amortisieren müssen.

Die Nutzungsdauer der Betriebsmittel bewegt sich derzeit zwischen 8 und 12 Jahren. Die Nutzungsdauer von Industriebauten beträgt dagegen zwischen 30 und 50 Jahre, also etwa drei bis sechs Maschinengenerationen. Diese Diskrepanzen stellen eigene Anforderungen an die Betriebsmittelplanung. So sollten wiederkehrende Umstellungen (Kapazitätsumstellungen, Modernisierungen, Rationalisierungen) im Sinne einer rollenden Weiterentwicklung möglich sein und dürfen nicht durch bestehende Gegebenheiten behindert oder erschwert werden. Insbesondere gilt dies für Betriebsmittel mit relativ langer Nutzungsdauer und Amortisationszeit.

Weitere *Konsequenzen auf die Betriebsmittelplanung* sind:
– Einsatz flexibler d.h. erweiterbarer und nachrüstbarer Betriebsmittel
– Einsatz von Universalmaschinen
– Einsatz geeigneter Steuerungsmöglichkeiten.

▌ 4.2 Betriebsmittelanforderungen

Grundsätzlich gibt es zwei Betrachtungsweisen auf Betriebsmittelanforderungen.
Zum Einen: Anforderungen von außen *an Betriebsmittel*, beispielsweise Leistung, Durchlaufzeit, Lärm, Emission, Vibration (Abb.118).
Zum Anderen: *Anforderungen der Betriebsmittel* an ihre Umgebung, beispielsweise an die Qualifikation des Bedienungspersonals, an den Flächenbedarf, an die örtlichen Einbauverhältnisse (Fundation, Vibration, klimatische Verhältnisse) (Abb.119).

Produktions-bereich	Fertigungs-verfahren	Erläuterung der Fertigungsverfahren	Beispiele
Fertigung	Urformen	Fertigen eines festen Körpers aus formlosem Stoff	Gießen, Sintern
Fertigung	Umformen	Fertigen durch plastische Änderung der Form eines festen Körpers	Stauchen, Ziehen
Fertigung	Trennen	Formänderung eines festen Körpers, wobei der Zusammenhalt örtlich aufgehoben wird	Drehen, Bohren
Fertigung	Beschichten	Aufbringen einer fest haftenden Schicht aus formlosem Stoff auf ein Werkstück	Galvanisieren
Fertigung	Ändern der Stoffeigenschaft	Fertigen durch Umlagern, Aussondern oder Einbringen von Stoffteilchen	Härten, Nitrieren
Montage	Fügen	Zusammenbringen von Werkstücken oder von Werkstücken mit formlosem Stoff	Kleben, Schweißen, Schrauben, Nieten

120   Fertigungsverfahren

■ 4.2.1 Betriebliche Anforderungen

In der folgenden Aufzählung sind Anforderungskriterien an Betriebsmittel zur Betriebsmittelcharakterisierung und Spezifikation nach *betrieblichen Aspekten* gegliedert, das heißt welche Kriterien interessieren eine Unternehmen bei der Betriebsmittelplanung.

☐ Funktionale Aspekte

Zunächst stehen funktionale Aspekte bei der Auswahl von Betriebsmitteln im Vordergrund. Sie sind in der Regel bei den Betriebsmittelherstellern zu erfragen beziehungsweise in Abstimmung mit diesen zu entwickeln. Von der Betriebsmittelplanung sind *Anforderungsprofile* festzulegen, die mit dem Angebot auf

121   Anforderungskriterien an Betriebsmittel

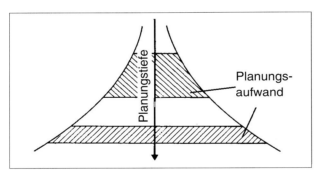

122   Arbeitsaufwand bei zunehmender Planungsstiefe

dem Markt abgestimmt werden müssen.
Hierbei interessieren folgende Aspekte der Betriebsmittel:
– Einsatzgebiet (Benennung und Abgrenzung der Verwendbarkeit und der erforderlichen Zusatzfunktionen)
– Funktionsprinzip
– Fertigungsverfahren bzw. -technologie (Abb.120)
– Leistungvermögen (Abb.121)
– Produktivität
– Wirkungsgrad
– Ausbringungsgrad, Abfall, Ausschußquote
– Durchlaufleistung d.h. Verhältnis Plan-Durchlaufzeit zu Ist-Durchlaufzeit
– Verfügbarkeit, gemindert durch Störungsanfälligkeit
– Auslastbarkeit
– Verfügbarkeit unter erschwerten Bedingungen, wie Dauerbetrieb, diskontinuierlicher Betrieb
– Konstruktion und Ausführung der Betriebsmittel (Herstellungsmaterial, Verarbeitung)
– Umrüst- und Reinigungszeiten
– Antriebsart und Anschlußleistung.

☐   **Anforderungen aus der Bedienung**

Die Entscheidungen der Betriebsmittelplanung hängen eng mit Entscheidungen der *Personalplanung* zusammen. Insbesondere die Frage der Verfügbarkeit der benötigten *Qualifikation der Mitarbeiter* zum Einführungszeitpunkt neuer Produktionsverfahren mit neuen Betriebsmitteln muß im Vorfeld der Planung erörtert werden.
Aus der Bedienung ergeben sich weitere *Anforderungskriterien* an die Betriebsmittel:
– Benutzerfreundlichkeit
– Schulungsangebot und Serviceleistungen (Hotline)
– erforderliche Anzahl an Bedienungspersonal
– erforderliche Qualifikation des Bedienungspersonals
– Einhaltung von Sicherheitsanforderungen
– Vermeidung von Gesundheitsgefährdung
– Störungsmeldung
– geringer Unterhaltungsaufwand
– Wartungsfreundlichkeit (Leistungen der Wartungsverträge, Eigenleistungen)
– Optimierung der Regulierungsbereiche
– ergonomische Gestaltung (DIN-Normen)
– Einhaltung rechtlicher Regelungen.

☐   **Ökonomische Aspekte**

Die ökonomischen Aspekte der Betriebsmittelauswahl münden in eine *Wirtschaftlichkeitsberechnung* (Kosten-Nutzen-Vergleich). Sie sollte auch für den Betriebsmittelbestand regelmäßig erstellt werden um Einsparungspotentiale zu erkennen. Die Wirtschaftlichkeitsberechnung sollte folgende Aspekte beachten:
– Anschaffungskosten
– Kapitalkosten (Zinsen und Tilgung)
– Abschreibungsmöglichkeiten
– Förderungen und Subventionen
– Betriebskosten
– Kosten der sonstigen Produktionsfaktoren, wie Arbeits-, Energie-, Raumkosten
– Betriebsfolgekosten: Unterhaltungs-, Instandhaltungs-, Reparatur- und Entsorgungskosten
– Garantie- und Lieferbedingungen bei der Betriebsmittelanschaffung (Lieferumfang, Lieferzeit, Lieferfristen, sonstige Leistungen)
– zusätzliche Kosten für Ausrüstung und Zubehör,

Lieferung, Montage- und Aufstellung, Werkstattests, Abnahmeprotokolle, etc.
- Ansprüche auf technische Weiterentwicklungen der Betriebsmittel (Up-Date)
- Lebensdauer der Betriebsmittel
- Betriebsmittelauslastung (Abb.122).

☐ **Ökologische Aspekte**

Ökologische Aspekte erhalten aus rechtlichen Gründen, aus Sicherheitsgründen aber auch aus ökonomischen und Imagegründen zunehmend Gewicht bei der Auswahl von Betriebsmitteln.
Hierbei sind folgende Aspekte zu beachten:
- Materialökonomie
- Energieökonomie (Energieverbrauch, Energiequellen)
- Nutzungsgrad
- Umweltverträglichkeit der Rohstoffe, Zwischenprodukte und Abfallstoffe
- Umweltverträglichkeit des Betriebs (Emission, Immission, Vibration, Strahlung)
- Sicherheit und Sicherheitsmaßnahmen im Sinne von Schadensverhütung
- Umweltverträglichkeit des Betriebsmittels (Herstellungsmaterial, -art, Recyclingfähigkeit).

☐ **Bauliche Anforderungen**

Bei der Betriebsmittelplanung müssen die baulichen Gegebenheiten und Erfordernisse mitberücksichtigt werden.
Hierbei sind folgende *Kriterien* bei der Auswahl der Betriebsmittel zu beachten:
- Größe und Gewicht der Betriebsmittel
- Flächen- und Raumbedarf für Montage, Betrieb, Instandhaltung und Recycling
- spezielle layoutmäßige Anforderungen
- spezielle bauliche Anforderungen (bauliche Anschlüsse, Materialien, etc.)
- spezielle haus- und betriebstechnische Anforderungen (Raumklima, Hygiene)
- Anschlüsse, Anschlußleistungen und Forderungen für Ver- und Entsorgung
- Sicherheitsanforderungen (Brandschutz, Schwingungsabwehr, Strahlenschutz)
- rechtliche Bestimmungen für Einbau, Betrieb und Recycling.

☐ **Rechtliche Aspekte**

Rechtliche Regelungen sollten bereits in Vorfeld der Betriebsmittelplanung berücksichtigt werden. Gesetzliche Auflagen können die Wirtschaftlichkeit eines Projektes entscheidend beeinflussen. Die wichtigsten *rechtlichen Regelungen und Normen* die bei der Auswahl von Betriebsmitteln zu berücksichtigen sind lauten:
- gesetzliche und behördliche Vorschriften am Aufstellungsort: TÜV, DEKRA, VDE, TA-Lärm
- Vorschriften zum Brand- und Katastrophenschutz
- Bauordnungsvorschriften und Sonderbauverordnungsvorschriften (Feuerungsverordnung, Geschäftshausverordnung, Hochhausverordnung, Garagenverordnung)
- Arbeitsstätten-Richtlinien, Arbeitsstättenverordnung
- Vorschriften der Gewerbeaufsichtsämter und Berufsgenossenschaft
- Bundes-Immissionsschutzgesetz (BImSch)
- Störfallverordnung
- Gerätesicherheitsgesetz (GSG)
- Verordnung über das Inverkehrbringen elektrischer Betriebsmittel (1. GSG-Verordnung)
- Verordnung über das Inverkehrbringen von einfachen Druckbehältern (6. GSG-Verordnung)
- Gasverbrauchseinrichtungsverordnung (7. GSG-Verordnung)
- Maschinenverordnung (9. GSG-Verordnung)
- Verordnung über überwachungsbedürftige Anlagen
- Druckluftverordnung
- Vorschriften und Regeln für gefährliche Stoffe (Chemikaliengesetz, Gefahrstoffverordnung, Technische Regeln für Gefahrstoffe (TRGS))
- Vorschriften für den Strahlenschutz (Strahlenschutzverordnung, Röntgenverordnung, Verordnung über elektromagnetische Felder)
- unter Umständen behördliche Bewilligung oder Abnahmeprüfung der Betriebsmittel
- DIN-Normen
- ggf. Berücksichtigung vorhandener Werksnormen, Standardisierungsvorschriften oder Gepflogenheiten.

Die aufgezählten Regelungen gelten für Deutschland. Zunehmender Waren- und Informationsfluß zwischen Ländern, international operierende Unternehmen und nicht zuletzt die Möglichkeit Betriebsmittel auch im Ausland zu erwerben können es darüber hinaus erforderlich machen die *Richtlinien und Normen der europäischen Gemeinschaft* beziehungsweise *internationale Normen* (ISO-Normen) zu berücksichtigen. Diese Richtlinien werden zwar erst mit der Übernahme in das deutsche Vorschriften- und Regelwerk für die Unternehmen verbindlich, sollten bei der Planung jedoch

auch davor berücksichtigt werden da ansonsten nach der Überführung Änderungen und damit verbundene Kosten an Betriebsanlagen erforderlich werden können.
Bei der Betriebsmittelplanung wichtige EG-Richtlinien sind:
– Maschinen (89/392 EWG und 91/368/EWG)
– Hebe- und Fördergeräte (87/354/EWG)
– Einfache Druckbehälter (87/404/EWG sowie 90/448/EWG)
– Gasverbrauchseinrichtungen (90/396/EWG)
– Elektrische Betriebsmittel (Niederspannungsrichtlinie 73/23/EWG).

Bei der Ausrüstung von Unternehmen können Betriebsmittel und Produkte aus Ländern der europäischen Gemeinschaft die mit der *Kennzeichnung CE* versehen sind bedenkenlos verwendet werden. Diese Kennzeichnung dient als Nachweis der sicherheitsgerechten und gesundheitsgerechten Beschaffenheit nach den europäischen Richtlinien (Abb.62). In Deutschland dürfen nach Gerätesicherheitsgesetz Betriebsmittel als Nachweis ihrer sicherheitsgerechten und gesundheitsgerechten Beschaffenheit mit dem *Kennzeichen »GS = geprüfte Sicherheit«* versehen werden. Bei der Betriebsmittelplanung sollte auf diese Kennzeichnungen geachtet werden, da diese Betriebsmittel ohne zusätzliche Prüfung eingesetzt werden dürfen.

☐ **Sonstige Aspekte**

Neben den bisher genannten Anforderungskriterien können im Einzelfall weitere Aspekte die Auswahl der Betriebsmittel beeinflussen.

Hierzu zählen:
– Imagewirkung der Betriebsmittel und Fabrikate
– Verpflichtungen gegenüber Maschinenherstellern
– Kompatibilität der Betriebsmittel für die Zusammenarbeit mit anderen Firmen.

■ 4.2.2 Qualitative und Quantitative Anforderungen

Neben der Gliederung in Anforderungen an/der Betriebsmittel können wir in qualitative und quantitative Anforderungen an Betriebsmittel untergliedern.
Bei *qualitativen Anforderungen* unterliegt die Beurteilung häufig dem subjektiven Ermessen, das heißt der Erfahrung und Urteilskraft der Planer.
Qualitative Anforderungskriterien sind:
– Bestimmung des Automatisierungsgrades
– Festlegung des erforderlicher Flexibilitätsgrad beim Einsatz, Umrüsten und Umprogrammieren
– optimale Gestaltung der Mensch-Maschine-Beziehung.

Quantitative Angaben des Anforderungsprofils sind meist meßbar und lassen sich durch Berechnungen ermitteln.
Zu den quantitativen Anforderungen zählen:
– Anzahl der Betriebsmittel
– Leistungsvermögen
– Anschlußleistungen.

■ 4.3 Betriebsmittelplanung

Die Betriebsmittelplanung hat folgende *Aufgaben:*
– Ermittlung des Betriebsmittel-Bedarfs
– Betriebsmittel-Beschaffung und -Entwicklung
– Planung des Betriebsmittel-Einsatzes
– Planung der Instandhaltung der Betriebsmittel.

☐ **Zuständigkeit**

Die Betriebsmittelplanung ist Teilbereich der Produktionsplanung. Sie ist eine fachtechnische Aufgabe und verlangt einschlägige Kenntnisse und Erfahrungen.
Die Betriebsmittelplanung fällt in weiten Teilen nicht in den Zuständigkeitsbereich des Architekten. Der Architekt muß sich jedoch über die Konsequenzen unterschiedlicher Konzepte der Betriebsmittelplanung auf die Bauplanung und Bauausführung bewußt sein. Un-

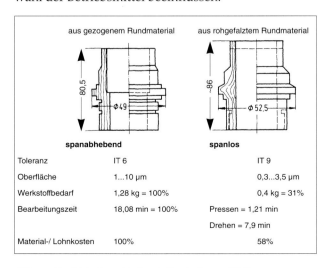

123 Vergleich: Spanabhebende Bearbeitung – Fließpressen

terschiedliche Konzepte der Betriebsmittelplanung haben Auswirkungen vor allem auf den Flächen- und Raumbedarf und die Infrastrukturplanung.
Als Partner im Planungsteam sollte er über die Vorgehenweise und Arbeitsmethodik der anderen Planungsbeteiligten informiert sein.

☐ **Planungshorizont**

Die rasche technische Entwicklung auf dem Gebiet der Betriebsmittel erfordert die ständige Aktualisierung des Informationsstandes der Planer, sowie die Festlegung eines geeigneten *zeitlichen Planungshorizonts* für ein Projekt.

Trotz intensiver Bemühungen aller Planungsbeteiligten sind gerade bei Fabrikplanungsprojekten Änderungen der Planungsvorgaben aufgrund von Neuentwicklungen oder Prozeßumstellungen während der Planungs- und Ausführungszeit die Regel. Die Betriebsmittelplanung muß in der Lage sein auf diese Weiterentwicklung der Planungsvorgaben flexibel zu reagieren. Mögliche Entwicklungen sind in die Konzeption zu integrieren beziehungsweise dürfen nicht durch einen zu engen Planungshorizont behindert werden. In der Regel bezieht sich die Betriebsmittelplanung auf einen mittel- oder auf einen langfristiger Planungshorizont.

☐ **Informationsquellen**

Fachliteratur, Fachzeitschriften, Prospekte, Kataloge, Besuch einschlägiger Messen und Seminare können als Informationsquellen bei der Betriebsmittelplanung herangezogen werden.

■ **4.3.1 Ablauf der Betriebsmittelplanung**

Vor Beginn der Betriebsmittelplanung müssen folgende Informationen und Festlegungen bekannt sein:
– Produktionsprogramm
– Produktionsmenge
– Fördermenge
– Lagermenge pro Periode von bestimmten Teilen, Teilefamilien und Produkten als Grundlage für Kapazitätsberechnung.

Darauf aufbauend gliedert sich die Betriebsmittelplanung in folgende Planungsschritte:
1. Betriebsmittel-Zuordnung
2. Ermittlung der Leistungsanforderungen und des Leistungsvermögens der Betriebsmittel
3. Kapazitätsrechnung und Betriebsmittelbedarf
4. Planung der Werkzeuge und Vorrichtungen
5. Bestimmung des Flächenbedarfs
6. Planung der räumlichen Anordnung.

☐ **Betriebsmittel-Zuordnung**

Die Betriebsmittel-Zuordnung hat die *Aufgabe* Betriebsmittel den verschiedenen Produkten und Produktionsvorgängen zuzuordnen. Die Betriebsmittel-Zuordnung ist ein wichtiger strategischer Aspekt der Produktionsplanung. Man unterscheidet grundsätzlich folgende *Möglichkeiten der Zuordnung* von Betriebsmitteln zu Produkten:
– direkte Zuordnung der Produkte zu den Betriebsmitteln (kontinuierliche Produktion)
– Fertigung von verschiedenen Produkten mit den gleichen Betriebsmitteln
– Fertigung der gleichen Produkte (einem oder mehreren) in parallelen Anlagen.

Kriterien der unterschiedlichen Zuordnungsstrategien sind in Abbildung 136 beschrieben.
Für die Zuordnung der Betriebsmittel zu den einzelnen Produktionsschritten (Arbeits-, Förder-, und Lagervorgängen) sind folgende *Festlegungen* zu treffen:
– Festlegung des Fertigungsverfahrens bzw. der Fertigungstechnologie (Abb.120)
– Festlegung der einzelnen Arbeitsvorgänge die an einem Werkstück auszuführen sind
– Festlegung der Fertigungsart: Einzel-, Serien-, Massenfertigung; Sorten-, Partien- oder Chargenfertigung
– Festlegung der Fertigungsform: Punkt-, Werkstatt-, Gruppen- oder Fließfertigung.

☐ **Leistungsanforderung und -vermögen**

Der sehr unterschiedlich verwendete Begriff der *Leistung* kann sowohl betriebswirtschaftlich als auch personenbezogen gedeutet werden –>siehe Kap.3.2. Es handelt sich bei ersterem um die erzeugte Menge oder um das bewertete Resultat der Tätigkeit eines Betriebes. Diese steht den betrieblichen Kosten gegenüber.
Bei der Betriebsmittelplanung soll im Vorfeld ein möglichst lösungsneutrales *Anforderungsprofil* an die Betriebsmittel erarbeitet werden. Bei einer praxisbezogenen Betrachtungsweise ist das *Anforderungsprofil* dann an das *Leistungsprofil* bewährter, auf dem Markt erhältlicher Betriebsmittel anzupassen.
Leistungsanforderungen an Betriebsmittel werden bestimmt durch:
– die Arbeitsaufgabe (Funktionsart, Einsatzgebiet)
– die Geometrie der Werkstücke

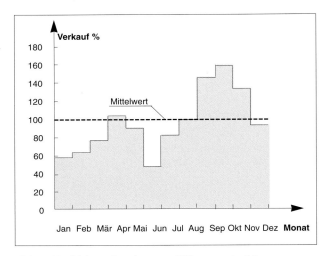

124 Produktionsschwankungen – Süßwarenverkaufskurve

- die Fertigungsmengen
- die geforderte Genauigkeit und Qualität der Werkstücke
- die Materialart und den Materialaufbau der Werkstoffe
- die notwendige Anzahl der Rüstvorgänge
- die Fertigungsart und -form
- die erforderliche Kapazitätsreserve.

Nach der Erarbeitung des Anforderungsprofils werden verschiedene Betriebsmittel nach möglichst einheitlichen Kriterien auf ihr *Leistungsvermögen* untersucht (Abb.121).
Bei der Beurteilung des Leistungsvermögen von Betriebsmitteln sollten folgende *Kriterien* betrachtet werden:
- Einsatzmöglichkeit
- quantitatives Leistungsvermögen
- physikalisches Leistungsvermögen (Taktzeit, Prozeßzeit, Energieverbrauch)
- geometrisches Leistungsvermögen, dies beinhaltet minimale bzw. maximale Abmessungen der Werkstücke und geometrisch mögliche Werkstückformen
- qualitatives Leistungsvermögen
- Genauigkeit, Gleichmäßigkeit, Toleranzen
- Ausstattung, Zubehör
- Störungshäufigkeit und damit die Verfügbarkeit
- ergonomische Gestaltung
- Automatisierungsgrad.

Um das Leistungsvermögen eines Betriebsmittels zu ermitteln, wird die Fertigungsmenge ins Verhältnis zur Fertigungszeit gesetzt. Der entstehende Wert wird *Leistungsansatz* genannt. Dem Leistungsansatz entspricht der Begriff Leistungswert. Es gilt:

Den Reziprokwert (Zeiteinheit/ Fertigungsmenge) bezeichnet man als *Aufwandswert*. Er wird überwiegend bei manueller Tätigkeit verwendet.

☐ **Kapazitätsrechnung und Betriebsmittelbedarf**

Mit *Kapazität*, vom lat. capacitas = Raum, wird im Allgemeinen das Ausmaß der Fähigkeit oder das Vermögen einer Größe bezeichnet, einem Zweck oder einer Anforderung zu genügen. Kapazitätsangaben beziehen sich auf zweckbestimmte Aggregate und beschreiben im ursprünglichen Wortsinn deren Fassungsvermögen.
Als *Aggregat* bezeichnet man ein durch Herstellung, und Zusammenfügung gewonnenes mehrgliedriges Ganzes, welches somit ein System bildet. Im Rahmen einer betrieblichen Kapazitätserörterung läßt sich der Kapazitätsbegriff nicht nur auf Fertigungsanlagen, Maschinen und Maschinengruppen sondern auch auf Unternehmen und Branchen in ihrer Gesamtheit, Personal und organisatorische Voraussetzungen anwenden.
Die prozentuale Auslastung dieser Kapazitäten wird als *Leistungsfähigkeit* oder *Beschäftigungsgrad* bezeichnet. Demnach kann man Kapazität als das Leistungsvermögen einer wirtschaftlichen oder technischen Einheit beliebiger Art, Größe und Struktur innerhalb eines Zeitabschnitts beschreiben. Unter *Mindestkapazität* oder *durchschnittlich erforderlicher Kapazität* versteht man (bezogen auf Betriebsmittel) die Fertigungskapazität die notwendig ist, um bei gleichmäßiger Produktion die gewünschte Produktionsmenge herzustellen (Mittelwert). Produktionsschwankungen werden, im Unterscheid zur Fertigungskapazität, bei der Mindestkapazität nicht berücksichtigt (Abb.124).
Bezogen auf die Betriebsmittelplanung dient die Ermittlung des Kapazitätsbedarfs letztlich der Ermittlung der erforderlichen Anzahl und Art der Betriebsmittel das heißt, es geht um die qualitative und quantitative Auslegung der erforderlichen Betriebsmittel.
Die Ermittlung des Betriebsmittelbedarfs bedient sich der *Kapazitätsrechnung*. Bei der Kapazitätsrechnung erfolgt die Abstimmung von Leistungsanforderung und

BETRIEBSMITTELPLANUNG 99

VORLÄUFIGE MASCHINENLISTE			Projekt: Hilfsbetriebe Nummer: 1998				Bearbeitet: D. Stürmer	
			Anlage: Druckluftversorgung Zeichen: "3"				Kontrolliert: H. Führer	
Nr.	Anzahl Stück	Benennung	Leistung	Dimension	Energiebedarf Gewicht	Anschluß- leistung	Bemerkung	
1	3	Kompressoranlage	8 bar	–	110 + 55 kW	7 + 3,5 m/h		
			500 + 250 Nm/h	–	–	Kühlwasser		
2	3	Oelfreie Kompressoren	je 250 Nm/h	je 1,5 x 3 x 3	je 40 kW	je 3,5 m/h	Einbaumasse mit Antrieb	
		Zwischenkühlung	n 600 U/min	je 1700 kp	–	Kühlwasser		
3	3	Antriebsmotoren P 33	je 55 kW	–	–	–	Bauform B 3	
		mit Spannschienen	n 1500	je 500 kp	–	–		
4	3	Keilriemenantriebe	je 55 kW	ø 1000/ 350 mm	–	–		
		mit Riemenscheiben	–	je 250 kp	–	–		
5	1	Ansaugfilter	–	ca. 200 kp	–	–		
		mit Filtereinsatz	–	–	–	–		
6	1	Windkessel	ca. 7,5 m	ø1400x 3600mm	–	–	stehend	
		mit Kühlschlange	max. 10 bar	–	–	–		
7	–	Spezialarmaturen	–	–	–	–		
8	–	Instrumente	–	–	–	–		
9	–	Elektrische Schalt- und	55 kW	2 Feld je	–	–		
		Steueranlage						

125 Beispiel für eine Maschinenliste (Auszug)

MASCHINENBELEGUNGSPLAN					Bereich: Drehautomaten Nr. 31–38						Produktionsmenge: 150 Stück/Tag	
											Auslastung: 100 % = 360 Minuten/Tag	
Nr.	Benennung	Rüst- zeit min.	Masch.- zeit min.	Auslast -ung %	Artikel-Nr. Op.-Nr.	Min.	Artikel-Nr. Op.-Nr.	Min.	Artikel-Nr. Op.Nr.	Min.	Artikel-Nr. Op.Nr.	Min.	Ersatz- masch.	Auslastungs- diagramm % 0 20 40 60 80 100
31	Drehautomat A	360	126	35	2002 12	72	2009 13	54	–		32		33	1*
32	Drehautomat B	360	105 22	29 9	3051 23	72	4004 24	12	1516 25	12	1520 33		31	2*
33	Drehautomat C	360	108 32	30	1511 21	33	1521 29	34	1522 29	35	1523 29	32	31	2*
34	Drehautomat D	–	54	15	1525 26	54								
35	Drehautomat E	180	86	47	2008 42	12	2040 43	54	2072 44	9	1508 45	11	36	2*
36	Drehautomat F	180	59	32	2042 52	36	2014 53	11	4550 54	12	–		35	1*
37	Drehautomat G	180	56	31	2010 62	27	2070 63	15	1512 64	14	–		–	1*
38	Drehautomat H	–	42	22	1500 72	42	–		–		–		–	
Legende: ■ Produktionszeit bzw. Betriebsmittelzeit Rüstzeit: 1*: wöchentlich 1x umrüsten 2*: wöchentlich 2 x umrüsten														

126 Maschinenbelegungsplan

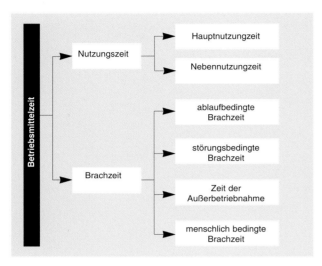

127 Betriebsmittelzeit

Leistungsvermögen.
Die Kapazitätsrechnung läuft nach folgenden Planungsschritten ab:
1. Bestimmung der Maschinenarten
2. Ermittlung der erforderlichen Betriebsmittelbelegungszeit (= T_{bB})
3. Festlegung der verplanbaren Betriebszeit (Anzahl der Arbeitsschichten, Anzahl Minuten = A_T)
4. Errechnen der Betriebsmittelanzahl (= n_B)
5. Berechnung der Auslastung (= A) und Kapazitätsreserve (= K_R).

Im Folgenden werden die einzelnen *Planungsschritte der Kapazitätsrechnung* näher erläutert.

Bestimmung der Maschinenarten

Bei der Ermittlung der Maschinenarten geht es um die Frage: Welche Maschinen werden eingesetzt? Diese Frage steht am Anfang der Kapazitätsrechnung, da alle Berechnungsgrundlagen auf der technischen *Spezifikation der Betriebsmittel* aufbauen. Die Bestimmung der Maschinenarten bedarf erfahrener Planer. Die Ergebnisse werden in *Maschinen- und Apparatelisten* zusammengefaßt (Abb.125).

Betriebsmittelbelegungszeit

Die Bestimmung der erforderlichen Kapazität bildet ein zentrales Problem der praxisgerechten Auslegung der Betriebsmittelplanung. Dabei geht es vor allem um die Berücksichtigung der *Maschinenzeit-Belegung* durch die Erzeugnisse (in Stunden, oder Minuten = h) auch *Nutzungszeit* genannt (= Addition der Belegungszeiten durch die einzelnen Werkstücke), das Verhältnis von *Arbeitszeit* zu *Belegungszeit*, sowie das Verhältnis von Belegungszeit zu *Betriebsmittel-Hauptnutzzeit*.(Abb.126 und 127)

Das Verhältnis von tatsächlicher Nutzungszeit eines Betriebsmittels zu möglicher Betriebsmittelzeit wird als *Nutzungsgrad* oder als *Nutzungszeitanteil* bezeichnet.

$$\text{Nutzungsgrad (\%)} = \frac{\text{Nutzungszeit (h)}}{\text{Betriebsmittelzeit (h)}}$$

Verplanbare Betriebszeit / mögliche Arbeitszeit

Die Anzahl der notwendigen Betriebsmittel und ihre zeitliche Auslastbarkeit wird entscheidend von der *möglichen Arbeitszeit* beeinflußt. (–>siehe Kap. 3)
Diese ist abhängig von:
– der Arbeitszeitgestaltung, diese beinhaltet die Gestaltung der Tagesarbeitszeit und von Ein- oder Mehrschichtbetrieb
– der organisatorischen Arbeitsgestaltung, unterteilbar nach anforderungsorientiert, leistungsorientiert, marktorientiert, verhaltensorientiert, sozialorientiert
– der Anzahl der ortsüblichen Feiertage, Urlaubstage
– den kalkulierbaren Überstunden
– den durchschnittlichen Fehlzeiten
– den durchschnittlichen störungsbedingten Unterbrechungen
– den ablaufbedingten Unterbrechungen
– dem Automatisierungsgrad.

Betriebsmittelanzahl

Aus der Gegenüberstellung der Betriebsmittelbelegungszeiten mit den möglichen Arbeitszeiten ergibt sich die Zahl der notwendigen Betriebsmittel.

$$\text{Betriebsmittelanzahl } (n_B) = \frac{T_{eff}}{T_{max}}$$

effektive Einsatzzeit je Arbeitstag
$T_{eff} = \sum t_e + t_r$
t_e = Hauptnutzungszeit
t_r = Nebennutzungszeit
T_{max} = maximal mögliche Einsatzzeit je Arbeitstag

Auslastung und Kapazitätsreserve

Die Auslastung (= A) (Abb.128) ergibt sich als Quotient aus *effektiver Einsatzzeit* (= T_{eff}) der Betriebsmittel zu *maximal möglicher Einsatzzeit* (= T_{max}).

$$\text{Auslastung (\%)} = \frac{\text{effektive Einsatzzeit } (T_{eff}) \times 100\%}{\text{maximal mögliche Einsatzzeit } (T_{max})}$$

Die Differenz aus maximal möglicher Einsatzzeit der Betriebsmittel (= T_{max}) abzüglich der effektiven Einsatzzeit (= T_{eff}) geht als Dividend in die Berechnung der Kapazitätsreserve ein.

$$\text{Kapazitätsreserve (\%)} = \frac{(T_{max} - T_{eff}) \cdot 100\%}{T_{eff}}$$

Die *Ergebnisse der Bedarfsermittlung* münden in der Festlegung des Betriebsmittelbedarfs bezüglich Leistungsvermögen, Anzahl der Betriebsmittel und Einsatzzeitpunkt. Die Ergebnisse werden im *Einrichtungsverzeichnis* zusammengefaßt. Auf den Ergebnissen der Bedarfsermittlung aufbauend können von der Betriebsmittelplanung folgende Entscheidungen getroffen werden:
1. Ermittlung einer Auswahl in Frage kommender Betriebsmittel
2. Gegenüberstellung der Alternativlösungen aufgrund von Modellrechnungen, das heißt Vergleich der Alternativen der engeren Wahl unter verschiedenen betrieblichen und ökonomischen Gesichtspunkten
3. Vorschlag für einen Kaufentscheid nach der Gegenüberstellung und Auswertung der eingeholten Angebote.

□ **Planung der Werkzeuge und Vorrichtungen**
Die Betriebsmittelplanung hat nicht nur die Aufgabe die primären Betriebsmittel zu bestimmen, sie ist auch für deren Einsatz und Instandhaltung zuständig. Hierzu werden in der Regel Werkzeuge und Hilfsmittel benötigt. Unter Werkzeugen und Vorrichtungen sollen hier alle *Fertigungshilfsmittel* zusammengefaßt werden, das heißt Rüstwerkzeuge, Reparaturwerkzeuge und Hilfsmittel sowie Ersatzteile.
Die Planung der Werkzeugen und Vorrichtungen hat folgende Aufgaben:
– Festlegung der Werkzeuge und Vorrichtungen durch die Arbeitsgänge auf den Betriebsmitteln
– Festlegung der Anzahl der Fertigungshilfsmittel:

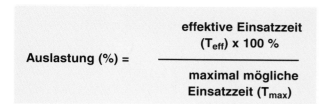

Maschinen-bezeichnung	Nutzungszeit h/ Jahr	Auslastung der Maschinen 1*	Auslastungsgrad in %
Rohlingschere	1615		48 %
Stauchpresse	2577		76 %
Presse 600 t	1721		79 %
Ziehpresse	2558		2* 49 %
Beschneidemaschine	1530		2* 36 %
Presse	2205		65 %
Ablängmaschine	2085		61 %
Tieflochbohrmaschine	2141		65 %
Drehmaschine	3331		98 %
Schleifmaschine	546		17 %

Maschinenauslastung
Legende : Nutzungszeit Nebennutzungszeit
1* bei zwei Schichten im 5 Tage Betrieb im Jahr 3410 h = 100 %
2* bei Zwei-Zug-Fertigung

128 Maschinenauslastung und Nebenzeiten

Basisbedarf = Einsatz + Reserve
– Ermittlung in Frage kommender Werkzeuge und Hilfsmittel
– Prüfung der Kaufentscheidung nach ökonomischen und betrieblichen Gesichtspunkten
– bei häufigem oder permanentem Einsatz der Werkzeuge und Vorrichtungen ist Kapazitätsrechnung notwendig
– die Wirtschaftlichkeit der Werkzeuganschaffung hängt von der Häufigkeit des Einsatzes innerhalb eines sinnvollen Betrachtungszeitraumes ab (Vergleich der Rentabilität von Reparaturen im Betrieb zu Außer-Haus-Reparaturen)
– bei Auslandsprojekten wird der Werkzeugbedarf in der Regel für die ersten zwei Jahre nach Betriebsbeginn ausgelegt.

☐ Bestimmung des Flächenbedarfs

Zur Bestimmung des Flächenbedarfs der Betriebsmittel müssen folgende Angaben vorliegen:
- Einrichtungsverzeichnis
- Anzahl der Betriebsmittel
- Einsatzzeitpunkt der Betriebsmittel
- Fertigungsprinzip
- notwendige Speicherflächen, Puffer, Lager
- Anzahl der Arbeitsplätze (Mehrmaschinenbedienung, Automatisierungsgrad)
- erforderliche Anschlüsse und Anschlußleistungen
- einzuhaltende Sicherheitsanforderungen (Sicherheitsabstände und -räume).

Der *Flächen- und Raumbedarf der Betriebsmittel* setzt sich wie folgt zusammen:

> **Nettoplatzbedarf der Betriebsmittel**
> **+ Platzbedarf Arbeitsplatz / Bedienung**
> **+ Platzbedarf für Reparatur und Instandhaltung**
> **+ Platzbedarf für Ersatzteile, Lagerflächen**
>
> **= Flächen- und Raumbedarf der Betriebsmittel**

Eine Überlappung der Flächen benachbarter Betriebsmittel ist möglich solange daraus keine Behinderungen entstehen.

☐ Planung der räumlichen Anordnung

Nach der Bestimmung des Flächenbedarfs kann mit der Planung der räumlichen Anordnung der Betriebsmittel begonnen werden. Die Planung der räumlichen Anordnung der Betriebsmittel mündet in *Einrichtungs- und Maschinenlayoutplänen* meist im Maßstab 1 : 100 oder 1 : 50. Die Planung sollte in zwei Schritten erfolgen. Im ersten Schritt ist die *ideale Aufstellung* der Betriebsmittel zu ermitteln. Hierbei sind lediglich betriebliche und wirtschaftliche Kriterien zu berücksichtigen. In einem zweiten Schritt wird die *Idealplanung* an die *realen Gegebenheiten* der Planungssituation angepaßt. Erst hier wird die räumliche Situation des Grundstücks oder bestehender Gebäude mitberücksichtigt. Der Vorteil dieser Methode liegt in der Möglichkeit Defizite der bestehenden Situation zu erkennen und nach Abwägung wirtschaftlicher und betrieblicher Kriterien zu beheben.

Es ist zu empfehlen rechtliche und sicherheitstechnische Anforderungen bei der Erstellung der Betriebsmittellayoutpläne bereits in der Idealplanung zu berücksichtigen und spezielle Layoutpläne mit den erforderlichen Vorkehrungen zum Sicherheit- und Gesundheitsschutz anzufertigen (Brandschutzpläne, Fluchtwegepläne, etc.).

Die Anordnung der Betriebsmittel (untereinander und zu den Ver- und Entsorgungssystemen) ist im wesentlichen durch die Art, Struktur und den Ablauf der Produktions- und Montageprozesse bestimmt. Hieraus ergibt sich der Betriebsmittelbedarf, der Arbeitskräfteeinsatz und der Materialfluß.

Betriebliche und wirtschaftliche Anforderungen an die räumliche Anordnung der Betriebsmittel sind:
- Gewährleistung des Materialflusses
- Optimierung der Transportbeziehungen z.B. Anordnung der Betriebsmittel in Richtung des Transportflusses um Kreuzungen und Rückfluß zu vermeiden
- günstige Zuordnung von Ablage- und Zwischenlagerflächen
- Gewährleistung möglichst kurzer Durchlaufzeiten
- geringe Gebäude-/ Raumkosten (Minimierung des Flächenverbrauchs)
- geringe Kosten für Ausstattung und Infrastruktur, z.B. Zusammenlegen von Betriebsmittel mit ähnlichen Anforderungen an die technische Infrastruktur und Schutzmaßnahmen.

Bei der Planung der Betriebsmittelanordnung muß berücksichtigt werden daß es sich hier auch meist um *Arbeitsplätze* handelt. Hieraus ergeben sich Sicherheits- und Gesundheitsanforderungen aber auch Anforderungen zur Optimierung der Arbeitsplätze –>siehe Kap. 3.

Weitere Anforderungen an die Betriebsmittelanordnung aus der Mensch-Maschine-Beziehung sind:
- Einhaltung von Sicherheitsanforderungen für die anwesenden Personen
- Reduktion von Belastungen für das Personal (Emissionsbelastung, Arbeitsbelastung)
- Zugänglichkeit der Betriebsmittel-Arbeitsplätze für Einsatz und Instandhaltung (Flucht- und Rettungswege)
- Minimierung der notwendigen Wegebeziehungen (z.B. bei Mehrmaschinenbedienung)
- übersichtliche Anordnung der Betriebsmittel
- Sicht-, Wege-, und Rufverbindung zwischen Arbeitsplätzen die häufig miteinander kommunizieren müssen
- ergonomische Gestaltung der Betriebsmittelanordnung
- Gewährleistung einer der Sehaufgabe entsprechenden Beleuchtung am Betriebsmittel-Arbeitsplatz (La-

ge am Fenster oder Oberlicht)
- Optimierung der Ausnutzung mit den vorhandenen Kapazitäten (Betriebsmittel und Arbeitskräfte) z.B. durch Mehrmaschinenbedienung
- Vermeidung von Kreuzungen und Überlagerungen von Arbeitsplätzen und Transportwegen

Die räumliche Anordnung der Betriebsmittel wird wesentlich beeinflußt von der Strukturierung der Fertigung, der Fertigungsart und der Fertigungsform. Hieraus ergeben sich *Ordnunggesichtspunkte für Betriebsmittel* wie:
Artanordnung, Erzeugnis- oder Zweckanordnung, Linien-, Reihenprinzip, Nestanordnung oder Gruppenanordnung. –>siehe Kap. 6.
Das Montageprinzip (stationär oder beweglich) und die Transportart (stetig oder unstetig, Flurförderung oder Unterflurförderung) haben ebenfalls entscheidenen Einfluß auf die Betriebsmittelanordnung –>siehe Kap. 7.

4.4 Optimierungsstrategien

Betriebsmittelplanung ist eine *dynamische Planungsaufgabe*. Um konkurrenzfähig zu bleiben sind die Unternehmen darauf angewiesen permanente Weiterentwicklungen der Betriebsmittel und ihres Einsatzes integrieren zu können. Die wichtigsten *Optimierungsstrategien* der Betriebsmittelplanung sind:
- betriebliche Flexibilität
- Automatisierung
- Reserven – Nachrüstbarkeit – Universalität
- Auslastung und Harmonisierung.

4.4.1 Flexibilität der Betriebsmittel

Betriebliche Flexibilität gewinnt infolge zunehmender Konkurrenz und sich dadurch verändernder Anforderungen an die Produktion mehr und mehr an Bedeutung. Kurzfristige Anpassungsmöglichkeit an verschiedene temporäre oder auch anhaltende Veränderungen ist ein entscheidender Faktor der Konkurrenzfähigkeit eines Unternehmens und wird in besonderem Maße von der Flexibilität der Betriebsmittel beeinflußt.
Weitere *Gründe für betriebliche Flexibilität* sind:
- Marktveränderungen
- Veränderungen der Auftragslage
- Veränderungen bezüglich der Auftragsgrößen
- Steigerung der logistischen Leistung: zeitlich (Einhalten kurzer Termine), quantitativ (Liefergrößen nach Kundenwunsch), qualitativ (Sonderanfertigungen, Spezialwünsche)
- Änderungen des Produktmix bezüglich Menge, Qualität, Art
- Technologieveränderungen der Produkte, Betriebsmittel und Verfahren
- Veränderungen der Unternehmensstrategie.

Die Gewährleistung der betrieblichen Flexibilität betrifft unterschiedliche Bereiche der Betriebsorganisation.
Neben der Betriebsmittelplanung müssen folgende Bereiche in Flexibilitätüberlegungen einbezogen werden –>siehe Kap. 4.5.1 :
- Marketing
- Steuerung
- Betriebsführung
- Logistik
- Industriebau.

Die Betriebsmittelplanung muß die Voraussetzungen für Flexibilität und Modulierbarkeit der Produktion schaffen.
Man unterscheidet dabei grundsätzlich in *qualitative* und *quantitative Flexibilität*.
Die *qualitative Flexibilität* bezieht sich auf die funktionalen Möglichkeiten von Betriebsmitteln unterschiedlichste Operationen ausführen zu können.
Bezogen auf die qualitative Flexibilität lassen sich die Betriebsmittel in folgende *Kategorien* einteilen:
- *Spezialmaschinen*, die nur für bestimmte, spezielle Operationen eingesetzt werden können
- *Einzweckmaschinen*, die für eine Art von Operationen ausgelegt sind
- *Mehrzweckmaschinen*, die für die Ausführung verschiedener Operationen eingerichtet sind. Die verschiedenen Operationen können nacheinander oder parallel durchgeführt werden
- *Universalmaschinen*, die in einem bestimmten Einsatzbereich für die komplette Bearbeitung von Werkstücken und Erzeugnissen geeignet sind.

Die *quantitative Flexibilität* gibt über die abmessungsmäßigen oder volumenmäßigen Grenzen der Einsetzbarkeit und Regelbarkeit der Betriebsmittel Auskunft beispielsweise Größe der Werkstücke, Fassungsvermögen, Chargengröße, Genauigkeit, zulässige Toleranzen.
Die Betriebsmittelplanung hat verschiedene Möglichkeiten und *Ansatzpunkte* die betrieblichen Flexibilität zu fördern:

Fertigungskonzept Merkmale	Flexible Fertigungszelle	Flexibles Fertigungssystem	Flexible Fertigungsstraße
Vorteile	hohe Flexibilität bezüglich - unterschiedlicher Teilegeometrie - unterschiedlicher Stückzahlen Komplettbearbeitung möglich hohe Automatisierung geeignet für 3-Schicht- und mannlosen Betrieb geringer Personaleinsatz Mehrmaschinenbdienung möglich geeignet für Verkettung mit gleichartigen Fertigungseinrichtungen geringe Umrüstzeiten der Maschine bei geeigneter Steuerung kurze Durchlaufzeiten geringe Bestände hohe Betriebsmittelausnutzung	geeignet für kleine bis mittlere Serien (mittlere Produktivität) Flexibilität bezüglich - begrenzt unterschiedlichem Teilespektrum - unterschiedlicher Stückzahlen - Maschineneinsatz hohe Automatisierung möglich stufenweise Realisierung möglich geringer Personaleinsatz ein- und mehrstufige Bearbeitung der Werkstücke möglich meist kurze Umrüstzeiten kurze Durchlaufzeiten geringe Bestände mittlere bis hohe Betriebsmittelausnutzung	geeignet für große Stückzahlen (hohe Produktivität) Flexibilität bezüglich - begrenzt unterschiedlicher Teilegeometrie - unterschiedlicher Stückzahlen hohe Automatisierung möglich geeignet für 3-Schicht-Betrieb und mannlosen Betrieb geringer Personaleinsatz „Standard"-NC-Maschinen einsetzbar einfache Handhabungsweise übersichtlicher Materialfluß kurze Umrüstzeiten kurze Durchlaufzeiten geringe Bestände hohe Betriebsmittelausnutzung
Nachteile	wirtschaftlicher Einsatz nur bei Einsatz nur bei Einzel- und Kleinserie, nicht für große Stückzahlen geeignet Insellösung, sofern nicht verkettet aufwendige Steuerung hohe technische Anforderungen an Maschinenperipherie, insbesondere Handhabung und bereitstellung von Werkstücken, Werkzeugen, Meßmitteln	Flexibilität kann durch Begrenzung der Automatisierung eingeschränkt werden unwirtschaftliche Fertigung von Einzelteilen oder Großserien vielfach hochtechnisierte NC-Bearbeitungszentren erforderlich hohe Anforderungen an technische Verkettung und zeitliche Abstimmung des Gesamtsystems	eingeschränkte Flexibilität wegen gerichtetem Materialfluß und zeitlich abgestimmter Taktung mehrstufige Bearbeitung Zwangsablauf der Arbeitsfolgen beträchtlicher Aufwand für automatisierte Verkettung und Bereitstellung wirtschaftlicher Einsatz nur für große Stückzahlen mit hoher Teileähnlichkeit

129 Merkmale der Fertigungskonzepte

- Verwendung universell einsetzbarer Betriebsmittel (Mehrzweckmaschinen, Universalmaschinen)
- Einsatz umrüstfreundlicher Betriebsmittel
- Bevorzugung der Komplettbearbeitung von Werkstücken
- Kompatibilität der Betriebsmittel (Harmonisierung)
- Gewährleistung der Mobilität bei der Betriebsmittelaufstellung (flexible Layoutgestaltung, flexible Anschlußmöglichkeiten an Ver-und Entsorgung, keine Einzelfundamente)
- Bevorzugung des Flußprinzips bei der Ablaufplanung gegebenenfalls zu Lasten der Betriebsmittelauslastung.

Ein Teil der Möglichkeiten ist mit zusätzlichem Kostenaufwand verbunden, ein anderer Teil besteht aus *organisatorischen Maßnahmen* mit geringfügigem Kostenaufwand.

■ 4.4.2 Automatisierung

Bei der Optimierung der betrieblichen Abläufe kommt der Automatisierung (Abb.129,130) eine wichtige Rolle zu. Die Automatisierung bezieht sich nicht nur auf die Art und Auslegung der einzelnen Betriebsmittel, sondern auch auf die Gestaltung der Abläufe, ihre gegenseitige Abstimmung und ihr Zusammenspiel. Letzteres vollzieht sich auf der Ebene der *Steuerung*

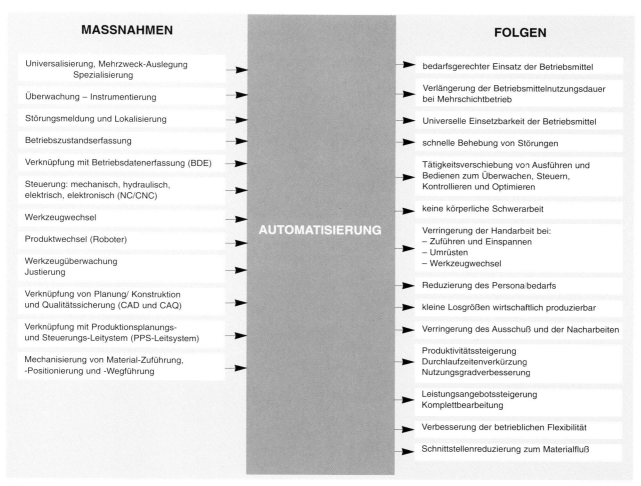

130 Automatisierung der Produktion: Maßnahmen – Folgen

und wird aufgrund des damit verbundenen Rechnereinsatzes als *Informatisierung* bezeichnet. Die Automatisierung umfaßt verschiedene Aspekte und Planungsebenen (Betriebsmittelplanung, Prozeßgestaltung, Transportplanung, etc.). Die Fabrikplanung ist bestrebt in einem integrativen Ansatz (unter Ausnutzung von Synergieeffekten) komplexe Systeme zu gestalten (im Gegensatz zur Optimierung und Gestaltung von Einzelaspekten und Bereichen).
Auf die Auswirkungen der Automatisierung von Betriebsmitteln und -systeme auf die Personalplanung kann hier nicht näher eingegangen werden.

Abbildung 130 vermittelt eine Übersicht über *Maßnahmen und Möglichkeiten der Automatisierung* und damit verfolgte Ziele und Vorteile.
Wesentliche *Ziele der Automatisierung* sind (Abb.131):
– Erhöhung der Wirtschaftlichkeit der Produktion (Verbilligung der Produkte, Senkung der Lohnstückkosten)
– Steigerung der Produktivität (Kapazitätssteigerung)
– Verbesserung der Zeitstruktur der Produkterstellung (kurze Durchlaufzeiten, hohe Auslastung)
– Verbesserung der betrieblichen Flexibilität (kleine Losgrößen, Kundenorientierung)
– Koordinierung komplexer Systeme und Abläufe
– Erhöhung der Produktqualität
– Verbesserung der Arbeitsbedingungen für den Menschen.

Der *Grad der Automatisierung* wird aus dem Verhältnis von Anlagekosten zu den Personalkosten ermittelt.

$$\text{Automatisierungsgrad (\%)} = \frac{\text{Anlagenkosten}}{\text{Personalkosten}}$$

Rationalisierungsziele \ Automatisierung von	Hauptfunktionen	Nebenfunktionen	Werkstückfluß	Werkzeugfluß	Informationsfluß	Ver-/Entsorgungsfluß
Zeitensenkung bei Hauptzeiten	■					
Zeitensenkung bei Nebenzeiten		■				
Zeitensenkung bei Rüstzeiten			■	■		
Zeitensenkung bei Durchlaufzeiten				■	■	
Senkung von Materialkosten	■					
Senkung von Lohnkosten	■	■	■	■		
Senkung von Maschinenkosten	■	■				
Senkung von Kapitalbindungskosten			■	■		
Senkung von Ausschuß- und Nacharbeitungskosten	■					
Steigerung der Produktqualität	■					
Verbesserung der Arbeitsbedingungen	■	■	■	■		■
Verbesserung des »Know-How«					■	
Erhöhung der Fertigungstransparenz					■	
Erhöhung der Fertigungsflexibilität	■	■	■	■	■	
Erhöhung der Lieferflexibilität					■	

■ Ziel kann erreicht werden
□ Ziel kann nicht erreicht werden

131   Zielsetzung der Automatisierung in der Produktion

Man unterscheidet unterschiedliche Mechanisierungs- oder Automatisierungsgrade. Sie lassen sich in *vier Stufen* unterteilen:
– Mechanisierung, das heißt einzelne Arbeitsoperationen werden von Maschinen und Vorrichtungen übernommen
– Automatisierung sämtlicher Arbeitsprozesse
– Automatisierung und Informatisierung (Steuerung) sämtlicher Arbeitsprozesse der Produktion
– Automatisierung und Informatisierung (Steuerung) der Produktion und aller damit verbundenen betrieblichen Abläufe.

In Zusammenhang mit der Automatisierung und insbesondere mit dem damit verbundenen Rechnereinsatz tauchen immer wieder Begriffe und Abkürzungen auf die nachfolgend erläutert werden:

NC   Numerisch gesteuerte Betriebsmittel
CNC Rechnergesteuerte NC-Maschinen
DNC Verbund mehrerer NC-Systeme
CAM Rechnergestützte Produktion
BDE Betriebsdatenerfassung
PPS Produktionsplanung und Steuerung
PP   Produktionsplanung
FS   Fertigungssteuerung
FLS Rechnergesteuertes Fertigungsleitsystem
CAP Arbeitsplanungssystem
CAD Rechnergestützte Konstruktion
CAE Rechnergestützte Entwicklung
CAQ Rechnergestützte Qualitätssicherung
CIM Rechnerintegrierte Produktion

Bearbeitungszentren

Bearbeitungszentren(Abb.132) eignen sich für die Bearbeitung von Werkstücken in einer Aufspannung bei häufig wechselndem Teilespektrum. Die Werkstück- und Werkzeughandhabung erfolgt automatisch mittels Roboter, Palettenwechsler und Werkzeugmagazinen. Zur Steuerung wird CNC eingesetzt (Abb.133).

Flexible Fertigungszellen

Flexible Fertigungszellen(Abb.134) sind hochautomatisierte Einzelmaschinen, auf denen die Werkstücke meist in einer Aufspannung komplett bearbeitet werden können. Ein Steuersystem sorgt für automatischen Werkstück- und Werkzeugwechsel. Charakteristisch dabei ist die Integration von Werkzeugmaschinen, flexiblen Spannmitteln und Meßeinrichtungen.

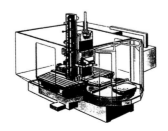

132   Bearbeitungszentren

Dieses Fertigungskonzept ist für Serienfertigung mit mittlerer Losgröße bei begrenztem Teilespektrum geeignet (Abb.133). Der Personaleinsatz ist im wesentlichen auf die Steuerung reduziert.

Flexible Fertigungssysteme

Flexible Fertigungssysteme(Abb.135) bestehen aus mehreren Fertigungseinrichtungen, deren Material- und Informationsfluß so verknüpft ist, daß einerseits eine automatische Produktion stattfinden kann und gleichzeitig eine Bearbeitung unterschiedlicher Werkstücke mit unterschiedlicher Bearbeitungsfolge. Dieses Fertigungskonzept eignet sich für die Fertigung von Teilefamilien in mittleren Stückzahlen bis hin zur Losgröße Eins (Abb.133). Die Verknüpfung der Maschinen erfolgt ungetaktet durch automatisierte Werkstück- und Werkzeugtransportsysteme. Der Personalbedarf ist minimal.

Flexible Transferstraße

Flexible Transferstraßen weisen eine relativ starre Verkettung der Fertigungseinrichtungen auf, die durch ein automatisches Transportsystem im Sinne des Fließprinzips miteinander verknüpft sind. Der Materialfluß erfolgt gerichtet und taktweise. Die Reihenfolge der Bearbeitungsgänge ist vorgegeben. An Verzweigungsstellen werden im Unterschied zu konventionellen Transferstraßen NC-Maschinen eingesetzt. Dieses Fertigungskonzept eignet sich bei Großserien mit seltenem Auftragswechsel (Abb.133). Der Personalbedarf ist minimal.

■ 4.4.3 Reserven – Nachrüstbarkeit – Universalität

Reserven, Nachrüstbarkeit und Universalität von Betriebsmitteln sind Ansatzpunkte zur Gewährleistung der betrieblichen Flexibilität.

□ Reserven

Betriebsmittel sind kapazitätsmäßig (und qualitativ) nicht nur für den *gegenwärtigen Bedarf* auszulegen, sondern so zu dimensionieren, daß sie auch den *mittelfristigen Bedarf* erfüllen können. Dort wo anhaltende Expansion zu erwarten ist sind entsprechende Reserven vorzusehen.

Für *längerfristige Reserven* (über drei bis vier Jahre) empfiehlt es sich, lediglich Ausbaumöglichkeiten vorzusehen. Eine entsprechende Entscheidung muß jedoch jeweils im Einzelfall, durch einen Vergleich der Kosten für Vorinvestitionen inklusive Kapitaldienste im Ver-

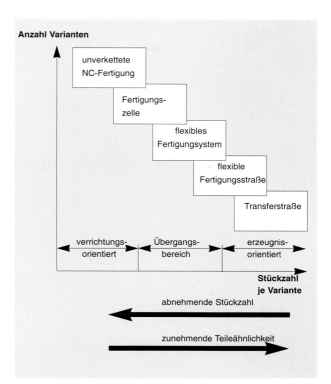

133 Einsatzgebiete automatischer Fertigungskonzepte

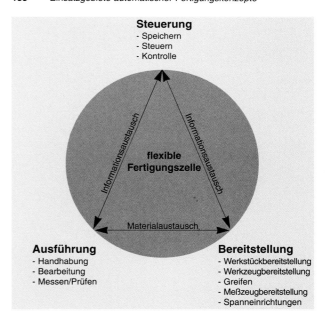

134 Flexible Fertigungszelle

neuer Technologien verbundenen Umstellungen (Anpassung der Personalqualifikation, Produktionsausfälle durch Störungen, etc.) sind meist geringer, da die Weiterentwicklungen in der Regel auf den alten Systemen aufbauen.

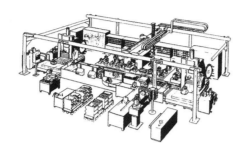

135 Flexible Fertigungssysteme

Kriterien	Zuordnung der Betriebsmittel		
	zu mehreren Produkten	für einzelne Produkte	Parallelbetrieb
Produktbeschaffenheit	Produkte mit gleichartiger Fertigungstechnik	Produkte mit unterschiedlicher Fertigungstechnik	–
Produktionsmenge	klein	mittel-groß	sehr groß
Lieferbereitschaft Verfügbarkeit	beschränkt	gut	sehr gut
Flexibilität der Anlage im Betrieb	groß	klein	groß/ klein
Spezialisierung	klein	wünschenswert	möglich
Wirtschaftlichkeit Teilbetrieb	beschränkt	nur bei guter Auslastung	auch möglich
Betriebsart	intermittierend	kontinuierlich	kontinuierlich
Fertigungsprinzip	Werkstattfertigung	Fließfertigung	Fließfertigung
Rohstofflagerung	viel	gering	gering
Zwischenproduktlagerung	viel	gering	gering
Fertigwarenlagerung	viel	gering	gering

136 Strategie der Betriebsmittelzuordnung

Weitere Vorteile von nachrüstbaren Betriebsmitteln sind:
– Berücksichtigung bevorstehender technologischer Änderungen bei Investitionsvorhaben
– Kompatibilität mit vorhandenen Betriebsmitteln und Systemen
– betriebsspezifische Anpassung der Betriebsmittel
– längere Nutzungsdauer der Betriebsmittel
– Umweltschutz (Strategie der Dauerhaftigkeit).

☐ **Universalität**

Die universelle Einsetzbarkeit von Betriebsmitteln ist ein weiterer Ansatzpunkt zur Gewährleistung der betrieblichen Flexibilität. Ihr effektiver Einsatz ist abhängig von den technischen Voraussetzungen und Möglichkeiten zum Einführungszeitpunkt. Die Wirtschaftlichkeit des Einsatzes von Universalmaschinen muß im Einzelfall geprüft werden, da der Einsatz dieser Betriebsmittel in der Regel mit relativ hohe Anschaffungskosten verbunden sind.

In diesem Zusammenhang ist es wichtig den *Flexibilitätsbereich* der Betriebsmittel zu definieren um sowohl Unter- als auch Überspezifikation zu vermeiden und die (teuren) Betriebsmittel zweckentsprechend und ökonomisch einzusetzen –>siehe Kap. 4.5.2

■ **4.4.4   Harmonisierung**

Harmonisierung ist ein strategisches Instrument der Betriebsmittelplanung zur Optimierung der Auslastung der Betriebsmittel und damit zur Gewährleistung ihres wirtschaftlichen Einsatzes. Es meint die gegenseitige Abstimmung der unterschiedlichen Betriebsmittel eines Fertigungsvorgangs bezüglich Leistungsvermögen und Kapazität zur Optimierung der Durchlaufzeit. Voraussetzung ist eine weitgehende Kompatibilität der Betriebsmittel.

Maßnahmen der Harmonisierung sind:
– Abstimmung der Produktionsleistung pro Zeiteinheit, da die Leistung vom jeweils schwächsten Glied der Kette bestimmt wird
– Abstimmung der Takt- und Bandzeiten (Abb.137)
– Gewährleistung der Kompatibilität der Betriebsmittelsteuerung
– Ausnutzung von Automatisierungsmöglichkeiten.

Die Optimierung der Fertigungsabläufe durch Auslastung und Harmonisierung der Betriebsmittel hat Einfluß auf die Art und Anzahl der Betriebsmittel und deren Flächen- und Raumbedarf.

4.5 Betriebsmittel und Industriebau

Die Betriebsmittelplanung schafft Bedingungen, die die Gestaltung von Industriebauten beeinflussen. Umgekehrt können Bedingungen der Industriebauplanung die Entscheidungen der Betriebsmittelplanung wesentlich mitbestimmen. Aufgrund der engen Abhängigkeiten der Industriebauplanung mit der Fabrikplanung empfiehlt sich die Zusammenarbeit der Fachplaner in Form eines *Planungsteams* bereits in einer frühen Planungsphase. Hierdurch können Synergieeffekte ausgenutzt und optimierte Konzepte entwickelt werden.

Im Folgenden werden die Einflüsse der Betriebsmittelplanung auf den Industriebau näher erläutert.

Im Unterschied zu Kapitel 4.2.1 geht es hier um Anforderungen der Betriebsmittel an ihre Umgebung, im speziellen an den Industriebau.

☐ Rohbaukonzeption

Unterschiedliche Konzepte der Betriebsmittelplanung haben Auswirkungen auf die Rohbaukonzeption des Industriebaus. Sie beeinflussen Raumprogramm, Flächen und Raumbedarf, Bereichsgliederung, Layout und eventuelle Erweiterungskonzeptionen.
Die Rohbaukonzeption ist folglich abhängig von:
- Dimensionen und Flächen/Raumbedarf der Betriebsmittel
- Art und Anzahl der Betriebsmittel (Universalmaschinen, Einzweckmaschinen)
- Betriebsmittelanordnung
- voraussichtliche Nutzungsdauer der Betriebsmittel
- Automatisierungsgrad (Anzahl der Arbeitsplätze)
- Sicherheitsanforderungen
- speziellen layoutmäßigen Anforderungen.

☐ Konstruktion

Größe und Gewicht (Netto/Brutto, kg), Flächen- und Raumbedarf der Betriebsmittel sowie aus ihrem Einsatz hervorgehende statische und/oder dynamische Lasten beeinflussen die Konstruktion der Industriebauten, vor allem:
- Konstruktionsraster und -prinzip
- Lastenauslegung, Tragwerk und Fundierung.

☐ Ausstattung von Industriebauten

Die Ausstattung von Industriebauten hängt wesentlich von den Anforderungen aus der Betriebsmittelplanung ab.

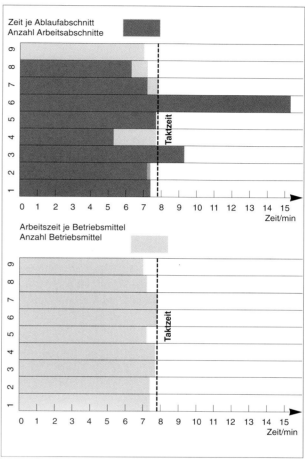

137   Fertigungsablauf des Zusammenbaus eines Schranks

Sie betreffen vor allem:
- Klimatisierung
- Belichtung (natürlich – künstlich)
- notwendige Sicherheitsvorkehrungen und Schutzmaßnahmen (Brandschutzmaßnahmen, Emissionsschutzeinrichtungen, Immissionsschutzeinrichtungen, Ölwannen, Absauganlagen)
- Bodenqualitäten (Druckbelastung, Säurewiderstandsfähigkeit, etc.).

Die Anforderungen sind hauptsächlich abhängig von:
- Beziehung Mensch zu Betriebsmittel (entkoppelt oder verknüpft)
- den Umweltbelastungen aus dem Betriebsmitteleinsatz (Strahlenbelastung, Immission, Emission, Vibrationen).

☐ Infrastruktur

Die Integration der zum Betriebsmitteleinsatz

erforderlichen technischen Infrastruktur stellt weitere Anforderungen an den Industriebau vor allem bezüglich:
- Anzahl und Art der Anschlüsse (Medien/Energie)
- Infrastrukturkonzept (dezentral oder zentral)
- Leitungsführung (Unterflur, Deckenführung)
- Anordnung der Energiezentrale
- Energiekonzept.

Hierbei sind folgende Angaben der Betriebsmittelplanung zu berücksichtigen:
- erforderlicher Elektroanschluß/-leistung (kW)
- erforderlicher Wasseranschluß/-leistung (kbm/h)
- erforderlicher Wärmeanschluß/-leistung (kJ/h)
- erforderlicher Druckluftanschluß /-leistung(bar) (NL/Takt oder NL/min)
- Anordnung der Betriebsmittel (starr oder flexibel, linear, punktuell, etc.)
- Anzahl der Betriebsmittel mit entsprechenden Anforderungen.

☐ **Sonstiges**

Wie bereits in Kapitel 4.2.1. erwähnt ergeben sich aus dem Einsatz bestimmter Betriebsmittel rechtliche Auflagen für deren Betrieb und den Industriebau.

■ **4.5.1 Flexibilität der Industriebauten**

Fabrikplanung ist eine zukunftsbezogene Planungsaufgabe. Sowohl in Bezug auf Produktionskapazität und Leistungsfähigkeit, als auch in auf Bezug die technologische Reihenfolge der Fertigung und die dazu benötigten Betriebsmittel reicht es nicht aus die Planung auf feste Werte auszulegen. Eine vorausschauende Auslegung der Industriebauten ist vor allem aufgrund unterschiedlicher Nutzungs- und Lebensdauer von Produkten, Produktionstechnologien, Betriebsmittel und Gebäuden (–>siehe Kap. 4.1.2) erforderlich. Die Vorhersage zukünftiger Entwicklungen ist dabei nur in begrenztem Maße möglich. Wichtig ist es für Industriebauprojekte einen geeigneten *zeitlichen Planungshorizont* festzulegen. Der Einbezug von Anforderungen und Rahmenbedingungen bezogen auf eine entwicklungsfähige Lösung macht häufig Maßnahmen und Vorinvestitionen erforderlich deren langfristige Kosten-Nutzen-Relation im Einzelfall untersucht werden muß.

■ **4.5.2 Neuplanung und Umplanung**

Bezogen auf die Berücksichtigung zukünftiger Entwicklungen besteht ein markanter Unterschied zwischen Neu- und Umplanungen.

Bei *Umplanungen* muß auf vorhandene Betriebsmittel, Bauten und sonstige Gegebenheiten Rücksicht genommen werden. Die Investitionen beschränken sich nur auf die Veränderungen. Die Zielsetzung besteht in der Suche nach einem Optimum zwischen Umfang der Veränderungen und dadurch erzielbarem Gesamtnutzen. Gerade bei Umplanungen ist eine Koordination der Betriebsmittelplanung mit der Industriebauplanung besonders erforderlich.

Der Architekt ist als Berater verantwortlich auf Potentiale und Schwierigkeiten für die Planung und Ausführung möglichst frühzeitig hinzuweisen. Häufig arrangiert man sich in bestehenden Unternehmen mit veralteten, unzweckmäßige Anordnungen und Engpässen. Hier empfiehlt sich eine umfassende, gesamtheitliche Planung in Alternativen mit Gegenüberstellung der jeweiligen Kosten-Nutzen-Relation. Firmeneigene Planer unterliegen dabei teilweise der Gefahr zu sehr am Status-Quo festzuhalten. Bei Neuplanungen sollte der vorhandene Freiheitsgrad der Planung dazu ausgenutzt werden im Sinne einer vorausschauenden Planung zukünftige Entwicklungspotentiale offen zu halten.

☐ **Engpaßfaktoren bei Umplanungen**

Potentielle Engpaßfaktoren bei Umplanungen können auf unterschiedlichen Ebenen auftreten. Im Folgenden soll auf häufig auftretende Engpässe hingewiesen werden, deren Auswirkungen bei der Betriebsmittelplanung und Industriebauplanung berücksichtigt werden müssen.

Standort- und Grundstücksbedingungen
- zu kleine Grundstücksfläche (neue Maschinen und Maschinenanordnungen benötigen häufig mehr zusammenhängende Flächen)
- ungünstige Grundstücksform (ungünstige Flächenausnutzung, Bereichszusammenhänge)
- schlechte Zufahrts- und Erschließungsmöglichkeiten
- ungünstige Lage
- schlechte Verkehrs- und Infrastrukturanschlußbedingungen
- schlechter Baugrund, hoher Grundwasserspiegel (Einschränkung der Bodenbelastung)
- Mangel an Erweiterungsmöglichkeiten für zukünfti-

ge Entwicklungen innerhalb eines definierten Planungshorizonts.

Gebäude- und Layoutbedingungen
- ungünstige Gebäudeanordnung
- ungünstige Grundrißform
- Niveauunterschiede zwischen Betriebsräumen
- Flächenengpässe (enge Transportwege, mangelnde Abstell- und Bereitstellflächen)
- niedrige Nutzhöhe der Räume
- ungünstige und lange Transportwege
- ungünstige Betriebsmittelanordnung
- ungünstige Anordnung und Anordnungsmöglichkeiten der Betriebsbereiche
- schlechte Arbeitsplatzbedingungen (z.B. unzulängliche Belichtung, gefangene Räume).

Konstruktion
- geringe Tragfähigkeit der Dachkonstruktion
- ungünstig angeordnete Tragelemente
- enge Stützenstellung
- beschränkte Bodenbelastbarkeit
- Übertragung von Vibrationen und Lärm.

Technische Gebäudeausrüstung
- unzureichende, veraltete Infrastruktur
- unzureichende Aufzüge, Schächte, Rohrleitungen
- Sicherheitsmängel.

Betriebliche Ausrüstung
- unzureichende Transportsysteme
- unzweckmäßige Gebindearten und -größen
- ungünstiger Materialfluß
- hohe Nebennutzungszeiten der Betriebsmittel
- rückständige Automatisierung
- mangelnde Abstimmung der Kapazitäten dadurch Engpässe, Stauungen, Warteschlangen und lange Durchlaufzeiten.

Gesetze und Vorschriften
- Anpassung an aktuelle gesetzliche Auflagen und Sicherheitserfordernisse (Brandschutz, Arbeitsstättenverordnung /-richtlinien, etc.)
- Berücksichtigung aktueller Umweltauflagen für neue Betriebsmittel, Anlagen und Industriebauten (TA-Luft, Bundesimmissionsschutzgesetz, etc.)
- besondere Auflagen für Industriebetriebe, die nicht in ausgewiesenen Industriegebieten liegen.

Es ist Aufgabe der Planer, diesen potentiellen Engpaßfaktoren bei der Gestaltung von Industriebauten, aber auch bei der Auswahl und Anordnung der Betriebsmittel entgegenzuwirken. Bei Erst- oder Neuplanungen müssen Freiräume für spätere Anpassungsmaßnahmen geschaffen werden um später Engpässe zu vermeiden.

☐ **Ansatzpunkte zur Gewährleistung der Flexibilität der Industriebauten**

Bei Neuplanungen sind die zulässigen Bodenbelastungen, Transportwege, Tür- und Toröffnungen, ferner die Stützenteilung und die lichte Höhe der Räume üppig zu bemessen.

Eine hohe Flexibilität der Tragkonstruktion sollte gewährleistet sein. Vor allem bei Stahlbetonkonstruktionen sind nachträgliche Änderungen kostspielig.

Die Rohbaukonzeption sollte eine hohe Flexibilität garantieren.

Die Ver- und Entsorgungssysteme sind für den langfristigen Bedarf auszulegen. Die Zentraleinheiten sind ausbaufähig zu konzipieren. Die Leitungsnetze sollen von vornherein mit reichlich Reserven dimensioniert werden (bei wichtigen Medien 25% bis 35% Reserve oder für den voraussichtlichen Bedarf der nächsten Maschinengeneration).

Leitungstrassen sind nachrüstbar zu konzipieren.

Das Flächen- und Raumprogramm sollte für den mittel- bis langfristigen Bedarf konzipiert werden. Hierbei ist zu beachten, daß bei Kapazitätssteigerung nicht nur der Flächenbedarf für Betriebsmittel und ihre Bedienung steigt, sondern in der Regel auch der Flächenbedarf für die logistischen Funktionsbereiche (Bereitstellungsplätze, Abstellplätze, etc.). Zunehmende Automatisierung ist meist mit einem zusätzlichen Platzbedarf verbunden.

Steigerungen der Qualitätsanforderungen an die Produktion sind meist mit erhöhtem Flächenbedarf und höheren qualitativen Raumanforderungen verbunden.

Erweiterungsmöglichkeiten des Werksareals sind vorzusehen oder beispielsweise durch Vorkaufsrechte zu sichern und bei der Layoutplanung zu berücksichtigen.

Ausbauelemente (Trennwände, etc.) sind flexibel zu konzipieren.

Ideen verwirklichen

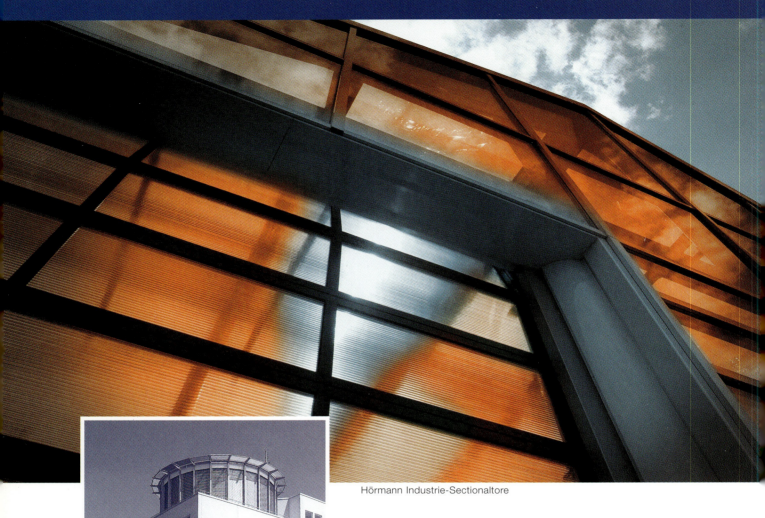

Hörmann Industrie-Sectionaltore

Hörmann Industrietor-Systeme

Der moderne Objektbau verlangt heute mehr denn je nach Lösungen, die Funktion und Architektur-Design optimal verbinden. Hier bietet Hörmann das umfangreiche Programm an Toren, Antrieben und Steuerungen, unterstützt durch kompetente Beratung und ausführliche Arbeitsunterlagen. Nutzen Sie unser Know-how für Ihre Planung und fordern Sie uns bei Ihrem nächsten Projekt.

Sectional-Tore
Rolltore
Rollgitter
Falttore
Rundlauftore
Schiebetore
Hofschiebetore
Schnellauftore
Pendeltore
Streifenvorhänge
Torantriebe
Steuerungen

Informieren Sie sich

Hörmann KG Verkaufsgesellschaft
Postfach 1261, 33792 Steinhager
Telefon 0 52 04/915-0
Telefax 0 52 04/915 135
http://www.hoermann.com

5. Prozeßgestaltung

5.1 Begriffsdefinition

Der Begriff *Prozeß* (vom lat. processus = Fortgang, Verlauf, zu: procedere = fortschreiten) beschreibt laut Definition einen sich über eine gewisse Zeit erstreckenden Vorgang, bei dem etwas allmählich entsteht. In Bezug auf das Verb »prozedieren« ist damit auch eine bestimmte *Methode* angesprochen nach der verfahren wird.

Prozesse sollen hier als *Systeme* definiert werden, innerhalb derer sich *Abläufe* nach bestimmten Ordnungen oder Regelungen vollziehen.

Abläufe sind räumlich und zeitlich bestimmte Strukturierungen (z.B. Arbeitsabläufe).

Der Prozeßbegriff hat einen *dynamischen Aspekt*, im Sinne von zeitlich bestimmten Systemen, und einen *statischen Aspekt*, in Bezug auf die Gesamtheit der Regelungen oder die Methode.

Hans Corsten* definiert Prozeßgestaltung als den »Entwurf von Ordnungen, nach denen sich die einzelnen Produktionsprozesse in Raum und Zeit vollziehen lassen.«

Wobei er unter Produktionsprozeß das zeitlich und örtlich definierte Zusammenwirken von Produktionsfaktoren (–>siehe Kap. 4.1.2) zur Erstellung einer fest definierten Gütermenge in einer bestimmten Qualität versteht.

(*Corsten, H.: Lexikon der Betriebswirtschaftslehre)

Im Unterschied zu Corsten sollen Prozesse hier nicht nur auf die Fertigung bezogen werden sondern *alle Prozesse* umfassen, die zur Bearbeitung eines Auftrags – quasi von der Auftragsannahme bis zur Auftragserfüllung beziehungsweise der Auslieferung an den Kunden – erforderlich sind (Marketing, Beschaffung, Lagerlogistik, Steuerung, Konstruktion, Montage, Verwaltung, Produktion). Dies trägt der Tatsache Rechnung daß innerhalb eines Unternehmens unterschiedliche Prozesse zusammenwirken. In ihrer Gesamtheit formen sie das Aufgabengebiet der *Prozeßgestaltung*.

Somit bildet dieses Kapitel einen Querschnitt durch alle vorausgegangenen und nachfolgenden Kapitel.

Im Unterschied zu den vorangegangenen Kapiteln ist hier die *zeitliche Dimension* Untersuchungsschwerpunkt.

☐ **Gliederung der Prozesse**

Zur Untersuchung und Gliederung der Prozesse innerhalb eines Unternehmens kann die Betrachtung auf *einzelne Funktionsbereiche* (Verwaltung, Produktion,

138   Prozeßgestaltung

Lagerung) oder auf bestimmte *Objekte* bezogen werden (die Aufgabe / die Aufträge, die beteiligten Menschen, die Betriebsmittel, das Material).
Darüber hinaus lassen sich *betriebsinterne* (Produktionsabläufe, Informationsflüsse) und *betriebsexterne* Prozesse (Kapital-, Marktprozesse) unterscheiden.
Je nach Bezugsobjekt unterscheiden wir unterschiedliche Planungs- und Gestaltungbereiche. Ist das Bezugsobjekt die Aufgabe oder die Aufträge sprechen wir von *Produktionsplanung und -steuerung*. Beim Menschen als Ausgangspunkt sprechen wir von *Arbeitsorganisation* (Abb.99), beim Betriebsmittel von *Ablaufplanung* (Abb.139) und beim Material von *Materialflußplanung* (Abb.140), bei Informatonen von *Informationsgestaltung*.
Die einzelnen Planungsbereiche werden in diesem Kapitel untersucht. Letztendlich behandeln sie den gleichen Prozeß aus unterschiedlichen Blickwinkeln. Ziel einer umfassenden Prozeßplanung, im Sinne der einleitend gegebenen Definition, muß die Integration und Überlagerung der Einzelbereiche sein.

☐ **Starre und flexible Prozeßorganisation**
Grundsätzlich lassen sich zwei Arten der Prozeßorganisation unterscheiden: die starre und die flexible Prozeßorganisation.

Starre Prozeßorganisation
Die starren Prozeßorganisation ist beispielsweise bei Massenfertigung mit über eine lange Zeit gleichbleibenden Produktionsabläufen sinnvoll.

Vorrangiges *Ziel* bei der starren Prozeßgestaltung ist die *Produktivitätsoptimierung* (Abb.141).
Möglichkeiten sind die Reduzierung der Durchlaufzeiten beispielsweise durch die Verwirklichung des Flußprinzips. Durch Reduzierung der Produktionskosten wird das Marktziel der Kostenführerschaft (Abb.142) angestrebt.

Optimierungspotentiale bei der starren Prozeßorganisation beziehen sich vorrangig auf die Funktionsoptimierung der Ablaufgestaltung.
Ablauforganisatorische Maßnahmen sind die Rationalisierung der Abläufe durch maximale Automatisierung bei hoher Spezifizierung der Betriebsmittel (Einzweck- oder Spezialmaschinen,»der Maßanzug«) sowie die kapazitative Auslastung und Harmonisierung der oft teuren Betriebsmittel und Abläufe zum Beispiel durch Taktabstimmung und Pufferbildung.
Arbeitsorganisatorische Maßnahmen beziehen sich auf die optimale Strukturierung der Arbeitsschritte.

Flexible Prozeßgestaltung
Neben der starren kommt verstärkt die flexible Prozeßorganisation zum Einsatz. Sie erlaubt Reaktionsmöglichkeiten auf temporäre oder anhaltende Veränderungen und ist eine Voraussetzung bei kundennaher Produktion.
Vorrangige *Ziele* bei dieser Art der Prozeßgestaltung sind die Optimierung der betrieblichen *Flexibilität* (Abb.143) und der *Qualität* und *Vielfalt* des Leistungsangebots. Hierzu wird von Seiten der *Produktionsplanung* die Wertschöpfungsorientierung (Abb.142) des Produktangebots verfolgt. Das Leistungsangebot wird durch Differenzierung (Abb.142) verbreitert. Ziel der Produktionsplanung muß die Steigerung der logisti-

schen Leistung, zur Kürzung der Zeitspanne bis ein Kundenwunsch erfüllt werden kann, sein. Die Produktionsabläufe sollten in autarke, flexible Produktionseinheiten segmentiert werden. Die wirtschaftlichen Losgrößen sind zu verkleinern. Das Flußprinzips ist zu bevorzugen auch wenn dies zu Lasten einer maximalen Auslastung der Betriebsmittel geschieht. Die Flexibilität der Prozeßgestaltung gewährleistet die Reduktion der Kapitalbindung.

Vorrangiges Optimierungspotential bei der flexiblen Prozeßgestaltung ist die Prozeßoptimierung der Ablaufgestaltung.
Ablauforganisatorische Maßnahmen sind die Rationalisierung durch flexible Automatisierung unter Einsatz universeller Betriebsmittel (Mehrzweckmaschinen) sowie die Harmonisierung der Betriebsmittel innerhalb der Segmente betreffend Kapazität und Belegungszeit je Produkteinheit.
Die Umrüstzeiten müssen reduziert werden um die Produktivität zu steigern und die wirtschaftliche Losgröße zu senken.

Bei der flexiblen Prozeßgestaltung kommt dem Produktionsbereich eine veränderte Rolle zu. Er ist Teil eines gesamtheitlich zu betrachtenden Prozesses.
–>siehe Kap. 5.7.1.

Ob starre oder flexible Prozeßorganisation angewandt werden ist abhängig von den verschiedenen Industriebereichen und Marktsegmenten und muß im Einzelfall beurteilt werden. Entscheidende Kriterien sind hierbei die Kosten-Nutzen-Relation der Maßnahmen sowie eine Abschätzung der Marktsituation bezüglich der Verbesserung der Konkurrenzfähigkeit.

■ 5.1.1 Zur Situation
Die Verschärfung der Wettbewerbssituation, sowie die zunehmende Bedeutung der kundennahen Produktion stellen neue Anforderungen an die Prozeßgestaltung:
– Flexibilität und Modulierbarkeit der Prozesse
– Optimierung der Durchlaufzeiten
– Optimierung der Auslastung (Nutzung vorhandener Ressourcen – Betriebsmittel, Personal)
– Ablaufstransparenz
– Liefertermintreue
– Qualitätssicherung und -förderung
– Kundenorientierung
– humane Anforderungen (Zufriedenheit, Motivation)

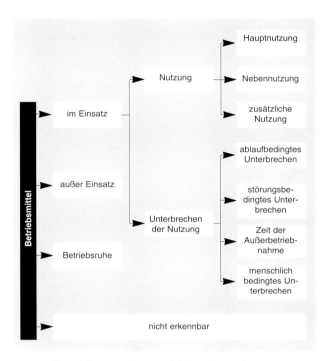

139   Prozeßgliederung Bezugsobjekt Betriebsmittel

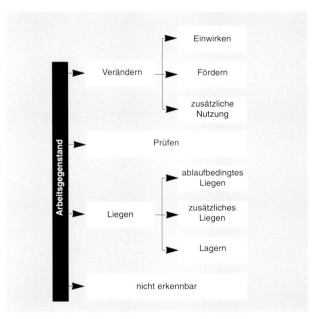

140   Prozeßgliederung Bezugsobjekt Arbeitsgegenstand

– Reduzierung der Kapitalbindungen
  (in Investitionen und Materialbeständen).

Zu den neuen Anforderungen kommen *neue Möglichkeiten* und Voraussetzungen.

PROZESSGESTALTUNG

Flexibilitätsoptimiert	Produktivitätsoptimiert
– Einsatz von Universalmaschinen	– Aufsplittung in einfache Fertigungsstufen
– flexible Steuerung für unterschiedliche Arbeitsinhalte und Arbeitsfolgen	– Einsatz modularer Einzweckmaschinen
– keine starre Verkettung	– Verkettung und Taktung
– keine Werkstückträger	– Werkstückträgern
– hoher Umrüstkomfort	– kein Rüsten
– flexible Bauteilzulieferung	– einfache Prozeßüberwachung
– geordnete Anlieferung	– einfaches Teilehandling
– parallele Zufuhrstationen	– Ver- und Entsorgung in großen Mengen
– Teilebehandlung prozeßintegriert	

141 Flexibilität-Produktivität

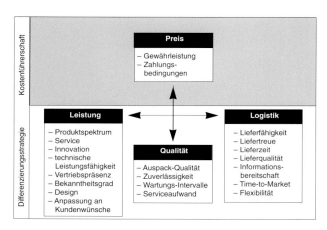

142 Unternehmensziele und Strategien

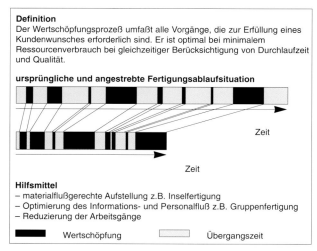

143 Wertschöpfungsprozeß

Die *technischen Entwicklungen* auf dem Gebiet der universell einsetzbaren Betriebsmittel durch modulierbare Beschickungs-, Vorrichtungs-, und Werkzeugwechseltechniken verlagern das zeitraubende Umrüsten auf softwaremäßigen Programmwechsel.

Die Entwicklungen der Steuerungstechniken durch den Einsatz elektronischer Datenverarbeitungsanlagen ermöglichen die Erfassung aller Betriebsdaten. Die Vollständigkeit und Vernetzung der Daten bildet die Grundlage zur ganzheitlichen Betrachtung und Gestaltung der Prozesse. Die Datenverarbeitung ist Voraussetzung zur betrieblichen und logistischen Optimierung.

Methodische Erkenntnisse der Produktionsplanung und -steuerung, wie die Erkenntnisse zur Segmentierung der Fertigung und Steuerung oder das Flußprinzip stellen neue Möglichkeiten dar, Flexibilität und Auslastung zu optimieren. Die Arbeitszeitgestaltung ist ein weiteres Steuerungs- und Regelungsinstrument der Prozeßgestaltung. Hier müssen neue Möglichkeiten geschaffen werden um Flexibilitätsanforderungen, humane und soziale Anforderungen zu verbessern.

■ 5.1.2 Einflüsse der Prozeßgestaltung

Die oben angesprochenen Möglichkeiten verweisen bereits auf die Einflüsse der Prozeßgestaltung auf andere Bereiche wie die Standortwahl, die Personal- und Betriebsmittelplanung und die bauliche Gestaltung.

☐ Standortwahl

Die Prozeßgestaltung hat Einfluß auf die Standortwahl. So ist beispielsweise für die Durchführung der Just-in-time-Produktion die Einbindung in externe Verkehrslinien von entscheidender Bedeutung. Neben den Transport- und Verkehrswegen sind betriebsexterne Energieanschlüsse und Leitungsführungen Standortkriterien die mit den Ansprüchen der Prozeßgestaltung koordiniert werden müssen.

☐ Personalplanung

Die Arbeitsorganisation beeinflußt die Personalplanung. Durch die Notwendigkeit flexibler Produktion sind auch die Mitarbeiter zu verstärkter Flexibilität aufgefordert (flexibler Personaleinsatz). Die Qualifikationsanforderungen (Verantwortung, Kreativität, Know-How) und Tätigkeitsbereiche verändern sich. Die Arbeitsorganisation beeinflußt die Arbeitszeitgestaltung und die Arbeitsform –>siehe Kap. 5.3.

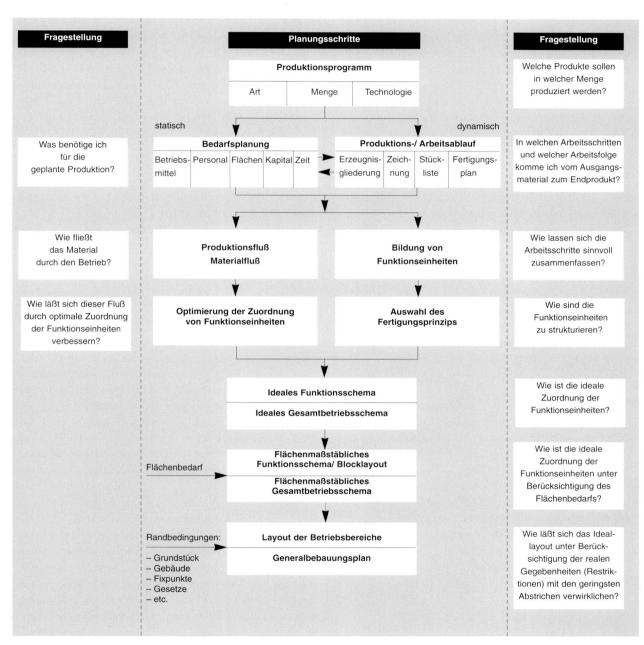

144 Planungsschritte vom Produktionsprogramm zum Layout

☐ **Betriebsmittelplanung**

Die Ablaufplanung beeinflußt die Betriebsmittelplanung. Sie wirkt sich direkt auf die Anordnung, die Anzahl, die Betriebsmittelauswahl (Universalmaschinen, Spezialmaschine) und die Betriebsmittelorganisation (kurze Umrüstzeiten, Auslastung, Segmentierung, Harmonisierung, Kapazitätsplanung) aus; –>siehe Kap. 5.4.

☐ **Bauliche Gestaltung**

Die Prozeßgestaltung beeinflußt indirekt die Baugestaltung. Sie wirkt sich auf das Raumprogramm, die Gestaltung und Dimensionierung der Bereiche, die Gebäudeausrüstung (Ver- und Entsorgungssysteme) und nicht zuletzt die Baugestaltung aus. Raumanforderungen wie die Tragfähigkeit, Fundierung, Stützwei-

ten, lichte Höhe stehen in Wechselwirkung mit der Prozeßgestaltung.
Die Forderung nach universeller Nutzung, die Bevorzugung starrer oder flexibler Prozeßorganisation sind entscheidende Kriterien für die Bauplanung. Die Segmentierung der Produktion wirkt sich auf die Gliederung und Strukturierung der Bereiche aus. Im Extremfall kann es möglich werden hierfür dezentral organisierte autarke Betriebs- und Gebäudeeinheiten bereitzustellen.
Zur Steigerung der autarken Funktion von Subsystemen ist die Unabhängigkeit der entsprechenden Ver- und Entsorgungssysteme erforderlich.

■ 5.2 Produktionsplanung

Bei der Produktionsplanung und -steuerung (PPS) sind die Aufträge Ausgangspunkt der Betrachtung.
Aufträge sind die Objekte, die eine Bearbeitung nachfragen. Aufträge können sich auch auf Dienstleistungen beziehen. Sie sind Auslöser von Prozessen.
Die Abwicklung der Aufträge steht im Mittelpunkt der *auftragsbezogenen Prozeßgestaltung*.
Die *Produktionssteuerung* hat die Aufgabe, die Fertigung der Aufträge zu veranlassen und bei Störungen regelnd in das Fertigungsgeschehen einzugreifen um den Produktionsprozeß zu sichern.
Aufgrund von (Kunden-)/Aufträgen wird der mengenmäßige und zeitliche Produktionsablauf unter Beachtung der verfügbaren Kapazitäten festgelegt. Der Produktionsablauf wird veranlaßt und überwacht. Bei Abweichungen werden Maßnahmen ergriffen, so daß bestimmte vorher definierte betriebliche Ziele erreicht werden können.

■ 5.2.1 Ziele der PPS
Zielsetzungen von PPS-Systemen in der Praxis sind:
– minimale Terminabweichung oder Termintreue
– kurze Durchlaufzeiten
– hohe Kapazitätsauslastung
– niedrige Lagerbestände
– hohe Flexibilität.

■ 5.2.2 Ablauf der PPS
Die Aufgaben der Produktionsplanung- und steuerung werden in Teilprobleme (»Module«) zerlegt, die schrittweise bearbeitet werden (Abb.144).
Sie gliedern sich in Output-, Input- und Throughputplanung.

☐ Outputplanung
Erster Schritt ist die Produktionsprogrammplanung, das heißt die Festlegung der zu fertigenden Erzeugnisse nach Art, Menge und Termin. Dabei wird eine grobe Abstimmung des Produktionsprogramms mit den Kapazitäten durchgeführt (Outputplanung).

☐ Inputplanung
Die auf dem Produktionsprogramm aufbauende *Mengenplanung* bestimmt den Bedarf an Komponenten (Inputplanung).

☐ Throughputplanung
Bei der Durchlaufterminierung (Throughput-Planung) wird eine zeitliche Einplanung der Fertigungsaufträge mit Hilfe geplanter *Durchlaufzeiten* vorgenommen. Geplante Durchlaufzeiten können nur dann eingehalten werden wenn die Fertigungsaufträge kapazitätsmäßig durchführbar sind. Tritt eine Überlastung auf, so ist durch (Abb.145) eine Abstimmung von Kapazitätsangebot und -nachfrage durchzuführen. Maßnahmen zum Kapazitätsabgleich sind beispielsweise die Verschiebung von Fertigungsaufträgen oder Arbeitsvorgängen, Überstunden, Zusatzschichten oder Fremdarbeit (firmenintern oder extern).
Durch einen Kapazitätsabgleich ist sicherzustellen, daß in der darauffolgenden Maschinenbelegung die Fertigung zeitlich so eingeplant werden kann, daß die geplanten Durchlaufzeiten tatsächlich realisiert werden.

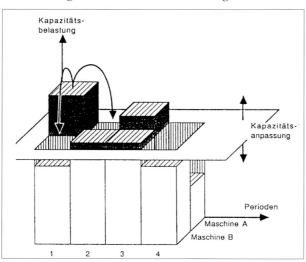

145   Kapazitätsabgleich und -anpassung

■ 5.2.3 Neuere Entwicklungen

Um die Ziele der Produktionsplanung und -steuerung zu erfüllen werden seit etwa dreißig Jahren *computergestützte PPS-Systeme* eingesetzt. Die neueren Entwicklungen auf diesem Gebiet beeinflussen wesentlich die Möglichkeiten dieser Systeme. Sie zielen einerseits auf *Integration* und *Vernetzung* parallel dazu lassen sich *Dezentralisierungstendenzen* beispielsweise durch die simultane Verwendung unterschiedlicher PPS-Konzepte innerhalb eines Unternehmens erkennen. Der Einsatz der *Simulation* eröffnet neue Möglichkeiten im Bereich der Planung und Steuerung. Voraussetzung für ihren erfolgreichen Einsatz ist die Benutzerfreundlichkeit der Systeme.

☐ Integration

PPS-Systeme bilden einen wesentlichen Bestandteil des Computer-Integrated-Manufacturing (CIM) (Abb.146).
CIM bezeichnet die computergestützte Integration der Informationsverarbeitung unterschiedlicher Unternehmensbereiche. Damit werden vom und zum PPS-System durchgängige Informationsflüsse zu der computergestützten Konstruktion (CAD = Copmuter Aided Design), Arbeitsplanung (CAP = Computer Aided Planing) sowie Fertigung (CAM = Computer Aided Manufacturing) geschaffen (in der Gesamtheit als CAx-Techniken bezeichnet= Computer Aided...x).
Generelles Ziel von CIM ist die Ausschöpfung aller Rationalisierungspotentiale, welche sich durch die computergestützte Informationsverarbeitung für die industrielle Produktion eröffnen. Im Mittelpunkt steht dabei die ganzheitliche Analyse und Gestaltung des Produktionsprozesses. Durch die Kopplung von CAD, CAP und PPS können beispielsweise Konstruktionspläne aus dem Bereich der Produktentwicklung direkt in automatische Stücklisten und Arbeitspläne für das PPS-System übertragen werden.

☐ Vernetzung

Neben der *firmeninternen* Kopplung der CAx-Techniken mit dem PPS-System entstehen neue Möglichkeiten *firmenübergreifender* Systeme durch die Nutzung von Datenfernübertragung zum Anschluß an die Systeme der Kunden und Lieferanten (z.B. Teleshopping). Hierdurch besteht beispielsweise die Möglichkeit Auftragslisten für die Produktion direkt an Verkaufslisten am Absatzmarkt (beim Kunden) zu koppeln.

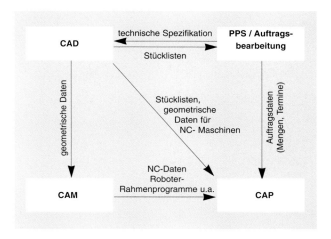

146 Informationsflüsse zwischen CAx-Komponenten

☐ Dezentralisierung

Der zunehmende Einsatz von Fertigungszellen, Fertigungsinseln und automatisierten flexiblen Fertigungssystemen im Rahmen von CAM-Systemen führt zu autonomen Fertigungseinheiten, die eine Dezentralisierung der PPS-Funktionen nahelegen –>siehe Kap.4.4.2. Neue Rechnersysteme (Minirechner, Personalcomputer) unterstützen diese Entwicklungstendenzen.

☐ Simultanität

Eine steigende Anzahl von Produkten und Varianten in einem Unternehmen kann es erforderlich machen, unterschiedliche Auftragsabwicklungsverläufe gleichzeitig nebeneinander vorzusehen. Das bedeutet, daß parallel verschiedene PPS-Konzepte eingesetzt werden.

☐ Simulation

Um den steigenden Planungsanforderungen gerecht zu werden, gewinnen Simulationsmöglichkeiten auf allen Planungsebenen an Bedeutung.

☐ Benutzerfreundlichkeit

Aufgrund der zunehmenden Verbreitung computergestützter PPS-Systemen spielt die Benutzerfreundlichkeit der Systeme eine wesentliche Rolle. Schnelle Einarbeitung, Fehlerfreundlichkeit und Betriebssicherheit sind von entscheidender Bedeutung für ihren erfolgreichen und wirtschaftlichen Einsatz.

147 Arbeitsorganisation

5.3 Arbeitsorganisation

Prozesse sind in der Regel nicht reiner Selbstzweck sondern haben die Erfüllung bestimmter »Aufgaben« zum Ziel. Eine *Aufgabe* stellt eine Zielvorschrift des menschlichen Handelns dar, das heißt sie fordert vom Menschen, einen bestimmten Zustand zu verwirklichen.
»*Arbeit*« ist das erfüllungsbezogene Äquivalent des Gestaltungsobjekts »*Aufgabe*«.
Die *Arbeitsorganisation* hat die zeitliche Strukturierung der Aufgabenerfüllung zum Gegenstand.
Im Mittelpunkt der Arbeitsorganisation stehen der menschliche Arbeitsvollzug an realen Objekten sowie seine Informationsverarbeitungstätigkeiten.
Die Arbeitsorganisation läßt sich in *Aufgabenstrukturierung* und *Arbeitsstrukturierung* gliedern.

■ 5.3.1 Ziele der Arbeitsorganisation

Übergeordnete *Ziele* der Arbeitsorganisation sind die Stabilität (Dauerhaftigkeit) und die Elastizität (Anpassungsfähigkeit) der Aufgabenerfüllung. Danach soll die Prozeßstruktur so beschaffen sein, daß sie sich an Objektänderungen und an Umweltveränderungen anpassen läßt.
Bezüglich der Bearbeitungszeit wird die Minimierung der Bearbeitungszeit je Arbeitsobjekt (Durchlaufzeit) sowie gleichmäßige Stellenauslastung angestrebt.
Weitere Gestaltungsziele sind die Reduktion der Bearbeitungskosten und die Steigerung der Bearbeitungsqualität.
Die Bearbeitungsqualität bemißt sich an der Fehlerrate und an Leistungseigenschaften, wie Kundenfreundlichkeit, Termintreue und Servicegrad.

■ 5.3.2 Arbeitssysteme

Die zeitliche Strukturierung der Aufgabenerfüllung basiert auf der Strukturierung der Aufgabe.
Diese vollzieht sich in zwei Schritten: der Aufgabenanalyse und der anschließenden Aufgabensynthese.

□ Aufgabenanalyse

Aufgabenanalyse bedeutet das Zerlegen und Ordnen von Aufgaben. Sie läßt sich nach folgenden Gliederungsmerkmalen vornehmen:

– *Verrichtungsanalyse*
Eine Aufgabe wird in ihre einzelnen Verrichtungen zerlegt, beispielsweise Drehen, Fräsen, Montieren.

– *Objektanalyse*
Die Aufgabe wird nach den einzelnen Objekten zerlegt, an denen sie erfolgt, wie etwa Produkte, Bauteile oder Betriebsmittel.

– *Ranganalyse*
Alle Teilaufgaben werden in ein Rangverhältnis gebracht und zwar im Sinne ihrer Entscheidungsbefugnis, beispielsweise Verwaltung, Produktion, Montage, Lagerung.

– *Phasenanalyse*
Die Aufgaben werden nach ihrer sachlichen Zugehörigkeit in das Phasenschema »Planung, Realisation, Kontrolle« eingeordnet.

– *Zielbeziehungsanalyse*
Die Aufgaben werden nach ihrem Zweck eingeordnet, wobei zwischen primären Aufgaben, zur Erbringung der eigentlichen Betriebsleistung und sekundären Aufgaben, die die zielgerechte Erfüllung der primären

Aufgaben sichern helfen, unterschieden wird.
Die Aufgabenanalyse ist die Grundlage für die nachfolgende Aufgabensynthese.

☐ **Aufgabensynthese**

Ziel der Aufgabensynthese ist es, die im Rahmen der Aufgabenanalyse gebildeten Teilaufgaben so zusammenzufassen, daß daraus eine arbeitsteilige Einheit entsteht: *die Stelle*.
Die Stelle faßt die Teilaufgaben zum Aufgabenbereich einer Person zusammen. Es läßt sich nicht allgemein sagen, wieviele und welche Teilaufgaben zu einer Stelle zusammenzufassen sind.

■ **5.3.3   Arbeitsstrukturierung**

Die Arbeitsstrukturierung vollzieht sich analog der Aufgabenstrukturierung. Jeder Aufgabe können Erfüllungsvorgänge, das heißt ein Komplex von Arbeitsteilen gegenübergestellt werden. Das Äquivalent einer Stellenaufgabe ist der »*Arbeitsgang*«. Hiermit sind Verrichtungen oder Verrichtungsfolgen an einem Objekt gemeint. Parameter der Gestaltung von Arbeitsvorgängen sind, analog der Vorgehensweise bei der Aufgabenanalyse, (Abb.148) die Arbeitsanalyse und die anschließende Arbeitssynthese.

☐ **Arbeitsanalyse**

Mittels sukzessiver Zerlegung werden Arbeitsteile oder Arbeitsgänge erzeugt.
Als Gliederungskriterien dienen die sachlichen Kriterien *Verrichtung* und *Objekt* sowie die formalen Kriterien *Rang, Phase* und *Zweckbeziehung* –>siehe Kap.5.3.2.
Die Gliederungstiefe ist von der erwünschten Strukturierungsintensität sowie Art und Umfang der Arbeitsteilung abhängig. Die nach Verrichtung differenzierten und hinsichtlich ihres Zeitbedarfs bewerteten Arbeitsteile werden in einem zweiten Schritt der Arbeitssynthese unterzogen.

☐ **Arbeitssynthese**

Ziel der Arbeitssynthese ist es, die zuvor analytisch gewonnenen Arbeitsteile zu bereinigen, das heißt zu zentralisieren.
Die Arbeitssynthese umfaßt die Gestaltungsmöglichkeiten der Arbeitsverteilung, der Arbeitsvereinigung und der Raumgestaltung.

Arbeitsverteilung (*personale Synthese*)

Durch die Synthese elementarer Arbeitsteile werden zunächst die *Arbeitsgänge* bestimmt die letzt-

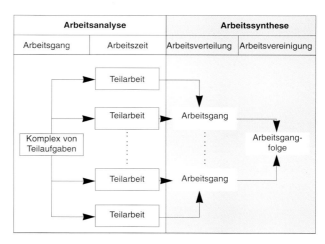

148   *Arbeitsanalyse – Arbeitssynthese*

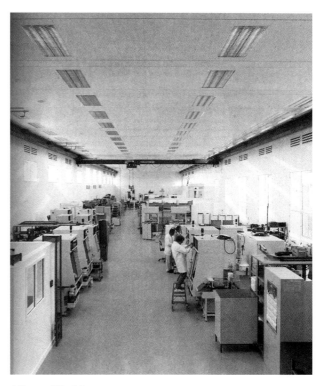

149   *Ablaufplanung*

lich für Art und Umfang der Arbeitsteilung innerhalb eines Prozeßgefüges maßgebend sind.
Ein Arbeitsgang umfaßt alle elementaren Arbeitsteile, die von einem *Arbeitsträger* an einem Arbeitsobjekt unter Einsatz bestimmter Mittel in einem räumlichen und zeitlichen Rahmen vollzogen werden sollen. Da sich ein solcher *Arbeitskomplex* aus mehreren Arbeitsteilen zusammensetzt, entscheiden Art und Umfang der Zen-

150   Materialfaktor und Materialflußprinzip

tralisierung von elementaren Arbeitsteilen auch über die Arbeitsintensität des Arbeitsträgers (Mensch oder Maschine).

Arbeitsvereinigung (*temporale Synthese*)

Die Arbeitsvereinigung beinhaltet die *zeitliche Abstimmung* verschiedener Arbeitsgänge sowie der Leistungen verschiedener Arbeitsträger. Sie ist daher nur bei zeitlicher Bindung der Arbeitsprozesse durchzuführen.

Die wichtigsten Gestaltungsziele sind Optimierung der Durchlaufzeiten und Minimierung organisatorisch bedingter Lager. Die Abstimmung von Arbeitsgängen vollzieht sich zweckmäßigerweise in folgenden Schritten:

– Reihung von Arbeitsgängen, das heißt Bestimmung der Reihenfolge in logischer und zeitlicher Hinsicht, in der die Arbeitsobjekte von dem Arbeitsträger bearbeitet werden sollen
– Bestimmung von Gangfolgen, das heißt Anordnung mehrerer Arbeitsgänge zu einer Folge derart, daß gleiche Sequenzen von Arbeitsgängen (*Takte*) entstehen
– Abstimmung von Gangfolgen, das heißt Ausrichtung der Gangfolgen unterschiedlicher Arbeitsträger auf gleiche Durchschnittsleistungen
– zeitliche Verschiebung von Gangfolgen, das heißt zeitliche Abstimmung unterschiedlicher Arbeitsgänge am gleichen Arbeitsobjekt, so daß Lagerzeiten an den Schnittstellen zwischen verschiedenen Arbeitsträgern minimiert werden.

Raumgestaltung (*lokale Arbeitssynthese*)

Durch *räumlich zweckmäßige Arbeitsgestaltung* und Standortplanung soll die Minimierung der Arbeitswege erreicht werden. Hierzu gehört auch die Betriebsmittelanordnung und die Transportwegeplanung. –>siehe Kapitel 4. und 7.

■ 5.3.4 Neuere Entwicklungen

Die Entwicklung der arbeitsorganisatorischen Gestaltung ist wesentlich durch die Entwicklungen der Informations- und Kommunikationstechnik beeinflußt.

Im Sinne einer *prozeßorientierten Organisationsgestaltung* werden materielle Leistungs- und Informationsprozesse integrativ, das heißt stellen- und abteilungsübergreifend nach den Anforderungen ihres Ablaufs strukturiert.

Durch Einsatz der *Informations- und Kommunikationstechnik* erhält die raum-zeitliche Strukturierung von Arbeit eine neue Dimension. Arbeitsprozesse können zeitlich, räumlich und personell *entkoppelt* werden.

Integrierte Informationsverarbeitung eröffnet die arbeitsorganisatorischen Gestaltungsmöglichkeiten der räumlichen Dezentralisation, der zeitlichen Asynchronisation und der personellen Arbeitsintegration.

Räumliche Dezentralisation

Im Zuge der Nutzung von Telekommunikationstechnologien und/oder dezentralem Technologieeinsatz mit verteilter Datenverarbeitung ergeben sich neue Möglichkeiten der räumlichen Dezentralisierung. Hieraus entstehen neue Spielräume bezüglich der räumlichen Gestaltung von Arbeitsprozessen beispielsweise Telearbeitsplätze oder Heimarbeitsplätze.

Zeitliche Asynchronisation

Durch die Möglichkeiten der Kommunikationstechnologien wie Mailbox-Systeme werden Potentiale zur zeitlichen Asynchronisation der Aufgabenerfüllung geschaffen. Unterschiedliche Arbeitsgangfolgen die in einer inhaltlichen Abfolge zueinander stehen brauchen nicht mehr rhythmisiert zu werden. Arbeitsgänge können zeitlich entkoppelt werden, sodaß auch die Reihenfolge, in der die Arbeitsteile eines Arbeitsganges zu ordnen sind, frei disponiert werden kann.

Personelle Arbeitsintegration

Weitere Gestaltungsspielräume ergeben sich für die personelle Arbeitsintegration. Die Bildung der Arbeitsgänge durch Zusammenfassung von Teilarbeiten kann sowohl zu stärkerer Arbeitsspezialisierung als auch zur Arbeitsintegration genutzt werden.

Der Einsatz von Dialogverarbeitung und Datenbank-Systemen eröffnet *vertikale Integrationspotentiale*. Die vertikale Integration erfolgt durch Einbeziehung zusätzlicher Arbeitsteile in einen Arbeitsgang.

Die *horizontale Arbeitsintegration* vollzieht sich durch einen stellen- und abteilungsübergreifenden Entwurf der Arbeitsgänge.

Durch den Ansatz der prozeßorientierten Organisationsgestaltung wird eine integrierte Prozeßstrukturierung angestrebt. Anstelle der Aufgaben- und Arbeitsanalyse tritt dabei die Prozeßgliederung nach einzelnen (z.B. objektspezifischen) Bearbeitungsvorgängen und Prozessen. Im Rahmen der Prozeßsynthese werden Teilprozesse oder Leistungsketten zu größeren Einheiten zusammengefügt. Schnittstellen zwischen diesen machen die Aushandlung von Leistungsniveaus notwendig, mit deren Hilfe die unternehmensinterne, gegebenenfalls auch externe Vernetzung der einzelnen Prozesse beziehungsweise Leistungsketten ermöglicht wird.

Die horizontale Arbeitsintegration im Sinne einer prozeßorientierten Organisationsgestaltung zielt letztlich darauf ab, ausgehend von gegebenen Prozeßzielen die Stellenbildung und Stellenbeschreibung aus der Prozeßstruktur herzuleiten. Der Arbeiter als Prozeßmanager besitzt danach Kompetenz und Verantwortung für die Erstellung einer betrieblichen Leistung, nicht jedoch für die Erfüllung einer Funktion. Dadurch sollen traditionelle Schnittstellenprobleme der funktionalen Arbeitsteilung vermieden werden. Gleichzeitig werden dadurch traditionelle Hierarchien aufgelöst.

5.4 Ablaufplanung

Die Ablaufplanung beschäftigt sich mit der Zuordnung von Aufträgen zu *Betriebsmitteln* in der Zeit. Im Einzelnen sind dabei folgende Entscheidungen angesprochen:
– *Wo*, das heißt auf welchen Betriebsmitteln werden die Aufträge bearbeitet (Maschine -A oder -B, Eigenfertigung oder Fremdvergabe)?
– *Wann*, das heißt in welcher Abfolge, zu welchen Terminen (Termin- oder Reihenfolgeplanung) wird die Bearbeitung der Aufträge geplant?
– *Wie*, das heißt mit welcher zeitlichen und intensitätsmäßigen Ausnutzung werden die Betriebsmittel eingesetzt?

Im engeren Sinn wird unter Ablaufplanung die obige Wann-Frage verstanden, nämlich als Reihenfolge- und Terminplanung. Im Folgenden wird die Ablaufplanung in diesem engeren Sinne verstanden.

5.4.1 Ziele der Ablaufplanung

Ziele der Ablaufplanung im Sinne der Reihenfolgenplanung sind:
– Minimierung der *Durchlaufzeit*, wobei die Durchlaufzeit eines Auftrags die Zeitspanne vom Auftragseingang bis zur Fertigstellung bezeichnet
– Minimierung der *Terminüberschreitung*, wobei die Terminüberschreitung eines Auftrags der Differenz aus Ist- und Soll-Fertigungstermin entspricht
– Minimierung der *Leerzeiten* der Betriebsmittel, entsprechend Maximierung der *Auslastung* der Betriebsmittelkapazitäten.

5.4.2 Einflußgrössen

Jeder Auftrag ist durch eine bestimmte Folge von Arbeitsgängen bestimmt, welche die Bearbeitungs-Anforderungen für die einzelnen Betriebsmittel darstellen.

Wenn die Maschinenfolge für alle Aufträge gleich ist, spricht man vom Spezialfall der *Reihenfertigung* oder – wenn darüberhinaus die Bearbeitungs- und Belegungszeiten aller Arbeitsgänge gleich sind – vom Extremfall der *Fließfertigung*. Bei ungleichen Maschinenfolgen hat man es mit der *Werkstattfertigung* zu tun. Die Reihen- oder Fließfertigung bietet sich für den Produktionstyp der Serien- und Massenproduktion an, die Werkstattfertigung für Einzel- oder Auftragsproduktion –>siehe Kap. 4. und 6.

PROZESSGESTALTUNG

151 Gliederung des Materialflusses

■ 5.4.3 Neuere Entwicklungen

Zukünftige Bemühungen gehen dahin die Ablaufplanung in die *computergestützte Steuerung* der gesamten Fertigung einzubinden (CIM =Computer Integrated Manufacturing)–>siehe Kap. 5.2.3.
Zur Abwicklung eines Auftrags sind neben *Menschen* als Arbeitskräften und *Betriebsmitteln* auch noch *Energie, Materialien* (stoffliche Güter) und – von immer grösserer Bedeutung – *Informationen* an den Betriebsprozessen beteiligt.
In den folgenden zwei Kapiteln sollen die beiden letztgenannten Aspekte näher untersucht werden.

5.5 Materialfluß

Materialfluß bezeichnet die Bewegungs- und Transportvorgänge des Produktionsprozesses.
Transportvorgänge lassen sich nicht immer einfach von »Fertigungsvorgängen« abgrenzen. »Transportieren ist laut VDI-Richtlinie 3300 »die bewußte Ortsveränderung von Gütern und Personen«, während man unter »Fertigen« oder »Bearbeiten« alle Vorgänge zusammenfaßt, durch die ein Erzeugnis oder Produkt dem Zustand in dem es den Betrieb verlassen soll nähergebracht wird.
»Materialfluß ist die Bewegung von stofflichen Gütern innerhalb eines vorgegebenen räumlichen Bereichs. Dabei sind Weg, Bewegungsgeschwindigkeit und bewegte Menge in der Zeiteinheit veränderlich. Die Bewegungsgeschwindig-keit kann auch die Größe Null annehmen, beispielsweise bei Fertigung oder Lagerung (*VDI-Richtlinie 3300).
Stoffliche Güter sind: Rohmaterialien, Halbzeuge, Zulieferteile, eigene Zwischenerzeugnisse (Teile oder Baugruppen), Fertigerzeugnisse, Handelswaren, Werkzeuge, Vorrichtungen, Modelle, Verpackungsmaterial, Betriebs- und Hilfsstoffe, Abfälle.«
(*Dolezalek, C.M./ Warnecke, H.-J.: Planung von Fabrikanlagen)
Der Materialfluß hat die Aufgabe das richtige Material, in der richtigen Menge, zum richtigen Zeitpunkt, am richtigen Ort, in der richtigen Qualität zur Verfügung zu stellen.

☐ Materialflußordnungen

Der betrachtete Bezugsraum kann sowohl einen Teil des Betriebes, mit wenigen Stationen oder aber die ganze Fabrikanlage, eventuell auch inklusive vorhergehender oder nachfolgender Stationen (z.B. Zulieferanten, Kunden) umfassen, bishin zu unternehmensübergreifenden Stationen.
Entsprechend dem räumlichen Betrachtungsbereich gliedert man den Materialfluß in *vier Ordnungsebenen* (Abb.151).

– *Materialfluß erster Ordnung*
Er umfaßt die Transporte zwischen dem Werk einerseits und den Lieferanten, Abnehmern oder Kunden andererseits. Beispielsweise zwischen Werk und Auslieferlagern. Hierbei müssen öffentliche Verkehrswege mitbetrachtet werden.

– *Materialfluß zweiter Ordnung*
Er umfaßt Transporte innerhalb eines Werksgeländes zwischen den verschiedenen Bereichen des Unternehmens (Werkseinheiten).

– *Materialfluß dritter Ordnung*
Hierunter werden Transporte innerhalb einzelner Un-

152 Ausgefüllter Materialflußdiagramm, VDI 3300

ternehmensbereiche (Werkseinheiten), zwischen deren Abteilungen (Arbeitsplatzgruppe, Maschinengruppen) und Transporte innerhalb solcher Abteilungen zwischen einzelnen Betriebsmitteln verstanden.

– *Materialfluß vierter Ordnung*

Der Materialfluß vierter Ordnung schließlich umfaßt Transporte von, zu und innerhalb einzelner Betriebseinrichtungen und Betriebsmittel, die auch als Handhabungsvorgänge bezeichnet werden.

☐ **Materialflußvorgänge**

Entsprechend der Vorgänge oder Verrichtung am Objekt / Material unterscheidet man folgenden Materialflußvorgängen:

– *Handhaben*

Handhaben umfaßt alle Bewegungsvorgänge, die beim Einleiten oder Beenden von Fertigungs-, Transport-, Prüf-, und Lagervorgängen nötig sind. Sie müssen dabei nicht unbedingt »von Hand« ausgeführt werden, sie können auch automatisiert werden.

– *Transportieren*

Transportieren ist laut VDI-Richtlinie 3300: die bewußte Ortsveränderung von Gütern und Personen.

– *Lagern*

Lagern meint das planmäßige Verweilen zwischen Materialflüssen.

– *Aufenthalt*

Bei einem ungewollten Stillstand des Gutes spricht man von Aufenthalt.

■ **5.5.1   Materialflußuntersuchung**

Bei der Untersuchung des Materialflusses interessieren folgende Informationen:

– *Art des Gutes*

Bei der Art des Gutes sind folgende Angaben von Interesse: Gewicht, Abmessungen, Wert, Gefährlichkeit, Empfindlichkeit und Aggregatszustand.

PROZESSGESTALTUNG

From A to B / B / A / Total / From B to A	Square sheet storage		Storage of blanks		Drawing press department		Spin-draw department		Stainless steel department		Annealing area		Spinning lathe department		Screw press department		Eccentric press department		Welding department		Black storage	
	To	From	To	From	To	From	To	From	To	From	To	From	To	From	To	From	To	From	To	From	To	From
Square sheet storage					356										279		2		520					
					T-	356									T-	281			T-	520				
Storage of blanks					3666										56									
					T-	3666									T-	56								
Draw press department	356		3666				729				1980	1025	5095	11	561	819	180	464						
	T-	356	T-	3666			T-	729			T-	3005	T-	5106	T-	1380	T-	644						
Spin-draw department					729						166		563											
					T-	729					T-	165	T-	563										
Stainless steel department													141		1		151							
												T-	141	T-	158									
Annealing area			1025	910			166						1950	1415	506	5	295	208			26			
			T-	3005	T-	166							T-	3365	T-	511	T-	503			T-	26			
Spinning lathe department					11	5095	563				1415	1950			521	556	707	13	1160	25	4726			
					T-	5106	T-	563			T-	3365			T-	1077	T-	790	T-	1185	T-	4726		
Screw press department	2	279			819	561			141	5	506	556	521				195	174	385	153	900			
	T-	281			T-	1380			T-	141	T-	511	T-	1077			T-	369	T-	538	T-	900		
Eccentric press department		520	56		464	180			150	1	208	295	83	707	174	195			325	10	538			
	T-	520	T-	56	T-	644			T-	158	T-	503	T-	790	T-	369			T-	335	T-	538		
Welding department											26		25	1160	153	385	10	325			1397	835		
											T-	26	T-	1185	T-	538	T-	335			T-	2232		
Black storage													4726		900		583		835	1397				
												T-	4726	T-	900	T-	583	T-	2232					
Total	2	1155			3722	6341	2545	729	729	150	149	3800	3776	8272	1540	2335	2862	1971	1987	2705	1611	7561	835	

153   Materialflußdarstellungsform – Doppelmatrix

– *Transportmengen*
Neben der Art des Gutes müssen Mengenangaben bekannt sein. Hierbei interessieren:
– die durchschnittliche Transportmenge
– die durchschnittliche Transportmenge pro Zeiteinheit
– die Transportmengen an Spitzen.
– *Mengeneinheit*
Zum Vergleich der Materialflüsse bei der Produktion unterschiedlicher Güter aber auch bei der Produktion eines Gutes aus unterschiedlichen Bestandteilen ist die Festlegung einer (wenn möglich) einheitlichen Mengeneinheit erforderlich wie Stück, Gewicht, Volumen. Häufig empfiehlt es sich als Mengeneinheit die verwandten Förderhilfsmittel (Behälter, Boxen, Paletten) zu nehmen. Eine weitere Möglichkeit ist die Anzahl der Transporte (Transporteinheit= Materialmenge die bei einem Transport bewegt wird) als Bezugsgröße heranzuziehen.

– *Arbeitsablauf*
Neben den Angaben zum Gut interessiert die *Abfolge der Arbeitsschritte*. Hierzu können die Ergebnisse der Produktionsplanung herangezogen werden. Häufiger bildet jedoch der Ablaufplan die Grundlage der Materialflußuntersuchung, da hier Arbeitsaufträge zu Betriebsmitteln in der Zeit zugeordnet sind. Der Ablauf wird mit der Information über die Materialflußvorgänge (Handhaben, Transportieren, Lagern und Aufenthalt) versehen.

– *Beteiligte Betriebsmittel*
Schließlich müssen die Betriebsmittel bekannt sein zwischen denen der Materialfluß erfaßt werden soll.

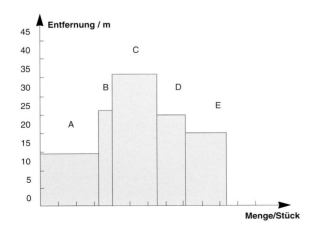

154   Materialflußdarstellung als Balkendiagramm

☐ **Erfassungsmethoden**

Grundsätzlich stehen zwei Methoden zur Erfassung des Materialflusses zur Verfügung. Die *direkte Erfassung* durch Aufnahme von Transporten vor Ort über einen geeigneten Erfassungszeitraum oder die *indirekte Erfassung* durch rechnerische Ermittlung oder Simulation von Materialflüssen. Die indirekte Erfassung bietet sich bei EDV-unterstützter Datenerfassung an. Sie kann sich auf Ist-Angaben wie Rohmaterialeingangslisten oder Fertigwarenausgangslisten beziehen oder auf Soll-Angaben wie Produktionsprogrammstücklisten.

Hilfsmittel und Methoden zur Ermittlung des Materialflusses sind Dauerstudien, Stichproben, Simulation, Berechnung und Multimoment-Aufnahme. Hinweise zur Durchführung von Materialflußuntersuchungen finden sich in den VDI-Richtlinien.

Unter den Untersuchungsmethoden zur Erfassung des Ist-Zustandes seien, ohne hier näher darauf eingehen zu können, die Auslastungsstudie (Abb.152) und die Kostenstudie genannt.

☐ **Darstellungsformen des Materialflußes**

Die Darstellungsformen des Materialflußes unterscheidet man nach ihrem inhaltlichen Aussagegehalt. Bei der Darstellung des *qualitativen Materialflusses* steht die Reihenfolge oder Zuordnung der berührten Stellen im Vordergrund, die Materialmenge wird nicht dargestellt.

Bei der Darstellung des *quantitativer Materialflusses* können Mengenangaben und Mengenangaben pro Zeiteinheit erfaßt werden.

Es gibt zahlreiche formale Möglichkeiten den Materialfluß darzustellen. Grundsätzlich unterscheidet man *tabellarische Darstellungsformen* wie Listen und Matrixdarstellungen (Abb.153) und *graphische Formen* wie Balkendiagramme (Abb.154), schematische Volumenflußdiagramme (Sankey-Diagramm) (Abb.155 und 156) und lagegerechte Darstellungen (Abb.157).

■ **5.5.2   Einflüsse des Materialflusses**

Der Materialfluß hat zahlreiche *Auswirkungen auf andere Planungsbereiche* der Fabrikplanung.

Die Prozeßgestaltung und Produktionssteuerung bedarf einer entsprechenden Material- und Transportorganisation.

Für die Untersuchung der Transportabläufe und -schwerpunkte liefern Materialflußuntersuchungen wichtige Anhaltspunkte.

Die Auswahl und Ermittlung der Art und Anzahl der günstigsten Fördermittel und -hilfsmittel, die Anord-

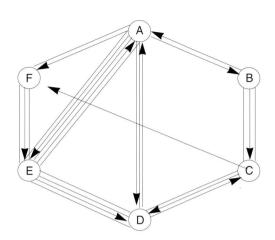

155   Prinzipielle Darstellung des qualitativen und quantitativen Materialflusses

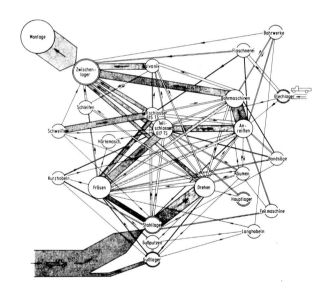

156   Materialflußdarstellungsform – Volumenflußdiagramm (qualitativen und quantitativen Materialfluß)

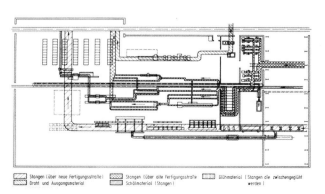

157   Materialflußdarstellungsform – lagegerechte Darstellung

158 Informationsgestaltung

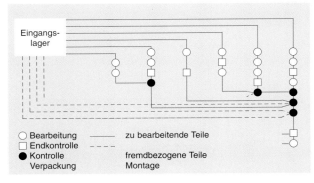

159 Darstellung des qualitativen Materialflusses für ein Produkt

Von besonderer Bedeutung ist der Materialfluß für die Bauplanung und die bauliche Gestaltung. Von der Standortwahl über die Generalbebauungsplanung und die räumliche Verteilung der Bereiche (Produktion, Lager, Versand), die Ermittlung des Flächenbedarfs und der optimalen Raumbeziehungen bis zur Maschinenaufstellplanung sind die Bedingungen des Materialflußes zu berücksichtigen.

Bei der Betriebsmittel-Layoutplanung ist auf kurze Wege zwischen den einzelnen Betriebsmitteln und materialflußgerechte Anordnung zu achten.

Die materialflußgerechte Anordnung der Betriebsmittel kann sich an dem qualitativem oder dem quantitativem Materialfluß orientieren (Abb.159).

Haben beispielsweise alle Werkstücke den gleichen Arbeitsablauf, so können die Betriebmittel entsprechend dem qualitativen Materialfluß hintereinander angeordnet werden. Hat jedoch jedes Werkstück einen unterschiedlichen Arbeitsablauf, so ist es üblich Betriebsmittel, zwischen denen grosse Mengen transportiert werden, nahe beeinander anzuordnen und andere Betriebsmittel, zwischen denen kleine Mengen zu transportieren sind, weiter voneinander entfernt aufzustellen (quantitativer Materialfluß).

Durch sinnvoll gegliederte Betriebsmittelanordnung sind Übersichtlichkeit und kurze Zugriffszeit zum Werkstoff zu gewährleisten. Die Trennung von Material- und Personenfluß erhöhen die Sicherheit und verringern das Unfallrisiko. Unvermeidbare Kreuzungen von Material- und Personenfluß sind übersichtlich zu gestalten und entsprechend zu kennzeichnen (Bodenmarkierungen, Hinweisschilder). Arbeitsflächen sollten sich möglichst nicht unter- oder innerhalb von Transportstrecken oder -schneisen befinden (Kranbahn).

Auch bei der Gestaltung des Lager-Layouts kann der Materialfluß und damit letztendlich die Wirtschaftlichkeit durch materialflußgerechte Anordnung verbessert werden. Hierbei gilt es unnötiger Aufenthalte zu vermeiden.

Letztendlich stehen hinter Materialflußuntersuchungen Kostenstrukturen die sich in fixen Kosten und Betriebskosten wiederspiegeln. Bei der Planung sind Investitions- und Folgekosten gegenzurechnen.

5.6 Informationsgestaltung

Generell wird unter Information eine Auskunft, Aufklärung oder Belehrung verstanden. Bereits diese allgemeine Erklärung weist darauf hin, daß Informati-

nung und Gestaltung der Transportwege (Belastbarkeit, Dimensionierung, bauliche Vorkehrungen; z.B. bei Deckenförderung, räumliche Anordnung) gründen auf Materialflsses überlegungen.

on die *Übermittlung* einschließt, also *Kommunikation* erfordert. Kommunikation wird hierbei als der Austausch von Informationen verstanden.
Seit den fünfziger Jahren wird Information als zweckorientiertes Wissen definiert:
»Information ist handlungsbestimmendes Wissen über vergangene, gegenwärtige und zukünftige Zustände der Wirklichkeit und Vorgänge in der Wirklichkeit.«
(*Corsten, H.: Lexikon der Betriebswirtschaftslehre)

Diese Erläuterungen weisen auf den engen Zusammenhang zwischen Information und Wissen hin.
Wissen ist die Gesamtheit der Kenntnisse auf einem bestimmten Gebiet. Geht man vom Wissenbegriff aus, kann man Information als *Stücke von Wissen* erklären. Wissen setzt sich aus Informationen zusammen.
Neuere Erkenntnisse der Produktionstheorie versuchen Information als *wirtschaftliches Gut* und als Produktionsfaktor zu etablieren.
(*Corsten, H.: Lexikon der Betriebswirtschaftslehre).

■ 5.6.1 Informationsfluß

Der Erfolg eines Unternehmens ist wesentlich von der reibungslosen Zusammenarbeit aller Beteiligten abhängig. Hierzu ist erforderlich, daß Informationen möglichst ohne Verluste, rechtzeitig und wirtschaftlich weitergeleitet werden können. Der notwendige Informationsfluß (im Sinne von Informationsweiterleitung) funktioniert dabei nur so gut, wie das schwächste Glied der Kette dies zuläßt.

■ 5.6.2 Informationsübertragung

Informationen bedürfen zur Übertragung an den Empfänger einer bestimmten Form. *Nachrichten* sind zur Wiedergabe bestimmte Folgen von Zeichen mit Bedeutung für den Empfänger (Informand). Nachricht wird zur Information wenn beim Empfänger Wissen entsteht.
Informationen bedürfen eines *Informationsträgers* wie Zeichnung, Berechnung, Schriftsatz.
Bezogen auf den Einsatz von Informations- und Kommunikationstechnologien (insbesondere durch Computer) wird in diesem Zusammenhang von *Daten* gesprochen. Daten sind Nachrichten, die so aufgearbeitet sind, daß sie erkannt, verarbeitet, gespeichert und übertragen werden können.
Information wird in der Informationstechnik als das bezeichnet, was codiert werden kann, völlig unabhängig vom semantischen Gehalt (Inhalt) der Information.

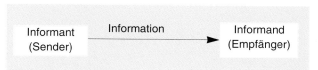

160.a Eindeutige Information

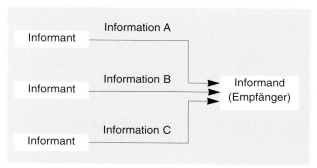

160.b Nichteindeutige Information

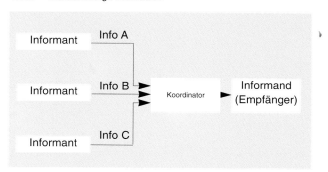

160.c Koordinierte Information

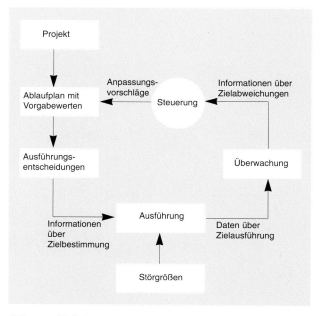

161 Einfluß des Ausführungsablaufs auf den weiteren Verlauf der Ausführungsplanung

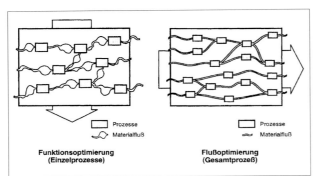

162 Von der Funktions- zur Flußoptimierung

USA	Japan
Das Produktionsproblem wird (von der Unternehmensleitung) als zweitrangig betrachted	Unternehmensstrategien basieren auf den eigenen Stärken (Kompetenzen) der Produktion (Spezialisierung)
Konzentration auf Marketing, Finanzen, Rechnungswesen	Optimierung der Produktion durch Strukturveränderungen der Produktions- und Managementsysteme (Lean Produktion)
Optimierung der Produktion durch rechnergesteuerte, flexible Produktionstechnologien (Technologieorientierung)	hohe Qualifikation und Verantwortung der Mitarbeiter in der Produktion
geringe Qualifizierung der Mitarbeiter in der Produktion	volle Nutzung des Leistungsvermögens teurer Investitionen
starke Arbeitsteilung (Planung-Durchführung)	geringe Arbeitsteilung
Führungskräfte oft ohne Produktionserfahrung	Identifikation des Managements mit dem Produktionspersonal

163 Die Bedeutung der Produktion

164 Zuordnung von Planungs- zu Produktionsbereichen

5.6.3 Informationsarten

Grundsätzlich läßt sich zwischen »eindeutigen«, das heißt Informationen die nur einen Ausgangspunkt (»Informant«) und einen Zielpunkt (»Informand«) haben und »nicht eindeutigen Informationen« unterscheiden. Die Gefahr nicht eindeutiger Information besteht wenn ein Informationsziel mehrere Informationen von verschiedenen Informanten erreichen und sich der Informationsgehalt in seiner Summe wiederspricht (nicht eindeutige Informationen) (Abb.160 a,b,c).

5.6.4 Koordination von Information

Um das Zustandekommen nichteindeutiger Information zu verhindern, ist es notwendig Informationskoordination durchzuführen. Die Koordinationsstelle sammelt und wertet alle Informationen, um sie dann entsprechend ihrer Bestimmung weiterzuleiten. Daraus ergeben sich »gerichtete Informationen« (Abb.161).

5.6.5 Steuerung und Regelung

Steuerung und Regelung sind Lenkungskonzepte zur Beeinflussung von Realitätsausschnitten.
Unter »Steuerung« versteht man nach der DIN 19226 den Vorgang in einem System bei dem Eingangsgrössen und Ausgangsgrössen aufgrund der dem System eigentümlichen Gesetzmässigkeiten beeinflußt werden.
Bezogen auf die Informationskoordination wird durch die Steuerung der Beginn und das Ende eines Vorgangs beziehungsweise »Absender« und »Empfänger« der Information festgelegt. Im Gegensatz zur Regelung bleiben die Ergebnisse der Lenkungsmaßnahme dabei unberücksichtigt.
Bei der Regelung erfolgt im Unterschied dazu eine Rückführung (feedback) der Lenkungsergebnisse zu der Lenkungseinrichtung, dem Regler.
Nach DIN 19226 handelt es sich bei der Regelung um einen Vorgang, bei dem die zu regelnde Größe (Regelgröße) fortlaufend erfaßt und mit der Führungsgröße verglichen wird. Abhängig vom Ergebnis dieses Vergleichs wird die Regelgröße im Sinne einer Angleichung an die Führungsgröße beeinflußt.
Da innerhalb eines Unternehmens mehrere Vorgänge des Informationsaustausches erforderlich sind, müssen an geeigneter Stelle Kontrollmechanismen eingesetzt werden. Diese haben darüber zu entscheiden, ob eine Information weitergeleitet werden kann oder ob sie nochmals vom Informant überarbeitet werden muß. Der daraus entstehende Regelkreis verfügt somit über

permanente Rückkopplungsmöglichkeiten.
Bei der Steuerung hingegen wird der Beginn und das Ende eines Vorgangs sowie Absender und Empfänger der Information festgelegt.
Die Prinzipien von Steuerung und Regelung lassen sich vorteilhaft kombinieren. Die Verknüpfung beider Lenkungskonzepte entspricht einer Reihenschaltung mit parallelen Pfaden bei mehreren Steuerungseinflüssen.

■ 5.6.6 Informationsplanung

Die systematische Gestaltung von Informationssystemen in Unternehmen zur Ausschöpfung des Leistungspotentials der Informationsfunktion ist eine komplexe Aufgabe und fällt in den Zuständigkeitsbereich des *Information-Engineering*.
Da heute in den Unternehmen fast flächendeckend Informations- und Kommunikationstechnik eingesetzt wird, geht es im besonderen um die Gestaltung von *computergestützten Informations- und Kommunikationssystemen*.
Die technischen Entwicklungen dieser Systeme haben entscheidenden Einfluß auf die Entwicklung der Informationsgestaltung.
Neuere Erkenntnisse sind der Meinung, daß ein systematischer, unternehmensweiter Aufbau der Informationsinfrastruktur mit dem Zweck der Informationsproduktion einen ganzheitlichen, methodischen Ansatz verfolgen muß –>siehe Kap. 5.2.3.

■ 5.6.7 Einflüsse des Informationsflusses

Der Einfluß des Informationsflusses auf die Bauplanung und -gestaltung ist deutlich geringer als die des Materialflusses. Auf die Zuordnung von Bereichen (Produktion, Lager, Verand) hat der Informationsfluß wenig Einfluß.
Für die rationelle Gestaltung des Informationswesens ist die informationelle Vernetzung der Bereiche vorrangig. Bauliche Maßnahmen, wie die Gestaltung von Begegnungsbereichen mit Aufenthaltqualität, großzügigen Fluren, Zuordnung von Planungs- zu Ausführungsbereichen, können die Kommunikation und damit den Informationsaustausch innerhalb eines Unternehmens unterstützen.

▌ 5.7 Prozeßstrategien

Im Gegensatz zur funktionsorientierten Betrachtungsweise mit Augenmerk auf den Einzelprozessen und deren Verkettung gehen neuere Tendenzen der Fabrikplanung und Unternehmensführung zu ei-

165   Begegnungsräume

166   Informationsinfrastruktur

167   Erco – Innenaufnahme

ner prozeßorientierten Betrachtungsweise über (Abb.162). Dies bedeutet, daß Aufgaben in ihrer Gesamtheit betrachtet werden und die sich daraus ergebenden Prozesse nach dem Flußprinzip organisiert werden. Der Trend zur Prozeßorientierierung doku-

168   Fließstrategie, Stufenkonzept einer Just-in-Time-Produktion

mentiert den Bedeutungsgewinn des (dynamischen) Faktors Zeit in modernen Unternehmen. Gleichzeitig läßt sich hierin eine Hinwendung von *analytischen* zu gesamtheitlichen *synthetischen* Strukturen erkennen. Diese Einsicht basiert auf der Erkenntnis der Bedeutung von Synergieeffekten. *Synergie* meint das Zusammenwirken von Elementen die in die gleiche Richtung wirken und sich dadurch positiv verstärken. Durch die kombinative Wirkung ergibt sich ein Ergebnis, das größer ist als die Summe seiner Teile.

■ 5.7.1   Einflüsse der Prozeßgestaltung

Prozeßorientierte Organisation bedeutend Zusammenarbeit über die Grenzen traditioneller Funktionbereiche (Lager, Fertigung, Verwaltung, Forschung und Entwicklung) hinweg, wodurch diese Grenzen sich allmählich auflösen und sich andere Gliederungskriterien etablieren (Abb.163).

Der Produktionsbereich ist innerhalb dieser Betrachtung nur mehr als Teil eines gesamtheitlich zu betrachtenden Prozesses zu sehen und nicht mehr, wie traditionell, als zentraler Bereich (Abb.163). Diese Entwicklung bedarf einer Umsetzung und Berücksichtigung im Industriebau (Abb.164).

Als Beispiele sollen hier die Zuordnung von Planungs- und Entwicklungsbereichen zu Produktionsflächen (Abb.164), die Berücksichtigung von Sichtbeziehungen (Abb.165), die explizite Gestaltung von Kommunikationszonen und die Bereitstellung der entsprechenden Infrastruktur (Abb.166) aufgeführt werden.

■ 5.7.2   Zukünftige Entwicklungsfähigkeit

Auch bei der Prozeßgestaltung muß dem dynamischen Aspekt der Fabrikplanung Rechnung getragen werden, nur so gelingt die *Anpassung* an sich ändernde Anforderungen bezüglich Kapazität, Produktmix und Technologie. Es ist wichtig, daß Weiterentwicklungen nicht durch bestehende Gegebenheiten behindert oder erschwert werden. Schon im Rahmen der Planung können günstige Voraussetzungen für gewisse voraussehbare Entwicklungen geschaffen werden –>siehe Kap. 4.und 8.

In diesem Zusammenhang ist die Festlegung eines geeigneten *zeitlichen Planungshorizontes* für die Prozeßgestaltung von entscheidender Bedeutung.
–>siehe Kap 4.

■ 5.7.3   Flexibilität der Prozeßgestaltung

Nicht alle Entwicklungen können im Rahmen der Planung berücksichtigt werden. Durch die Gewährleistung betrieblicher *Flexibilität* und *Modulierbarkeit* sollten Anpassungen an verschiedene temporäre oder auch anhaltende Veränderungen möglich sein. Hierbei spielt die Gestaltung der Prozesse eine entscheidende Rolle. Neben den bereits in Kapitel 4.4.1 genannten Maßnahmen zur Gewährleistung der Flexibilität der Ablaufplanung sind folgende Möglichkeiten der Prozeßgestaltung zu nennen:

– Segmentierung des Produktionsbereichs durch Bildung von autarken Teilsystemen
– dezentrale Produktionssteuerung
– flexibler Personaleinsatz
– produktionssynchronen Beschaffung und Bereitstellung (Just-in-Time)(Abb.168)
– Reduktion der Kapitalbindung in Material und Immobilien
–>siehe Kap. 4.4 und 4.5.

6. Produktion

6.1 Begriffsdefinition

Unter *Produktion* versteht man die *betriebliche Leistungserstellung* durch das Zusammenwirken der Produktionsfaktoren: menschliche Arbeitskraft, Betriebsmittel und Arbeitsgegenstand (Energien, Werk-, Betriebs-, und Hilfsstoffe, Informationen) in einem *Arbeitssystem* (Abb.169).

Betriebliche Leistungserstellung dient der Erfüllung der Arbeitsaufgabe. Es kann sich dabei um die Gewinnung von Rohstoffen, die Herstellung von Erzeugnissen, die Bearbeitung und Weiterverarbeitung von Fabrikaten sowie die Bereitstellung von Dienstleistungen handeln.

Während menschliche Arbeitskraft und Betriebsmittel innerhalb des Arbeitssystems über einen längeren Zeitraum unveränderliche *Nutzenpotentiale* (Potentialfaktoren) darstellen, gilt die produktive Wirksamkeit des Verbrauchsfaktors Arbeitsgegenstand nahezu ausschließlich für den Produktionsvorgang. Entsprechend der Arbeitsaufgabe werden die Arbeitsgegenstände während des Arbeitsablaufes durch schrittweise Veränderung der Form und/oder der Stoffeigenschaften aus dem Rohzustand in den Fertigzustand transformiert.

»Produzieren«, »Fertigen« oder »Bearbeiten« meint alle Vorgänge durch die ein Erzeugnis oder Produkt dem Zustand in dem es einen Betrieb verlassen soll näher gebracht wird.

Die Planung des Produktionsbereiches ist ein wesentlicher Teilbereich von Fabrikplanungsprojekten.

Abbildung 170 soll einen Einblick geben über die komplexen Beziehungen innerhalb derer der Produktionsbereich zu sehen ist. Die unterschiedlichen Quellen, aus denen Informationsbedarf für die Planung besteht, stehen stellvertretend für die *Vernetzung* der Produktion mit diesen Bereichen –> siehe Kap. 5.

In diesem Kapitel gehen wir auf Produktionsorganisation und -strukturen, die Gestaltung der Produktionssysteme und die Planung, Dimensionierung und Gestaltung des Produktionsbereiches ein. Weiterhin werden die Bedingungen der Planung – Sekundärbedingungen, gesetzliche Vorschriften und Sicherheitserfordernisse – sowie strategische Aspekte der Planung behandelt.

6.2 Produktionsorganisation

Um zweckgerichtete, zeitliche und wirtschaftliche Kriterien verfolgen zu können bedarf die Bearbeitung der Arbeitsaufgabe einer optimalen Organisation der Fertigung.

Die Produktionsorganisation läßt sich untergliedern in *Aufbau-* und *Prozeßorganisation* (Abb. 171). Die *Aufbauorganisation* bestimmt die über einen längeren Zeitraum unveränderlichen, organisatorischen Strukturen. Mit ihr wird der Zusammenhang von Arbeitskraft, Arbeitsmittel und Arbeitsgegenstand im Arbeitssystem festgelegt.

Die *Prozeßorganisation* bestimmt die zeitliche Strukturierung der Abläufe.

Die wichtigsten *Ziele der Produktionsorganisation* sind:
– Reduktion der Produktionskosten
– rascher Auftragsdurchlauf (kurze Durchlaufzeiten)
– maximale Auslastung der verfügbaren Kapazitäten
– termingerechte Fertigstellung
– geeignete Integration der menschlichen Arbeitskraft.

Die unterschiedlichen, sich teilweise in ihren Auswirkungen wiedersprechenden Anforderungen müssen bei der Produktionsorganisation gegeneinander abgewogen werden –> siehe Kap. 5.

6.3 Produktionsstrukturierung

Zur Systematisierung der unterschiedlichen Formen von Arbeitssystemen müssen *Gliederungsparameter* eingeführt werden. Als Gliederungsparameter wurden, entsprechend dem Aufbau des Arbeitssystems, folgende *Kriterien* gewählt:
– Produktionsprogramm (Auftragsvolumen, Flexibilität)
– Arbeitsvorbereitung und -durchführung
– organisatorische Zuordnung der Produktionsfaktoren
– räumliche Zuordnung der Produktionsfaktoren
– Materialflußorganisation
– Arbeitskräfteeinsatz (Personalqualifikation, -bedarf)
– Betriebsmitteleinsatz
– Lager- und Transportorganisation.

Zur Beschreibung der Arbeitssysteme entsprechend den genannten Kriterien werden die Begriffe »*Fertigungsart*« und »*Fertigungsform*« benutzt.

Die *Fertigungsart* ergibt sich überwiegend aus dem Produktionsprogramm im wesentlichen aus dem mengenmäßigen Auftragsumfang und der Organisation der Arbeitsvorbereitung und -durchführung. Die *Fertigungsform* wird überwiegend durch die räumliche und organisatorische Struktur des Arbeitssystems bestimmt.

6.3.1 Fertigungsart

Die Fertigungsart – auch *Fertigungstyp* genannt – dient der erzeugnisorientierten Typisierung der Fer-

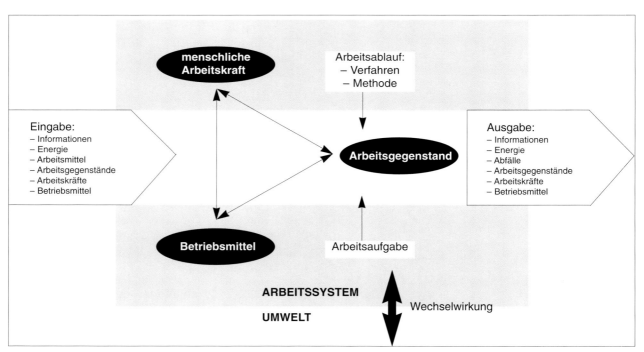

169 Aufbau und Funktion des Arbeitssystems

tigung. Sie beschreibt den Stückzahlcharakter der Fertigung. Als Abgrenzungskriterium dient die Individualität des einzelnen Produktes oder das Ausmaß der Leistungswiederholung und die Art des Auftragsdurchlaufes. In der Betriebswirtschaftslehre wird der Begriff »Leistungstyp« verwandt. Die zu wählende Fertigungsart ist hauptsächlich vom Produktionsprogramm, der Produktstruktur und dem Produktionsablauf abhängig.

Bei der Bestimmung der Fertigungsart kommt der Bildung von *Produktgruppen* und *Teilefamilien,* die auf die gleiche oder ähnliche Weise und mit Hilfe der gleichen Betriebsmittel produziert werden können besondere Bedeutung zu.

In einem Unternehmen können abhängig vom Produktionsprogramm mehrere Fertigungsarten parallel auftreten. Darüberhinaus ist es denkbar, daß ein Unternehmen in Bezug auf seine Enderzeugnisse einer bestimmten Fertigungsart zuzuordnen ist, in der Produktion jedoch durch geschickte Ausnutzung von Baugruppen und Baukastensystemen nebeneinander unterschiedliche andere Fertigungsarten vorkommen.

☐ **Einzel- und Massenfertigung**

Man unterscheidet bei der Fertigungsart grundsätzlich zwischen »*Einzelfertigung*«, das heißt der Fertigung einzelner oder weniger Werkstücke und »*Mehrfachfertigung*«, das heißt der mehrmaligen Produktion gleicher Werkstücke.

Die Fertigungsarten der Einzelfertigung untergliedern sich in »*Einmal-*« und »*Wiederholfertigung*«.

Die Mehrfachfertigung läßt sich in »*Serien-*« und »*Massenfertigung*« unterteilen.

Abbildung 172 vergleicht die wesentlichen Kennzeichen der verschiedenen Fertigungsarten.

☐ **Sorten-, Partie-, und Chargenfertigung**

Neben der Einteilung in Einzel-, und Mehrfachfertigung wird in, »*Sorten-*«, »*Chargen-*« und »*Partiefertigung*« unterschieden. Diese Einteilungen charakterisieren die Gliederung des Auftragsdurchlaufs innerhalb der Produktion aufgrund unterschiedlicher Qualitätseigenschaften der Endprodukte. Sorten-, Partie- und Chargenfertigung können als Untergruppen der Massen- und Serienfertigung betrachtet werden.

☐ **Sortenfertigung**

Die Sortenfertigung ist durch die *Produkttiefe* und die *Art des Auftragsdurchlaufes* charakterisiert.

»Sorten sind Varianten eines Artikels oder Typs, soweit

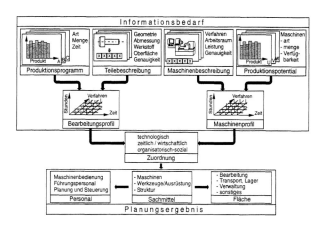

170 *Systematik der Ressourcendimensionierung im Rahmen der Fabrikplanung*

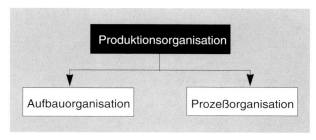

171 *Produktionsorganisation*

deren Abweichungen voneinander bei der Produktion berücksichtigt werden müssen, (z.B. hinsichtlich Farbe, Ausführungsform, Ausstattung).«
(*Dolezalek / Warnecke: Planung von Fabrikanlagen)

Bei den »Sorten« besteht häufig, aber nicht zwingend, eine enge Verwandtschaft der Produkte bezüglich Konstruktion und Verwendungszweck.

Die Sortenfertigung ist durch gleiche Prozeßfolgen, das heißt die gleiche Betriebsmittelfolge und teilweise denselben Ausgangsstoff gekennzeichnet. Die Produktion wird sortenbezogen gegliedert, das heißt die zeitgleiche oder zeitvermische Fertigung unterschiedlicher Sorten wird vermieden, da zur Produktion verschiedener Sorten in der Regel größere Umrüstvorgänge erforderlich sind. Bezüglich der Fertigungsmenge besteht eine Verwandtschaft der Sortenfertigung zur Massenfertigung.

☐ **Partiefertigung**

Eine »Partie« ist eine einheitliche Sendung, die eine weitgehende *Einheitlichkeit der Rohstoffe* garantiert (z.B. eine Partie gefärbter Stoff). Die Unterschiede zwischen verschiedenen Partien sind im Gegensatz zur Sorte nicht bewußt gewollt, sondern werden durch *pro-*

Ordnungskriterium	Organisationsprinzip	Fertigungsform
Arbeitskraft	Werkbankprinzip	Werkbankfertigung
Produkt	Baustellenprinzip Objektprinzip	Baustellenfertigung Insel-, Punkt-, und Fliessfertigung
Betriebsmittel	Gruppenprinzip	Gruppenfertigung Zentrenfertigung Punktfertigung
Arbeitsaufgabe	Verrichtungsprinzip	Werkstattfertigung Punktfertigung
Arbeitsablauf	Flussprinzip	Fliessfertigung
Arbeitsverteilung	System der zentralen Arbeitsverteilung	Zentrallagerfertigung Sternfertigung

173 Ordnungskriterien für Organisationsprinzip und Fertigungsform

dukttechnische Gegebenheiten bestimmt. Beispielhafte Produkte sind Naturerzeugnisse wie Leder, Holz, Wein.

Die unterschiedlichen Ausgangsbedingungen der Produkte verhindern die Produktion völlig identischer Produkte. In der Regel handelt es sich jedoch um begrenzte Abweichungen bei den Endprodukten.

☐ **Chargenfertigung**

Bei der Chargenfertigung sind Abweichungen der Endprodukte auf die *technischen Bedingungen des Produktionsprozesses* zurückzuführen, beispielsweise bei chemischen Prozessen oder Gärprozessen. Die Unterschiede zwischen verschiedenen Chargen werden, ebenso wie bei der Partiefertigung, nicht bewußt herbeigeführt.

Neben den oben genannten weitgehend *mengen- und produktbezogenen Fertigungsarten* werden entsprechend der Ablaufart folgende Fertigungsarten unterschieden:

☐ **Einzelfertigung mit und ohne Teiledurchlauf**

Als Gliederungskriterium dient die *Beweglichkeit des Werkstücks im Produktionsablauf*. Bei der Einzelfertigung ohne Teiledurchlauf werden die Produktionsfaktoren menschliche Arbeitskraft und Betriebsmittel zum räumlich gebundenen Werkstück transportiert.

Die Fertigungsform der *Baustellenfertigung* liegt vor. Bei der Einzelfertigung mit Teiledurchlauf wird das Werkstück während des Produktionsablaufs von Betriebsmittel zu Betriebsmittel bewegt.

☐ **Kuppelproduktion**

Ein Sonderfall unter den Fertigungsarten stellt die Kuppelproduktion dar. Sie kann bei fast allen vorher genannten Fertigungsarten auftreten. Kuppelproduktion liegt vor wenn bei der Fertigung eines Produktes zwangsläufig aufgrund technischer Gegebenheiten zugleich andere Produkte erzeugt werden. Die qualitativen und quantitativen Eigenschaften des/der Kuppelprodukte sind dabei in der Regel nur in sehr geringem Masse beeinflußbar. Ein Beispiel für Kuppelproduktion ist die Gewinnung von Heizöl bei der Herstellung von Benzin –> siehe Kap. 2.6.2.

■ **6.3.2 Fertigungsform**

Fertigungsformen bezeichnen Formen der räumlichen und zeitlichen Zusammenfassung von Arbeitskräften und Betriebsmitteln zu organisatorischen Einheiten im Produktionsprozeß. Aufgrund ihrer organisatorischen Aussagekraft wird auch der Begriff »Organisationstyp« oder »Fertigungsprinzip« verwandt. Im Unterschied zu Dolezalek/ Warnecke und anderen soll, zur Präzisierung der Definitionen, der Begriff »Fertigungsprinzip« oder »Organisationsprinzip« ausschließlich zur Charakterisierung des prinzipiellen zeitlichen Ablaufs der Fertigungsprozesse verwandt werden. Fertigungsformen treffen darüberhinaus räumliche Aussagen.

☐ **Organisationsprinzip**

Das Organisationsprinzip bezeichnet das generelle Ordnungs- oder Gliederungsprinzip der Produktion. Es trifft *ablaufbedingte* (zeitliche) und im Unterschied zur Fertigungsform zunächst keine räumlichen Aussagen zur Produktionsorganisation. Die Gliederung der Organisationsprinzipien soll anhand des jeweils dominierenden Ordnungskriteriums im Arbeitssystem erfolgen.

Hiernach kann in
– *arbeitskraftorientierte*
– *produktorientierte*
– *betriebsmittelorientierte*
– *arbeitsaufgabenorientierte*
– *ablauforientierte* und
– *arbeitsbereitstellungsorientierte*

Fertigungsprinzipien unterschieden werden. Analog

Fertigungsart	Einmalfertigung	Wiederholfertigung	Serienfertigung	Massenfertigung
Produktions-programm	Erzeugnisse werden nur einmal hergestellt Fertigung nach Kundenwunsch Produktion nach Bestellung Wertschoepfungs-orientierung der Produkte Erzeugnisse werden in groesseren, unregelmaessigen Abstaenden hergestellt Optimierungspotential: Versuch durch Normteile und Baugruppen eine gewisse Einheitlichkeit der Fertigung zu erreichen	Erzeugnisse werden nur mehrmals hergestellt Fertigung nach Kundenwunsch Produktion nach Bestellung Wertschoepfungs-orientierung der Produkte Erzeugnisse werden in groesseren, unregelmaessigen Abstaenden hergestellt Optimierungspotential: Versuch durch Normteile und Baugruppen eine gewisse Einheitlichkeit der Fertigung zu erreichen	Erzeugnisse werden in begrenzten Stueckzahlen hergestellt nach der Stueckzahl unterscheidet man Klein-, Mittel-, und Grossserien. eine Serie kann in ein oder mehrere Fertigungslose zerlegt werden ununterbrochene Fertigung gleicher Erzeugnisse in der fuer ein Los erforderlichen Menge meist Auftragsproduktion standardisierter Erzeugnisse	Erzeugnisse werden in grossen Stueckzahlen hergestellt ununterbrochene Fertigung gleicher oder aehnlicher Erzeugnisse, auf gleichen Maschinen in gleicher Aufeinanderfolge Fertigung für anonymen Markt. Anpassung an Kundenwuensche nur langfristig, im Rahmen geplanter Erzeugnistypen moeglich Voraussetzung ist eine über eine laengere Zeit anhaltende ausreichend grosse Nachfrage
Arbeitsvorbereitung	individuelle Arbeitsvorbereitung für jedes Erzeugnis notwendig lange Durchlaufzeiten	individuelle Arbeitsvorbereitung für jedes Erzeugnis notwendig bei Wiederholung verminderter Vorbereitungsaufwand lange Durchlaufzeiten	Arbeitsvorbereitung für jede Serie neu Vorbereitungsaufwand unabhaengig von Seriengroesse Bildung von Fertigungslosen lange Durchlaufzeiten	sehr hoher einmaliger Vorbereitungsaufwand haeufige Prozesswiederholung kurze Durchlaufzeiten
Personalplanung	qualifizierte Arbeitskraefte erforderlich	qualifizierte Arbeitskraefte erforderlich	meist qualifizierte Arbeitskraefte erforderlich	ungelernte und ungelernte Arbeitskraefte einsetzbar
Materialbeschaffung und Logistik	individuelle Materialdisposition nur universell verwendbares Material in Lagerhaltung Materialbeschaffung von Spezialmaterial nach Auftragseingang	individuelle Materialdisposition nur universell verwendbares Material in Lagerhaltung Materialbeschaffung von Spezialmaterial nach Auftragseingang	Planung des Materialflusses fuer jede Serie neu Materialbedarf für jede Serie individuell nur universell verwendbares Material in Lagerhaltung Materialbeschaffung von Spezialmaterial nach Auftragseingang	exakte Planung des Materialflusses Materialbedarf über laengere Zeit vorhersehbar/ planbar Vermeiden von Materialmangel (Produktionsstop) und -ueberschuss (Kapitalbindung)
Lager- und Transportplanung	vielseitig einsetzbare, anpassungsfaehige Foerdermittel Optimierung der Transportorganisation ermoeglicht kuerzere Durchlaufzeiten Vorzug von ortsungebundenen Foerdermitteln um die raeumliche Flexibilitaet fuer Produktionsumstellungen zu gewaehrleisten	vielseitig einsetzbare, anpassungsfaehige Foerdermittel Optimierung der Transportorganisation ermöglicht kuerzere Durchlaufzeiten Vorzug von ortsungebundenen Foerdermitteln um die raeumliche Flexibilitaet fuer Produktionsumstellungen zu gewaehrleisten	entsprechend dem wechselnden Foerdergut sind vielseitige Foerdermittel notwendig Vorzug von ortsungebundenen Foerdermitteln um die raeumliche Flexibilitaet fuer Produktionsumstellungen zu gewaehrleisten	meist Stetigfoerderer teilweise Einsatz von Spezialfoerderern ortsgebundene Foerdermittel einsetzbar
Betriebsmittel-planung	vielseitig einsetzbare, umruestbare Betriebsmittel Mehrzweck- und Universalmaschinen eventuell Einsatz numerisch gesteuerter (NC-) Maschinen Spezialmaschinen nur für wiederkehrenden Teilaufgaben Produktwechsel erfordert meist Maschinenumruestung Kapazitaetsauslastung meist nicht zu erreichen	vielseitig einsetzbare, umruestbare Betriebsmittel Mehrzweck- und Universalmaschinen eventuell Einsatz numerisch gesteuerter (NC-) Maschinen Spezialmaschinen nur für wiederkehrenden Teilaufgaben Produktwechsel erfordert meist Maschinenumruestung Kapazitaetsauslastung meist nicht zu erreichen	vielseitig einsetzbare, umruestbare Betriebsmittel Mehrzweck- und Universalmaschinen Einsatz numerisch gesteuerter (NC-) Maschinen sinnvoll Spezialmaschinen bei Spezialisierung der Fertigungsmethoden Serienwechsel erfordert meist Maschinenumruestung Kapazitaetsauslastung meist nicht zu erreichen	hochgradige Mechanisierung und Automatisierung Spezialmaschinen wirtschaftlich sinnvoll Maschinenumruestung nicht erforderlich sehr gute Kapazitaetsauslastung

zu den genannten Ordnungskriterien treten folgende Fertigungsprinzipien auf: *Werkbank-, Objekt-, Baustellen-, Gruppen-, Verrichtungs-* und *Flußprinzip* sowie das System der *zentralen Arbeitsverteilung* (Abb. 173).

Die einzelnen Prinzipien lassen sich meist nicht eindeutig voneinander trennen. In der Praxis kommen häufig Zwischen- und Mischformen vor.

Die Festlegung des Organisationsprinzips fällt in den Aufgabenbereich des taktischen Produktionsmanagements insbesondere der Prozeßgestaltung und -steuerung (PPS) –> siehe Kap. 5.2.

□ **Werkbankprinzip**

Ordnungskriterium beim Werkbankprinzip ist die *menschliche Arbeitskraft*. Um sie herum werden Arbeitsgegenstand, Betriebsmittel, Material, Energie und Information physiologisch und psychologisch optimal angeordnet. Dieses Organisationsprinzip findet beispielsweise Anwendung in handwerklichen Betrieben und Reparaturwerkstätten. Die entsprechende *Fertigungsform* wird als *Werkbankfertigung* oder als *Punktfertigung ohne Arbeitsteilung* bezeichnet.

□ **Objektprinzip**

Das Ordnungs- oder Gliederungskriterium des Objektprinzips ist das *Bearbeitungsobjekt* oder der Auftrag. Die Produktionseinheiten und -abläufe werden zur kompletten Bearbeitung eines Objektes organisatorisch zusammengefaßt. Fertigungsformen die sich daraus ergeben sind »*Insel-*«, »*Punkt-*« und »*Fließfertigung*«.

□ **Baustellenprinzip**

Ein Sonderfall für produktorientierte Fertigungsorganisation ist das »*Baustellenprinzip*«. Der organisatorische und räumliche Systemaufbau ist aufgrund der Abmessungen und/oder des Gewichtes des Produktes an diesem orientiert. Die Produktionsfaktoren Arbeitskräfte und Betriebsmittel, sowie sämtliche Hilfsmittel werden zum ortsgebundenen Arbeitsgegenstand (zur Baustelle) gebracht. Die Fertigungsform die sich daraus ergibt ist die »*Baustellenfertigung*«, auch als *Punktfertigung mit Arbeitsteilung* bezeichnet.

□ **Gruppenprinzip**

Das Gruppenprinzip ist ein vorwiegend *betriebsmittelorientiertes Organisationsprinzip*. Hierbei werden Betriebsmitteln möglichst zur kompletten Bearbeitung von unterschiedlichen Arbeitsobjekten zusammengefaßt. Die räumliche Anwendung des Gruppenprinzips führt zur Fertigungsform der »*Gruppen-*« oder »*Zentrenfertigung*«.

□ **Verrichtungsprinzip**

Beim Verrichtungsprinzip wird das Arbeitssystem *aufgabenorientiert* organisiert. Entsprechend der *Arbeitsaufgabe* werden die Produktionsfaktoren zu Produktionseinheiten zusammengefaßt. Produktionseinheiten, die gleichartige Verrichtungen (Aufgaben) an unterschiedlichen Objekten durchführen wie Bohren, Drehen, Fräsen, Lackieren werden organisatorisch und möglichst auch räumlich zu Produktionsbereichen oder »*Werkstätten*« wie Bohrerei, Dreherei, Fräserei, Lackiererei zusammengefaßt. Weshalb dieses Prinzip auch als *Werkstättenprinzip* bezeichnet wird.

Es führt zur Fertigungsform der »*Werkstattfertigung*«.

□ **Flußprinzip**

Nach dem Flußprinzip – auch *Prozeßfolgeprinzip* genannt – werden Produktionseinheiten in der Reihenfolge der an den Bearbeitungsobjekten zu verrichtenden Arbeitsgänge, das heißt entsprechend dem Arbeitsablauf organisiert. Die räumliche Anwendung des Flußprinzips führt zur Fertigungsform der »*Fließfertigung*«.

□ **Zentrale Arbeitsverteilung**

Neben den bereits genannten Kriterien kann die *Art der Arbeitsbereitstellung und -verteilung* als Ordnungskriteriums im Arbeitssystem herangezogen werden. Das Organisationssystem der zentralen Arbeitsverteilung führt in der räumlichen Umsetzung zur *Zentrallager-* oder *Sternfertigung*. Die Produktionsfaktoren – Arbeitskräfte und Betriebsmittel – werden hierbei organisatorisch und räumlich um den Ort der Arbeits- und Materialverteilung gruppiert. Zentrale Arbeitsverteilung in Form der Zentrallagerfertigung eignet sich beispielsweise bei *flexiblen Fertigungssystemen* –> siehe Kap. 4.4.2.

■ **Fertigungsform**

Die Fertigungsform basiert wie bereits erwähnt auf dem Organisations- oder Fertigungsprinzip der Produktion. Dies wird bereits in die verwandten Begriffen (Abb.173) deutlich.

Fertigungsformen treffen neben organisatorischen und zeitlichen zusätzlich räumliche Festlegungen. Mit der Fertigungsform lassen sich bereits Aussagen zur rä-

PRODUKTIONSSTRUKTURIERUNG

Fertigungsform	Werkbankfertigung	Punktfertigung Baustellenfertigung Innerbetrieblich	(stationaere Fertigung) Baustellenfertigung Ausserbetrieblich
Produktions- programm	Einzelfertigung nach Art flexibles Produktionsprogramm individuelle Fertigung	Einzelfertigung nach Art flexibles Produktionsprogramm individuelle Fertigung	Einzelfertigung nach Art flexibles Produktionsprogramm individuelle Fertigung
Arbeits- vorbereitung und durchfuhrung	Durchführung mehrerer Arbeitsgaenge an einem Werkstueck bis hin zur Komplettbearbeitung alle Arbeitsoperationen werden von einer Arbeitskraft oder Fertigungseinrichtung vollzogen handwerkliche Fertigung bis Fertigung	Durchfuehrung mehrerer Arbeitsgaenge an einem Werkstueck bis hin zur Komplettbearbeitung Aufteilung der Arbeitsoperationen auf verschiedene Arbeitskraefte oder Fertigungseinrichtungen hohe Flexibilitaet der Ablaufplanung bezueglich Aenderung der Arbeitsgangfolge gute Anpassungsfaehigkeit bei Stoerungen und Aenderungen hoher Steuerungsaufwand handwerkliche bis automatische Fertigung	Durchfuehrung mehrerer Arbeitsgaenge an einem Werkstueck bis hin zur Komplettbearbeitung Aufteilung der Arbeitsoperationen auf verschiedene Arbeitskraefte oder Fertigungseinrichtungen hohe Flexibilitaet der Ablaufplanung bezueglich Aenderung der Arbeitsgangfolge gute Anpassungsfaehigkeit bei Stoerungen und Aenderungen hoher Steuerungsaufwand handwerkliche bis automatische Fertigung
Organisations- prinzip	Objektprinzip	Gesamtprozess nach Objektprinzip innerhalb der Prozesse meist Organisation nach Verrichtungsprinzip	Gesamtprozess nach Objektprinzip innerhalb der Prozesse meist Organisation nach Verrichtungsprinzip
Materialfluss	Materialfluss zum/ vom Arbeitsplatz Werkstueck muß nicht oder hoechstens am Arbeitsplatz transportiert werden keine Beschaedigung des Produkts durch innerbetrieblichen Transport	Materialfluss zum/ vom Werkstueck Produkt muss innerbetrieblich nicht transportiert werden lediglich Transport zum Kunden keine Beschaedigung des Produkts durch innerbetrieblichen Transport	Materialfluss zum Werkstueck ausserbetrieblicher und innerbetrieblicher Transport des Produkte entfaellt keine Beschaedigung des Produkts durch Transport
Personal- planung	Personalqualifikation hoch Universalitaet der Arbeitskraft	Personalbedarf hoch Personalqualifikation hoch	Personalbedarf hoch Personalqualifikation hoch
Lager- und Transport- organisation	geringer Transportaufwand Transportbeziehung meist nur zwischen Ein- bzw. Ausgangslager und Arbeitsplatz	hoher Transportaufwand fuer Fertigprodukt hoher Transportaufwand für Fertigungsmittel, Hilfsmittel, Material- und Werkstoffe	kein Transportaufwand fuer fertiges Produkt hoher Transportaufwand für Fertigungsmittel, Hilfsmittel, Material- Werkstoffe
Betriebsmittel- planung	Betriebsmittel am Arbeitsplatz orientiert ein Arbeitsplatz kann aus mehreren Betriebsmitteln bestehen haeufig ortsgebundene Betriebsmittel Universalitaet der Betriebsmittel und Werkzeuge Einsatz von computergestuetzten Maschinen (CNC, CIM) bis hin zu automatischen Fertigungszentren	Betriebsmittel an dem zu fertigenden Produkt orientiert haeufig ortsungebundene Betriebsmittel und Werkzeuge hohe Verwendungsvielfalt bei Universalität der Maschinen meist schlechte Ausnutzung der Betriebsmittel	Betriebsmittel an dem zu fertigenden Produkt orientiert haeufig ortsungebundene Betriebsmittel und Werkzeuge hohe Verwendungsvielfalt bei Universalität der Maschinen meist schlechte Ausnutzung der Betriebsmittel
Raeumliche Anordnung	raeumliche Zusammenfassung von Produktionseinheiten an dem zu fertigenden Produkt	raeumliche Zusammenfassung von Produktionseinheiten an dem zu fertigenden Produkt flexible Raumgestaltung bei wechselnden Prozessen, Produkten gute raeumliche Anbindung an Materialzu- und -abtransport	raeumliche Zusammenfassung von Produktionseinheiten an dem zu fertigenden Produkt flexible Raumgestaltung bei wechselnden Prozessen, Produkten gute raeumliche Anbindung an Materialzu- und -abtransport

174 a   Fertigungsformen

Fertigungsform	Inselfertigung	Fliessfertigung
Produktions-programm	Serien- bis Massenfertigung funktionsmaessig oder fertigungstechnisch verwandte Erzeugnisse (Baugruppen, Teilefamilien, etc.) geringe Flexibilitaet des Produktionsprogramms	Serien- bis Massenfertigung eingeschränktes Produktionsprogramm (Spezialisierung) kaum Flexibilität des Produktionsprogramms
Arbeits-vorbereitung und -durchfuehrung	Komplettbearbeitung von Produktteilen Zusammenfassung von Fertigungseinrichtungen teilweise verschiedener Art und Funktion zu Fertigungsinseln einfache Fertigungssteuerung kurze Durchlaufzeiten schlechte Anpassungsfaehigkeit bei Stoerungen und Aenderungen	Durchfuehrung aller Arbeitsgaenge an einem Werkstueck in linearer Arbeitsgangfolge mit starrer oder loser Verkettung der Fertigungseinrichtungen einzelne Fertigungsschritte muessen zeitlich koordiniert sein (Taktfertigung) Zusammenfassung von Fertigungseinrichtungen nach der Arbeitsablauffolge des Produktes geringe bis keine Flexibilitaet der Prozessgestaltung kurze Durchlaufzeiten schlechte Anpassungsfaehigkeit bei Stoerungen und Aenderungen hoher, einmaliger Arbeitsvorbereitungsaufwand einfache Steuerung des Fertigungsablaufs automatische Fertigung
Organisations-prinzip	Objektprinzip	Flussprinzip
Materialfluss	uebersichtlicher Materialfluss wenig Transportoperationen	einheitlicher, gerichteter, starrer Materialfluss zeitlich koordinierter Materialfluss (Takt-, Bandabstimmung) uebersichtlicher Materialfluss
Arbeitskraefte-einsatz	Personalbedarf mittel bis gering Personalqualifikation gering	Personalbedarf mittel bis gering Personalqualifikation gering
Lager- und Transport-organisation	geringer Transportaufwand kurze Transportwege haeufig aufwendige Foerdertechnik teilweise Einsatz von Spezialfoerderern Transportbeziehung zwischen Ein- bzw. Ausgangslager und Arbeitsplatz oder Produktion und Montage geringe Materialbestaende	Foerdermittel meist Stetigfoerderer (kontinuierlich oder intermittierend) kurze Transportwege haeufig aufwendige Foerdertechnik teilweise Einsatz von Spezialfoerderern geringe Materialbestaende
Betriebsmittel-einsatz	hoher Automatisierungsgrad ortsgebundene Betriebsmittel Spezialmaschinen wirtschaftlich sinnvoll ein Arbeitsplatz kann aus mehreren Betriebsmitteln bestehen Universalitaet der Betriebsmittel und Werkzeuge Einsatz von computergestuetzten Maschinen (CNC, CIM) bis hin zu automatischen Fertigungszentren	hoher Automatisierungsgrad ortsgebundene Betriebsmittel Spezialmaschinen wirtschaftlich sinnvoll raeumliche Anordnung der Betriebsmittel haeufig in Linien-, U-, Kreisform
Raeumliche Zuordnung	raeumliche Zusammenfassung von Produktionseinheiten entsprechend dem zu fertigenden Produkt(-teil)	raeumlich Anordnung der Fertigungsplaetze in der Reihenfolge des Fertigungsablaufs gute raeumliche Anbindung an Materialzu- und abtransport

Gruppenfertigung	Werkstattfertigung	Werkbankfertigung
Serien- bis Massenfertigung funktionsmaeßig oder fertigungstechnisch verwandte Erzeugnisse (Baugruppen, Teilefamilien, etc.) geringe Flexibilitaet des Produktionsprogramms	Einzel- bis Großserien nach Art und Menge flexibles Produktionsprogramm möglich Auftragsspitzen problemlos zu bewältigen	Einzelfertigung nach Art flexibles Produktionsprogramm individuelle Fertigung
Durchfuehrung einer Reihe von Teilprozessen an verschiedenen Werkstuecken bis hin zur Komplettbearbeitung oertliche Zusammenfassung von Fertigungseinrichtungen teilweise verschiedener Art und Funktion zeitlicher Ablauf der Losfertigung, teilweise ueberlappende Losfertigung moeglich hoher Steuerungsaufwand automatische Fertigung	der gesamte Fertigungsvorgang wird in einzelne Fertigungsoperationen unterteilt zeitlicher Ablauf der Losfertigung gute Anpassungsmöglichkeiten an neue Technologien und Arbeitsabläufe gute Auslastung moeglich anforderungsgerechte Fertigungssteuerung lange Durchlaufzeiten	Durchführung mehrerer Arbeitsgänge an einem Werkstueck bis hin zur Komplettbearbeitung alle Arbeitsoperationen werden von einer Arbeitskraft oder Fertigungseinrichtung vollzogen handwerkliche Fertigung bis Fertigung
Gruppenprinzip bei Komplettbearbeitung auch Objektprinzip	Verrichtungsprinzip	Objektprinzip
Materialfluss überwiegend zwischen Gruppen ungerichteter Materialfluss	ungerichteter Materialfluss Materialfluss wechselt in Abhaengigkeit von der Bearbeitungsreihenfolge der zu fertigenden Produkte Zwischen einzelnen Arbeitsplaetzen bestehen keine verketteten Materialflussbeziehungen	Materialfluss zum/ vom Arbeitsplatz Werkstueck muß nicht oder hoechstens am Arbeitsplatz transportiert werden keine Beschaedigung des Produkts durch innerbetrieblichen Transport
Personalibedarf mittel bis gering Personalqualifikation mittel	Personal flexibel einsetzbar personalintensiv leichte Abteilungsbildung	Personalqualifikation hoch Universalitaet der Arbeitskraft
haeufig Zwischenlager zwischen Gruppen erforderlich flexible Foerdermittel erforderlich	die Foerdervorgaenge laufen schrittweise und unregelmaeßig ab anpassungsfaehiges, flexibles Foerdersystem zwischen einzelnen Fertigungsoperationen sind Zwischen- und Pufferlager noetig hoher Transportaufwand für Fertigungsmittel und Hilfsmittel	geringer Transportaufwand Transportbeziehung meist nur zwischen Ein- bzw. Ausgangslager und Arbeitsplatz
Betriebsmittel am (Teil-) Prozess orientiert hohe Verwendungsvielfalt bei Universalitaet der Maschinen gute Ausnutzung der Betriebsmittel moeglich haeufig gestreute Maschinenanordnung, teilweise Linienanordnung	gleichartige Betriebsmittel raeumliche Zusammenfassung gleichartiger Betriebsmittel hoher Nutzungsgrad der Betriebsmittel gute Stoerungsredundanz	Betriebsmittel am Arbeitsplatz orientiert ein Arbeitsplatz kann aus mehreren Betriebsmitteln bestehen haeufig ortsgebundene Betriebsmittel Universalitaet der Betriebsmittel und Werkzeuge Einsatz von computergestuetzten Maschinen (CNC, CIM) bis hin zu automatischen Fertigungszentren
raeumliche Zusammenfassung von Produktionseinheiten entsprechend der (Teil-) Prozessfolge	maschinenorientierte raeumliche Anordnung raeumliche Zusammenfassung von Betriebsmitteln die gleiche Verrichtungen ausueben Reaktionsmoeglichkeit auf spezifische Raumanforderungen (Erschuetterung, Bodentragfaehigkeit, Strahlung, etc.) hoher Anteil an Lager- und Transportflaechen aufgrund des ungerichteten Materialflusses und der zeitlichen Gliederung des Fertigungsablaufes fixierte Werkstaettenlokalisierung	raeumliche Zusammenfassung von Produktionseinheiten an dem zu fertigenden Produkt

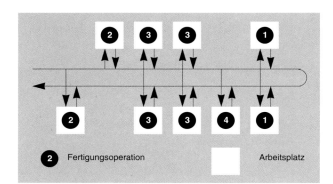

175   Fördermittelausrichtung der Fertigungsplätze

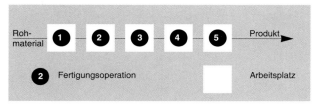

176   Lineare Anordnung der Fertigungsplätze

umlichen Anordnung der Arbeitsplätze und Betriebsmittel machen. Fertigungsformen werden daher auch als »*Anordnungs-*« oder »*Layouttypen*« bezeichnet.

Die Fertigungsformen lassen sich differenzieren in die Punktfertigung mit ihren Untergruppen Werkbank- und Baustellenfertigung, die Werkstatt-, Insel-, Gruppen- und Fließfertigung, sowie die Fertigungsform der Zentralen Arbeitsverteilung (Zentrallager- oder Sternfertigung). Abbildung174 faßt die wesentlichen Kennzeichen dieser Fertigungsformen entsprechend der Eingangs festgelegten Gliederungskriterien zusammen. Aufgrund der Bedeutung der Fertigungsform für die räumliche Gestaltung des Produktionsbereiches werden die wichtigsten Fertigungsformen im Folgenden näher erläutert.

☐ **Punktfertigung**

Bei der Punktfertigung erfolgt die Durchführung einer Reihe von Arbeitsgängen an einem Werkstück (Einzelteil, Baugruppe oder Erzeugnis) stationär an einer Stelle, sie wird daher auch als »*stationäre Fertigung*« bezeichnet. Das Werkstück wird während seiner Bearbeitung nicht oder höchstens am Arbeitsplatz transportiert. Materialflußbeziehungen bestehen nur vom und zum Bearbeitungsobjekt.

Die Punktfertigung eignet sich für Einzelfertigung mit individueller Produktgestaltung und flexiblem Produktionsprogramm (kundenorientierte Produktion). Dies erfordert in der Regel einen hohen, individuellen Steuerungsaufwand in der Arbeitsvorbereitung und -durchführung. Die »Punktfertigung« ist bezüglich der Produktionsorganisation ein Sonderfall. Sie kann nach Gruppen-, Objekt-, Verrichtungsprinzip oder einer Mischform organisiert sein.

Die Punktfertigung gliedert sich in die *Punktfertigung ohne Arbeitsteilung* – auch »Werkbankfertigung« genannt und die *Punktfertigung mit Arbeitsteilung* – auch als »Baustellenfertigung« bezeichnet.

☐ **Werkbankfertigung (Punktfertigung ohne Arbeitsteilung)**

Bei der Werkbankfertigung werden Betriebsmittel und Werkstoffe zur Durchführung möglichst aller Fertigungsoperationen an einem Objekt einer Arbeitskraft oder Fertigungseinrichtung zugeordnet.

Die Werkbankfertigung ist ursprünglich Kennzeichen der handwerklichen Fertigung. Unter Einsatz computergestützter Produktionsmethoden (automatische Fertigungszentren CNC, CIM, CAx) wird die Bearbeitung mehrerer Arbeitsgänge an einem Objekt durch eine Fertigungseinrichtung zu einer hochtechnologischen, industriellen Fertigungsform. Stärker als bei der Baustellenfertigung wird hochqualifiziertes Personal benötigt. Die Universalität der Arbeitskraft (Maschine oder Mensch) sind Vorraussetzungen dieser Art der Produktion.

Die wichtigsten *Vorteile der Werkbankfertigung* sind:
– Flexiblität des Produktionsprogramms bezüglich der Produktart
– hohe Flexibilität bezüglich Änderung der Arbeitsgangfolge
– kein Transportaufwand für das Werkstück während und nach der Fertigung
– flexible Flächennutzung
– gute Anpassungsfähigkeit bei Störungen und Änderungen
– gute Ausnutzung der Betriebsmittel bei Universalität des Maschinenparks.

Nachteile der Werkbankfertigung:
– hauptsächlich für Einzelfertigung geeignet
– hoher Steuerungsaufwand
– schlechte Material- und Energieausnutzung
– hoher Personalbedarf
– hohe Personalqualifikation.

☐ **Baustellenfertigung
(Punktfertigung mit Arbeitsteilung)**

Bei der Baustellenfertigung werden standortvariable, nach dem Verrichtungsprinzip organisierte Produktionseinheiten um ein ortsgebundenes Arbeitsobjekt »*die Baustelle*« herum angeordnet, wobei zwischen *außerbetrieblicher* (z.B. Hochbau, Brückenbau) und *innerbetrieblicher* (z.B. Schiffsbau) Baustellenfertigung unterschieden wird. Die Mobilität von Arbeitskräften und Betriebsmitteln, deren Zu- und Abtransport zur Baustelle muß technisch, organisatorisch, räumlich und wirtschaftlich geplant werden. Im Unterschied zur Werkbankfertigung (= Punktfertigung ohne Arbeitsteilung) werden die Fertigungsoperationen auf verschiedene Arbeitskräfte oder Fertigungseinrichtungen aufgeteilt. Die Personalqualifikation kann daher ein größeres Spektrum – mittel bis hoch – aufweisen. Ein weiterer Unterschied ist häufig die Dimension (Größe, Gewicht) des Bearbeitungsobjektes. Bei der Baustellenfertigung handelt es sich meist um große, schwere Produkte die in der Regel in Einzelfertigungen produziert werden (z.B. Schiffe, Flugzeuge, Brücken, Großmaschinen, Gebäude, Gebäudeteile). Einzelproduktion und Dimension der Produkte führen dazu, daß bei dieser Fertigungsform die Automatisierungsmöglichkeiten (noch) gering sind. Als Fördermittel werden Hebezeuge und Flurförderzeuge eingesetzt. Stetigförderer sind nur bedingt einsatzfähig. Bei der Fertigung mehrerer Produkte an mehreren Baustellen kann ein getaktetes Fließprinzip umgesetzt werden. Die Arbeitsfolgen werden dabei so organisiert, daß ein getakteter Wechsel von Arbeitskräften und Betriebsmitteln von Bearbeitungsobjekt zu Bearbeitungsobjekt stattfindet.

Die *Vor- und Nachteile der Baustellenfertigung* entsprechen weitgehend denen der Werkbankfertigung.

Weitere Nachteile der Baustellenfertigung:
– teilweise hohe Materialflußdichte
– hoher Transportaufwand für Arbeitskräfte und Betriebsmittel
– bewegliche Betriebsmittel erforderlich
– hoher Transportaufwand für das fertige Produkt (außer bei Vorortproduktion).

☐ **Raumanforderungen der Punktfertigung**

Räumliche Anforderungen die aus der Punktfertigung erwachsen hängen stark von dem zu fertigenden *Produkt* und der *Flexibilität des Produktionsprogramms* ab. Das Produkt und seine Anforderungen an

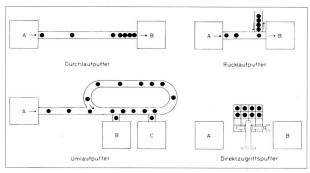

177   Schematische Darstellung verschiedener Pufferarten

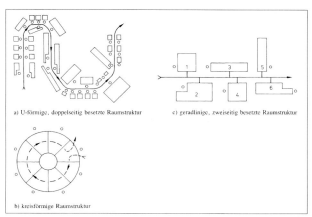

178   Raumstrukturen für Fließfertigungen bei beschränktem Raumangebot

den Raum stehen im Zentrum der Raumorganisation, des Material- und Personenflusses. Häufig werden flexible, multifunktionale Räume benötigt die auf unterschiedliche Produkte und Prozeßfolgen reagieren können. Größe und Gewicht der Produkte bestimmen die Dimensionierung und Ausbildung des Gebäudes und Tragwerks (Stützenstellung, Höhe, Lasten). Das größte/schwerste zu fertigende Produkt bildet dabei die Dimensionsgrundlage. Die Anzahl der parallel vorhandenen Arbeitsplätze, beziehungsweise paralleler Verrichtungen an einem Objekt ist ein weiteres Kriterium für die Dimensionierung und Gestaltung.

Die Organisation des Materialflusses fordert eine gute Anbindung an Zu- und Abtransport. Grundsätzlich ist die Transportorganisation ein wesentliches Einflußkriterium der Planung. Sie bestimmt interne und externe Verkehrsanschlüsse. Die Dimensionierung der Transportwege muß daher bereits bei der Standortplanung und vor allem bei der Generalbebauungs- und Bereichsplanung berücksichtigt werden.

Werkstattfertigung

Bei der Werkstattfertigung findet eine räumliche Zusammenfassung gleichartiger, nach dem *Verrichtungsprinzip* organisierter Fertigungseinheiten statt. Hierbei können unterschiedliche Produkte mit gleichen Bearbeitungsanforderungen auch gleichzeitig gefertigt werden. Der gesamte Fertigungsvorgang wird in einzelne Fertigungsoperationen unterteilt. Die Fertigung geschieht schrittweise und unregelmäßig und bedarf eines hohen Steuerungsaufwandes. Bearbeitungsmengeneinheiten werden entsprechend sinnvoller Losgrößen gegliedert. Zur Optimierung der Auslastung des Gesamtsystems empfiehlt sich die Einführung einer zentralen Arbeitsverteilung (ZAV).

Der Materialfluß paßt sich den räumlich fixierten Werkstätten an. Er ist ungerichtet und wechselt in der Regel in Abhängigkeit von der Bearbeitungsreihenfolge der unterschiedlichen Produkte. Zwischen den einzelnen Arbeitsplätzen bestehen meist keine verketteten Materialflußbeziehungen. Transportvorgänge sind entsprechend unregelmäßig und erfordern ein anpassungsfähiges, intermittierendes Fördersystem.

Vorteile der Werkstattfertigung sind:
- hohe Flexibilität bezüglich des Produktionsprogramms nach Art und Menge
- gute Anpassungsfähigkeit an Auftragsschwankungen
- flexibler Einsatz von Arbeitskräften und Betriebsmitteln
- gute Anpassungsfähigkeit an neue Fertigungsverfahren und geänderte Arbeitsabläufe
- gute Störungsredundanz
- relativ geringe Fixkosten bei geringen bis mittleren Investitionskosten.

Nachteile der Werkstattfertigung sind:
- lange Durchlaufzeiten
- hohe Bestände
- hohe Kapitalbindung
- mangelnde Fertigungstransparenz
- mittlerer bis hoher Flächenbedarf
- lange Transportwege
- hohe Transportkosten
- hoher Personalbedarf
- hohe Personalqualifikation
- aufwendige Fertigungs- und Transportsteuerung.

Raumanforderungen der Werkstattfertigung

Bei der räumliche Anordnung empfiehlt sich eine *maschinenorientierte Aufstellung*, das heißt Maschinen oder Fertigungseinrichtungen, die gleiche Verrichtungen ausüben oder gleiche Anforderungen haben, beispielsweise bezüglich Bodenbelastung, Erschütterungsvorkehrungen, Staubfreiheit, Temperatur, Belüftung, Strahlenschutz sollten zur Reduzierung der Bau- und Baunutzungskosten räumlich zusammengefaßt werden. Die Zerlegung der Fertigung in einzelne Arbeitsschritte oder -schrittfolgen hat häufig große Lagerflächen für Puffer- und Zwischenlager innerhalb des Fertigungsbereichs zur Folge. Die Einrichtung von räumlich gut plazierten zentralen Zwischenlagern stellt ein Optimierungspotential dieser Fertigungsform dar. Die parallele Fertigung unterschiedlicher Produkte führt meist zu großen Endlagern mit vielen Produkten oder Produktteilen. Hierbei sollte zunächst nach organisatorischen Möglichkeiten der Lagermengenreduktion gesucht werden (z.B. Just-in-Time). Neben der übersichtlichen und platzsparenden Gestaltung des Lagerbereichs wird die Gestaltung der Transportwege sowohl werkstattinternen als auch zwischen den Werkstätten und zwischen Werkstatt und Lager zur zentralen Aufgabe der Bauplanung. Durch eine fördermittelausgerichtete Anordnung der Fertigungsplätze innerhalb der Werkstätten kann der Materialfluß optimiert und unter Umständen der Platzbedarf für Zwischenlager reduziert werden (Abb.175).

Der mangelnden Fertigungstransparenz bei der Werkstattfertigung sollte in der baulichen Gestaltung der einzelnen Werkstätten und der Gesamtanlage durch Übersichtlichkeit und Blickbezüge entgegengewirkt werden.

Fließfertigung

Organisationskriterium bei der Fließfertigung (Abb.176) ist der *Arbeitsablauf*. Ziel der Fließferti-

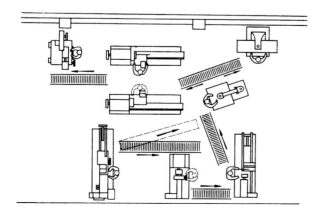

179 Gestreute Maschinenanordnung mit Rollenbahnen

gung ist ein einheitlicher gerichteter Materialfluß, bei dem jedes Produkt beziehungsweise jeder Auftrag eine fest vorgeschriebene Maschinenfolge durchläuft, wobei einzelne Bearbeitungsstationen von bestimmten Produkten oder Aufträgen übersprungen werden können.

Die Fließfertigung setzt die Gliederung und zeitliche Anpassung der Arbeitsfolgen vorraus. Der zeitliche Ablauf der Produktion wird entweder *kontinuierlich* organisiert (kontinuierliche oder ungetaktete Fertigung) oder *in Zeitintervalle gegliedert* (getaktete Fertigung). Das Erreichen eines kontinuierlichen Materialflusses setzt eine Abstimmung der Kapazitäten im Arbeitssystem voraus (Taktabstimmung/ Bandabstimmung).

Hierzu stehen der Arbeitsvorbereitung und -steuerung unterschiedliche *Mittel* zur Verfügung:
– Zusammenlegung mehrerer aufeinanderfolgender Arbeitsschritte
– Aufsplittung eines Arbeitsschrittes auf mehrere Betriebsmittel
– Anpassung der Kapazitätsmöglichkeiten aufeinanderfolgender Arbeitsschritte (Betriebsmittelkapazität, zusätzliches Personal)
– Einfügung von Pufferlagern zwischen Arbeitsschritten
– Änderung der Produktkonstruktion
– Ausgliederung eines Arbeitsschrittes aus dem Produktionsablauf und Verknüpfung durch Zwischenlager.

Die vollständige Abstimmung der Taktzeiten der Arbeitsphasen ist in der Praxis meist nicht möglich. Konsequenzen daraus sind eine Minderauslastung der Fertigungskapazität und damit eine Erhöhung der theoretisch möglichen Stückkosten.

Entsprechend der Verknüpfung der Fertigungseinheiten unterscheidet man die »*Fließfertigung mit starrer Verkettung*«, ohne Zwischenschaltung von Speichern zwischen den Fertigungseinrichtungen und die »*Fließfertigung mit loser oder elastischer Verkettung*«, mit Speichern zwischen den Fertigungseinrichtungen (Abb.177). Häufig sind Mischformen aus starrer und loser Verkettung vorzufinden.

Das Produktionsprogramm bei der Fließfertigung entspricht der Serien- oder Massenfertigung. Es ist eingeschränkt in der Vielfalt und Flexibilität und auf hohe Stückzahlen ausgelegt. Die Nachfrage für das Erzeugnis am Markt muß entsprechend über eine längere Zeit gegeben sein. Um wirtschaftlich produzieren zu können muß die konstruktive Gestaltung des Erzeugnisses für die Fließfertigung geeignet und technisch ausgereift sein.

Hieraus ergibt sich eine aufwendige einmalige Arbeitsvorbereitung und eine einfache Steuerung des Fertigungsablaufs.

Die einzelnen Arbeitsvorgänge sind hochspezialisiert. Spezialmaschinen und ein hoher Grad an Automation sind wirtschaftlich sinnvoll. Die Betriebsmittel und Arbeitskräfte sind meist örtlich fixiert. Der Personalbedarf und die Personalqualifikation sind häufig gering. Durch Vollautomation läßt sich der Personaleinsatz weiter reduzieren.

Als Fördermittel kommen meist Stetigförderer, die kontinuierlich oder intermittierend arbeiten vor, teilweise sind Spezialförderer wirtschaftlich sinnvoll einsetzbar.

Vorteile der Fließfertigung sind:
– übersichtlicher Materialfluß
– kurze Durchlaufzeiten
– geringe Bestände
– kurze Transportwege
– geringer bis mittlerer Personalbedarf
– niedrige Personalqualifikation
– einmalige Arbeitsvorbereitung
– einfache Fertigungssteuerung.

Nachteile der Fließfertigung sind:
– geringe Flexibilität des Produktionsprogramms
– hohe Kosten bei Produktionsumstellung
– schlechte Anpassungsfähigkeit an Arbeitsablaufänderungen
– schlechte Anpassungsfähigkeit an neue Fertigungsverfahren
– hohe Störanfälligkeit; bei Ausfall einer Station Blockade der gesamten Fertigung
– hoher Instandhaltungs- und Wartungsaufwand
– hohe Spezifizierung der Betriebsmittel
– aufwendige Fördertechnik.

☐ **Raumanforderungen der Fließfertigung**

Die räumliche Anordnung der Fertigungsplätze entspricht der *Reihenfolge des Fertigungsablaufs*. Sie ist im Idealfall linear, teilweise U-förmig oder kreisförmig angeordnet. Abbildung 178 zeigt mögliche Anordnungstrukturen bei Fließfertigung. Der starre Materialfluß führt zur Reduktion von Lagerflächen innerhalb der Produktion. Um so entscheidender wird die Materialzu- und -abfuhr zur Produktion. Hierbei sind möglichst direkte räumliche Bezüge anzustreben. Flächen für Pufferlager innerhalb der Produktion lassen sich jedoch wie oben erwähnt häufig nicht vermeiden. Die

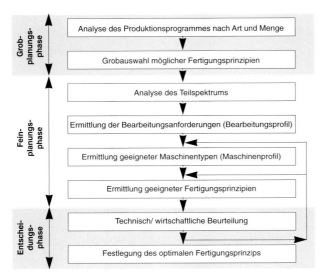

180 Systematische Vorgehensweise zur Ermittlung des optimalen Fertigungsprinzips

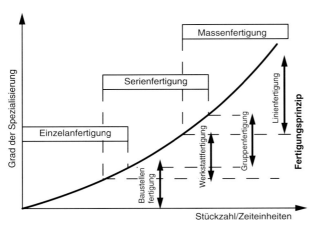

181 Zusammenhang zwischen Fertigungsart und -form

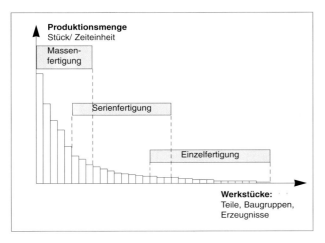

182 Zusammenhang Produktionsmenge und Fertigungsart

optimale Dimensionierung von Puffern ist Aufgabe der Produktionsplanung. Die Reduktion der Lagerflächen ist vorrangig eine organisatorische Aufgabe und sollte im Vorfeld der Bauplanung optimiert werden. Der Grad der Automation hat wesentlichen Einfluß auf die Anforderungen an die Baugestaltung. Sicherheits- und Arbeitsplatzanforderungen sind entsprechend dem Personaleinsatz zu gewährleisten.

☐ **Inselfertigung**

Fertigungsinseln sind gekennzeichnet durch eine Zusammenfassung des zu produzierenden Teilespektrums zu sogenannten *Teilefamilien* (Gruppen mit ähnlichen Fertigungsanforderungen). Zu deren Komplettbearbeitung werden die dazu erforderlichen Betriebsmittel nach dem Objektprinzip in *Fertigungsinseln* zusammengefaßt.
Spezialmaschinen und ein hoher Grad an Automation sind wirtschaftlich sinnvoll. Der Personalbedarf und die Personalqualifikation sind gering.
Die *Vor- und Nachteile der Inselfertigung* entsprechen den Vor- und Nachteilen der Fließfertigung.

☐ **Raumanforderungen der Inselfertigung**

Die räumliche Anordnung der Fertigungsplätze entspricht der *Reihenfolge des Fertigungsablaufs*.
Die räumlichen Anforderungen der Inselfertigung entsprechen weitgehend denen der Fließfertigung. Die lineare Verknüpfung der einzelnen Arbeitsschritte wird durch die erzeugnisorientierte Zusammenfassung mehrerer Arbeitsschritte teilweise unterbrochen.

☐ **Gruppenfertigung**

Die Gruppenfertigung ist gekennzeichnet durch die örtliche Zusammenfassung unterschiedlicher Betriebsmittel und Handarbeitsplätzen teilweise verschiedener Art und Funktion, zur Bearbeitung von gleichartigen Teilprozessen an fertigungsgleichen oder -ähnlichen Werkstücken. Für die Gruppenfertigung geeignet sind Werkstücke, die eine definierte Maß- oder Formähnlichkeit sowie fertigungstechnische Ähnlichkeiten bezüglich Fertigungsverfahren, Bearbeitungsfolge und Maschineneinsatz aufweisen, das heißt fertigungstechnisch oder funktionsmäßig verwandte Werkstücke. Hierzu zählen Teilefamilien oder Erzeugnisse einer Baugruppe. Durch geeignete Zusammenfassung fertigungstechnisch ähnlicher Werkstücke mit jeweils kleinen Stückzahlen können künstliche Großserien gebildet und damit unterschiedliche Enderzeugnisse wirtschaftlich produziert werden. Die Ermittlung ge-

eigneter Teilefamilien erfordert aufwendige Werkstückanalysen in der Arbeitsvorbereitung und muß bei der Produktentwicklung berücksichtigt werden. Die vergleichende Untersuchung der Arbeitsabläufe unterschiedlicher Werkstücke einer Teilefamilie führt zur Bearbeitungs- und Maschinenfolge für die gesamte Teilefamilie. Als Betriebsmittel eignen sich Universalmaschinen. Der zeitliche Ablauf der Gruppenfertigung entspricht der Losfertigung. Teilweise ist überlappende Losfertigung möglich. Der Materialfluß ist ungerichtet und unregelmäßig. Rückflüsse (Zyklen) innerhalb des Materialflusses sind nicht ungewöhnlich.
Als Fördermittel sind flexible Fördermittel erforderlich. Stetigförderer kommen für den Transport zwischen den Betriebsmittel zum Einsatz. Zwischen Bearbeitungsstationen sind meist Zwischenlager erforderlich.

Vorteile der Gruppenfertigung:
- Flexibilität des Produktionsprogramms bezüglich Art und Menge
- Klein- bis Großserienfertigung möglich – gute Anpassungsfähigkeit an Arbeitsablaufänderungen
- gute Anpassungsfähigkeit an neue Fertigungsverfahren
- gute Auslastung der Betriebsmittel bei Universalität des Maschinenparks
- variable Betriebsmittelanordnung
- einfache Transportmittel
- kurze Transportwege möglich
- kurze Durchlaufzeiten
- geringe Bestände
- geringe Kapitalbindung.

Nachteile der Gruppenfertigung:
- Einzel- und Massenfertigung nur bedingt möglich
- unübersichtlicher Materialfluß
- geringe Fertigungstransparenz
- hoher Vorbereitungsaufwand für Werkstückanalyse und Teilefamiliebildung
- hoher Bedarf an qualifiziertem Personal.

□ **Raumanforderungen der Gruppenfertigung**

Die günstigste räumliche Anordnung bei der Gruppenfertigung geht zum großen Teil aus der *Werkstückanalyse* hervor. Hiernach ist diejenige Betriebsmittel- und Arbeitsplatzanordnung die günstigste, mit den geringsten Umrüstzeiten bei losweiser Fertigung der Werkstücke einer Teilefamilie. Die funktionsorientierte Bildung von Teilefamilien hat wenig Einfluß auf die räumliche Gestaltung. Die Maschinenanordnung entspricht meist dem Flußprinzip. Typisch ist eine gestreute Maschinenanordnung (Abb.179). Teilweise ist auch Linienanordnung möglich.

□ **Zentrale Arbeitsverteilung**

Die zentrale Arbeitsverteilung ist dadurch gekennzeichnet, daß alle Bearbeitungsaufträge organisatorisch und materiell über eine meist ortsfeste *Verteilstelle* geführt werden. Materialflüsse finden nur zwischen Arbeitsplätzen und Lager statt. Nach jeder Bearbeitungsphase wird der Auftrag an das zentrale Lager zurückgeführt, dort registriert, zwischengelagert oder an die nächste Arbeitsstation weitergeleitet. In der Literatur tauchen daher auch die Begriffe *Sternfertigung* oder *Zentrallagerfertigung* auf. Dem Prinzip ist ein hoher Transportaufwand eigen, der durch entsprechende Fördermittel und Transportorganisation wirtschaftlich optimiert werden muß. Grundsätzlich sind dabei sämtliche Fördermittel einsatzfähig. Aufgrund ihrer hohen Leistungsfähigkeit werden häufig Stetigförderer eingesetzt.
Als Betriebsmittel eignen sich bevorzugt Universalmaschinen grundsätzlich sind jedoch auch andere Maschinen einsatzfähig. Der komplexe Informationsfluß zwischen Betriebsmittel, Lager, Transportsystem und Fertigungssteuerung erfordert ein leistungsfähiges Informationssystem und eine entsprechende technische Ausstattung. Die zentrale Arbeitsverteilung ist häufig, aber nicht zwangsweise, mit einen hohen Automatisierungsgrad verbunden.

Vorteile der zentralen Arbeitsverteilung:
- Flexibilität des Produktionsprogramms bezüglich Art und Menge
- Einzel- und Serienfertigung möglich
- gute Anpassungsfähigkeit an Ablaufänderungen

183 Merkmale von »lean-production«

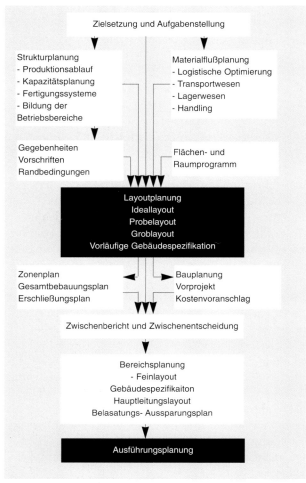

184   Layoutplanung – Quellen und Gliederung

- gute Anpassungsfähigkeit an neue Fertigungsverfahren
- gute Auslastung der Betriebsmittel bei Universalität der Maschinen
- kurze Durchlaufzeiten
- gute Störungsredundanz
- geringe Bestände
- geringe Kapitalbindung
- hohe Fertigungstransparenz
- Mehrfachmaschinenbedienung möglich.

Nachteile der zentralen Arbeitsverteilung:
- organisatorisch und technisch aufwendiges Transportsystem
- organisatorisch und technisch aufwendiges Lager- und Kommissioniersystem
- steuerungsaufwendiges Gesamtsystem
- hoher Bedarf an qualifiziertem Personal.

☐ **Raumanforderungen der zentralen Arbeitsverteilung**

Im Mittelpunkt der räumlichen Organisation steht das *zentrale Lager*. Über die Steuerzentrale als zentrale Verteilstelle ist das Lager direkt mit allen Arbeitsplätzen verbunden. Die räumliche Zuordnung der Steuerzentrale an das Zentrallager wird in der Praxis bevorzugt ist jedoch nicht zwingend notwendig. Die Anordnung der Betriebsmittel muß nicht unbedingt das Sternprinzip verfolgen. Häufig empfiehlt sich die räumliche Zusammenfassung artgleicher Betriebsmittel mit ähnlichen Anforderungen entsprechend dem Werkstattprinzip. Der systemimmanente Transportaufwand fordert eine sorgfältige räumliche Planung.

6.4 Fertigungsflexibilität

Aus den vorausgegangenen Ausführungen zur Fertigungsart und Fertigungsform läßt sich erkennen daß eine Hauptaufgabe der Produktionsorganisation die Festlegung und Abstimmung des *Flexibilitätsgrades* der Produktion bezüglich Produktionsprogramm nach Art und Menge, Betriebsmittel- und Arbeitskräfteeinsatz darstellt. Die Festlegung des Flexibilitätsgrades muß im Einzelfall erfolgen. So ist beispielsweise bei der Produktion eines langfristig am Markt absetzbaren Massenproduktes der notwendige Flexibilitätsgrad geringer als bei kurzlebigen Modeartikeln oder Ausrichtung auf kundenindividuelle Produktion. Insgesamt läßt sich ein Bedeutungszuwachs des Faktors Flexibilität in der Produktion und im Dienstleistungsbereich feststellen. Ursachen für den *Bedeutungsgewinn* sind vor allem die geänderte Marktsituation, immer kürzer werdende Produktlebenszyklen, Problemorientierung der Produkte, rasche technologische Entwicklung der Produkte, Betriebsmittel und Verfahren, neue Möglichkeiten der Automatisierung und Informatisierung, zunehmende Material- und Energieverknappung und damit verbundene Notwendigkeit zu ökonomischerer, ressourcensparenderer Produktion. Parallel dazu steigende Investitionskosten in Betriebsmittel, hohe Lohnkosten und Lohnnebenkosten, gesamtwirtschaftlich steigender Energie- und Materialverbrauch.

Hieraus ergeben sich folgende *Anforderungen an das Arbeitssystem*:
- kurzfristige Reaktionsmöglichkeiten auf die Marktsituation durch Produktionsprogrammänderungen nach Art und Menge
- Reaktionsmöglichkeiten auf Änderungen in der Fertigungstechnologie, der Fertigungsverfahren und

Ablauffolgen
- Integration technologischer Betriebsmittelentwicklungen
- Betriebsmittelflexibilität durch Universalität
- Reaktionsmöglichkeit des Arbeitskräftebedarfs auf das Arbeitskräfteangebot (flexibler Personaleinsatz Schichtarbeit, Teilzeitarbeit)
- Reaktionsmöglichkeit des Materialbedarfs auf das Materialangebot
- Reaktionsmöglichkeit des Energiebedarf auf das Energieangebot (z.B. Nutzung billigeren Nachtstroms).

Für den Produktionsbereich im Speziellen ergeben sich folgende *Forderung*:
- automatischer Materialfluß
- Mehrverfahrenfertigung
- Störungsredundanz des Arbeitssystems
- geringer Steuerungsaufwand
- hohe zeitliche Auslastung von Arbeitskraft und Betriebsmittel
- gute Ausnutzung von Arbeitskraftqualifikationen
- gute Ausnutzung der technischen Betriebsmittelleistung
- geringe Kapitalbindung in Bestände
- geringer Energiebedarf
- geringer Materialbedarf
- niedriger Investitionsaufwand
- kein Produktionsausfall durch Systemumstellungen, Testläufe, etc.
- geringe Umrüstzeiten
- geringer Transportaufwand
- einfacher Informationsfluß
- gute Fertigungstransparenz.

Die *Produktionsflexibilität* steht in wechselseitiger Abhängigkeit zur Produkt-, Betriebsmittel- und Arbeitskräfteflexibilität und ist als *Gesamtsystem* zu gestalten und zu optimieren. Die ökonomische Bedeutung der Produktionsfaktoren Arbeit, Boden, Kapital, Energie und Material und deren unterschiedliche Wertschätzung führen zu unterschiedlichen Gestaltungsparametern. Die Möglichkeiten der Automatisierung im Bereich der Betriebsmittel und der Prozeßsteuerung durch Informatisierung wurden bereits in den vorangegangenen Kapiteln erläutert. Sie stellen ein großes Potential zu Flexibilisierung der Produktion dar. Kapitel 4.4.2 befaßte sich in diesem Zusammenhang mit den flexiblen Fertigungskonzepten.
Kapitel 5.2 befaßte sich mit Produktionsprogrammsteuerung und Steuerungssystemen.

185 Verfahren zur optimalen Zuordnung von Betriebseinheiten

Anzahl der gleichzeitig anwesenden Personen im Gebaeude	Wegbreiten	
	mindestens	ueblich
bis 100	1,10 m	1,20 m
bis 250	1,65 m	1,80 m
bis 400	2,20 m	2,40 m

187 Wegbreiten für den Personenverkehr nach DIN 18225

Flexible Fertigung in diesem Sinne bedeutet automatische, ungetaktete, richtungsfreie Fertigung eines möglichst unterschiedlichen Erzeugnisspektrums.
Die Festlegung des Flexibilitätsgrades ist entscheidend für die Entwicklungsfähigkeit eines Unternehmens.

6.5 Fertigungsverfahren

Das Fertigungsverfahren meint die Art der Gestalterzeugung. DIN 8580 unterscheidet folgende Fertigungsverfahren: Urformen, Umformen, Trennen, Fügen, Beschichten und Stoffeigenschaften ändern.
In Abbildung 120 wurden die Fertigungsverfahren nach DIN bereits erläutert. Neben der Typisierung der Fertigungsverfahren durch die DIN 8580 taucht in der Literatur folgende Gliederung auf:
kinematische oder *abformende Gestalterzeugung, Fügen,*

150 PRODUKTION

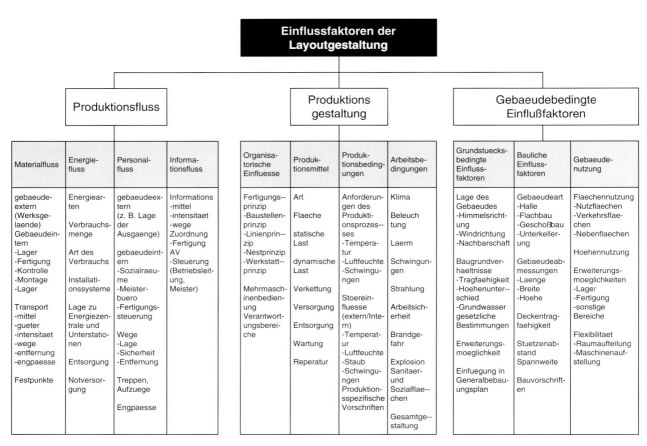

186 Einflußfaktoren der Layoutgestaltung

spanende oder *spanlose Fertigung* und *urformende* oder *umformende Fertigung*.

Grundsätzlich gibt es verschiedene fertigungstechnische Möglichkeiten ein Produkt herzustellen. Das zu wählende Fertigungsverfahren hängt von der Form, Festigkeit, Genauigkeit der Abmessungen, Oberflächengüte und anderen Eigenschaften des Werkstücks und der Stückzahl ab.

Abbildung 123 vergleicht die Möglichkeiten der Fertigung eines Werkstücks alternativ in spanender und spanloser Fertigung.

Die Festlegung der Fertigungsform fällt in den Zuständigkeitsbereich der Betriebsmittel- und Produktionsplanung und soll hier nicht näher erläutert werden. Sie hat vor allem Auswirkungen auf den Werkstoffbedarf, und -einsatz, auf die Produktqualitäten, die Bearbeitungszeit, die Ablaufgestaltung, die Betriebsmittelauswahl, den Personaleinsatz bezüglich Zeit und Qualifikation, auf Arbeitsschutzmaßnahmen, den Energiebedarf nach Menge und Art und letztlich auf die Bauplanung- und -gestaltung.iff weiter zu fassen.

6.6 Ermittlung von Fertigungsart-, -form, und -verfahren

Die Auswahl der Fertigungart, -form und des geeigneten Fertigungsverfahrens stellt eine wichtige Aufgabe von Fabrikplanungsprojekten dar. Insbesondere die Festlegung der Fertigungsform ist von wesentlichem Einfluß auf die Gestaltung des Produktionsbereichs. Fehlentscheidungen lassen sich nur langfristig und mit hohem Kostenaufwand korrigieren. Die Festlegung von Fertigungsart und -form kann nicht getrennt voneinander erfolgen. Der Ermittlung der Fertigungsform geht die Produktionsprogrammanalyse und darüber eine grobe Ermittlung der Fertigungsarten voraus. Die endgültige Festlegung der Fertigungsart erfolgt erst mit der Festlegung der Fertigungformen und -verfahren.

Abbildung 180 erläutert die systematische Vorgehensweise zur Auswahl von Fertigungart und -form. Sie läßt sich in Grobplanungs-, Feinplanungs- und Entscheidungsphase gliedern.

6.6.1 Grobplanungsphase

Die Grobplanungsphase hat eine Vorauswahl möglicher Fertigungsarten und -formen zum Ziel. Hierzu wird zunächst das *Produktionsprogramm* nach Art (Teilespektrum) und Menge analysiert. Bei Umplanungen sind ABC-Analyse, PQ-Analyse zur Produktionsprogrammuntersuchung geeignet. Bei Neuplanungen müssen projektierte Plandaten herangezogen werden –>siehe auch Kapitel 2.

Anhand eines »*Werkstück-Mengenschaubildes*«, in dem für jedes Werkstück (also jedes Einzelteil, Bauteil oder Erzeugnis) die in einem Planungszeitraum hergestellten Mengen aufgetragen werden, läßt sich ein grober Anhaltspunkt über die Fertigungart gewinnen (Abb.181). Die Fertigungsart läßt erste Rückschlüsse auf mögliche Fertigungsformen zu.

Abbildung 181 stellt die Fertigungsarten den wichtigsten industriell gebräuchlichen Fertigungsformen gegenüber. Eine ähnliche Aussage vermittelt Abbildung 182. Hier wird der Zusammenhang zwischen Werkstückmengen und Fertigungsarten dargestellt.

6.6.2 Feinplanungsphase

In der Feinplanungsphase wird das *Teilespektrum* detaillierter analysiert. Neben Teileart- und -anzahl interessieren geometrische Angaben, Massen- und Gewichtsangaben, Genauigkeitsanforderungen und Werkstoffangaben. Hieraus ergeben sich *Bearbeitungsanforderungen* und aus diesen das *Bearbeitungsprofil* für die einzelnen Werkstücke. Über die Bearbeitungsanforderungen läßt sich die Möglichkeit zur Teilefamiliebildung ersehen. Das Bearbeitungsprofil bildet die Grundlage zur Ermittlung des Maschinenbedarfs nach Art und Kapazität welcher im *Maschinenprofil* festgehalten wird –> siehe Kap. 4.

An dieser Stelle müssen die in Frage kommenden Fertigungsverfahren (alternativ) geprüft werden.

Zur Ermittlung der Fertigungsart und -form sollten folgende *Unterlagen und Daten* in der Feinplanung erarbeitet werden:
– Stückzahlen
– Arbeitsablaufpläne
– Transportdiagramme
– Funktionsschemata
– Materialflußdiagramme
– Grad der ablauftechnischen Verknüpfung (Kooperationgrad) zwischen den beteiligten Betriebsmitteln und Arbeitsplätzen.

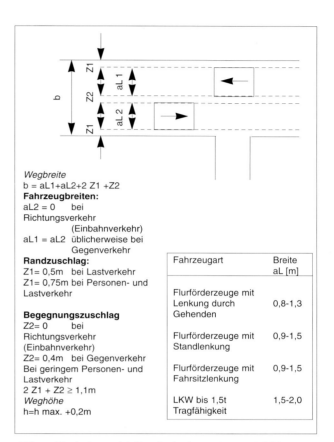

188 Wegbreiten und -höhen für den Lastverkehr nach DIN 18225

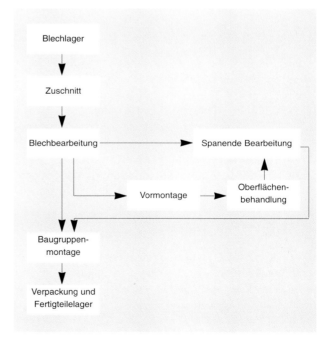

189 Ideales Funktionsschema eines Maschinenbaubetriebes

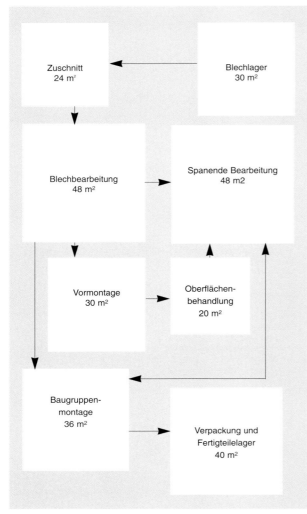

190 Flächenmaßstäbliches Funktionsschema

6.6.3 Entscheidungsphase

In der Entscheidungsphase erfolgt die technische und wirtschaftliche Beurteilung der Varianten und die Auswahl des optimalen Fertigungsprinzips. Hierzu stehen dem Fabrikplaner Nutzwertanalyse, Simulation und Wirtschaftlichkeitsberechnung zur Verfügung.

6.7 Produktionsstrategien

Neben den bereits in Kapitel 5.7 und 6.4 genannten Aspekten die bei der Prozeßgestaltung zu berücksichtigen sind wie Prozeßorientierung, zukünftige Entwicklungsfähigkeit und Flexibilität sollen hier noch einige *strategische Aspekte* erwähnt werden, die vor allem auf die Planung des Produktionsbereiches Einfluß haben.

■ 6.7.1 Flußorientierung

Flußoptimierung meint im Gegensatz zur Optimierung von Teilfunktionen oder Einzelprozessen die Optimierung des Gesamtablaufes (Abb.162) durch die Vermeidung oder Optimierung der Schnittstellen. Mit Hilfe des Organisationsprinzips des Fließens wird eine »Just-in-Time«-Produktion auf allen Ebenen angestrebt. Hierdurch lassen sich Lagerflächen und Bestände reduzieren (Zwischen- und Endlager), die Durchlaufzeiten erhöhen und die Kapitalbindung reduzieren.

■ 6.7.2 Produktionssegmentierung

Das Streben nach einem besseren Fluß in der Fertigung kann teilweise durch eine Einteilung in *Segmente* gefördert werden. Dies bedeutet die Bildung kleiner Einheiten zur Herstellung kompletter Produkte, die innerhalb definierter Grenzen ihre Fertigungsaufgaben selbstständig erledigen können. Eine starke Entflechtung der Prozesse und damit Übersicht, Autonomie und Verantwortung der Einzelsysteme sind die Hauptursachen für den besseren Fluß. Diese Möglichkeit bietet sich vor allem bei Unternehmen an die parallel eine Vielzahl unterschiedlicher Produkte herstellen.

■ 6.7.3 Wertschöpfungsorientierung

Der Wertschöpfungsprozeß umfaßt alle Vorgänge, die zur Erfüllung des Kundenwunsches erforderlich sind. Der Wertschöpfungsprozeß ist optimal: bei minimalem Ressourcenverzehr unter gleichzeitiger Berücksichtigung von Durchlaufzeiten und Qualität (nach Eversheim).
Durch eine Orientierung des Produktionsvorgangs auf die wertschöpfenden Zeitanteile kann eine maßgebliche Reduzierung der Übergangszeiten und somit der Gesamtdurchlaufzeiten erreicht werden (Abb.143). Eine Möglichkeit der Wertschöpfungsorientierung ist die Auslagerung (Outsourcing) von Fertigungsschritten mit geringer Wertschöpfung durch die Vergabe an Fremdfirmen.

■ 6.7.4 »lean production«

»lean production« — auch »*Schlanke Fabrik*« genannt — ist eine Strategie, die in Japan entwickelt wurde. Sie verbindet die Vorteile einer handwerklichen Fertigung wie Qualität, Individualität und Flexibilität der Produktion mit der Produktivität und den günstigen Herstellkosten der Massenfertigung. Die wichtigsten Bestandteile der »lean production« sind in Abbildung 183 dargestellt.

6.7.5 Automatisierungsgrad

Die Festlegung des Automatisierungsgrades ist ein weiterer, wichtiger produktionsstrategischer Aspekt. Automatisierung kann zum einen Produktivitätssteigerung, beispielsweise durch starre Automation und Spezialisierung der Betriebsmittel bei Großserienproduktion, zum Ziel haben oder die Steigerung der Flexibilität durch flexible Automatisierung und Universalmaschinen bei Klein- und Mittelserienproduktion anstreben (Abb.141).

6.8 Produktionsbereichsplanung

Nachdem wir uns in den vorangegangenen Abschnitten mit organisatorischen Strukturen auseinandergesetzt haben, soll hier näher auf die Planung und Umsetzung in räumliche Strukturen eingegangen werden.

6.8.1 Planungsebenen

Die Planung des Produktionsbereichs findet auf unterschiedlichen *Ebenen* statt :
– Standortstruktur
  Standortplan
– Generalstruktur
  Generalbebauungsplan (Masterplan)
  (i.d.R. M 1 : 1000 / M 1 : 500)
– Gebäudestruktur
  Gebäudeplan (i.d.R. M 1 : 500 / M 1 : 100)
– Bereichsstruktur
  Einrichtungsplan (i.d.R. M1 : 100 / M 1 : 50)
– Betriebsmittelstruktur
  Maschinenaufstellplan (i.d.R. M 1 : 50 / M 1 : 20).

Auf jeder dieser Ebenen findet die Planung des Fertigungsbereichs mit unterschiedlicher Zielsetzung statt. Wobei es immer um die Planung von möglichst optimalen oder »idealen« organisatorischen und räumlichen Strukturen geht.

6.8.2 Layoutplanung

Unter Layoutplanung wird die Anordnung der *betrieblichen Funktionseinheiten* verstanden. Unter den betrieblichen Funktionseinheiten, ist abhängig von der Planungsebene, immer etwas anderes zu verstehen. So geht es beim Betriebslayout um die Anordnung der Betriebseinheiten wie Fertigung, Montage, Lager beim Werkstattlayout um die Anordnung der Betriebsmittel innerhalb der Werkstätten. Für die stufenweise Durchführung der Layoutplanung haben sich in der Praxis

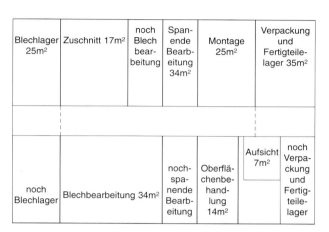

191 Groblayout

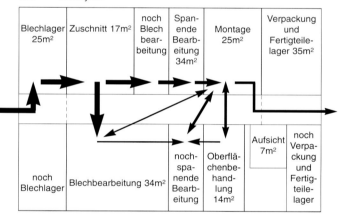

192 Groblayout mit gewichteter Materialflußdarstellung

klar definierte Planungsschritte entwickelt: vom Produktionsprogramm über den Produktionsablauf zum idealen und flächenmaßstäblichen Funktionsschema bis zum Reallayout. Die Planungsschritte ermöglichen die konzeptionelle Entwicklung, die Erfassung und Gegenüberstellung der Möglichkeiten und schließlich die schrittweise Verfeinerung und sukzessive Variantenreduktion. Eine Übersicht über die Vielfältigkeit der Quellen, begriffliche Abgrenzungen und Gliederung der Arbeitsschritte vermittelt Abbildung 184.

Idealplanung

Die Idealplanung ist die erste Stufe der Layoutplanung. Sie stellt die ablaufgerechte, funktional günstigste Zuordnung der betrieblichen Funktionseinheiten dar. Hierbei wird die bestmögliche Lösung ohne Rücksicht auf Restriktionen angestrebt. Der Idealplan verkörpert somit gewissermaßen die Problemerfassung beziehungsweise Problemdefinition und ist für die weiteren Planungsschritte richtungsweisend.

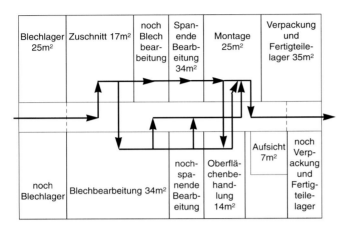

193   Groblayout mit Materialflußdarstellung

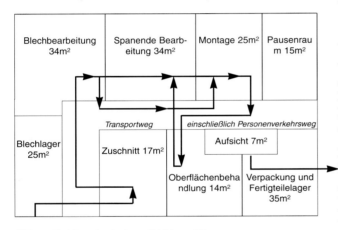

194   Groblayoutvariante zu Abbildung 193

Der Layoutplan sollte auch bei Planungen im Bestand ermittelt werden. Nur ein restriktionsfreies Ideal-Layout stellt einen objektiven Maßstab zur Beurteilung der realisierbaren Lösung dar.

Die betrieblichen Funktionseinheiten sind durch vielfältige Beziehungen miteinander verflochten. Analog zur Untersuchung der Prozesse in Kapitel 5 lassen sich diese Beziehungen in Materialfluß- Personenfluß-, Informationsfluß-, und Energieflußbeziehungen untergliedern und ausdrücken.

Die Planung der idealen = optimalen Zuordnung der Fertigungseinrichtungen muß entsprechend der unterschiedlichen Beziehungen unterschiedliche *Anforderungen* berücksichtigen, wie:
– einzuhaltende Maschinenabstände
– Sicherheitsanforderungen   (z.B. bei explosionsgefährdenden Arbeitsplätzen)
– Einhaltung von Richtlinien und Vorschriften
– Anforderungen an Akustik und Schallschutz
– Anforderungen an Schwingungsbedingungen
– klimatische Anforderungen (z.B. bei Kühl- oder Reinräumen)
– Energiebedarf von Arbeitsplätzen
– Anforderungen an die Bodentragfähigkeit.

Darüberhinaus kann die Idealplanung durch *spezielle Kriterien* beeinflußt werden wie:
– über die Sicherheitsanforderungen hinausgehende Sicherheitskriterien
– Optimierung des Informationsflusses
– Optimierung des Materialflusses
– Optimierung der Lagerbedingungen
– Optimierung der Transportbedingungen und -wege
– Kostenoptimierung (Minimierung der Investitionskosten und/oder der Betriebskosten).

Welche Planung jeweils als »ideal« anzusehen ist hängt von der Gewichtung der Anforderungen und Kriterien ab.
In Produktionsbetrieben sind die Materialflußbeziehungen von besonderer Bedeutung. Sie stellen einen entscheidenden Kostenfaktor und einen wesentlichen Ansatzpunkt für Rationalisierungsmaßnahmen im Produktionsbereich dar.
Diese Tatsache führt dazu, daß die Optimierung der Materialflußbeziehungen häufig zum Hauptkriterium der Idealplanung von Produktionsbereichen wurde. Der Idealplan wird daher in der Literatur auch teilweise verkürzt als »transportoptimale Anordnung der Betriebseinheiten« definiert.
Zur materialflußoptimalen Betriebsmittelanordnung sind zahlreiche manuelle und rechnerunterstützte Methoden entwickelt worden (Abb.185). Material- und Transportbeziehungen sind letztlich jedoch nur eine Einflußgröße bei der Entwicklung der idealen Anordnung von Produktionsbereichen.

Voraussetzungen für die Planung der idealen Aufstellung sind die Festlegung von Fertigungsart, -verfahren und -form.
Hieraus ergeben sich folgende *Angaben:*
– Produktionsprogramm nach Art und Menge
– Fertigungskapazitäten (Durchschnittskapazität, Mindestkapazität, Kapazitätsspitzen)
– Arbeitsablaufpläne
– Transportdiagramme
– Funktionsschemata
– Materialflußdiagramme
– Grad der ablauftechnischen Verknüpfung (Koopera-

tiongrad) zwischen Betriebsmitteln und
Arbeitsplätzen
– Betriebsmittelbedarf nach Art und Menge
– Arbeitskräftebedarf nach Art und Menge.

Mit Hilfe unterschiedlicher *Verfahren und Methoden zur Flächenermittlung* der Betriebsmittel wie:
– Kennzahlen (vgl. Dolezalek / Warnecke)
– Layoutverfahren (arbeitet mit maßstäblichen Maschinengrundrissen) oder
– rechnerischer Verfahren
lassen sich aus diesen Angaben die Grundflächen sowie die Zusatz- und Hilfsflächen für Bedienung, Wartung, Montage, etc. für jedes Betriebsmittel ermitteln
–> siehe Kap. 4.3.1.

☐ **Realplanung**
Parallel zur Idealplanung beginnt die Realplanung, in der die vorhandenen Gegebenheiten, Randbedingungen, Vorschriften oder sonstige technische und ökonomische Einschränkungen mitberücksichtigt werden. Der Realplan ist ein Plan, der tatsächlich realisierbar ist, also im Gegensatz zum Idealplan nicht nur wünschenswerte Verhältnisse darstellt.
Der Realplan entsteht als Kompromiß zwischen dem Idealplan, möglichen Randbedingungen, wie Sicherheitsvorschriften, städtebaulichen und hochbaulichen Einflüssen und wirtschaftlichen Gesichtspunkten.
Auf den unterschiedlichen Planungsebenen hat die Realplanung einen unterschiedlichen *Grad der Detailierung*. Dieser nimmt von der Standortplanung bis zur Maschinenaufstellungsplanung zu. Grundsätzlich ist es sinnvoll, den Realplan gegenüber dem Idealplan detailierter auszuführen. In ihm sollten außer den Betriebsmitteln mit Kennzeichnung der Bedienungsseite auch Wege, Wände, Stützen sowie Ein- und Ausgänge des Gebäudes gekennzeichnet sein. Auch hier ist es sinnvoll verschiedene Layoutvarianten auszuarbeiten, diese zu vergleichen und mit Hilfe geeigneter Bewertungsverfahren zu beurteilen.
Zur *Beurteilung von Layoutvarianten* eignet sich die *Nutzwertanalyse*. Einen Schwerpunkt im Entscheidungsprozeß zwischen verschiedenen Lösungen bilden *Kosten- und Wirtschaftlichkeitsvergleiche*.
Die beste Lösung ist dabei diejenige die der Idealplanung »unter Berücksichtigung der realen Gegebenheiten mit vertretbarem Aufwand (Kosten!) am nächsten kommt.«
(*Kettner, H./Schmidt, J./Greim, H.-R.: Leitfaden der systematischen Fabrikplanung)

195 Firmengebäude Glasbau Seele GmbH, Geersthofen;

196 Firmengebäude Glasbau Seele GmbH, Geersthofen;
Architekten Kaufmann & Theilig

■ **6.8.3 Planungsbedingungen**
Für den Sprung vom Idealplan zum Realplan gibt es keine allgemeingültige Methode.
Zu unterschiedlich sind die zu berücksichtigenden Einflußgrößen und jeweils vorliegenden Randbedingungen (Abb.186). Abhängig von Planungsobjekt, Planungsumfang und Planungstiefe werden sich Einflußfaktoren und ihre Bedeutung wandeln. Ein Beispiel hierfür ist der enorme Unterschied zwischen Neuplanungen und Planungen mit Bestand auf den bereits in Kapitel 4.5.2 hingewiesen wurde. Die vielfältigen Einflußfaktoren auf die Realplanung, ihre Verknüpfungsmöglichkeiten und ihre Einschätzung und Bewertung

bedürfen erfahrener Fabrik- und Bauplaner.
Im Folgenden soll ohne Anspruch auf Vollständigkeit auf einige Randbedingungen hingewiesen werden, die bei der Erarbeitung des Realplanes von Bedeutung sind:

☐ **Sekundärbedingungen**

Wie bereits erwähnt, können Spezialanforderungen die Anordnung und Aufstellung der Betriebsmittel und Arbeitsplätze bestimmen.
Solche *Spezialanforderungen* können sein:
- Anforderungen an die Bodentragfähigkeit
- Bedarf an gleichartigen Betriebsstoffen (z.B. Druckluft)
- Energiebedarf nach Art und Menge
- Anforderungen an Akustik und Schallschutz
- Anforderungen an Strahlenschutz
- Anforderungen an Lärmschutz
- Anforderungen zur Schwingungsabwehr
- besondere Emissions- und/oder Immissionsbelastungen
- spezielle klimatische Anforderungen (z.B. bei Kühlräumen, Reinraumanforderungen).

Zur Kosteneinsparung ist es in diesen Fällen sinnvoll Arbeitsplätze mit gleichen Anforderungen zu zentralisieren. Um gegenseitige negative Beeinflussung auszuschließen, wird man Abteilungen, die sich gegenseitig ungünstig beeinflussen voneinander trennen (z.B. explosionsgefährdende Räume und wärmeerzeugende Arbeitsplätze). Durch *Zentralisierung* und *Dezentralisierung* lassen sich Kosteneinsparungen erzielen, die gegen möglicherweise steigende Transportkosten aufzurechnen sind.

☐ **Rechtliche Bedingungen**

Gesetzliche Bestimmungen haben wesentlichen Einfluß auf die Anordnung und Ausführung der Bereiche. Beispielhaft sei hier auf zulässige Fluchtweglängen verwiesen und deren Einfluß auf die Anordnung der Arbeitsplätze.
Die folgende Aufzählung beinhaltet die wesentlichen einzuhaltenden gesetzlichen Vorschriften und Sicherheitserfordernisse:
- Bürgerliches Gesetzbuch § 618
- Gewerbeordnung (Vorschriften für den Arbeitsschutz; Arbeitsschutz-Richtlinien ASR)
- DIN-Normen z.B:
 DIN 18225 Mindestabmessungen von Verkehrswegen
 DIN 18223 Rohbaurichtmaße von Toren und Türen
 DIN 4818 zur Kennzeichnung der Verkehrswege mit Sicherheitsfarben
- Landesbauordnungen und Polizeiverordnungen.

Werden die Sicherheitsbestimmungen schon bei der Planung eines Baus berücksichtigt und eventuelle Einbauten gleichzeitig mit der Errichtung des Rohbaus erstellt, so werden die zu treffenden Vorkehrungen erheblich billiger und fügen sich außerdem wesentlich besser in das Gesamtbild ein. Weiterhin ist es empfehlenswert, die Experten der Versicherungsgesellschaften bereits während der Planung hinzuziehen, um nicht später kostspielige Änderungen an fertigen Gebäuden (Abb.187 bis 188) oder hohe Nutzungskosten in Kauf nehmen zu müssen.

☐ **Bauliche Einflüsse**

Bauliche Randbedingungen, die der Realplan berücksichtigen muß sind:
- städtebauliche Bedingungen (z.B. Ausrichtung des Gesamtbaus auf dem Grundstück; Nutzung vorhandener Gebäude)
- räumliche Bedingungen
 (z.B. spezielle Belichtungsanforderungen aus der konkreten Situation; Vorrangstellung (bzgl. der Lage) bestimmter Abteilungen im Generalbebauungsplan; z.B.Abteilungen mit hoher Bodenbelastung werden in mehrgeschoßigen Gebäuden sinnvollerweise in den unteren Geschossen untergebracht)
- baukonstruktive Bedingungen (sinnvolle Stützenabstände; Förderwege, Kranlaufbahnen und deren Ausrichtung)
- bautechnische Bedingungen (Erweiterungsfähigkeit bzw. -richtungen)
- gestalterisch-formale Bedingungen.

Von entscheidendem Einfluß auf die Layoutplanung eines Unternehmens ist die *Erweiterungsfähigkeit* und *Flexibilität* der Gestaltung –> siehe Kap. 4 und 8.
Bei der Erweiterungsfähigkeit ist zwischen der *flächenmäßig, grundstücksbedingten Erweiterungsfähigkeit* und der *funktional, nutzungsbedingten Erweiterungsfähigkeit* des Layouts zu unterscheiden.
Erstere ist im Rahmen der Generalbebauungsplanung und bei der Festlegung der Gebäudestruktur (Konstruktion, Raster, Fassade, Lage der haustechnischen Einrichtungen) zu berücksichtigen. Die funktional, nutzungsbedingte Erweiterungsfähigkeit, das heißt die funktionale Güte des Layouts in den einzelnen geplan-

ten Ausbaustufen, sollte im Rahmen der Gebäudeplanung und der Bereichsplanung geprüft werden.
Die Erweiterungsfähigkeit wurde bei der Idealplanung insofern berücksichtigt, daß die Flächen bereits für den Planungsendzeitpunkt ausgelegt wurden. Nun ist zu überlegen, wie der Idealplan der Endausbaustufe in den Realplan mit einzelnen Ausbaustufen überführt werden kann.
Da die Endausbaustufe vielleicht nie realisiert wird ist darauf zu achten, nicht nur diese sondern auch die einzelnen Zwischenstufen zu optimieren.
Die Forderung nach Erweiterungsfähigkeit des Layoutes führt zu folgenden *Grundregeln*:
– Anordnung des Materialflusses möglichst geradlinig und senkrecht zur Erweiterungsrichtung
– Anordnung von Bereichen die wahrscheinlich erweitert werden an Außenwänden in Erweiterungsrichtung
– Anordnung von baulichen und anlagetechnischen Festpunkten (z.B. Aufzüge, Energieversorgungsschwerpunkte, Sanitäranlagen, Anlagen mit aufwendiger Fundierung) in Kernzonen, sodaß diese bei Erweiterungen unverändert erhalten werden können.

Für die Layoutplanung sind neben der Erweiterungsfähigkeit folgende *Flexibilitätsaspekte* von Bedeutung:
– Flexibilität bei stufenweisem Ausbau
– Flexibilität innerhalb der Ausbaustufen
– Flexibilität bei Umnutzung von Teil- oder Gesamtflächen.

■ 6.8.4 Darstellungsformen

Der Layoutplanung stehen dem Planer unterschiedliche Mittel und Methoden zur Verfügung.
Als *Hilfsmittel* stehen grundsätzlich:
– Zeichnungen
– Schablonen (Flächen- und Umrißmodelle) und
– räumliche Modelle
zur Verfügung. Die Kombination mehrerer Darstellungsformen ist möglich. Sämtliche Hilfsmittel können computergestützt oder traditionell verwendet werden.
Da Fabrikplanung grundsätzlich eine über einen längeren Zeitraum angelegte Planungsaufgabe mit vielen Planungsbeteiligten darstellt sind bei der Auswahl der Darstellungsmittel folgende *Beurteilungskriterien* zu berücksichtigen:
– Arbeitsaufwand der Darstellungsform bei der Erstellung/ für Alternativen/ bei Änderungen
– Materialkosten
– Wiederverwendbarkeit
– Vervielfältigungsmöglichkeit
– Aussagekraft / Anschaulichkeit
– Platzbedarf bei der Arbeit, Präsentation, Aufbewahrung
– Fehlermöglichkeit
– Transport- / Versandmöglichkeit.

Speziell für die Layoutplanung stehen dem Fabrik- und Bauplaner folgende Arbeitsmittel zur Verfügung:
– ideale Funktionsschemata (Abb.189)
– flächenmaßstäbliche Funktionsschemata (Abb.190)
– Blocklayout (Abb.191)
– Grob- und Feinlayout.

Das *ideale Funktionsschema* beschreibt die funktionalen Zusammenhänge eines Betriebes. In dem *flächenmaßstäblichen Funktionsschema* kann neben den funktionalen Zusammenhängen auch der Flächenbedarf dargestellt werden. Anhand eines *Blocklayouts* läßt sich ein erster Überblick über den Teil- und Gesamtflächenbedarf darstellen.
Nach dem Feinheitsgrad der Darstellung wird in *Grob-* und *Feinlayout* unterschieden. Das Groblayout, in der Regel im Maßstab M 1 : 200 oder 1 : 100, empfiehlt sich zur Variantenbildung und -bewertung (Abb.193). Auf der Grundlage des ausgewählten Groblayoutes werden dann Detailpläne der verschiedenen Planungsbeteiligten erarbeitet, wie:
– Baupläne
– Maschinenaufstellpläne
– Ver- und Entsorgungspläne.

Hierbei ist im Interesse einer zügigen Planung auf die *Kompatibilität* der Darstellungsformen der unterschiedlichen Planungsbeteiligten zu achten. Damit die bei der Planung erarbeiteten umfangreichen Unterlagen und Daten einem Unternehmen auch langfristig zur Verfügung stehen sollte darüberhinaus bereits bei der Auswahl der Darstellungsform und der Darstellungsträger deren spätere Nutzung für den Bauunterhalt, die Liegenschaftsverwaltung, bei Umbaumaßnahmen oder allgemein das Gebäude-Management berücksichtigt werden.

Die neue hafa-Thermo-Schleuse

Visionen realisieren, Innovationen in die Praxis umsetzen!
Verladetechnik ist weit mehr als nur das Bindeglied zwischen inner- und außerbetrieblichem Transport.

Innovationen

Warenströme sind zu bündeln und ohne Zeitverlust sicher durch das Nadelöhr „Schnittstelle Rampe-LKW" zu führen. Hierfür entwickeln wir innovative Verladesysteme für kundenspezifische Verladelösungen.

ALTEN Gerätebau GmbH
Gottlieb-Daimler-Straße 12/21
Postfach 128
D-30967 Wennigsen
Telefon 0 51 03 · 70 10
Telefax 0 51 03 · 70 12 34
http://www.hafa.de
e-mail: info@hafa.de

hafa
VERLADESYSTEME

7. Lagerung und Transport

7.1 Einführung

Lagerung und Transport sind neben der Produktion zentrale Gestaltungsbereiche innerhalb der Fabrikplanung.

Neben der baulichen und technischen Bestimmung steht hierbei zunehmend die Gestaltung der Abläufe und deren Integration in den betrieblichen Gesamtprozeß im Vordergrund –>siehe Kap.5.

Lagerung und Transport sind Teilvorgänge innerhalb des Materialflußes –>siehe Kap.5.5. Sie tragen dazu bei, das richtige Material, zum richtigen Zeitpunkt, am richtigen Ort, in der richtigen Qualität zur Verfügung zu stellen und gewährleisten damit die Produktions- und Lieferbereitschaft eines Unternehmens. Während der Transport als Bewegung eine *dynamische Rolle* innerhalb der Materialflußbetrachtung einnimmt, übernimmt die Lagerung, als geplanter Aufenthalt von Gütern, eine *statische Funktion* als Puffer zwischen Materialflüssen.

☐ **Bedeutungsveränderung**

Der steigende Rationalisierungsdruck auf die Unternehmen führt zu *zunehmender Beachtung* des Lager- und Transportwesens. Während im Produktionsbereich Rationalisierungspotentiale bereits früh erkannt und umgesetzt wurden, konzentriert sich die Aufmerksamkeit in einem zweiten Schritt auf die der Produktion nahestehenden Bereiche und deren Synthese zu Gesamtkonzeptionen.

Die Anforderungen an die Lagerung gehen hin zu minimalen Lagerbeständen und maximaler Zugriffsmöglichkeit auf das Lagergut. Die Anforderungen an den Transport sind Erhöhung der Transportleistung und Flexibilität.

Die *Dynamisierung der Prozesse* wie, Zunahme des Warenumschlags, Verkürzung der Umschlags- und Durchlaufzeiten bei gleichzeitiger Erhöhung des Produktionsvolumens und der Produktionsdifferenzierung erfordern *zunehmende Kommunikation* zwischen Lagerung und Transport. Teilweise *verschieben sich die Aufgabenbereiche* und Schnittstellen, so werden Lagervorgänge beispielsweise bei »Just-in-Time«-Produktion und -Lieferung zu Transportvorgängen.

Neben den Rationalisierungspotentialen hat die Gestaltung des Lager- und Transportbereiches wesentliche Auswirkungen auf die Flexibilität, Lieferbereitschaft, den Kundenservice und somit die Wettbewerbsfähigkeit eines Unternehmens.

160 LAGERUNG UND TRANSPORT

197 Lager der Bierabfüllanlage in Bury St. Edmunds
Architekt: Michael Hopkins, 1980

198 Bierabfüllanlage in Bury St. Edmunds
Architekt: Michael Hopkins, 1980

7.2 Lagerung

Lagern bedeutet *geplanter Aufenthalt* von Werkstoffen, Arbeitsgegenständen und Gütern *zwischen* Material- und Warenflüssen.

Lagerung ist in allen Phasen des Materialflußprozesses und somit in allen Unternehmensbereichen (Beschaffung, Produktion, Absatz) aber auch unternehmensübergreifend erforderlich.

Nicht alle Materialflußprozesse innerhalb und außerhalb eines Betriebes können aus organisatorischen oder technischen Gründen optimal aufeinander abgestimmt werden.

Die *Aufgabe der Lagerhaltung* ist daher die zeitliche und quantitative Abstimmung (durch Pufferbildung) unterschiedlich dimensionierter Input- und Outputströme mit dem Ziel den Materialfluß in Bewegung zu halten.

Besonders deutlich wird dies an den Schnittstellen zwischen Beschaffungsmarkt und Produktion und zwischen Produktion und Absatzmarkt (Abb.199).

Die wesentlichen Aufgaben der innerbetrieblichen Lagerhaltung sind, die *Bereitstellung* des benötigten Materials an den Schnittstellen, die Gewährleistung der Unabhängigkeit von Lieferschwankungen seitens des Beschaffungsmarktes durch *Bevorratung*, die Zusammenstellung von Teilgütermengen *(Kommissionierung)* zur Sicherstellung der Lieferbereitschaft und des Kundenservices.

Während der Lagerung finden *keine aktiven Veränderungen* an dem zu lagernden Gut statt. Aus betriebswirtschaftlicher Sicht ist somit auch *keine Wertveränderung* im Sinne einer Wertschöpfung (Werterhöhung) vorhanden.

Zudem entsteht den Unternehmen durch die Lagerung ein erheblicher *Kostenaufwand*. Neben den Kosten für den Lagerungsprozeß entstehen Kosten für das im Lagergut gebundene Kapital. Die Kosten für den Lagerungsprozeß lassen sich in *statische Kosten* für die technische und bauliche Ausrüstung (Lagerhilfsmittel-, Regal-, Regalbedienungsgeräte-, Fördermittel-, Grundstücks- und Baukosten) und *dynamische Kosten* (Betriebskosten, Wartung/Instandhaltung, Reparatur-, Personal- und Lohnkosten) untergliedern. Hinzu kommen die Kosten durch die Kapitalbindung für den Lagerungsprozeß.

Lagerbestände sind folglich aus betriebswirtschaftlichen Gründen unerwünscht.

Auf Lagerbestände könnte ganz verzichtet werden,

wenn die jeweiligen Güterströme vollständig aufeinander abgestimmt werden könnten (Just-in-Time, Kanban System) –> siehe Kap. 7.10.
Nur in den seltensten Fällen ist jedoch *verbrauchssynchrone Materialverarbeitung* ohne Lagerhaltung möglich. Technische und organisatorische Gründe wie beispielsweise Unabhängigkeit von Liefer- und Fertigungsschwankungen, veränderte Absatzstrategien und die Notwendigkeit zur Pufferbildung zwischen einzelnen Produktionsstufen zwingen die Unternehmen zur Lagerhaltung.

☐ **Funktionen der Lagerhaltung**
Die Lagerhaltung hat für die Unternehmen Puffer-, Sicherungs- und Spekulationsfunktion.

Pufferfunktion
Innerbetriebliche Lager haben vorrangig eine Pufferfunktion. Die Pufferfunktion dient dem Ausgleich von Schwankungen innerhalb des Fertigungsablaufes. Durch Zwischenlager in den einzelnen Produktionsstufen werden Werkstoffe, Arbeitsgegenstände und Güter bereitgestellt.

Sicherungsfunktion
Sicherheitsbestände dienen dem Ausgleich von Unwägbarkeiten seitens des Beschaffungs- und Absatzmarktes. Sowohl die Nachfrage nach Gütern, als auch der Zeitpunkt des Eintreffens von Gütern können meist nicht genau vorhergesagt werden. Die Vorratshaltung bewirkt eine gewisse Unabhängigkeit eines Unternehmens von Lieferungsschwankungen.

Spekulationsfunktion
Lagerbestände schaffen dem Absatzmarkt Spielraum, um auf zeitliches Auseinanderfallen von Angebot und Nachfrage strategisch reagieren zu können. Sie werden aufgebaut, um beispielsweise den Folgen eines erwarteten Preisanstieges oder einer Verknappung der Güter entgegenzuwirken.

7.3 Lagerplanung

Die Lagerplanung kann in die Bereiche Objektplanung und Prozeßplanung gegliedert werden.
Zur *Objektplanung* zählt die Bauplanung und die Anlagenplanung.
Zur *Prozeßplanung* zählt die Materialfluß-, Personenfluß-, Energiefluß- und Informationsflußplanung –> siehe Kap.5.

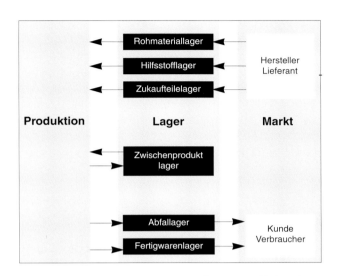

199 Das innerbetriebliche Lager als Puffer zwischen Markt und Produktion

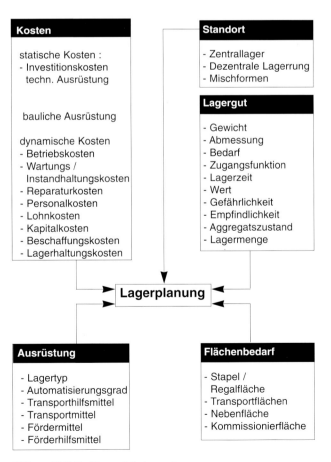

200 Einflußgrößen auf die Lagerplanung

gigkeit zwischen Bauplanung und Anlagenplanung. Die betriebliche Lagerplanung liefert hier die Grundlagen für die bauliche Planung. Teilweise sind die Abhängigkeiten so stark, daß die Anlagenplanung und die Bauplanung zusammenfallen, beispielsweise bei der Planung von Hochregallagern, bei denen die Lageranlage konstruktiv die Gebäudehülle trägt, damit als Betriebsmittel klassifiziert und steuerrechtich abgeschrieben werden kann.

■ Aufgaben der Lagerplanung

Aus der Gliederung der Lagerplanung ergeben sich folgende *Aufgabenbereiche:*

Anlagenplanung
– Strukturierung, Bildung, Anordnung und Gestaltung der Lagerbereiche nach lagertechnischen Gesichtspunkten
– Festlegung der geeigneten Lagertechniken
– Bestimmung der Lagermittel und -hilfsmittel
– Bestimmung des Mechanisierungs- und Automatisierungsgrades

Bauplanung
– Strukturierung, Bildung, Anordnung und Gestaltung der Lagerbereiche nach baulichen Gesichtspunkten
– konstruktive und technische Bestimmung der Lagerbereiche

Prozeßplanung
– Strukturierung, Bildung, Anordnung und wechselseitige Abstimmung der Lagerbereiche nach prozeßplanerischen Gesichtspunkten, wie Materialfluß, Personen-, Energie-, Informationsfluß
– Planung der Lageroperationen (Lagervorgänge)
– Planung der Lagerorganisation (Verwaltung, Steuerung, Regelung)
– strategische Lagerplanung.

Lagerplanung im Gesamtablauf

Aufgrund der *veränderten Rolle* der Lagerung im Gesamtprozeß eines Unternehmens geht es bei der Lagerplanung nicht mehr nur um die Gestaltung eines räumlich und funktional abgeschlossenen Bereichs, sondern um die räumliche und funktionale *Integration der Lagerung in den Gesamtablauf.*
Die Lagerung durchzieht fast alle Unternehmensbereiche: Beschaffung, Produktion, Absatz und wirkt sich auf diese gestaltbestimmend aus.
Besonders enger Abstimmungsbedarf besteht zu den Betriebsbereichen Materialwirtschaft, Beschaffungs- und Absatzplanung, und zur Produktionsprogrammsteuerung. Sie müssen in eine *gesamtheitliche Betrachtung* einbezogen werden um ein optimales Planungsergebnis zu erzielen.

■ Anforderungen

Aus der Integration der Lagerung in den betrieblichen Gesamtablauf ergeben sich folgende Anforderungen an die Lagerplanung:
– Ableitung der Lageraufgaben aus den Unternehmenszielen (Kundenorientierung, Marktorientierung)
– Gewährleistung der Produktionsbereitschaft
– Gewährleistung der Lieferbereitschaft
– geeignete Integration der Lagerabläufe in die Gesamtabläufe

Stueckgut		Charakteristische Grenzen	Schematische Darstellung	Beispiel
Kleingut	Kleinstueckgut	L, H, T ≤ 1cm F ≤ 1 cm² V ≤ 1 cm³		Niete ø3mm Schrauben M 3x5 Unterlegscheiben Muttern Federringe
	Kleinstueckgut	L, H, T ≤ 10 cm F ≤ 25 cm² V ≤ 125 cm³		Schrauben M 10x15 Bolzen Kugellager ø25 mm Federn Passfedern
Mittelgut	Blockgut	L, H, T ≤ 1,2 m 125 m³ ≤ V ≤ 1,5 m³		Kolben Zahnraeder Kugeln Kugellager ø< 50mm E-Motorengehaeuse
	Stabgut	10cm ≤ L ≤ 1,2 m L/H, L/T ≥ 3 V ≤ 1,5 m³		Wellen Hydraulikzylinder Gewindestangen Achsen Winkelstaehle
	Flachgut	L,T ≤ 1,2 m H ≤ 0,24 m L/H, T/H ≥ 5 0,25 dm³ ≤ V$_{Hull}$ ≤ 1,5 dm³		Bleche Platten Scheiben Saegeblaetter Keilriemenscheiben
	Sperrgut	L,H,T ≤ 1,2 m 1,25 dm³ ≤ V$_{Hull}$ ≤ 1,5 dm³		Kurbeln sperrige Schweisskonstr Traversen Zweiradgepaecktraeger
Großgut	Langgut	L > 1,2 m L/H, L/T ≥ 3		Stahltraeger Rohre Winkelstaehle Rundstaehle Eisenbahnschienen
	Tafelgut	F > 1,44 m² L/H, T/H ≥ 5		Grossbleche Stahlmatten Grosstore Fensterrahmen Bedachungen
	Grossraumgut	1/3 ≤ L/H,H/T,T/L ≤ 3 V$_{Hull}$ > 1,5 m³		Grosstanks Kessel Container Schaltschraenke Silos
	Schwergut	G > 10 kN		Drehmaschinenbetten Turbinenrotoren Schiffsdieselwellen Gegengewichte

201 Klassifizierung von Stückgütern

Rangfolge nach Umschlag in Wert (Einstandspreis)					Gebinde-arten Code	Mengen-einheit je Gebinde	Wert pro Mengen-einheit	Jahresver-brauch in Mengen-einheit	Jahresver-brauch in Waehrung	Kumulierter Jahres-verbrauch in Waehrung	Jahresver-brauch in Gebinde-einheit	A. wirtschaftl. Bestell-wert B. wirtsch. Los-groesse	wirtschaftl. Bestellmenge in Mengen-einheit
Lauf Nr.1	Lauf Nr.2	Art.-Nr.	Artikel	Einheit	Spalte 4A	Spalte 4B	Spalte 5	Spalte 6	Spalte 7	Spalte 8	Spalte 9	Spalte 10	Spalte 11
1	2 C	630010	Tipp-Ex Fluessig-weiss	10 Fl.	A	1152,0	5,95	10047	595279	595279	86,8	12199	2050
2	69 S	050032	RC-S CB-56 Weiss 330mm Schwarzschr.	100 kg	H	3,0	334,82	944	316039	911318	314,8	8888	26
3	29 S	050000	RC-S CB-56 Weiss 330mm Schwarzschr.	100 kg	G	4,0	334,82	765	2532647	1164614	189,2	7957	23
4	115 S	637010	Tipp-Ex Garnituren	10Stck	A	3,0	408,54	596	220228	1397261	189,8	7626	18
497	51 C	764501	Trianon Tasch. Tel. PC-0206 beige	1 Stck	P	576,0	10,20	504	1134	9374721	25,2	532	236
498	27 C	476026	F. futura d´ grue met. F6-010226	50 BG	P	20,0	2,25	186	11169	9375837	0,7	528	88
499	357C	020001	H-G H 52 violett Noten	100BG	O	240,0	6,00	222	1114	9376951	11,1	746	148
500	1038	095101	rc cb-56 chamois 440x620 mm bb	50 BG	P	20,0	5,02	18	1112	9378063	0,8	527	8

202 Beispiel einer Artikelliste

– Integration der Lagertechnik in die Betriebstechnik
– geeignete Standortwahl für Lagerbereiche innerhalb der Gesamtanlage
– Integration der Lagerorganisation in die Betriebsorganisation
– Gewährleistung der betrieblichen Flexibilität bei Änderungen der Betriebsabläufe, der Lagergutstruktur oder der Lagertechnik
– Gewährleistung der Betriebssicherheit.

Bei der Planung der Lagerbereiche müssen darüberhinaus die folgenden Grundanforderungen berücksichtigt werden:
– lagergutgerechte Aufbewahrung
– gute Zugriffsmöglichkeiten auf das Lagergut
– Übersichtlichkeit, gute Bestandsüberwachung
– gute Inventur- und Kontrollmöglichkeiten
– kostengünstige Lagerung bzgl. Investitions- und Betriebskosten
– humane Arbeitsplatzbedingungen
– Gewährleistung der Betriebssicherheit
– geringe Störungsanfälligkeit.

■ **Einflußfaktoren**

Aufgrund der komplexen Abhängigkeiten der Lagerplanung ist eine umfassende Analyse der *Einflußfaktoren* erforderlich. Grundsätzlich geht es dabei um die Klärung der Fragen was, in welcher Menge, wie und zu welchen Kosten gelagert werden soll. Zu den wichtigsten *Einflußfaktoren* zählen:

– Lagergut
– Lagermenge
– Standort
– Flächenbedarf
– Ausrüstung
– Kosten.

Abbildung 200 stellt die wichtigsten Einflußfaktoren auf die Lagerplanung dar.

■ **Planungsablauf**

Die komplexen Anforderungen an die Lagerung machen ein systematisches *Planungsvorgehen* erforderlich.
Im Folgenden werden die vielfältigen Aufgabenbereiche der Lagerplanung im Ablaufs von Fabrikplanungsprojekten aufgeführt. Die Bauplanung sollte dabei von Anfang an in den Entscheidungsprozeß mit einbezogen werden. Nur so können frühzeitig Potentiale erkannt und Kosten vermieden werden.

Analyse
Betriebsplanung
Bestandsanalyse und Bedarfsanalyse bezüglich:
– Lagergut (Art, Menge, Volumen)
– Lagerungsaufgaben
– Lagerablauf
– Materialbewegungen
– Informationsfluß und Organisationsform
– Flächen- und Personalbedarf

164 LAGERUNG UND TRANSPORT

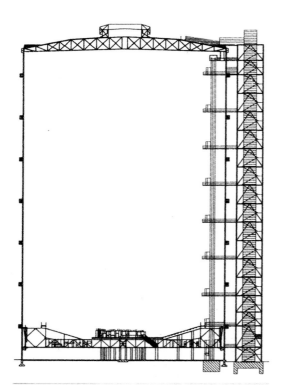

203 Gasometer in Oberhausen

Bauplanung
Grundlagenermittlung, Bestandserfassung
– Anbindung, Lage
– Größe, Kubatur, Flächenangebot
– Baukonstruktion, Gebäudetechnik
– Betriebskosten.

Bedarfsermittlung, Durchführbarkeitsuntersuchung
– Prüfung der Genehmigungsfähigkeit
– Analyse innerbetrieblicher Standortalternativen.

Zielformulierung
Definition der Projektziele
– Festlegung und Beschreibung des Lagergutes, der Lageraufgaben und Lagerabläufe.

Gestaltung
Betriebsplanung
– Bestimmung der Lagerart
– Bestimmung der Lageranordnung
– Bestimmung des Lagertyps (Lagertechnik und Bautechnik)(Auswahl, Dimensionierung und Auslegung)
– Ermittlung der Transportmittel und -hilfsmittel
– Ermittlung der Lagergutmenge
– Dimensionierung von Lagervolumen und Lagerflächen
– Konzeptionierung der Lagerorganisation, Verwaltung und Steuerung, Warenabfertigung, Warenein- und -ausgang, Bereitstellung und Handhabung
– Berechnung der Lagerkosten bzgl. Investition und Betrieb.

Bauplanung
Grundlagenermittlung, Durchführbarkeitsuntersuchung
– Prüfung der betrieblichen Konzepte
– Abstimmung mit dem Gesamtlayout
– Prüfung der Genehmigungsfähigkeit.

Zielformulierung
Auswahl einer Lösung.

Gestaltung
Betriebsplanung
Feinplanung der ausgewählten Variante.
Bauplanung
Feinplanung der ausgewählten Variante.

In der Praxis finden innerhalb des Planungsablaufs (von Problemerkennung, Analyse, Zielformulierung und Gestaltung) und zwischen den Planungsphasen zahlreiche Rückführungen und Querverflechtungen statt. Das Grundprinzip der *Variantenbildung* hilft eine systematische Entscheidungsfindung herbeizuführen.

7.4 Lagergut

Ausgangspunkt jeder Untersuchung im Lagerwesen ist die *Analyse des Lagergutes*. Die Eigenschaften und Lagerbedingungen der verschiedenen Lagergüter geben wesentliche Hinweise zur organisatorischen und baulichen Gestaltung der Lagerplätze, Lagerhallen oder Silos.

Jedes Lagergut kann durch eine Vielzahl unterschiedlicher *Merkmale* bestimmt werden.

Bei der Beschreibung des Lagergutes müssen sämtliche Merkmale die für die Lagerung von Bedeutung sind berücksichtigt werden.

Die Beschreibungsmerkmale können in direkt dem Lagergut anhaftende, *stoffliche Eigenschaften* und Eigenschaften die aus dem *Umgang* mit dem Lagergut hervorgehen (z.B. Zugriffshäufigkeit, Grad der Verfügbarkeit) differenziert werden.

Unter den stofflichen Beschreibungskriterien ist der *Aggregatzustand* des Lagergutes für die Lagerplanung von besonderem Interesse. Die Güter können hiernach in *Stückgüter, Massen-* oder *Schüttgüter*, unbeständige oder beständige *Flüssigkeiten*, halbflüssige Massen und hoch- oder niedrigkomprimierte Gase unterschieden werden. Eine derartige Einteilung ist im Einzelfall jedoch zu ungenau. Innerhalb der einzelnen Gruppierungen werden weitere Klassifizierungen erforderlich.

Da sich der Schwerpunkt der Lagerplanung meist auf die Lagerung von *Stückgütern* konzentriert, soll hier beispielhaft eine feinere Klassifizierung aufgezeigt werden.

Stückgüter sind nach VDI-Richtlinie 3565 als Gegenstände definiert, die ohne Rücksicht auf Form und Gewicht während des Transportes als Einheit betrachtet werden. Bei der Lagerung von *Stückgütern* ist es sinnvoll nach den *Abmessungen der Lagergüter* zu differenzieren. Grobe Einteilungen unterscheiden Klein-, Mittel- und Großgut. Abbildung 201 zeigt eine noch feinere Gliederung von Stückgütern.

Das Beispiel zeigt daß, je nach Zusammensetzung des Lagerbestandes, eine unterschiedlich differenzierte Klassifizierungslisten notwendig ist.

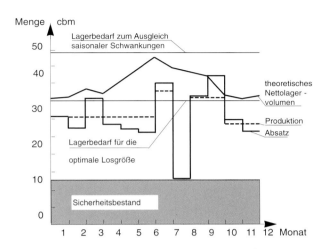

204 Berechnung des Nettolagervolumens bei saisonalen Schwankungen

205 Lagerhalle in Eichstätt – Sollnau
Architekten: Hild und Kaltwasser

206   Lagerhalle in Eichstätt – Sollnau; Architekten: Hild und Kaltwasser

Für die Lagerung interessant sind, neben dem Aggregatzustand, folgende *stoffliche Eigenschaften* der Lagergüter:
– Gewicht
  Masse
  spezifisches Gewicht
  spezifische Dichte
  (bei verdichteten und flüssigen Gasen)
– Volumen
– Form
– Abmessungen
  geometrische Abmessungen
  maximale waagerechte Abmessungen,
  senkrecht projizierte Grundfläche
– Schwerpunktlage
– Oberflächenbeschaffenheit
– Wert
– physikalische Eigenschaften
– chemische Eigenschaften
– korrosive Eigenschaften
– Gefährlichkeit
  Brennbarkeit
  Explosionsgefährlichkeit
– Giftigkeit
– Empfindlichkeit
  Zerbrechlichkeit
  Empfindlichkeit auf Druck- und/ oder
  Temperaturschwankungen.

Die Merkmale, die aus dem *Umgang* mit dem Lagergut hervorgehen, können, da sie dem Lagergut nicht direkt anhaften sich im Laufe der Zeit verändern (*dynamische Eigenschaften*).
Beispielhaft seien folgende Kriterien genannt:

– Grad der Verfügbarkeit
– Umschlaghäufigkeit
– Gebindeeinheit
– Lagerplatzart
– Verpackungsgrößen der Auslieferung
– Zugriffsgröße
– spezielle Anforderungen des Handlings
– Bewirtschaftungsart.

☐ **Strukturelle Änderungen**
Der strukturelle Wandel der Produkte hat die *Zusammensetzung des Lagerbestandes* verändert –> siehe Kap.2. Die Auswirkungen für den Lagerbestand sind gekennzeichnet durch:
– zunehmende Produktvielfalt
– kleinere Losgrößen
– abnehmende Artikelvielfalt
– zunehmende Variantenvielfalt
– zunehmende Komplexität der Produkte
– umfangreiche Materialbevorratung
– zunehmender Wert der Produkte
– kürzere Produktlebensdauern
– zunehmende Umschlaghäufigkeit.

☐ **Artikelliste**
Die oben genannten Veränderungen machen eine *systematische Analyse* der Güter erforderlich.
Hierbei gilt es nicht nur die Lagergüter sondern sämtliche Güter und Materialien innerhalb der Betriebsprozesse zu erfassen.
Ein *Hilfsmittel* zur Erfassung und Aufbereitung relevanter Daten ist die Erstellung einer Artikelliste (Abb.202). In dieser werden alle für die Lagerplanung, aber auch für andere Planungsbereiche (Transportpla-

nung, Produktionssteuerung, etc.) notwendigen Produktinformationen gesammelt.

Nicht quantifizierbare Artikelinformationen können durch Codierungen in die Artikellisten aufgenommen werden.

Entsprechend dem Verwendungszweck kann die Artikelliste nach unterschiedlichen Kriterien geordnet und ausgewertet werden, beispielsweise nach Umsatz, Lagerbestand, Zugriffszahl, nach steigender Artikelnummer, nach der Lagerplatzart oder dem Grad der Verfügbarkeit.

Für die Lagerplanung können beispielsweise folgende Informationen aus der Artikelliste ermittelt werden:
- *der Netto-Lagerplatzbedarf*
  aufgeschlüsselt nach Art und Größe der Gebinde bzw. der Lagerplätze. Diese Angaben werden zur Ermittlung des Gesamtlagerbestandes, der Ermittlung der erforderlichen Lagerplatzzahl je Lagerplatzart und -größe sowie der Gliederung nach lagertechnischen Gesichtspunkten zum Beispiel der Bildung von Lagereinheiten und Regalzonen verwendet.
- *Umschlagshäufigkeit*,
  das heißt die Anzahl der voraussichtlichen Ein- und Auslagerung, woraus (mit Hilfe der ABC-Analyse) Gängigkeitszonen gebildet werden können.
- *Gebindesortiment*
  Die Artikelliste dient zur groben rechnerischen Ermittlungen der *Gebindearten*.
- *Lagerplatzbildung*
  anhand der Artikelliste kann eine grobe rechnerische *Lagerplatzbildung* vorgenommen werden.

☐ Lagermenge

Für die Dimensionierung des Lagerbereiches ist die Festlegung und Bestimmung der einzulagernden Menge Grundvoraussetzung. Hierzu wurden von der Fabrikplanung unterschiedliche Ermittlungsmethoden entwickelt auf die hier nicht eingegangen werden kann. Hingewiesen werden soll in diesem Zusammenhang auf die *dynamischen Vorgänge* innerhalb eines Lagers. Produktionsschwankungen, Zuliefer- und Auslieferschwankungen erschweren die kapazitative Dimensionierung eines Lagers. Zur Festlegung des erforderlichen Lagerkapazität (Lagervolumen, Lagerfläche) müssen neben dem *durchschnittlichen Lagerbestand*, die *maximale Lagermenge* sowie der *Mindest- oder Sicherheitsbestand* betrachtet werden (Abb.204).

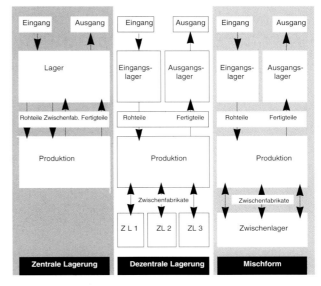

207   Grundkonzepte der Anordnung von Produktionslagern

☐ Flexibilität

Bei der Untersuchung des Lagerbestandes ist es wichtig nicht nur die momentane Situation zu erfassen, sondern die Entwicklung des Lagerbestandes nach Art und Menge zu berücksichtigen, da diese sich direkt auf die Planung und Gestaltung der Lagerbereiche auswirkt. Die Lagergestaltung muß durch entsprechende *Flexibilität* die zukünftigen Veränderungen innerhalb eines *definierten Planungshorizontes* garantieren.

☐ Lagerdifferenzierung

Das Lagergut dient als Beschreibungsmerkmal für die Lagerung.
Entsprechend der Lagergutdifferenzierung spricht man von:
- Stückgutlager, Flüssigkeitslager, Gaslager
- Kleinteilelager
- Langgutlager
- Tafelgutlager.

7.5 Lagerart

Die Lagerart gibt Auskunft über die *Rolle des Lagers und des Lagergutes im Materialfluß* (Abb.199).

■ Beschreibungskriterien

Zur *Beschreibung* können unterschiedliche Kriterien herangezogen werden, wie: die Funktion, die Branche, die Organisation und der Rechtsstatus.
Die Kriterienliste ist beliebig erweiterbar und in sich differenzierbar.

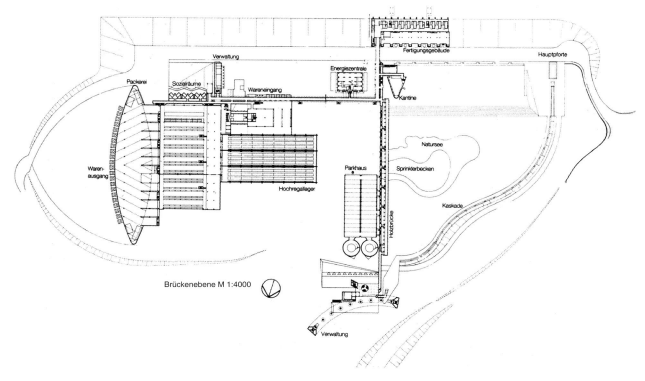

208 Produktionsstätte der Braun AG, Melsungen(1990); Architekten: J. Stirling, M. Wilford und Partner

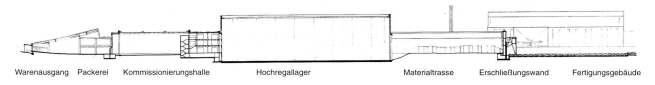

209 Produktionsstätte der Braun AG, Melsungen(1990); Architekten: J. Stirling, M. Wilford und Partner

Nach der *Funktion* des Lagers unterscheidet man:
– Pufferlager
– Vorratslager
– Versandlager
– Kommissionierlager
– Reifelager
– etc.

Nach der *Branche*, und damit der Rolle im übergeordneten Materialfluß unterscheidet man:
– Chemielager
– Brauereilager
– Lebensmittellager
– Holzlager
– etc.

Nach der *Organisationsform* des Materialflusses unterscheidet man beispielsweise:
– zentral / dezentrale Lagerung
– mechanisierte / automatisierte Lagerung.

Nach dem *Rechtsstatus* unterscheidet man:
– außerbetriebliche / innerbetriebliche Lager
– Mietlager
– Konsignationslager
– Speditionslager
– Leasing-Lager.

☐ **Innerbetriebliche Lagerarten**

Im Folgenden sollen *innerbetriebliche Lagerarten* entsprechend der *Stellung des Lagers und des Lagergutes*

210 Produktionsstätte der Braun AG, Melsungen(1990); Architekten: J. Stirling, M. Wilford und Partner

im Betriebsablauf klassifiziert werden (Abb.207). Häufig, aber nicht zwingend, spezifiziert sich über die Stellung im Betriebsablauf bereits der *Lagerstandort*.
Die wichtigsten innerbetrieblichen *Lagerarten* sind: Eingangslager, Zwischenlager, Ausgangslager.

– *Eingangslager*

Im *Eingangslager* werden angelieferte Rohmaterialien, Halbzeuge oder zugekaufte Bauteile und Baugruppen gelagert (Rohstofflager). Das Wareneingangslager ist Puffer zwischen Beschaffungsmarkt und Unternehmen. Das Lager muß gut an die externen Verkehrsströme angebunden sein und den innerbetrieblichen Materialfluß garantieren.
Die Baugestaltung muß die Umschlags- und Verkehrsfrequenz im Lager berücksichtigen.

– *Zwischenlager*

Zwischenlager befinden sich innerhalb der Produktion oder Montage. Sie sind Puffer zwischen verschiedenen Fertigungsabschnitten. In ihnen werden Zwischenprodukte, das heißt Halbzeuge, Bauteile und Baugruppen gelagert (Zwischenproduktlager) und für den folgenden Fertigungsschritt bereitgestellt (Bereitstellager).
Die räumliche Zuordnung der Zwischenlagerung kann direkt am Arbeitsplatz erfolgen *(Bereitstellung)*, Abteilungs- oder Bereichsweise *(dezentrale Zwischenlagerung)* zusammengefaßt sein oder zentral für den gesamten Betrieb angeordnet sein *(zentrale Zwischenlagerung)*. In der Praxis treten die Zwischenlagerarten einzeln oder parallel auf.

– *Ausgangslager*

Ausgangslager dienen der Lagerung der fertigen Produkte. Sie sind Puffer zwischen Unternehmen und Absatzmarkt (Endlager, Fertigfabrikatelager).
Die Anordnung des Ausgangslagers ist einerseits abhängig vom innerbetrieblichen Materialfluß, andererseits von der externen Verkehrsanbindung.
Eingangs-, Zwischen- und Ausgangslager werden aufgrund ihrer unmittelbaren Beziehung zur Fertigung häufig unter dem Begriff *Produktionslager* zusammengefaßt.
Neben den Produktionslagern werden *nach der Funktion des Lagergutes* innerhalb der Betriebsabläufe folgende Lagerarten unterschieden:

– *Werkzeuglager*

Werkzeuglager stehen in engster Verbindung mit der Fertigung. Die Art der Werkzeuge beeinflußt die Einrichtung und Gestaltung dieser Lager.

– *Ersatzteillager*

Ersatzteillager können als Handelslager, aber auch als Betriebslager innerhalb von Fertigungen oder Reparaturwerkstätten organisiert und räumlich angeordnet sein.

– *Packmateriallager*

Packmateriallager sind Bestandteil aller Fertigwarenlager, Handels-und Versandlager, wo Schüttgut abzupacken oder Stückgut zu verpacken ist.

– *Hilfsstofflager*
– *Betriebsstofflager*

170 LAGERUNG UND TRANSPORT

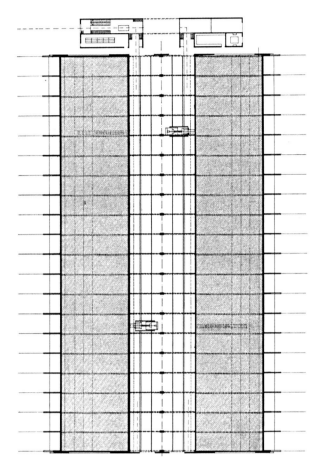

211   Grundriß Mischbettanlage 1:1000, Architekt: Kurt Ackermann

212   Schnitt einer Variante 1: 1000, Architekt: Kurt Ackermann

– *Abfall- und Schrottlager*
– *Kantinenlager.*

Diese Lagerarten werden häufig unter dem Begriff *Nebenlager* zusammengefaßt.

7.6   Lageranordnung

Das Lagerwesen eines Unternehmens besteht meist aus mehreren Lagereinheiten.
Nach der *räumlich-organisatorischen Anordnung* unterscheidet man dezentrale, zentrale Lager und Mischformen (Abb.207).

Die *zentrale Lagerung* ist durch weitgehende Zentralisierung der Lagerbereiche gekennzeichnet. Eingang-, Zwischen und Ausgangslager sind räumlich und organisatorisch zusammengefaßt, teilweise sind sogar die Nebenlager integriert.

Bei der *dezentralen Lagerung* findet die Lagerung an den Orten der Bestandsbildung statt. Die einzelnen Produktionslager sind räumlich und organisatorisch getrennt.

In der Praxis treten häufig *Mischformen* aus zentraler und dezentraler Lagerung auf.

Die Vorteile der *zentralen Lagerung* sind:
– konzentrierte Lagerung
– keine Mehrfachlagerung
– geringe Kapitalbindung
– gute Übersichtlichkeit
– Vorteile bei der Bestandsüberwachung
– erhöhter Nutzungsgrad für Fläche und Raum
– geringerer Dispositionsaufwand
– Rationalisierung durch Mechanisierung und Automatisierung möglich
– bessere Ausnutzung von Lagergeräten
– bessere Ausnutzung von Bereitstellungsplätzen.

Die Vorteile der *dezentralen Lagerung* sind:
– verringerte Transport- bzw. Materialflußkosten
– schnelle Belieferung
– kurze Wege zu den Betriebsbereichen
– bessere Anpassung der Lagertechnik an die Bedürfnisse
– Vorteile bei der Eingliederung in die räumlichen Gegebenheiten
– direkter Zugriff seitens der Betriebsbereiche.

Ob zentrale oder dezentrale Anordnung sinnvoll ist, muß im Einzelfall beurteilt werden.
Einflußkriterien sind:
– lagertechnische Gesichtspunkte
– Materialflußaspekte
– räumlichen Gegebenheiten (Gesamtbebauung, Neuplanung, Umnutzung)
– Produktionsorganisation (Fließfertigung, Werkstattfertigung).

7.7   Lagertyp

Der *Lagertyp* charakterisiert ein Lager bezüglich seiner *technischen Gestaltung*. Hierzu zählen die Bestimmung der Lagermittel und -geräte, der Fördertechnik, der Steuerungs- und Bedientechnik, der Konstruktion, der Abmessungen, der Tragfähigkeit, des Flächen- und Raumbedarfs.

☐ **Beschreibungsmerkmale**

Zur *Beschreibung der technischen Gestaltung* eines Lagersystems steht eine Vielzahl von Merkmalen zur Verfügung, wie:
- Lagerung im Freien oder im Gebäude
- die Art der Gebäude
- mit oder ohne Lagermittel
- die Art der Lagermittel
- statische oder dynamische Lagerung
- gestapelte oder ungestapelte Lagerung
- die Art der Lageranordnung
- als Block- oder Zeilenlagerung
- in chaotischer oder freier Lagerplatzanordnung
- die Art der Lagergeräte.

Abbildung 213 versucht eine Systematisierung der wichtigsten technischen Beschreibungsmerkmale für ein Lager.
Aufgrund der vielfältigen Bedingungen die einen Lagertyp charakterisieren spricht man auch von *Lagersystem*.
Entsprechend der Beschreibungsmerkmale unterscheidet man folgende *Lagertypen*:

nach den Lagermitteln:
- Block- und Bodenlagerung
- Regallagerung
- Einfahrregallagerung
- Durchfahrregallagerung
- Hochregallagerung
- Schubkastenlagerung
- Durchlaufregallagerung
- Verschieberegallagerung
- Umlaufregallagerung.

nach den Lagergeräten:
- Sichtkästenlagerung
- Behälterlagerung
- Palettenlager
- Stangenlager
- Plattenlager.

nach der Bautechnik:
- Freilager
- Hallenlager
- Stockwerklager
- Silolager

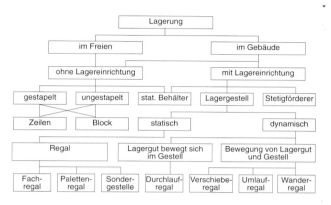

213 Ableitung praxisrelevanter Lagertypen

- Traglufthallenlager.

Die aufgezählten Lagertypen können im Rahmen dieser Arbeit nicht ausführlich dargestellt werden. Zur Vertiefung wird die angegebene Literatur empfohlen.

☐ **Auswahl des Lagertyps**

Beim heutigen Stand der Technik steht eine kaum überblickbare Vielfalt an technischen und konstruktiven Möglichkeiten der Lagersysteme zur Verfügung. Es ist die Aufgabe der Lagerplanung, aus dieser Vielfalt die für den jeweiligen Fall optimale Lösung zu ermitteln.
Unter den Auswahlkriterien zur Bestimmung eines Lagersystems sind folgende Kriterien zu beachten:
- technische Kriterien
  Wie ist das Lagergut beschaffen?
  Wie ist das Lagergut handhabbar?
  Welche Lagergutmengen werden bewegt?
  Wie ist der Lagervorgang zu organisieren?
  Wie ist die Lagerung selbst zu organisieren?
  Wie sind die Standortgegebenheiten
  (innerbetrieblich, in Bezug auf das Gesamtfirmengelände und die Anbindungen nach außen)?
  Erfordert die Lagerung eine Lagereinrichtung?
  Wie ist die Einbindung in den Materialfluß?
- *wirtschaftliche* Kriterien
  Wie hoch sind die Investitionskosten?
  Wie hoch sind die Betriebskosten?
  Wie lange ist die Amortisationsdauer?

■ **7.7.1   Lagermittel**

Entscheidend bei der Bestimmung des Lagertyps ist die Auswahl des Lagermittels.
Lagermittel sind:
- Palettenregale

172 LAGERUNG UND TRANSPORT

Blocklagerung	Zeilenlagerung
Bodenlagerung Stückgut mit/ohne Ladehilfsmittel Statische Lagerung	Bodenlagerung Stückgut mit/ohne Ladehilfsmittel Statische Lagerung
Einfahr-/Durchfahrregal	**Wabenregal**
Regallagerung Blockregallager Stückgut mit Ladehilfsmittel Statische Lagerung	Regallagerung Blockregallager Langgut mit/ohne Ladehilfsmittel Statische Lagerung
Fachbodenregal	**Schubladenregal**
Regallagerung Zeilenregallager. Stückgut mit/ohne Ladehilfsm. Statische Lagerung	Regallagerung Zeilenregallager. Stückgut mit/ohne Ladehilfsm. Statische Lagerung
Palettenregal	**Hochregal (Ortbeton)**
Regallagerung Zeilenregallager Stückgut mit Ladehilfsmittel Statische Lagerung	Regallagerung Zeilenregallager Stückgut mit Ladehilfsmittel Statische Lagerung
Hochregal (Stahl)	**Behälterregal**
Regallagerung Zeilenregallager Stückgut mit Ladehilfsmittel Statische Lagerung	Regallagerung Zeilenregallager. Stückgut mit Ladehilfsmittel Statische Lagerung
Kragarmregal	**Kragarmregal mit bewegl. Armen**
Regallagerung Zeilenregallager. Langgut mit/ohne Ladehilfsm. Statische Lagerung	Regallagerung Zeilenregallager. Langgut mit/ohne Ladehilfsm. Statische Lagerung

214 Beispiele statischer Lagersysteme

– Behälterregale
– Fachregale
– Schubladenregale
– Kragarmregale
– Einfahrregale
– Durchfahrregale
– Wabenregale
– Durchlaufregale
– Umlaufregale
– Paternosteregale
– Verschieberegale
– Hochregallager
– Lagerung auf Förderzeugen.

Abbildung 214 und 215 veranschaulicht die unterschiedlichen Lagermittel systematisiert nach statischen und dynamischen Systemen.
Die Lagermittel sind aus unterschiedlichem Material, in unterschiedlichen konstruktiven Ausführungen und Abmessungen erhältlich. Ausführliche Informationen sind über die Hersteller zu beziehen.
Die *Auswahl und Dimensionierung* der Lagermittel hängt von zahlreichen Kriterien ab, wie dem Lagergut, der Lagermenge, dem Gewicht der Ladeeinheiten, der Umschlaghäufigkeit, der Lagerorganisation, den Fördermitteln, dem Flächen- und Raumangebot und den Kosten. Sie erfordert die Zusammenarbeit aller Planungsbeteiligten.
Abbildung 216 stellt eine grobe Auswahl von Lagermittel anhand wichtiger Kennzahlen dar.

■ 7.7.2 Lagergeräte

Lagergeräte, auch als *Lagerhilfs-, Transporthilfs-* oder *Förderhilfsmittel* bezeichnet, sind Vorrichtungen aus verschiedenen Werkstoffen in unterschiedlicher Bauart, mit denen sich Güter für den Transport und zur Lagerung zu *Ladeeinheiten* zusammenfassen lassen. Hierzu eignen sich Ladegeräte wie Paletten, Boxen, Behälter oder Kästen.
Aufgrund der zentralen Stellung im innerbetrieblichen Material- und Warenfluß beeinflußt das Lagergerät neben dem Lager- und Transportbereich die konstruktive und gestalterische Ausbildung fast aller Betriebsbereiche. Darüberhinaus ist die Kooperation mit den außerbetrieblichen Material- und Warenflüssen betroffen.
Im Idealfall sollte die Ladeeinheit der Transporteinheit, der Lagereinheit, der Fertigungseinheit und gegebenenfalls der Zähl-, Inventur-, Vertriebs- und Versandeinheit entsprechen.

Die *Bildung von Ladeeinheiten* zielt auf:
- die Begrenzung der Lagerung
- die Maximierung der Raumausnutzung (vor allem im Produktions- und Lagerbereich)
- die Vermeidung von Umladevorgängen
- die Reduktion der Transportvorgänge
- die Erhöhung der Transportleistung (durch Automation und rationelleren Materialfluß) und die Vereinfachung der Kooperation mit den außerbetrieblichen Material- und Warenflüssen ab.

☐ **Anforderungen an das Lagergerät**

Bei der Auswahl der Lagergeräte müssen die unternehmensinternen und unternehmensexternen Anforderungen an das Lagergerät untersucht werden. *Grundsätzliche Anforderungen* an Lagergeräte sind:
- Schutz des Lagergutes
- leichte Zugriffsmöglichkeit auf das Lagergut
- gute Bedienung im Fertigungs- und Kommissionierbereich (z.B. Zugriff, Greifhöhen, Gewicht)
- einfache Handhabung
- einfacher Transport
- gute Angriffsmöglichkeiten für das Transportmittel und die Transportarbeiter
- gute Flächenausnutzung
- einfache, raumsparende Lagerung im beladenen und unbeladenen Zustand (Stapel-, Faltbarkeit)
- möglichst wenig Handhabungsvorgänge z.B. durch Bildung großer Ladeeinheiten
- bei ausreichender Stabilität geringes Eigengewicht
- aufeinander abgestimmte Größen und Typen
- Kompatibilität im inner- und außerbetrieblichen Materialfluß
- geringe Investitionskosten
- lange Lebensdauer
- hohe Betriebssicherheit.

Aufgrund der vielseitigen Verwendung und der hohen Beanspruchung von Lagergeräten wurden zur Beurteilung von Güte und Sicherheit *Prüf- und Gütebestimmungen* für Herstellung und Verwendung von Lagergeräten erlassen (RAL-RG 993). Jedes Lagergerät muß mit dem Hersteller oder Einführer, der zulässigen Nutzlast einer Stapeleinheit, der zulässigen Auflast und dem Baujahr versehen sein.

☐ **Auswahl der Lagergeräte**

Ziel bei der Auswahl der Lagergeräte ist es, die in einem Unternehmen vorkommenden Arten, Größen und Typen zu bestimmen.

215 Beispiele dynamischer Lagersysteme

215 b Beispiele dynamischer Lagersysteme

Grundsätzlich gilt möglichst wenig verschiedene und aufeinander abgestimmte Lagergeräte zu verwenden. Aufgrund der Vielzahl von Artikeln mit unterschiedlichen Anforderungen und aufgrund der unterschiedlichen Anforderungen an das Lagergerät in den verschiedenen Betriebsbereichen wird ein Unternehmen in den seltensten Fällen mit einer Lagergeräteart auskommen.

Die *Auswahl der Lagergeräteart* hängt im wesentlichen von den Lagergutanforderungen ab. Bei einer sehr großen Menge unterschiedlicher Lagergüter empfiehlt es sich die Anforderungen *repräsentativer Lagergüter* näher zu untersuchen.

Die *Größe des Lagergerätes* hängt vom Volumen der Gesamttransport- und Lagermenge ab. Die Gesamttransportmenge geht aus der Materialflußerfassung hervor. Die Transportmenge ist in sinnvolle Einheiten zu teilen. Die Einheiten sollte während aller Materialflußvorgänge, vor allem während Produktion, Lagerung, Transport und Kommissionierung möglichst gleich groß beziehungsweise aufeinander abgestimmt sein.

Die *Anzahl der Lagergeräte* ergibt sich aus der Gesamttransport- und Lagermenge dividiert durch die Ladeeinheit zuzüglich erforderlicher Sicherheitszuschläge. Hierbei ist es sinnvoll Lagerbereich, Kommissionier- und Fertigungsbereich getrennt zu betrachten.

Die Auswahl der Lagergeräte ist für ein Unternehmen mit hohen *Kosten* sowohl in den Investitionskosten als auch langfristig in den Betriebskosten verbunden. Fehlentscheidungen lassen sich nur kostenaufwändig korrigieren.

☐ **Lagergerätearten**

Die Lagergeräte lassen sich nach unterschiedlichen Gesichtspunkten kategorisieren.

Entsprechend ihrer *raumbegrenzenden Funktion* lassen sich die Lagergeräte in drei Arten untergliedern. In tragende Lagergeräte die nur aus einer Bodenfläche bestehen, in umschließende Lagergeräte mit Boden- und Seitenflächen und in abschließende Lagergeräte mit Boden-, Seitenflächen und Deckel.

Tragende Förderhilfsmittel sind Ladepritschen (DIN 15132) und Flachpaletten (DIN 15145/46/47).

Umschließende Lagerhilfsmittel sind Flachpaletten mit Seitenaufbauten (DIN 15148/9), Gitterboxpaletten (DIN 15144), Stahlboxpaletten, Kästen (DIN 15143), Sichtkästen und Boxen.

Abschließende Lagerhilfsmittel sind Kästen mit Deckel, Fässer, Kanister, Flaschen, Tanks und Container.

Weitere Gliederungskriterien sind die Stapelbarkeit, die Größe, das Fassungsvermögen, das Material, die Andienungsmöglichkeit (kranbar, Zweiweg- oder Vierwegandienung), die Lebensdauer (Einmal-, Wiederholverwendung) und die Bedienungsfreundlichkeit im vollen wie im leeren Zustand.

Im Folgenden werden die bekanntesten Lagergeräte kurz dargestellt:

Paletten

Paletten sind tragbare Plattformen mit oder ohne Aufbau. Nach der Befahrbarkeit, das heißt der Andienmöglichkeit (beispielsweise mit dem Gabelstabler) unterscheidet man die Paletten in Vierweg- und Zweiwegpaletten (Abb. 217). Die Palette wurde 1950 als »rationalisierendes Transportmittel« eingeführt. Sie ist das gebräuchlichste Lager- und Förderhilfsmittel.

Zur Vereinfachung des Handels und Rationalisierung des Transports, innerhalb und außerhalb Europas, wurde 1960 ein Palettenpool zwischen der Bundesbahn, den Spediteuren und der Industrie aufgebaut. Innerhalb dieses Pools werden zwei genormte Paletten ausgetauscht, die später im europäischen Palettenpool aufgenommen wurden. Dies bedeutet daß kein Umladen

LAGERTYP 175

Lagermittel / Kenngrößen		Bodenlagerung – Stat. Lagerung		Regallagerung																
				Statische Lagerung							Dynamische Lagerung										
		Block-	Zeilen-	Blockregal-		Zeilenregal-					Feststehende Regale, Bewegliche Ladeeinheiten						Umlaufregal horizontal	Bewegte Regale, Feststehende Ladeeinheiten			
		gestapelt und ungestapelt	gestapelt und ungestapelt	Einfahr-Durch-fahrregal	Waben-regal	Fach-boden-regal	Schub-laden-regal	Paletten- oder Hoch-regal	Behälter-regal	Krag-arm-regal	Durch-laufregal Schwer-kraft	Einschub-regal Schwer-kraft	Durch-laufregal Stetigf. Antrieb	Durch-laufregal Unstetigf. Schwer-kraft	Einschub-regal Unstetigf. Schwer-kraft	Kanal-regal Unstetigf. Antrieb	Umlaufregal horizontal	Umlaufregal vertikal	Ver-schiebe-regal umlauf-regal	Ver-schiebe-regal (Tische)	Ver-schiebe-regal (Zeilen)	Regal auf Flur-förder-zeug
Anzahl Ladeeinheiten pro Artikel	groß	●	◐	●	○	○	○	●	○	○	●	◐	●	●	◐	●	○	○	○	○	◐	○
	mittel	◐	●	◐	◐	◐	◐	●	◐	◐	●	●	●	●	●	●	◐	◐	●	◐	●	○
	gering	○	◐	○	●	●	●	●	●	●	○	○	○	○	○	○	●	●	●	●	●	●
Artikelanzahl	groß	○	○	○	◐	●	●	●	●	◐	○	○	○	○	○	○	●	●	◐	●	○	○
	mittel	○	◐	○	●	●	●	●	◐	◐	◐	◐	◐	◐	◐	◐	●	●	●	●	●	○
	gering	●	●	●	●	○	◐	○	○	●	●	●	●	●	●	●	◐	◐	◐	●	◐	●
Gewicht der Ladeeinheiten	schwer	●	●	●	●	○	◐	●	○	●	◐	●	●	●	◐	●	○	●	○	●	◐	○
	mittel	●	●	●	◐	◐	●	●	◐	●	●	●	●	●	●	●	◐	●	●	●	●	○
	leicht	●	●	●	◐	●	●	●	◐	●	●	●	●	●	●	◐	●	●	●	●	●	●

● gut geeignet   ◐ bedingt geeignet   ○ schlecht geeignet

216   Beispielhafte Lagermittelauswahl anhand wichtiger Kennzahlen

der Ladung notwendig ist. Entsprechend der Anzahl gelieferter Paletten werden Leerpaletten ausgetauscht. Aus den Massen der Euro-Paletten entwickelten sich Maßsysteme für Verpackung, Lagerung und Transport.

Palettenabmessungen nach DIN 15141 Teil 1:
- 0,6 m x 1,0 m   (findet noch im Großhandel Einsatz)
- 0,8 m x 1,2 m   (europäisches Palettenpool)
- 1,0 m x 1,2 m   (findet noch in europäischen Industriebetrieben Einsatz)
- 1,2 m x 1,2 m   (vereinzelt in Industriebetrieben)
- 1,2 m x 1,6 m
- 1,2 m x 1,8 m

Stapelhöhe: 0,4 bis 1,025 m in 0,025 m Sprüngen
Einfuhrhöhe: ca. 10 cm.

Zwischen Konstruktionsgliedern und Palette und zwischen zwei Paletten soll ein Manipulationsraum von etwa 5 bis 10 cm verbleiben. Zwischen Oberkante Ladung und Regal oder Raumdecke ist ein Manipulationsraum von 10 bis 20 cm einzuplanen.
Die Tragfähigkeit der Paletten ist je nach Nutzung und nach Material (Holz, Stahl, Kunststoff, Leichtmetall, Pappe) unterschiedlich.
Paletten lassen sich untergliedern in:
- Flachpaletten

und durch Aufsatz von Stapelhilfsmittel oder-behältern in:

- Boxpaletten
- Gitterboxpaletten
- modulare Magazinpaletten
- Flüssigkeits- und Schüttgutpaletten
- Rungenpaletten und
- Rollpaletten.

Stapelhilfsmittel

Stapelhilfsmittel sind Hilfsmittel, die mit den Paletten verbunden sind wie Rahmen und Rungen, die aufgesetzt, aufgesteckt oder eingesteckt werden, sowie deren Verbindungen.

Stapelbehälter

Stapelbehälter sind Behälter, deren Aufbauten mit dem Unterbau fest verbunden sind, wie Box- und Gitterboxpaletten, Rungenpaletten, Stapelwannen und Stapelkästen.

Flachpaletten

Flachpaletten sind das gebräuchlichste Lager- und Transporthilfsmittel. Es gibt sie in unterschiedlichen Abmessungen und in verschiedenen Materialausführungen (Holz, Stahl, Kunststoff, Leichtmetall), als Zweiweg- oder Vierwegpalette (Abb.217). DIN 15145 gibt Auskunft über die meisten Ausführungsvarianten. DIN 15141 enthält Hauptmaße genormter Flachpaletten.

LAGERUNG UND TRANSPORT

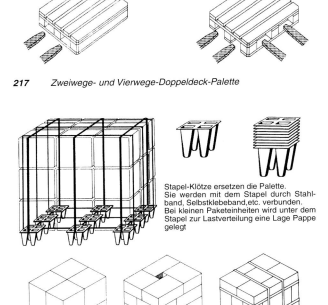

217 Zweiwege- und Vierwege-Doppeldeck-Palette

218 Stapelklötze; Stapelverbände, Sicherung des Stapels

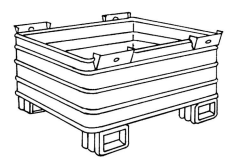

219 Stahlboxbehälter mit gesickten Wänden (Schwergutbehälter)

Die gebräuchlichste Flachpalette ist die Vierweg-Palette aus Holz in den genormten Abmessungen 800 x 1200 mm, Höhe 144 mm, Gewicht 28-32 kg, Sicherheits- und Güteüberprüft nach DIN 15146 und DIN 15147, RAL-RG 993. DIN 15146 legt die Trag- und Stapelfähigkeit für diese Palette exakt fest. Die Vierweg-Palette aus Holz wird im Europäischen Palettenpool ausgetauscht.

Zur Ladungssicherung eignen sich Sicherungslaschen, Kunststoffbänder und Kunststoffschrumpffolien. Letztere bieten auch einen gewissen Schutz der Ladung vor Witterungseinflüssen.

Wie für alle anderen Paletten gibt es auch für Pool-Flachpaletten Aufsetzrahmen. Diese können aus Holz--Metall-, oder Gitterwänden bestehen. Häufig sind sie als zusammenlegbare Aufsetz-, Aufsteckrahmen, Stapelbügel, teilweise mit Stapelvorrichtungen konzipiert. DIN 15148 und DIN 15149 enthält die Maße der Aufsetzrahmen für Flachpaletten.

Verlorene Paletten

Verlorene Paletten sind einfach ausgeführte Flachpaletten aus zusammengesteckter Wellpappe, billigem Holz, festem Papier oder Kunststoff mit geringer Lebensdauer, zur Einmalverwendung gedacht (Abb.218).

Boxpaletten

Ein Aufbau mit mindestens drei senkrechten Wänden ist das Kennzeichen der Boxpaletten. DIN 15142 enthält die Hauptmaße der Boxpaletten. Alle Wandungen der Boxpaletten können vollwandig sein oder aus einzelnen Stäben oder Stahlgittern bestehen. Die Seitenwände können abnehmbar oder zusammenlegbar sein. Häufig ist eine Seitenwand geteilt damit ihr Oberteil herausgenommen, geklappt oder abgesenkt werden kann. Der Boden kann abklappbar sein (Fallboden) um ein schnelles Entleeren zu ermöglichen. Bei vielen Ausführungen ist der Boden nicht für den Einsatz auf Rollenbahnen geeignet. Eine weitere Variante ist der Boden mit Rollen. Boxpaletten gibt es mit und ohne Deckel.

In der Regel ist Stapeln und Handhabung mit einem Kran möglich. Boxpaletten eignen sich für größere Teile oder große Mengen kleiner Teile.

Bekannteste Ausführungsformen sind die Stahlboxpalette (Abb.219) und die Gitterboxpalette (Abb.220).

Gitterboxpaletten

Gitterboxpaletten (DIN 15155) sind Vierwegpaletten mit Stahlrahmen und festen Seitenwänden aus Baustahlgitter (Abb.220).

Eine Längswand hat eine obere und eine untere Wandklappe, die um 180° aufklappbar sind. Am oberen Rand besitzt die Gitterboxpalette eine Aufsatzvorrichtung zum Stapeln nach DIN 15155, RAL-RG 993. Für die Gitterboxpalette ist nach DIN 15155 die Trag- und Stapelfähigkeit exakt festgelegt.

Überschlägig fassen Gitterboxpaletten ein Bruttogewicht von bis zu 1000 kg und haben eine Tragfähigkeit beim Stapeln von ca. 4000 kg. Dies entspricht einer Stapelhöhe von bis zu fünf Gitterboxpaletten. Die häufigst verwandte Gitterboxpalette hat die Grundmaße (l x b x h) 1240 x 835 x 970 mm.

Flüssigkeits- und Schüttgutpaletten

Zum Transport von flüssigen, pastosen, pulverartigen und körnigen Gütern eignen sich Behälter auf Palettengrundrahmen (Abb.221). Die Ausführungen sind vielseitig. Die Varianten beziehen sich unter anderem auf die Raumbegrenzung (umschließend oder abschließend), die Ausbildung der Seitenwände (offen, geschlossen), das Fassungsvermögen, das Material, die Innenbeschichtung, die Form, die Verschlüsse der Füll- und Auslaßöffnung.
Sie können rollbar und/oder kranbar sein.

Rungenpaletten und Stapelgestelle

Für Stabmaterial, Walzmaterial und ringförmiges Material oder dergleichen sind Paletten mit Rungen oder zwei Seitenwänden gebräuchlich.
Eckpfosten aus Winkelstahl erhöhen die Stabilität und Stapelfähigkeit.
Stapelgestelle (Abb.222) sind vor allem für Langmaterial geeignet. Die Eckpfosten und sonstigen Stapelhilfsmittel sind fest oder herausnehmbar (zum Transport im Leerzustand). Stapelgestelle sind stapelbar und in der Regel kranbar.

Rollpaletten

Rollpaletten sind Paletten mit oder ohne Stapelhilfsmitteln ausgestattet mit Radsätzen.
Rollpaletten lassen sich von Hand, mit Handfahrgeräten oder mit Hilfe von Flurförderern fortbewegen und sind wie alle Paletten mit Gabelstaplern und Kränen handhabbar. Rollpaletten finden unter anderem Einsatz beim Zusammenfassen von Kommissionen im Sortimentgroßhandel und bei ihrer Auslieferung im Einzelhandel. Die Grundmaße sind oft der Ladefläche von LKW´s angepaßt. Sie werden im Einzelhandel teilweise direkt als Verkaufsständer verwendet. Für den Leertransport können die Aufbauten häufig abgenommen werden.

Behälter

Behälter eignen sich für Stückgutteile unterschiedlicher Größe, Gewicht und Eigenschaften. Häufig handelt es sich um Kleinteile die in Behältern zu

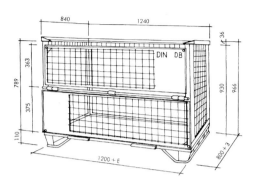

220   *Pool-Gitterboxpalette nach DIN15155*

221   *Stapelbehälter mit Profilstahlgerüst und Holzboden und -seiten; Palette mit festem Aufsatz*

Ladeeinheiten zusammengefaßt werden.
Behälter zählen zu den umschließenden und teilweise zu den abschließenden Ladegeräten, das heißt sie bestehen neben dem Boden aus drei geschlossenen Seitenwänden mit oder ohne Deckel.
Entsprechend der Anforderungen werden sie in Stahl, Kunststoff oder Leichtmetall angeboten. Meist sind sie stapelbar und lassen sich auf Paletten zu größeren Einheiten zusammenfassen. Zur Raumersparnis im leeren Zustand sind einige Systeme ineinanderstalpelbar.
Behälter eignen sich für Lagerung, Transport, Bereitstellung, zur Kommissionierung und für den Versand. Ein Vorteil ist die gute Zugriffsmöglichkeit. Für die Bereitstellung im Produktionsbereich ist auf den Greifraum des Menschen zu achten Bei vielen Behältern ist aus diesem Grund eine Seitenhöhe niedriger, oder eine Seite teilweise oder ganz aufklappbar. Großvolumige Behälter eignen sich speziell für den außerbetrieblichen Transport.Bei der Auswahl von Behältersystemen sollte auf die Eignung des Bodens zum Transport auf Rollenbahnen geachtet werden.

Kästen

Kästen sind für den Transport und die Lagerung von kleinen Teilen geeignet. Als Material wird häufig

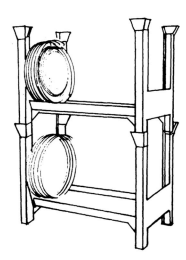

222   Stapelgestell aus Stahl für Drahtbunde

Stahlblech oder Kunststoff (VDI 3306) eingesetzt. Die Stapelfähigkeit wird durch eine schienenartige Führung in der Oberkante der Seitenwände und entsprechende Ausbildung des Kästenbodens erreicht. Kastensysteme mit unterschiedlichen Größen sollten modular aufeinander abgestimmt sein.

Container und Transcontainer

Container und Transcontainer sind vor allem für den außerbetrieblichen Transport auf Straße, Schiene, Wasser und Luft von großer Bedeutung. Zunehmender Rationalisierungsdruck und die notwendige Kommunikation mit dem außerbetrieblichen Warenfluß lassen diese Lagergeräte auch innerbetrieblich an Bedeutung gewinnen.

Container und Transcontainer zählen zu den umschließenden und häufig zu den abschließenden Ladegeräten. Zur Gewährleistung von kombiniertem Verkehr zwischen unterschiedlichen Verkehrsmitteln (LKW, Eisenbahn, Schiff, Flugzeug) müssen die Maßsysteme und Lasten (Nutzlast und Eigengewicht) aufeinander abgestimmt sein. Einheitlich festgelegt sind die Außenmaße der Container in ISO 668 und die Eckbeschläge in ISO 1161. Mindestwerte für Innenmaße, Belastbarkeit und Befahrbarkeit sind durch Normen festgelegt. Container können nach ISO 668 bis zu folgenden Gesamtgewichten ausgelastet werden:
20 Fuß-Container bis zu 20320 kg (44800 lbs) bzw. 24000 kg (52910 lbs) gemäß der neuesten Fassung der ISO 668.
40 Fuß-Container bis zu 30480 kg (67200 lbs).
Ein Containerboden kann von einem Gabelstabler mit einem Achsgewicht von bis zu 5460 kg (12040 lbs) bei einer Radauflagefläche von mindestens 142 m² (22sqin) je Rad befahren werden (ISO 1496/1).

7.8   Lagerungsoperation

Neben der Untersuchung und Gestaltung der objektspezifischen Kriterien eines Lagers, wie Lagergut, Lagerart und -anordnung, Lagersystem, Lagermittel, Lagergeräte gewinnt zunehmend die *Gestaltung der Prozesse* innerhalb eines Lagers an Bedeutung. Gründe dafür sind vielfältig. Zum einen ist das Rationalisierungspotential innerhalb der Lagertechnik und Objektgestaltung weitgehend ausgeschöpft, zum anderen fordert der Bedeutungsgewinn des Faktors Zeit neue Gestaltungsparameter.

Bei einer prozeßorientierten Untersuchung des Lagerwesens sind zunächst *sämtliche Vorgänge* die mit der Lagerung unmittelbar in Zusammenhang stehen zu analysieren.

Neben dem statischen Vorgang der Lagerung zählen hierzu die Vorgänge des Ein- und Auslagerns, der Kontrolle und des Zugriffs auf das Lagergut. Sie werden unter dem Begriff Lagerungsoperationen zusammengefaßt.

Die *wichtigsten Lagerungsoperationen* sind:
– Bildung von Lageeinheiten
– Einlagerung
– Lagerung
– Umlagerung
– Kommissionierung
– Auslagerung
– Bildung von Transporteinheiten
– Kennzeichnung der Ware
– Prüfen
– Wiegen
– Zählen
– Messen
– Verpacken.

Im Zusammenhang mit der Auslagerung ist der Vorgang des *Kommissionierens* von Aufträgen für die Betriebsplanung besonders wichtig. Er wird daher in Kapitel 7.10 gesondert betrachtet.

Die Lagerungsoperationen bilden einen erheblichen *Kostenfaktor* innerhalb der Lagerkosten. Es ist daher bei Rationalisierungsmaßnahmen sinnvoll hier anzusetzen und die einzelnen Vorgänge insbesondere hinsichtlich

Mechanisierung und Automatisierung zu untersuchen. Alle Vorgänge innerhalb des Lagers werden durch die *Lagerorganisation* gesteuert –> siehe Kap.7.9.

7.9 Lagerorganisation

Die Lagerorganisation regelt, steuert und verwaltet sämtliche *Lageroperationen*. Sie umfaßt:
- Mengenplanung
- Bestands- und Bedarfsberechnung
- Organisation der Ein- und Auslagervorgänge
- Bestandskontrolle (Inventur).

Durch den strukturellen Wandel des Lagers vom statischen Vorratslager zum dynamischen, prozessintegrierten Puffer wächst die Komplexität der Lagervorgänge und damit die Bedeutung der Lagerorganisation.
Die Lagerorganisation muß bereits bei der Planung eines Lagers bedacht werden, da sich daraus wesentliche Vorgaben (z.B. hinsichtlich der Lagermenge) für die Lagergestaltung ergeben. Die Planung der Lagerorganisation kann sich dabei nicht nur auf den Lagerbereich reduzieren. Sie muß sämtliche Betriebsbereiche berücksichtigen die mit der Lagerung in Beziehung stehen.
Die Lagerorganisation differenziert sich in die Aufgabenbereiche Steuerung, Regelung, und Verwaltung.

☐ Lagersteuerung

Unter Lagersteuerung versteht man alle *dispositiven* und *operativen* Aufgaben, die zur Durchführung von Ein- und Auslagerungsaufträgen notwendig sind. Die Steuerung findet auf mehreren Ebenen statt und bildet in ihrer Gesamtheit das Steuerungssystem. Einfluß auf die Konzeption des *Steuerungssystems* haben:
- Lagersystem/-typ
- Transportsystem
- Lagerorganisation
- Mechanisierungs- bzw. Automatisierungsgrad.

Die Lagersteuerung kann zentral oder dezentral erfolgen. Bei *zentraler Lagersteuerung* werden sämtliche Verwaltungsfunktionen zentral bearbeitet. Aufgrund der Vielzahl von Steuerungsarbeiten empfiehlt sich hierfür ein Zentralrechner, der sämtliche Steuerfunktionen koordiniert. Daneben setzen sich in der Praxis *dezentrale Steuerungsprinzipien* durch. Die Differenzierung in weitgehend voneinander unabhängige Steuerungsebenen (Segmentierung) hat die Vorteile größerer Autonomie und schnelleren Reaktionsvermögens. Störungen wirken sich nur auf einzelne Ebenen aus und nicht auf das Gesamtsystem.

7.10 Lagerstrategien

Anhaltender Kostendruck zwingt die Unternehmen zu strategischen Überlegungen zur *Kostenreduktion* im Lagerwesen. Unter Lagerstrategien versteht man *Planungs-* und *Dispositionsmaßnahmen*, durch die die *Wirtschaftlichkeit oder Zweckmäßigkeit* einer Lageranlage gesteigert werden kann.
Die Lagerstrategien lassen sich aus der Sicht der Lagerplanung in folgende *Strategiegruppen* unterteilen:
- anlagenbeeinflussende Strategien, die bei der Auslegung oder Neuplanung von Lageranlagen berücksichtigt werden sollten
- steuerungsbeeinflussende Strategien, die eventuell auch bei bestehenden Lageranlagen noch eingeführt werden könnten
- Kommissionierstrategien, die sowohl anlagenbestimmend, als auch steuerungsbeeinflussend sein können –> siehe Kap.7.11.

Im Folgenden sollen einige Maßnahmen innerhalb der einzelnen Strategiegruppen aufgezeigt werden. Es ist dabei unmöglich eine umfassende und abschließende Liste mit lagerstrategischen Maßnahmen zusammenzustellen.
Lösungen müssen immer wieder im Einzelfall und unter Beachtung der komplexen Zusammenhänge gefunden werden. Hierzu ist die Zusammenarbeit aller Planungsbeteiligten erforderlich. Der Architekt hat hierbei die Rolle des Beraters. Er muß frühzeitig auf die Konsequenzen unterschiedlicher Strategien, vor allem der anlagenbeeinflussenden Strategien, auf die Organisation, Nutzung und Umsetzung in eine bauliche Struktur hinweisen.

☐ Anlagenbeeinflussende Strategien

Anlagenbeeinflussende Lagerungsstrategien beziehen sich auf:
- die *Zugriffsmöglichkeiten zum Lagergut*, hierbei unterscheidet man grundsätzlich folgende Zugriffsarten:
  - direkter Zugriff je Gebinde (Regalzeilenlagerung)
  - losweiser Zugriff (Blocklagerung)
  - Zugriff nach vorgesehener Reihenfolge
  - bedingter Einzelzugriff (z.B. Schieberegallager).

Die Zugriffsart beeinflußt die Anordnung und den Flächenbedarf für Lagerungs- und Verkehrsflächen.

- eine *Unterteilung der Bestände* auf Haupt- und Kom-

missionierungslager zur Anpassung an die vorgese
hene Nutzungsart, beispielsweise bei niedriger Dy
namik im Hauptlager und parallel hoher Zugriffs
möglichkeit im Kommissionierlager. Rationalisie
rungseffekte sind hierbei durch sinnvolle Standortwahl im innerbetrieblichen Transport zu erzielen.

– die *Anordnung der Ein- und Auslagerung,*
beispielsweise Anordnung der Ein- und Auslage
rung in Mittelhöhe zur Reduzierung der vertikalen
Weglängen des Regalbedienungsgerätes durch teil
weise versenkte Anordnung des Lagers (Einbezug
des Kellers)

– die *Dimensionierung der Lagerplatzhöhen.* Anpassung
der Lagerplatzhöhe und des Lagervolumens an den
Bedarf je Artikelmenge

– die *Trennung der Lagerungsoperationen,*
beispielsweise Trennung der Abfertigung für Ein-
und Auslagerung bei arbeits- und platzintensiven
Zentrallagern mit großen Umschlagmengen.

☐ **Steuerungsbeeinflussende Strategien**
Zu den steuerungsbeeinflussenden Strategien zählen:
– Entscheidungen über die *Lagerplatzzuordnung,*
(freie=chaotische Lagerung oder feste Lagerplatzzu-
-ordnung). Die freie Lagerplatzanordnung steigert
die Lagerkapazität gegenüber einer festen Lagerplatzanordnung um 30 % -35 %. Sie setzt allerdings
eine exakte Lagerplatzverwaltung voraus.

– Entscheidungen über den Zugriff zum Lagergut
First-in/First-out (FIFO)
First-in/First-out bedeutet, daß das Gut welches zu-
erst eingelagert wird auch zuerst ausgelagert wird.
FIFO-Konzepte sind sinnvoll zur Vermeidung von
»Überalterung« des Bestandes, beispielsweise bei Le-
bensmittellagerung
Last-in/First-out (LIFO)
Last-in/First-out bedeutet, daß in umgekehrter Rei-
henfolge der Einlagerung ausgelagert wird.

– *kombinierte Ein- und Auslagerung*
dienen der Reduzierung von Leerfahrten der Regal
bedienungsgeräte.

– die Festlegung von *Gängigkeitszonen*
entsprechend ihrer Umschlaghäufigkeit werden die Lagergüter in Gängigkeitszonen gegliedert, dies dient der Reduzierung von Wegelängen und Fahrzeiten bei der Regalbedienung

– *rollende Inventur*
rollende Inventur meint die permanente Bestandsüberwachung bei jedem Aus- bzw. Einlagervorgang.
Die Gefahr von Fehlern wird reduziert da nicht der
gesamte Bestand sondern jeweils nur die eine kleine
Menge erfaßt wird.

■ **7.10.1 Logistikstrategien**
Lagerstrategien können nach dem Einflußbe-
reich innerhalb der *Prozeßplanung* (–>siehe Kap.5.) in:
– Personenflußstrategien
– Energieflußstrategien
– Informationsflußstrategien
– Materialflußstrategien
unterschieden werden.
In ihrer Gesamtheit werden sie als Logistikstrategien bezeichnet.
Logistik ist die wissenschaftliche Lehre der Planung, Steuerung und Überwachung der Material-, Personen-, Energie- und Informationsflüsse in Systemen. Der Logistik liegt eine bereichsübergreifende, prozeßorientierte Betrachtungsweise zugrunde.
Die *Aufgabe der Logistik* ist, dafür zu sorgen, daß:
– Materialien, Zwischenprodukte, Fertigfabrikate
– Betriebsmittel
– Personal
– Energie
– Informationen und Anweisungen
so koordinieren werden, daß
– alles
– in der richtigen Menge
– in der richtigen Qualität
– zur richtigen Zeit
– an den richtigen Ort
gelangt.

Beurteilungskriterien von Logistikstrategien sind:
– Minimierung der Kosten für Materialfluß- und Logistikprozesse
– Kürzung der Durchlaufzeiten
– Termintreue
– hohe Auslastung der Produktions- und Materialflußkapazitäten
– hoher Servicegrad
– hohe Qualität
– hohe Zuverlässigkeit, geringe Störungsanfälligkeit.

Voraussetzungen sind:
- Auswahl und Gestaltung geeigneter Produkte, Ladeeinheiten, Verpackungen und Techniken nach wirtschaftlichen und Umweltverträglichkeitsgesichtspunkten.
- Einsatz geeigneter Informationsverarbeitungssysteme
- Auswahl geeigneter Steuerungssysteme
- Aufbau eines geeigneten Datenmanagements
- Aufbau sinnvoller Systemstrukturierungen
- Gewährleistung der Anwendung des Systems.

□ **Materialflußstrategien**

Bei der Lagerung liegt der Schwerpunkt der logistischen Maßnahmen im Bereich der Materialflußstrategien (–> siehe Kap.5.5). Ziel aller strategischen Überlegungen ist die Optimierung der Materialflußaufgabe.
Im Bereich der Lagerung wurden in den letzten Jahren zahlreiche neue Materialflußstrategien entwickelt, die wesentlichen Einfluß auf die Lagerplanung haben.
Im Folgenden werden die wichtigsten *Materialflußstrategien* kurz erläutert:

Zieh- oder Schiebelogistik

Die Zieh- oder Schiebelogistik, auch als *Push-* oder *Pulllogistik* bezeichnet, bezieht sich auf die *Materialbereitstellung* in allen Betriebsbereichen (Wareneingang, Produktion, Warenausgang). Sie ist ein Steuerungsinstrument zur Dynamisierung des Materialflusses.
Ziehlogistik meint, daß der nachgeschaltete Vorgang vom vorausgehenden Vorgang Material bei Bedarf anfordert, und somit die vorausgehenden Materialflüsse dynamisiert. *Schiebelogistik* meint, daß der voranstehende Vorgang den nachstehenden mit Material versorgt, wodurch die nachfolgenden Materialflüsse dynamisiert werden. Die Entscheidung für ein bestimmtes Steuerungsprinzip wird im wesentlichen beeinflußt durch die Produktvarianz und die Wiederholhäufigkeit, durch die Streuung der Durchlaufzeiten und das Verhältnis von interner Durchlaufzeit zu externer Lieferfrist (Abb.223).

Bevorratungsstrategie

Bevorratungstrategien befassen sich mit der Frage: wieviel Material, Zwischenprodukte, Fertigfabrikate müssen auf Vorrat gelagert werden?.
Zu unterscheiden sind grundsätzlich die Konzepte der

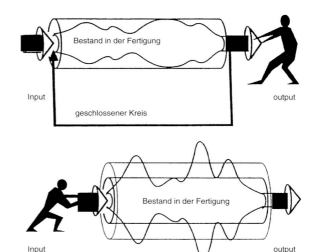

223 Zieh- oder Schiebelogistik

kundenanonymen Lagerhaltung und der *kundenorientierten Auftragsfertigung*, bei der im Idealfall keine Lagerhaltung nötig wäre.
Bei der kundenanonyme Lagerhaltung wird erst produziert und dann verkauft. Bei der kundenorientierten Auftragsfertigung, wird erst nach Eingang des Auftrages oder der Bestellung produziert. Im Idealfall ist bei kundenorientierter Auftragsfertigung keine Lagerhaltung nötig. In der Praxis stehen technische und organisatorische Hindernisse einer solchen verbrauchssynchronen Materialbeschaffung und -auslieferung im Wege (z.B. Chargenbildung, Lieferschwankungen, Absatzbedingungen). Mischformen aus kundenanonymer und kundenorientierter Materialwirtschaft sind die Regel. Hierbei spielt die Wahl des Kundenentkopplungspunktes eine entscheidende Rolle. Der *Kundenentkopplungspunkt* ist der Punkt in der Fertigungskette, ab dem von einer kundenanonymen Lagerfertigung auf eine kundenorientierte Auftragsfertigung umgestellt wird.

Beschaffungsstrategie

Der Anteil fremdbezogener Erzeugnisse nimmt in fast allen Branchen zu. Gleichzeitig steigen die Anforderungen an die Beschaffung hinsichtlich Wirtschaftlichkeit und Leistung. Dadurch hat die Bedeutung der Beschaffungslogistik in den letzten Jahren stark zugenommen.
Früher bezog sich die Beschaffungslogistik vor allem auf die Bereitstellung von relativ billigen Rohmaterialien und Halbzeugen. Diese wurden oft verbrauchsgesteuert mit großem zeitlichen Abstand zum Lieferter-

min hin eingekauft. Heute werden dagegen in großem Umfang auch hochwertige Bauteile und Systemkomponenten benötigt. Dadurch steigen die Kosten und Risiken im Wareneingangslager. Hinzu kommt die Notwendigkeit, Beschaffungsgüter in großem Umfang auf hohen Produktionsstufen bereitzustellen. Häufig werden diese erst zur Endmontage benötigt, das heißt der zeitliche Puffer zum Liefertermin ist sehr klein. Ein Ausgleich von Verfügbarkeitsschwankungen der Beschaffungsgüter wird dadurch erschwert (Abb.30). Daraus resultieren hohe Anforderungen an die Leistungsfähigkeit der Beschaffungslogistik.
Innerhalb der Beschaffungslogistik gibt es zwei unterschiedliche Zielrichtungen das *Global Sourcing* und *Single Sourcing*.

Global Sourcing/ Single Sourcing
Das Stichwort »Global Sourcing« beschreibt die Tendenz der *Ausweitung der Beschaffungsaktivitäten auf internationale Märkte* mit dem Ziel der Erschließung von preisgünstigen Lieferquellen. Andererseits versuchen Unternehmen, durch eine *Verringerung der Lieferantenanzahl*, das heißt »Single Sourcing« die Komplexität der Beschaffungsprozesse zu reduzieren. Oft ist damit das Ziel verbunden, mit den wenigen verbleibenden Stammlieferanten die Bereiche Produktentwicklung, Qualitätsicherung und Logistik eng zu vernetzen.
Bei der logistischen Vernetzung wird unter dem Stichwort »Just-in-Time« eine produktionssynchrone Lieferung angestrebt.

Just-in-Time
Die »Just-in-Time«-Philosophie betrachtet Lagerbestände grundsätzlich als etwas Negatives und setzt sich zum Ziel, eine möglichst kundennahe Produktion mit minimalen Beständen zu realisieren. »Just-in-Time« ist daher ein Programm zur Senkung von Beständen und Durchlaufzeiten, aber auch zur Produktivitätssteigerung, weil die Bestandsreduzierung Schwächen in der Produktion aufdeckt und zu ihrer Beseitigung zwingt. Im Bereich der Absatzplanung hat die Einführung des »Just-in-Time«-Prinzips großen Einfluß auf die Lagerplanung. Die Produkte werden nach diesem Prinzip direkt nach der Fertigung ausgeliefert. Die Produktionsprogrammsteuerung ist darauf ausgerichtet, die Produkte termingerecht zu produzieren und ohne Zwischenlagerung an ein Endlager, Fertigfabrikatelager oder direkt an den Kunden auszuliefern. Das »Just-in-Time«-Prinzip reduziert das im Material gebundene Kapital und spart einen großen Teil der innerbetrieblichen Lagerfläche ein.

Kanban-Prinzip
Das aus Japan stammende Kanban-System ist ein wichtiges Steuerungsprinzip der Materialbeschaffung und -bereitstellung. Hier verpflichten sich die Zulieferfirmen vertraglich (meist unter Androhung hoher Konventionalstrafen) zu termingerechter, mit dem Fertigungsablauf abgestimmter Lieferung des Materials. Somit kann ein großer Teil der kostspieligen Flächen für Rohstoff- und Bereitstellungslager eingespart werden.

Materialflußstrategien haben wesentlichen Einfluß auf die Lagerplanung, von der erforderlichen Lagerfläche über die unternehmensinterne und -externe Anordnung der Lagerbereiche bis hin zur Gestaltung der Lagerbereiche, der Entscheidung für eine Lagerart, ein Lagersystem, die Auswahl der Lagermittel und Lagergeräte. Sie beeinflussen darüber die Bauplanung von der Standortplanung über die Bereichsplanung bis zur Detailplanung. Der Architekt muß solche logistikstrategischen Zusammenhänge bei der Planung berücksichtigen und die für die Bauplanung relevanten Aspekte erkennen. Diese müssen dann zusammen mit den anderen Planungsparametern in Strukturierungs- und Dimensionierungskonzepte umgesetzt werden.

7.11 Kommissionieren

Kommissionieren bedeutet, aus einer Gesamtmenge von Gütern Teilmengen aufgrund bestimmter Anforderungen (z.B. Bestellungen) zusammenzustellen. Der Kommissioniervorgang ist der Lagerung unmittelbar angeschlossen und zählt zu den *Lagerungsoperationen* –> siehe Kap.7.8.
Die Kommissionierung ist ein *komplexes System.*
Sie integriert mehrere Materialflußfunktionen, wie:
– Lagerfunktionen
– Transportfunktionen
– Handhabungsfunktionen
– Informationsfunktionen.

Aufgaben eines Kommissioniersystems sind:
– Auftragsannahme
– Auftragsverwaltung und -abwicklung
– Bestandsverwaltung
– Überwachung.

Der Kommissioniervorgang kann grundsätzlich *von*

Hand erfolgen, indem der Mensch zu Fuß durch das Lager geht und die Güter entsprechend eines Bestellscheines zusammensucht. Er kann auch in vielfältigen Abstufungen *mechanisiert* und *automatisiert* werden.
Der Grad der Mechanisierung oder Automatisierung muß im Einzelfall entschieden werden und ist von zahlreichen Bedingungen abhängig, wie:
– Zusammensetzung des Lagerbestandes
– Empfindlichkeit des Lagergutes
– Teilevielfalt
– Typenvielfalt
– Umschlaghäufigkeit
– erforderliche Kommissionierleistung
– Arbeitskräftebedarf
– Personalkosten
– Personalbeanspruchung
– Mechanisierungs- und Automatisierungsgrad der anderen Betriebsbereiche (Systemintegration).

Die Kommissionierung ist mit sehr hohen *Betriebskosten* durch intensiven Personaleinsatz, oder hohe Unterhaltskosten der Kommissionieranlage verbunden.
Aus diesem Grund wird immer wieder nach organisatorischen und technischen Rationalisierungsmöglichkeiten gesucht.

☐ **Kommissionierstrategien**

Kommissionierstrategien sollen den Ablauf der Zusammenstellung bestimmter Teilgüter optimieren. Die Strategien beziehen sich beispielsweise auf:
– die Zugriffsart:
 Zugriff am Lagerplatz, innerhalb der Regalzeile (Holsystem) oder im ausgelagerten Zustand, im Vorfeld der Regalzeile (Bringsystem)
– den Automatisierungsgrad
– die Optimierung der Kommissionierwege
 hierzu empfiehlt sich die Anordnung der Artikel auf der Bestelliste in der gleichen Reihenfolge wie im Lager
– platzgebundene Lagerung (bei Kommissionierlagern) ermöglicht ein einfaches Ordnen der Kommissionierlisten da die Artikelnummern mit den Lagerplatznummern identisch sind
– Berücksichtigung von Korrelationen
 Artikel, die erfahrungsgemäß zusammen angefordert werden, werden nahe beieinander gelagert.
– Festlegung von Gängigkeitszonen je nach Zugriffshäufigkeit werden die Artikel im Kommissionierlager in Gängigkeitszonen unterteilt. So werden beispielsweise »Renner« in Regale mit besonders schneller Zugriffsmöglichkeit sortiert
– Zwei- bzw. Drei-Kastensystem:
 Kanban-Steuerung (= termingetreue Lieferung) des Nachschubs für das Kommissionierlager vom Hauptlager
– Vorabpacken in gängigen Kommissioniermengen zur effizienteren Gestaltung der Kommissionierarbeit
– verbesserte Ergonomie durch entnahmefreundliche Anordnung der Artikel
– Mitarbeitermotivation zur Leistungssteigerung.

7.12 Transport

Unter Transport versteht man jede Bewegung von einem Platz zu einem anderen, ausgenommen kleine, räumlich begrenzte Ortsveränderungen, welche im Zuge von Inspektionen oder Operationen unbedingt notwendig sind.
Die Transportbewegung läßt sich charakterisieren durch Transportgut, Aufnahme- und Abgabeort, Transportweg, Haltestellen und Last- oder Leerfahrten.

7.13 Transportplanung

Die systematische Planung des innerbetrieblichen Transportwesens ist neben der Layoutplanung Bestandteil der *Materialflußplanung*.
Das Erfassen und Quantifizieren der Transportbeziehungen bildet eine wesentliche Planungsgrundlage der Transportplanung.
Aufgrund der hohen Konzentration der Materialflüsse in den innerbetrieblichen Lagern ist die Betrachtung der Schnittstellen zu dem innerbetrieblichen Transportwesen hier von besonderer Bedeutung.

☐ **Ablauf der Transportplanung**

Im Folgenden werden die vielfältigen Aufgabenbereiche der Transportplanung im Ablauf von Fabrikplanungsprojekten aufgeführt. Die Bauplanung sollte dabei von Anfang an in den Entscheidungsprozeß mit einbezogen werden.

Analyse
Betriebsplanung
– Analyse der Transportaufgaben
– Analyse des Transportgutes
– Erfassung und Quantifizieren der Transportbeziehungen
– Materialbewegungen

– Informationsfluß und Organisationsform
– Flächenbedarf
– Personalbedarf.

Bauplanung
– Analyse der Transportwege, Personal- und Materialflüsse.

Zielformulierung
– Definition der Transportaufgaben.

Gestaltung
Betriebsplanung
– Dimensionierung von Transportvolumen und Transportflächen
– Gestaltung des Transportsystems
 (=Transportmittel und Transporthilfsmittel)
 (Auswahl, Dimensionierung und Auslegung)
– Konzeptionierung der Transportorganisation
– Berechnung der Transportkosten bzgl. Investition und Betrieb für alternative Konzepte.

Bauplanung
– räumliche Prüfung der betrieblichen Konzepte
– Abstimmung mit dem Gesamtlayout.

Zielformulierung
Auswahl einer Lösung.

Gestaltung
Betriebsplanung
– Feinplanung der ausgewählten Variante.

Bauplanung
– Integration in Gesamtlayout.

7.14 Transportaufgaben

Die Transportplanung beginnt mit der Analyse der Transportaufgaben. Jede Transportaufgabe läßt sich charakterisieren durch folgende Einflußfaktoren:

Transportleistung
– Transportmengen
– Zeiten
– einzuhaltende Termine
– Transportgeschwindigkeit.

Transportgut
– Materialart,
– Materialeigenschaften

– Transporteinheiten
– Transportmittel und -hilfsmittel sowie
– Transporteigenschaften.

Transportart
– Transportweg
– Transportorganisation
– Umwelteinflüsse
– zur Verfügung stehende Energie
– Kontrolleinrichtungen
– Anschluß an weitere Transportsysteme.

Gesetzliche Bestimmungen
– Sicherheitsvorschriften
– Bestimmungen zum Arbeitsschutz
– sonstige behördliche, betriebliche und gesetzliche Forderungen.

Nach den *räumlichen und organisatorischen Zuständigkeit* werden die Transportaufgaben analog den Materialflußordnungen in außerbetriebliche und innerbetriebliche Transportaufgaben strukturiert.

Außerbetriebliche Transportaufgaben sind Transportaufgaben außerhalb der Grenzen eines Betriebsgeländes. Sie können organisatorisch sowohl unternehmensintern angebunden sein, als auch an Fremdfirmen vergeben werden.

Innerbetriebliche Transportaufgaben unterscheidet man nach dem räumlichen Zuständigkeitsbereich in drei Kategorien:
– Transportaufgaben zwischen Betriebsbereichen
– regionale Transportaufgaben und
– punktuelle Transportaufgaben.

Transportaufgaben zwischen Betriebsbereichen sind in der Regel Transporte bei denen längere Strecken zu überwinden sind, teilweise werden diese Transporte im Freien geführt.

Regionale Transportaufgaben finden innerhalb der Betriebsbereiche (zwischen den Betriebsmitteln) statt.

Punktuelle Transportaufgaben erfordern eine spezielle Lösung beispielsweise für den Transport zwischen zwei Arbeitsplätzen eines Funktionsbereichs.

Hinweis: Der Transport zwischen dem Bereitstellplatz und dem Arbeitsraum einer Maschine wird als Handhabung bezeichnet.

7.15 Transportarten

Nach den *Verlauf der Transportwege* unterscheidet man folgende Transportarten:

☐ Direktverkehr

Direktverkehr (Abb.224) meint den direkten Transport auf dem kürzesten Wege zwischen Aufnahme und Abgabeort. Vom Abgabeort fährt das Transportmittel direkt zum nächsten Aufnahmeort. Beim Direktverkehr ist mit jeder Lastfahrt eine Leerfahrt verbunden wenn dem Transportmittel am Abgabeort nicht wieder ein Fördergut für den nächsten Empfänger mitgegeben werden kann. Da dies in der Praxis häufig nicht möglich ist, ist der Direktverkehr durch eine geringe Auslastung der Transportmittel gekennzeichnet. Die Transportorganisation kann flexibel auf Umstellungen reagieren, bedarf jedoch auch permanenter Steuerung. Der Organisationsaufwand ist relativ groß wenn der Direktverkehr sich nicht auf einen räumlich abgeschlossenen, kleinen Bereich bezieht. Vorteil ist die kurze Wegeverbindung zwischen Absender und Empfänger und damit geringe Wartezeiten auf ein Transportmittel.

Direktverkehr wird häufig für eilige Transporte angewendet wenn schnelle Erledigung vor hohem Ausnutzungsgrad steht.

☐ Sternverkehr

Die Transportwege beim Sternverkehr (Abb.224) sind so organisiert, daß von einem Zentrum aus nach Bedarf verschiedene Strecken bedient werden. Eine Strecke kann dabei aus einer oder mehreren Stationen bestehen, sodaß Sammelfahrten durchgeführt werden können die den Anteil der Leerfahrten reduzieren. Die Auslastung der Fördermittel ist entsprechend größer, der Organisationsaufwand geringer als bei Direktverkehr.

Wartezeiten und Wegestrecken sind meist größer als bei Direktverkehr.

☐ Ringverkehr

Der Ringverkehr (Abb.224) bedient mehrere Stationen auf einer geschlossenen Fahrtstrecke. Der Abgabepunkt der letzten Station ist dabei räumlich identisch mit dem Ausgabepunkt der ersten Station. Sammelfahrten führen zu einer Senkung bis hin zur vollständigen Reduktion von Leerfahrten.

Die Wege zwischen Absender und Empfänger sind

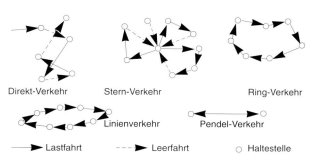

224 Arten innerbetrieblichen Transports

meist erheblich länger als beim Direktverkehr.

Bei großen Transportmengen empfiehlt es sich zur Reduzierung von Transportwegen den Ringverkehr in beide Richtungen zu organisieren. Der Transportanfall an den einzelnen Stationen sollte möglichst keine großen Schwankungen aufweisen.

Der Organisationsaufwand beim Ringverkehr ist gering, da alle Fahrten nach einem einmal erarbeiteten Fahrplan durchgeführt werden können.

Der Ringverkehr untergliedert sich in den Linien- und den Pendelverkehr.

Linienverkehr

Der Linienverkehr (Abb.224) entspricht dem Ringverkehr wobei die nacheinander liegenden Stationen linear auf zwei parallelen Linien angeordnet sind. Der Linienverkehr verläuft meist aber nicht zwangsläufig in eine Richtung.

Pendelverkehr

Der Pendelverkehr (Abb.224) entspricht dem Linienverkehr zwischen zwei Stationen.

In der Praxis kommt es selten vor daß ein Betrieb nur eine Transportart anwendet meist werden mehrere Transportarten kombiniert.

7.16 Transportmittel

Transportmittel sind technische Einrichtungen zum unmittelbaren oder mittelbaren (mit Lagergeräten) Transport von Gütern. Synonym können auch die Begriffe »*Fördermittel*« oder »*Förderzeug*« verwendet werden.

Transportmittel lassen sich nach unterschiedlichen Kriterien kategorisieren.

Nach der *räumlichen Zuständigkeit* in Transportmittel für den inner- und außerbetrieblichen Transport. Die verschiedenen innerbetriebliche Transportmittel wer-

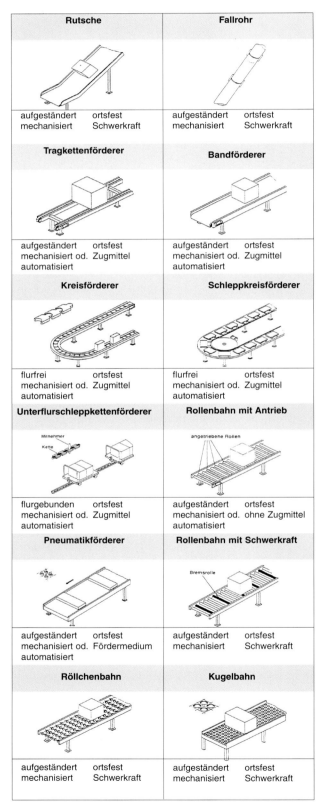

225 Beispiele Stetigförderer

den in diesem Kapitel näher erläutert. Für den außerbetrieblichen Transport kommen vor allem Lastkraftwagen, Schiff, Eisenbahn und Flugzeug zum Einsatz. Nach konstruktiven Gesichtspunkten gliedern sich die Transportmittel in Hebezeuge, Flurförderer und Stetigförderer.

Nach der *Inanspruchnahme von Bodenfläche* in bodengebundene und bodenfreie Transportmittel.

Bodengebunden sind alle Flurfördermittel, einige Stetigförderer und wenige Hebezeuge, beispielsweise Aufzüge. Bodenfrei sind die meisten Hebezeuge und einige Stetigförderer.

Nach der *Bindung an die Transportstrecke* in wegungebundene, freizügige und weggebundene Transportmittel und Transportmittel die fixe transportable Transportstrecken darstellen, beispielsweise fahrbare Transportbänder und Rollenbahnen.

Entsprechend ihrer *Förderweise* unterteilt man in stetige und unstetige Transportmittel. Synonym wird von kontinuierlichen und diskontinuierlichen Transportmitteln gesprochen.

Ein weiteres Kriterium ist die *Art des Antriebs*, das heißt mit oder ohne Zugmittel, mit Schwerkraft, mechanisiert oder automatisiert.

Die angesprochenen Gliederungskriterien sind bei der Auswahl des Transportmittels von Bedeutung.

Im folgenden werden die bedeutendsten Transportmittel kurz erörtert. Nähere Angaben finden sich in den entsprechenden VDI-Richtlinien.

■ 7.16.1 Stetige Fördermittel

Stetigförderer transportieren das Fördergut ohne zeitliche Unterbrechung, bis es (manuell, mechanisch oder automatisch) aus dem Förderkreislauf abgeführt wird.

Nach DIN 15201 sind Stetigförderer »mechanische, pneumatische und hydraulische Förderanlagen, bei denen das Fördergut auf festgelegtem Förderweg begrenzter Länge von Auf- zu Abgabestelle stetig, eventuell mit wechselnder Geschwindigkeit oder im Takt bewegt werden kann. Sie werden ortsfest oder beweglich ausgeführt und für die Förderung von Schütt- und Stückgut eingesetzt.« (*DIN 15201)

Stetigförderer eignen sich vor allem für den Transport großer Mengen ähnlichen Transportgutes auf einem festgelegten Transportweg von einer oder mehreren Aufnahmestationen zu einer oder mehreren Abgabestationen. Sie haben die Vorteile hoher Automatisierbarkeit und somit geringen Personalbedarfs sowie ständiger Transportbereitschaft. Die Integration von

Produktions-, Lager- und Kommissioniervorgängen führt zu Flächeneinsparungen im Gesamtflächenverbrauch. Beispielhaft hierfür seien genannt: die Integration von Bearbeitungsvorgängen, von Puffer- und Zwischenlagern auf der Förderstrecke und die Integration von Nebenfunktionen wie Wiegen, Zählen, Etikettieren, Reinigen, Sortieren, Regeln. Die Anpassung des Transportmittels an die Transportstrecke kann optimiert werden. Vorhandene Hindernissen können umgangen werden. Dies führt wiederum zu einer Optimierung des Flächenbedarfs.

Bei Deckenförderern ist darüberhinaus eine Ausnutzung der zur Verfügung stehenden Raumhöhe von Vorteil.

Weitere Vorteile sind die hohe Transportleistung und bei guter Organisation der erzielbare Wirkungsgrad.

Den Vorteilen stehen meist hohe Investitionskosten im Vergleich zu anderen Transportmitteln und geringe Anpassungsfähigkeit gegenüber. Baukastensysteme ermöglichen bedingt die Umstellung auf veränderte Anforderungen sowie die Kopplung von verschiedenen Förderern. Sie haben zudem den Vorteil geringerer Erstinvestitionskosten.

Zu den Stetigförderern zählen:
– Bandförderer
– Gliederbandförderer
– Schleppkettenförderer, Unterflurschleppkettenförderer
– Tragkettenförderer
– Plattenbandförderer
– Wandertische
– Rollenbahnen mit oder ohne Antrieb
– Röllchenbahnen
– Kugelbahnen
– Rutschen, Wendelrutschen
– Fallrohre
– Kreisförderer, Schleppkreisförderer
– Schleppkreisförderer (Power- and Free-Förderer)
– Rohrpostanlagen
– Pneumatikförderer
– Kippschalenförderer
– Z-Förderer
– Schaukelförderer
– Paternoster.

Abbildung 225 zeigt die verschiedenen Stetigförderer.

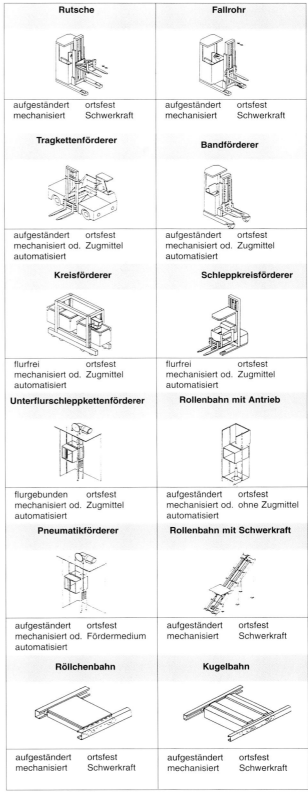

226 a Beispiele Unstetigförderer

LAGERUNG UND TRANSPORT

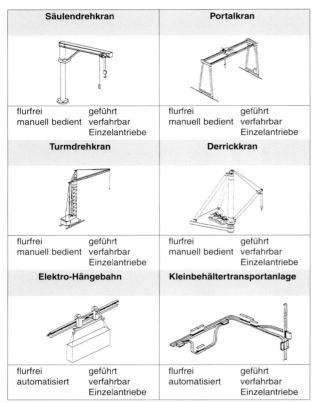

226 b Beispiele Unstetigförderer

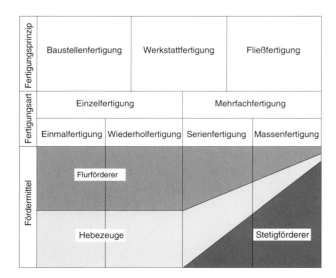

227 Schematische Zuordnung:
Fertigungsprinzip – Fertigungsart – Fördermittel

7.16.2. Unstetige Fördermittel

Unstetige Fördermittel (Abb.226) sind durch intermittierende Arbeitsweise gekennzeichnet, das heißt der Bewegungsablauf ist diskontinuierlich und unterliegt zeitlichen Unterbrechungen.

Unstetigförderer werden unterteilt in Flurförderer und Hubförderer. Hubförderer lassen sich weiter untergliedern in Hebezeuge und Aufzüge.

Unstetigförderer sind innerhalb ihres Einsatzes teilweise oder völlig ortsungebunden, meist nicht an eine festgelegt Wegstrecke gebunden und somit sehr flexibel (Ausnahmen bilden die Aufzüge und einige Hebezeuge). Darüberhinaus haben sie meist den Vorteil geringerer Investitions- und Betriebskosten. Nachteilig ist die geringere Transportleistung, in der Regel eine geringere Ausnutzung der verfügbaren Kapazität und erhöhter Flächenbedarf durch das Einhalten von Sicherheitsabständen, Bewegungsflächen, Wenderadien. Die Integration von Produktions-, Lager- und Kommissioniervorgängen ist meist nicht möglich, was sich wiederum negativ auf den Gesamtflächenverbrauch auswirkt.

Zu den Unstetigförderern zählen:
– Stapler
  Schubgabelstabler
  Schubmastgabelstabler
  Seitenstapler
  Vierwegestapler
  Portalstapler
  Kommissionierstapler
– Aufzüge
  Seilaufzüge
  Hydraulikaufzüge
  Kettenaufzüge
– Schrägaufzüge
– Kanalfahrzeuge
– Verteilfahrzeuge
– Krane
  Säulendrehkrane
  Portalkrane
  Turmdrehkrane
  Derrickkrane
– Elektro-Hängebahnen
– Kleinbehältertransportanlagen.

Abbildung 226 zeigt die verschiedenen Unstetigförderer.

Einsatzgebiet		Fördergut		Förderrichtung			Förderart				Beweglichkeit		
Fördermittel		Stückgut	Schüttgut	geneigt	waagerecht	senkrecht	punktuell	linear	flächig begrenzt	flächig unbegr.	ortsfest	ortsbeweglich	frei beweglich
Stetigförderer	Gurtförderer	x	x	x	x	o		x	x		x	x	
	Becherwerk		x	x	x	x	x	x			x		
	Kreisförderer		x	x	x	x		x			x		
	Trogkettenförderer		x	x	x	x		x			x		
	Schneckenförderer		x	x	x	x	x	x			x		
	Schüttelrutsche		x	x	x			x			x		
	Schwingrinne		x	x	x	x		x			x		
	Rollenförderer	x		x				x			x		
	Rutschen	x		x		x	x	x			x		
	Pneumatikförderer	x	x	x	x	x	x	x			x		
	Hydraulikförderer		x	x	x	x		x			x		
Unstetigförderer	Schlepper	x			x					x	x		x
	Wagen	x			x					x			x
	Stapler	x			x	x				x			x
	Winden	x	x	x	x	x	x	x			x		
	Drehkran	x	x		x	x			x	x	x	x	
	Brückenkran	x	x		x	x			x		x		
	Kabelkran	x	x		x	x			x		x		
	Aufzug	x					x				x		

228 *Einsatzgebiete gebräuchlicher Stetig- und Unstetigförderer*

☐ **Flurförderer**

Flurförderer sind bodengebundene Transportmittel mit diskontinuierlich Förderweise.
Sie werden untergliedert in weggebundene und ungebundene Flurförderer. DIN 15140 enthält Kurzbeschreibungen, Benennungen und Kurzzeichen von Flurförderzeugen.

Weggebundene Flurförderer

Weggebundene Flurförderer bedürfen für die Spurbindung auf oder im Boden verlegte Gleise, Schienen, Ketten, Leitdrähte, oder Magnetstreifen. Sie erfordern in der Regel geringen bis keinen Personaleinsatz. Das Personal wird lediglich für Steuerung und Wartung benötigt. Nachteilig sind die meist geringe Flexibilität bezogen auf Änderungen der Transportstrecke und die teilweise langen Förderstrecken und Wartezeiten zwischen Aufnahmestation und Abgabestation. Die Spurbindung birgt darüberhinaus ein erhöhtes Unfallrisiko bei Bodenaufbauten und an Wegkreuzungen. Diesem muß durch spezielle Maßnahmen begegnet werden.
Zu den weggebundenen Flurförderern zählen bodengebundene Flurförderer und bodenungebundene Flurförderer wie Regalförderzeuge.

Wegungebundene Flurförderer

Wegungebundene Flurförderer gibt es in vielen Varianten. Der Antrieb erfolgt manuell oder mit Elektro-, Diesel oder Benzinmotor. Wegungebundene Fördermittel eignen sich für Transporte zwischen mehreren Aufnahme- und Abgabestellen bei mittlerer Wegelänge.
Varianten sind:
– Handfahrgeräte
– Transporter
– Schlepper (VDI 2401, VDI 2197)
– Wagen mit und ohne Hubeinrichtung (VDI 2402):

LAGERUNG UND TRANSPORT

		Fördermittel											
		Bandförderanlage	Kettenförderanlage	Rollenförderanlage	Einschienenförderer	Zwillingsschraubenförderer	Gabelstapler	Traktoren, Elektrokarren	Handwagen	Hebezeuge	Brückenkran	bewegtlicher Kran	Aufzug
bedientes Areal	unbegrenzter Raum						x	x				x	
	begrenzte Strecke	x	x	x	x	x							
	begrenzter Raum								x	x	x		
	Punkt												x
Installation	Unterflur		x										
	Aufschlag dem Boden		x	x			x	x	x			x	
	in Arbeitshöhe	x	x	x		x							
	im Luftraum	x			x					x	x		
Weg	nicht festgelegter Weg						x	x	x			x	
	fixe, transportable Strecke	x	x	x		x				x			x
	fixer Weg	x	x	x	x	x					x		x
Häufigkeit	gelegentlich								x	x			x
	unterbrochen			x			x	x	x	x		x	x
	kontinuierlich	x	x	x	x	x					x		
Richtung	horizontal	x	x	x	x	x	x	x	x		x	x	
	abfallend	x	x	x	x	x							
	ansteigend	x	x				x	x					
	vertikal hinunter									x	x	x	x
	vertikal hinauf									x	x	x	x

229   Zuordnung von Fördermitteln zur Förderaufgabe

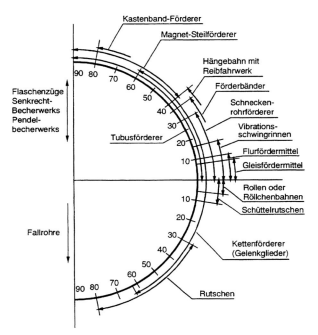

230   Auswahl des Fördermittels aufgrund des Förderwinkels

Hubwagen VDI 2403, Gabelhubwagen (VDI 2404), Portalhubwagen (VDI 2405)
– Stapler: Hochhubwagen (VDI 2403), Gabelhochhubwagen (VDI 2404), Gabelstapler (VDI 2400, VDI 2198), Schubgabelstabler
Quergabelstabler (VDI 2407)
Vierweg-Gabelstabler (VDI 2412).

Fahrerlose Transportsysteme (FTS)

Fahrerlose Transportsysteme versuchen die Vorteile der weggebundenen und wegungebundenen Flurförderung zu verbinden. Automatisch gelenkte Flurförderzeuge mit eigenem Antrieb können durch entsprechende Steuerung des Fahrzeugs weggebunden und dennoch flexibel Transporte durchführen. Die Programmierung kann am Fahrzeug selbst oder zentral erfolgen.
Neben dem Vorteil der räumlichen Flexibilität, zeichnen sich fahrerlose Transportsysteme vor allem wegen des geringen Personalbedarfs, der Integration in CAX-Systeme und der hohen Sicherheit aus.

☐ **Hubförderer**

Hubförderer differenzieren sich weiter in Hebezeuge, Krane und Aufzüge.

Hebezeuge

Hebezeuge lassen sich untergliedern in Hebezeuge mit einfacher und zusammengesetzter Lastbewegung. Zusammengesetzte Lastbewegungen sind beispielsweise Hubbewegungen kombiniert mit Vorwärtsbewegungen. Beispielhaft seien hier Krane und Schienenlaufkatzen genannt.

Krane

Krane eignen sich zum Transport großer und/oder schwerer Ladegüter innerhalb eines räumlich definierten Bereiches. DIN 15001 enthält Benennungen und Bauarten für Krane. Erwähnt seien hier lediglich der Hänge- und der Brückenkran (VDI 2350), die sich in ihrer konstruktiven Anordnung unterscheiden. Beim Brückenkran fährt der Kranträger auf Fahrschienen während er beim Hängekran an diesen hängt. Nach ihrem räumlichen Bewegungsradius unterscheidet man Dreh- und Auslegerkrane (VDI 2394). DIN 15100 enthält die Benennungen und Bauarten für Serienhebezeuge.

Aufzüge

Aufzüge sind in der Regel immobil in Ausnahmefällen mobil.
Nach der Antriebsart unterscheidet man Seilaufzüge, Hydraulikaufzüge und Kettenaufzüge. Nach der Bewegungsrichtung Schrägaufzüge und Senkrechtaufzüge. Senkrechtaufzüge sollten wegen unvermeidlicher Wartezeiten für die Lastenförderung möglichst vermieden werden.

Hebebühnen werden zum Ausgleich geringer Höhenunterschiede und teilweise als Arbeitsbühnen eingesetzt.

■ 7.16.3. Auswahl der Transportmittel

Die Auswahl des Fördermittels ist abhängig von:
- den Anforderungen des Fördergutes
- der Fertigungsart
- der erforderlichen Integration in den Produktions-, Lagerungs,- und Kommissioniervorgang
- der erforderlichen Transportleistung
- den Anforderungen des innerbetrieblichen Verkehrs z.B. der Förderstrecke, den Förderhöhen, der Verkehrsdichte
- der Wirtschaftlichkeit der Transportanlage (Anschaffung, Verschleiß, Unterhalt, Wartung)
- der Auslastung des Transportanlage
- den Anforderungen an die Gebäudekonstruktion (Belastungen, Konstruktionshöhen, Deckendurchbrüche, etc.)

☐ Systematische Vorgehensweise
1. Beschreibung der Transportaufgabe
2. Ermittlung der Transportsystemanforderungen
3. Ermittlung, Analyse und Vergleich von Transportsystemvarianten
4. Ermittlung von Beurteilungskriterien
5. Beurteilung der Lösungsvarianten und Auswahl der geeigneten Lösung nach technischen und ökonomischen Gesichtspunkten
6. Durchführung der optimalen Lösung.

Die Auswahl des Fördermittels hängt entscheidend von der Fertigungsart ab. Abbildung 227 zeigt eine schematische Zuordnung der Fördermittel zu den Fertigungsarten.
In der Einzelfertigung eignen sich beispielsweise als Fördersystem nur Flurförderer und Hebezeuge.
Beim Baustellen- und Werkstattprinzip charakterisieren meist lange Förderstrecken und ein unregelmäßiger Förderbedarf die Fördersituation. Bei erzeugnisorientierter Fertigung (z.B. Fließfertigung) tritt der Zwang zur zeitlichen Abstimmung zwischen Förder- und Fertigungsvorgang auf.

☐ Hilfsmittel bei der Transportmittelauswahl
Neben den Zuordnungsschemen (Abb.228 und 229) kann das Kreisdiagramm (Abb.230) ein Hilfsmittel zur Auswahl des geeigneten Transportmittels sein.

Beim Kreisdiagramm wird durch Angabe des Höhenunterschiedes in der Transportstrecke auf die geeignete Fördermittelart geschlossen.

Ein entscheidender Faktor bei der Auswahl der Transportmittel und des Transportsystems sind die Kosten. Bei der Wirtschaftlichkeitsprüfung eines Transportsystems sind neben den direkten Kosten für das Transportwesen die wirtschaftlichen Konsequenzen in anderen Bereichen beispielsweise der Produktion zu berücksichtigen. So hat die Transportsystemwahl wesentlichen Einfluß auf die Ausnutzung der Betriebsmittel in der Fertigung, die Materialdurchlaufzeiten und auf den Materialverlust durch Transportbeschädigung.

■ 7.16.4 Dimensionierung

Nach der Systemwahl erfolgt die Dimensionierung des Transportsystems, das heißt die Bestimmung der erforderlichen Transportmittelanzahl. Sie erfolgt aufgrund der Angaben des Mengengerüstes, der Ergebnisse der Materialflußuntersuchung und aufgrund der Weglängen sowie des Zeitbedarfs der Transportspiele.

Bei der Dimensionierung sind folgende Punkte zu berücksichtigen:
- die Transportintensität: Anzahl Transportspiele pro Zeiteinheit und zeitliche Verteilung der Transporte Durchschnitts- und Spitzenwerte
- die effektive Transportkapazität
- der erzielbare Auslastungsgrad unter den vorhandenen Betriebsbedingungen (Wartezeiten, Leerfahrten, Beladungsgrad)
- der zeitliche Planungshorizont
- die Lebensdauer der Transportmittel oder -systeme.

■ Ansatzpunkte zur Optimierung

Die hohen Investitionsausgaben und Betriebskosten im Bereich des Transportwesens machen es erforderlich Ansatzpunkte zur Optimierung zu erarbeiten.
Ansatzpunkte sind:
- einheitliche Transportmittel (Abbau von Wartezeiten, Reduzierung von Leerfahrten)
- einheitliche Transporthilfsmittel (Reduzierung von zeit- und arbeitsintensiven Umschlagvorgängen)
- Rationalisierung der Be- und Entladearbeit
- Erhöhung der Leistungsfähigkeit der Transportmittel
- wirksame Steuerungssysteme zur Minimierung der Wartezeiten.

8. Industriebauplanung

8.1 Industriebauplanung

Die Industriebauplanung ist eine *komplexe Planungsaufgabe*. Von anderen Bauaufgaben unterscheidet sich der Industriebau durch *spezielle innere Anforderungen* wie Abhängigkeiten aus dem Produktionsablauf, Anforderungen des Materialflusses und der Betriebsausrüstung. Die inneren Anforderungen erwachsen sowohl aus den *Hauptprozesse* wie Produktion, Herstellung und Leistungserbringung, als auch aus den die Hauptfunktionen unterstützenden Bereichen den sogenannten *Hilfs- oder Nebenfunktionen* wie Lagerung, Energieversorgung, Abfallentsorgung. Gleichzeitig werden an Industriebauten *spezielle äußere Anforderungen* gestellt. Sie erwachsen hauptsächlich aus mit der Industrie verbundene Gefahren für die, in der näheren und weiteren Umgebung eines Industriebetriebes Lebenden und die Umwelt wie Immissionen, Emissionen und Brände. Sie müssen bereits bei der Planung berücksichtigt werden. Störeinflüsse müssen durch die Planung abgewendet werden und entsprechende Sicherheitsmaßnahmen getroffen werden.

Grundsätzlich gilt, daß die Industriebauplanung die Voraussetzungen für ein sicheres und zuverlässiges Betreiben schaffen muß.

Abbildung 231 vermittelt einen Überblick über mögliche Gefährdungen und Belastungen durch den Betrieb einer Industrieanlage.

Die *speziellen Anforderungen an den Industriebau* erfordern meist speziell hierfür entwickelte Lösungen.

Dies drückt sich in der Gestaltung dadurch aus, daß der Unterschied zwischen Industriebauten und sonstigen Bauaufgaben (Wohnungsbau, Schulen, etc.) immer größer wird. Gleichzeitig zeigt sich auch innerhalb des Industriebaus eine zunehmende gestalterische Differenzierung zwischen unterschiedlichen Industriebereichen.

Für die Zukunft ist zu erwarten, daß die Spezialanforderungen an den Industriebau noch zunehmen werden.

Abbildung 232 gibt einen Überblick über die Einflußfaktoren, Anforderungen und Gestaltungsbereiche der Bauplanung bei Fabrikplanungsprojekten.

☐ **Bauplanung – Fabrikplanung**

Die Industriebauplanung kann aus oben genannten Gründen nicht als autonomer Planungsbereich betrachtet werden.

Sie steht mit anderen Planungsbereichen der Fabrikpla-

	Mechanische Gefährdungen	– Ungeschützt bewegte Maschinenteile/ Gegenstände, Teile mit gefährlichen Oberflächen, Unkontrolliert bewegte Teile, Sturz aus der Ebene, Absturz
	Elektrische Gefährdungen	– Durchströmung – Störlichtbögen
	Gefahrstoffe	– z.B. brandfördernde, entzündliche, giftige, ätzende, reizende, explosionsgefährliche, krebserzeugende, erbgutverändernde, Krankheitserreger übertragende Stoffe.
	Biologische Arbeitsstoffe	– beabsichtigter und unbeabsichtigter Umgang mit Bakterien, Pilzen, Parasiten, Viren, gentechnisch veränderten Mikroorganismen
	Brand- und Explosionsgefährdung	– brennbare Stoffe – Luftsauerstoff – Zündquellen – Brandausbreitungsmöglichkeiten – Explosionsfähige Atmosphären
	Heiße und kalte Gegenstände und Medien	– Wärmestrahlung – Körperkontakt mit heißen Oberflächen sowie Flüssigkeiten (einschl. Spritzer) und gasförmigen Stoffen – Köperkontakt mit kalten Gegenständen und Flüssigkeiten
	Klimatische Belastungen	– Kältebelastung, Wärmebelastung (Lufttemperatur, Luftfeuchtigkeit, Luftgeschwindigkeit, Wärmestrahlung)
	Schlechte Beleuchtung	– Beleuchtungsstärke, Leuchtdichteverteilung, Blendung, Lichtrichtung, Schattigkeit, Lichtfarbe, Farbwiedergabe
	Lärm	– Lärmemission, Schallausbreitung, – Lärmimmission
	Vibration	– Ganzkörperschwingung, Teilkörperschwingung
	Strahlung	– Ionisierende Strahlung (Elektromagnetische Strahlung, Teilchenstrahlung) – Nichtionisierende Strahlung (Optische Strahlung, Elektromagnetische Wellen und Felder)
	Physische Belastungen	– bei manueller Handhabung von Lasten – bei erhöhter Kraftanstrangung – bei erzwungener Körperhaltung oder häufig wiederkehrenden Bewegungen
	Psychische Belastungen	– Streß, Zeitdruck

231 Gefährdungen und Belastungen

nung (Betriebsmittelplanung, Materialflußplanung, etc.) in enger Beziehung.
Die Bauplanung ist ein *Teilbereich der Fabrikplanung*. Aufgrund der wachsenden Anforderungen, werden auch die Abhängigkeiten zwischen Bauplanung und den anderen Planungsfeldern zunehmen.
Hieraus ergeben sich *Forderungen für die Planung*:
– gesamtheitliche Betrachtungsweise
– systematische Projektorganisation
– stufenweises Planungsvorgehen
– Bildung von Lösungsvarianten in den unterschiedlichen Planungsstufen
– Regelung der Aufgaben und Ziele der unterschiedlichen Planungsbeteiligten
– integratives Zusammenarbeiten der Planungsbeteiligten
– Steuerung und Regelung des notwendigen Informationsflusses
– Anschaulichkeit des Planungsprozesses und der Planungsergebnisse
– Berücksichtigung von zukünftigen Entwicklungen
– Berücksichtigung von Flexibilitätsanforderungen
– Planung des gesamten Lebenszyklusses der Anlagen und Gebäude (inklusive Abriß und Entsorgung).

8.2. Industriebau – Anforderungen

Aus systemtechnischer Sicht beruht die Industriebauplanung auf einem komplexen Zielsystem, das aus *allgemeinen und speziellen Anforderungen* besteht.

☐ **Allgemeine Anforderungen**

Auch für Industriebauten gelten Grundanforderungen, die an jedes Gebäude zu stellen sind.
Vitruv hat diese Grundanforderungen bereits vor ca. 2000 Jahren formuliert: Standfestigkeit, Schönheit, Nützlichkeit.
Etwas ausführlicher lassen sich diese Anforderungen wie folgt beschreiben:
Zweckmäßigkeit
– funktionsgerecht
– anpassungsfähig
– betriebssicher
– erweiterungsfähig.

Schutzfunktion
– gegen Witterungseinflüsse (Wärme, Kälte, Wind, Regen, Schnee)
– gegen sonstige äußeren Einwirkungen (Lärm, Staub, Kontamination)

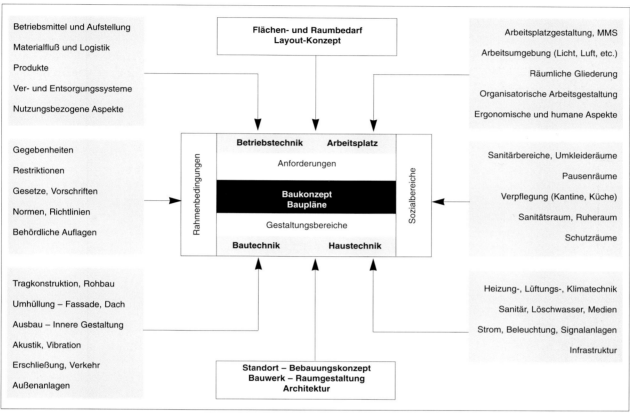

232 Einflußfaktoren und Gestaltungsbereiche der Industriebauplanung

– Abschirmung gegen Unbefugte
– Sicherheit.

Standfestigkeit
– funktionsgerechte Gründung
– geeignete Konstruktion.

Dauerhaftigkeit
– angemessene Lebensdauer.

Wirtschaftlichkeit
– Bauinvestitionskosten
– Betriebskosten
– Instandhaltungskosten
– Abriß- und Recyclingkosten.

Gesamtgestaltung
– Form
– Material
– Oberfläche
– optischer Gesamteindruck
– Behaglichkeit

– Repräsentation.

Umweltverträglichkeit
– Umgang mit Ressourcen
– Energiebedarf
– Energieverbrauch
– Flächenverbrauch.

Humanität
– menschengerechte Gestaltung in gesundheitlicher, ergonomischer, physiologischer, psychologischer und kultureller Hinsicht.

Neben Anforderungen, die sich aus *internen Bedingungen* ergeben, sind stets Anforderungen zu berücksichtigen, die sich aus *externen Bedingungen* ergeben, sowie aus dem Wechselspiel interner und externer Anforderungen. Industriebau kann sich nicht isoliert aus der inneren Logik entwickeln, sondern muß die Abhängigkeiten und Wechselbeziehungen mit Landschaft, städtebaulicher Umgebung und Klima berücksichtigen.

☐ **Spezielle Anforderungen**

Einige dieser generellen Anforderungen haben im Industriebau, im Verhältnis zu anderen Bauaufgaben, ein besonderes Gewicht.

Die Gewichtung der Anforderungen variiert auch innerhalb des Industriebaus je nach Nutzungsart beziehungsweise Industriezweig.

Die wichtigsten Aspekte werden nachfolgend genannt.

Ökologie

Ökologische Aspekte, wie der *Umgang mit Ressourcen* (Boden, Rohstoffe, Energieträger, etc.) spielen aufgrund des im Verhältnis zu anderen Bauaufgaben hohen Verbrauchs eine wichtige Rolle.

Hierunter fällt auch:
– die Berücksichtigung ökologischer Aspekte bei der Standortplanung
– die Berücksichtigung ökologischer Aspekte bei der baulichen Gesamtgestaltung
– die Berücksichtigung ökologischer Aspekte bei der bautechnischen Gestaltung
– die Einhaltung der einschlägigen Vorschriften
– Berücksichtigung spezieller Ansatzpunkte zur Minimierung von Störwirkungen (Emissionen, Immissionen).

Die Berücksichtigung ökologischer Aspekte gewinnt aufgrund zunehmender Umweltprobleme und wachsenden Drucks aus der Bevölkerung an Bedeutung für die Planung von Industriebauten.

Energie

Der im Verhältnis zu anderen Nutzungen hohe Energieverbrauch von Industriebetrieben fordert eine optimale Auslegung der Industriebauten in energetischer Hinsicht. Dies bezieht sich beispielsweise auf die Wärmedämmung von Gebäuden und Anlagen, die Energiebewirtschaftung, die Gestaltung der Ver- und Entsorgungssysteme, Recycling und Wärmerückgewinnung.

Die Bedeutung energetischer Aspekte wird in Zukunft aufgrund der allgemeinen Verknappung der primären Energieträger steigen.

Ökonomie

Die ökonomischen Anforderungen sollen hier, um ihre Bedeutung für Industrie- und Gewerbebauten herauszustellen, gesondert aufgeführt werden.

Wirtschaftlichkeitsüberlegungen erfordern eine komplexe, *ganzheitliche Betrachtungsweise* und schließen auch *nicht meßbare Faktoren* ein (wie das »Image« eines Unternehmens).

Man unterscheidet bei Kostenuntersuchungen von Hochbauten grundsätzlich folgende *Kostenarten*:
– *Baukosten*, das heißt Kosten die durch die Erstellung eines Gebäudes entstehen
– *Investitionskosten*, das sind Kosten die durch die Mitelbereitstellung während und nach der Erstellung eines Gebäudes entstehen
– *Baunutzungskosten* das sind durch die Nutzung eines Gebäudes anfallende Kosten.

DIN 18960 gliedert die Baunutzungskosten von Hochbauten. Sie sieht eine Gliederung in 6 Kostengruppen vor. Unabhängig von der DIN 18960 lassen sich die Baunutzungskosten in folgende Kostengruppen zusammenfassen –> siehe Kap. 8.10:
– Kapitaldienste und Steuern
– Betriebskosten
– Bauunterhaltungskosten.

Neben der Erfüllung der nutzungsbedingten Anforderungen stehen im Sinne einer kostengerechten Auslegung der Bauwerke folgende Zielrichtungen im Vordergrund:
– Auffinden von kostengünstigen Lösungen (Erstkosten)
– Einhaltung von vorgegebenen Kostengrenzen (Investitionsbudget)
– Minimierung der Baunutzungskosten (Folgekosten)
– Minimierung der Abbruch- und Entsorgungskosten (nach Stillegung).
– Erfüllung von Anforderungen zur Ausnutzung von aktuellen Förderprogrammen.

Die Güte von Gesamt- oder Teillösungen im Industriebau bewertet man durch *Kosten-Nutzen-Untersuchungen*. Kosten-Nutzen-Untersuchungen sind Methoden zum Vergleich von Kosten und daraus entstehendem Nutzen beziehungsweise von *Qualitäten* eines Bauwerkes.

Die kostenmäßige Beurteilung der Bauwerke macht prinzipiell keine Schwierigkeiten.

Der jeweilige Nutzen von Bauwerken oder einzelnen Bauelementen kann jedoch in Form von Wirtschaftlichkeit nur bedingt bewertet werden.

Der Nutzen ist, wenn er sich nicht in einer wirtschaftlichen Größe ausdrücken läßt, ein relativer beziehungsweise subjektiver Begriff das heißt, je nach Standpunkt und Prioritäten kann er sehr unterschiedlich

sein. Lediglich die Einhaltung der gültigen DIN-Normen für Planungs- und Ausführungsleistungen in der Bauwirtschaft kann als ein objektiver, qualitativer Maßstab herangezogen werden. Die Anwendung des Normenwerkes ist jedoch nicht zwingend erforderlich, sondern stellt lediglich eine Empfehlung dar. Im Falle von Rechtsstreitigkeiten werden die DIN-Normen jedoch zur Überprüfung der Qualität eines Bauwerks herangezogen.
Für das operative Vorgehen ist eine Unterteilung der Anforderungen in »Muß-« und »Soll-Faktoren« empfehlenswert.
Die Beeinflußbarkeit der Kostenentwicklung nimmt mit fortschreitendem Planungs- und Bauablauf exponentiell ab. Der Umkehrschluß daraus ist daß wirkungsvolle Kostenkorrekturen nur in möglichst frühem Stadium, also bei der Vorbereitung und Planung eines Bauwerkes vorgenommen werden können. Hierzu müssen die zu erwartenden Kosten durch geeignete *Kostenermittlungsmethoden* festgestellt und über die Planungs- und Nutzungsdauer verfolgt werden (*Kostenverfolgung*)–> siehe Kap. 8.10.

Funktionalität
Die optimale Erfüllung der technisch-betrieblichen Anforderungen ist ein entscheidendes Kriterium der Funktionalität eines Industriebaus.
Funktionale Mängel wirken sich gravierender als bei anderen Bauaufgaben aus.

Sicherheit
Das Sicherheitsrisiko in Betriebsstätten ist vergleichsweise hoch (Abb.231). Sie erfordern eine komplexe Sicherheitsorganisation.
Zur *Sichheitsorganisation eines Unternehmens* zählen folgende Bereiche:
– Werksschutz
– Geheimnisschutz
– Sicherheit im Nachrichtenwesen
– Brandschutz
– Arbeitsschutz
– Gesundheitsschutz
– Umweltschutz
– betrieblicher Katastrophenschutz
– Qualitätssicherungssysteme.

Bezogen auf die Bauplanung und Ausführung sind vor allem folgende Punkte zu beachten:
– Anforderungen und Vorkehrungen für die Betriebssicherheit (z.B. Alarm-, Löschsysteme)

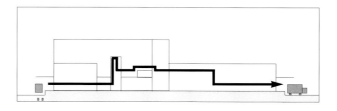

233 Produktionsfluß im Schnittbild, Bsp. Druckerei

– Vorkehrungen für die Arbeitsplatzsicherheit
– Vorkehrungen zur Unfall-, Brand- und Schadensverhütung
– Einhaltung baulicher Sicherheitsvorkehrungen (z.B.Verwendung nichtbrennbarer Materialien, Fluchtwege, Brandschutzvorkehrungen).

Die Anforderungen müssen sowohl während der Bauphase als auf während der Nutzungsphase gewährleistet sein.

Flexibilität
Fabrikplanung ist eine *dynamische Planungsaufgabe*.
Stärker als in anderen Bereichen ergeben sich grundlegende Änderungen der inneren und äußeren Anforderungen in kürzeren Zeiträumen.
Diese Tendenz wird in einigen Bereichen der Industrie in Zukunft noch zunehmen.
Sie äußert sich in dem häufig genannten Problem der Diskrepanz zwischen der relativ langen »*Lebensdauer*« von Industriebauten, im Unterschied zur (durch rasche technische Entwicklung) zunehmend kürzeren werdenden Lebensdauer der Betriebsmittel, Produktionsverfahren und Produkte.
Konkret sichtbar wird die Problematik in, nicht mehr den aktuellen Anforderungen genügenden, leerstehenden Industriebauten teilweise ganzer Regionen wie beispielsweise im Ruhrgebiet und den damit verbundenen wirtschaftlichen, ökologischen und sozialen Problemen.
Grundsätzlich gibt es in Bezug auf den dynamischen Aspekt das Problem inwieweit künftige Entwicklungen vorhersehbar beziehungsweise kalkulierbar und damit in die Planung und Ausführung integrierbar sind (Voraussagemethoden).
Aus der beschriebenen Problematik ergeben sich folgende *Anforderungen an die Industriebau – Planung*.
Bereits zu Beginn der Planung müssen langfristige Überlegungen in die Planung einbezogen werden.
Es sollte ein wirtschaftlich und ökologisch sinnvoller »*Planungshorizont*«, in Abstimmung mit den anderen

Fachgebieten der Fabrikplanung, festgelegt werden. Auf Grundlage der Anforderungen muß ein sinnvoller »*Flexibilitätsgrad*« festgelegt werden.

Für die *Industriebau-Gestaltung* ergeben sich grundsätzlich zwei Reaktionsmöglichkeiten.
Entweder: Reduktion der wirtschaftlich und ökologisch sinnvollen Lebensdauer der Industriebauten; oder: Gewährleistung der Möglichkeit der Anpassung an Nutzungsänderungen (durch: Anbau, Erweiterung, Umbau; Sanierung, etc.).

Eine weitere Möglichkeit, die allerdings weniger mit der Gestaltung zu tun hat, ist der Kauf / Verkauf oder die Ab- oder Vermietung von Gebäuden- und Flächen entsprechend dem jeweiligen Bedarf.

Die *Auswirkungen auf die Gestaltung von Industriebauten* sind unter anderem zu berücksichtigen bei der Festlegung der Gebäudestruktur (von nutzungsspezifisch bis zu nutzungsneutral, Erweiterbarkeit von Teilbereichen und/oder Gesamterweiterbarkeit), der Auswahl der Konstruktionsart und der formalen Ausbildung. So ist beispielsweise bei Stahl- und Holzkonstruktionen die Anpassungsfähigkeit erheblich größer als bei Ortbetonbauten oder vorfabrizierten Stahlbetonkonstruktionen. Der Einsatz von demontierbaren und neu einsetzbare Fassadenelementen steigert die wirtschaftlichen Ausbaufähigkeit eines Bauwerks.
Weitere ausschließlich für den Industriebau geltende Anforderungen sind:

Anforderungen aus den Betriebsabläufen
Die enge Abhängigkeit zwischen der betrieblichen Ausrüstung (Betriebsmittel, infrastrukturelle Ausrüstung) sowie der jeweiligen Nutzungsart (verfahrenstechnische und betriebstechnische Anforderungen) und der räumlich-konstruktiven Gestaltung der Industriebauten ist charakteristisch für den Industriebau. Diese Abhängigkeit wird aufgrund der betriebstechnischen und bautechnischen Entwicklung noch zunehmen.
Es ist daher für den Architekten wichtig, die Berührungspunkte zwischen Betriebsausrüstung und Industriebau und alle Einflußfaktoren, die sich auf die optimale bautechnische Ausführung auswirken könnten, systematisch zu erfassen. Dazu ist eine frühzeitige Ausarbeitung der »*Gebäudespezifikation*« notwendig, in der alle betrieblichen Anforderungen, Informationen und Hinweise für die bautechnische Gestaltung enthalten sind.

Anforderungen aus den Betriebsabläufen sind:
– Zuordnung der Bereiche entsprechend den Nutzungsverknüpfungen
– Gewährleistung eines optimalen Materialflusses (Abb.233)
– möglichst kurze Wege (Transportwege)
– Vermeiden von Kreuzungen, Gegenströmen, Leerläufen
– häufig Forderung nach weiträumigen Nutzflächen
– häufig Notwendigkeit großer Spannweiten
– häufig Forderung nach großen Nutzhöhen
– häufig hohe Bodenbelastungen
– Gewährleistung der Gebäudewartung möglichst ohne Nutzungs- und Produktionsausfälle
– Vermeidung von Schwingungen und Vibrationen
– spezielle Anforderungen an das Raumklima (z.B. Staubfreiheit, Temperatur, Luftfeuchte)
– spezielle Anforderungen an die Gebäudeausrüstung und Haustechnik (z.B. Druckluftanschluß, Starkstromanschluß) –> siehe Kap.8.11, Checkliste 2 und 4
– Verfügbarkeit (Betriebssicherheit)
– Anpassungsfähigkeit (Flexibilität)
– Qualität (Dauerhaftigkeit).

Anforderungen aus der Arbeitsstättenplanung
Anforderungen aus der Arbeitsstättenplanung sind:
– Anforderungen an das Raumklima
– Anforderungen an das Licht und die Beleuchtung
– Anforderungen an die Lärmbekämpfung und Akustik
– Schwingungs- und Vibrationsschutz
– Anforderungen an die innere Raumgestaltung
 –> siehe Kap.8.11, Checkliste 4.
– arbeitspsychologische Anforderungen
– Anforderungen bezüglich der Sicherheit (Unfall-, Brand- und Schadenverhütung)
– besondere gesetzliche Anforderungen und Vorschriften (z.B. Arbeitsstättenverordnung, Arbeitsstättenrichtlinien –> siehe Kap.8.11, Checkliste 4.

8.3 Projektorganisation [1]

Das Planen und Ausführen von Industriebauten bedarf aufgrund der Komplexität der Planungsaufgabe und der Vielzahl von Planungsbeteiligten einer systematischen Vorgehensweise.

■ 8.3.1 Begriffsdefinition

Im Folgenden werden zunächst Begriffe erklärt, die im Zusammenhang mit der Organisation von Planungs- und Bauaufgaben verwendet werden. Die Begriffe werden teilweise auch von der Fabrikplanung verwendet und werden hier bezogen auf ihre Anwendung im Bauwesen erläutert.

☐ Objekt

Grammatikalisch hergeleitet versteht man unter Objekt (lat.) als Gegenteil von Subjekt einen Gegenstand, dem eine Handlung widerfährt (passiv).

Bezogen auf das Bauwesen versteht man unter einem Objekt die Verdinglichung einer Entwurfsleistung, die unter Berücksichtigung aller festzulegenden Randbedingungen wie Nutzung, Standort, Material erbracht wird. In der Honorarordnung für Architekten und Ingenieure (HOAI) wird dieser Begriff für Gebäude, Bauwerke, Freianlagen und raumbildende Maßnahmen verwendet.

Die Begriffe *Objektbetreuung, Objektplanung, Objektüberwachung* beschreiben Leistungen, die für die Erstellung eines Objektes nach oben genannter Definition erforderlich und in der HOAI aufgelistet sind.

☐ Projekt

Der Begriff Projekt (lat.) beschreibt den gesamten Prozeß, der zum Erreichen eines definierten Zieles notwendig ist (aktiv) und an dessen Planung, Steuerung, Durchführung und Überwachung unterschiedliche Personen beteiligt sind.

Nach der DIN 69901 wird ein Projekt als ein Vorhaben definiert, das im wesentlichen durch die Einmaligkeit der Bedingungen in ihrer Gesamtheit gekennzeichnet wird.

Planungsvorgänge aller Art zählen zu Projekten wie die Änderung von Organisationsformen von Industriebetrieben, die Gründung oder Fusion von Unternehmen und die Planung und Durchführung von Bauvorhaben aller Art.

Bezieht man diese Definitionen auf Bauvorhaben, so müssen alle erforderlichen und speziellen Randbedingungen wie Standort, Gebäudefunktions- und Materialqualitäten, Kosten und Termine als Regelkreise in den Planungs-und Ausführungsablauf einbezogen werden. Die eben genannten Einzelfaktoren stehen in permanenter gegenseitiger Abhängigkeit und dürfen nie isoliert betrachtet werden (kybernetisches Modell).

☐ Projektmanagement

Als Projektmanagement bezeichnet man die Führungs-, Planungs- und Koordinationsmethodik, die zur optimalen Abwicklung von Projekten aller Art führt.

Projektmanagement dient zur sinnvollen, optimalen Bearbeitung einer gestellten Aufgabe, die:
– einen hohen Komplexitätsgrad aufweist
– die Zusammenarbeit verschiedener Spezialdisziplinen erfordert
– unter zeitlichem Planungs-und/oder Ausführungsdruck steht
– im finanziellen Bereich bestimmte Größenordnungen überschreitet.

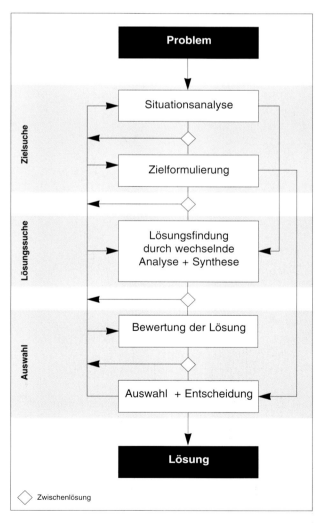

234   Problemlösungszyklus

INDUSTRIEBAUPLANUNG

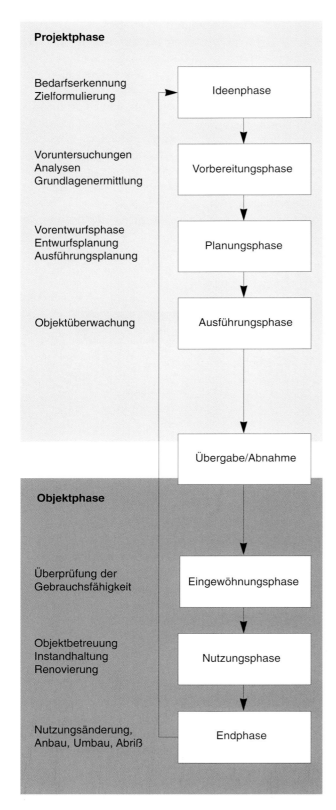

235 *Projekt-Objekt-Phasen*

Der Begriff Projektmanagement umfaßt nach DIN 69901 die Gesamtheit aller Führungsaufgaben in allen Bereichen der Organisation und der einzusetzenden Arbeitsmittel und -techniken, die für die Abwicklung eines Projekts erforderlich sind. Der Projektmanager arbeitet mit Entscheidungskompetenz, die ihm vom Bauherrn übertragenen wird.

☐ **Projektsteuerung/Projektleitung**

Mit dem Begriff Projektsteuerung bezeichnet man eine Arbeitsmethode und Organisationsform zur Lösung komplexer und zeitlich befristeter Aufgaben, die eine Zusammenarbeit von mehreren Mitarbeitern und/oder Abteilungen/Institutionen erfordert.
Für die Dauer des Projekts muß nach DIN 69901 eine zentrale Projektleitung eingesetzt werden, die Projektvorgänge kontrolliert und bei Bedarf steuert. Die Projektsteuerung wirkt als beratende Stabstelle ohne Entscheidungskompetenz.

☐ **Projektcontrolling/Baucontrolling**

Wie der Begriff bereits aussagt, besteht die Hauptaufgabe eines »*Controllers*« in einer überprüfenden Funktion über die Einhaltung beziehungsweise geregelte Abänderung von Planungsvorgaben aus den Bereichen Kosten, Termine und Qualitäten, aber auch in der vorausschauenden Planungssteuerung und den kontrollierenden Soll-Ist-Vergleichsuntersuchungen. Ein Controller wirkt ohne Entscheidungskompetenz als Berater des Bauherrn, der Planer und der Bauleitung.

■ **8.3.2 Projektcharakteristika**

Ein Projekt kann durch folgenden Parameter charakterisiert werden:
– Umfang an Kosten, Dauern und Beteiligten
– Besonderheit der Randbedingungen
– Komplexität der Aufgabe
– Schwierigkeitsgrad der erforderlichen Lösung
– Bedeutung für Gesellschaft und Umwelt
– Risiko bei Nichteinhaltung des Projektzieles.

■ **8.3.3 Projektplanung**

Um ein Projekt durchführen zu können, müssen zu Beginn *Planungsmaßnahmen* getroffen werden, die den Ablauf simulieren und die unterschiedlichen Aufgaben beschreiben.
Zu diesen *Planungsmaßnahmen* zählen:
– Beschreibung des Planungszieles (was?)
– Bildung von Planungsinstanzen (wer?)

– Festlegung der Planungsmethoden (wie?)
– Ermittlung von Planungdeterminanten (womit?)
– Bestimmung des Zeitbedarfs (wann?).

Zu Beginn des Planungsablaufs sollte auf einer möglichst breiten Basis von Problemmerkmalen eine große Anzahl von *Planungsalternativen* (*Variantengrundsatz*) entwickelt werden, welche dann, entsprechend dem zeitlichen Planungsfortschritt, eingeengt werden (heuristisches Planungsvorgehen) (Abb.234).

■ **8.3.4 Projektablauf**
Unabhängig von der Größe eines Projekts muß schon zu Beginn der genaue Ablauf feststehen, der allerdings je nach Art der Zielsetzung variieren kann. Betrachtet man ein Bauprojekt von seiner gedanklichen Entstehung bis zu seiner stofflichen Beseitigung als Projekt, so kann der gesamte Projektablauf in sechs Hauptphasen eingeteilt werden (Abb.235):

☐ **Ideenphase**
Die Realisierung eines Bauprojektes setzt als ersten Schritt voraus, das der Bauherr die Notwendigkeit des Vorhabens aus unterschiedlichen Gründen erkannt und diese gegenüber Alternativen (z.B. Kauf oder Miete eines bestehenden Objekts, Neubau statt Umbau oder Erweiterung) abgewogen hat.

☐ **Vorbereitungsphase**
Die Bedürfnisanalyse des Bauherrn ergibt die Investitionsabsicht. Aus der Definition der Bauaufgabe kann bereits das *Anforderungsprofil* abgeleitet werden. Dabei kommt es darauf an, die *Probleme*, die sich aus den formulierten *Zielen* ergeben, zu erkennen und zu beschreiben.
Diese Problembereiche können funktionaler, betriebstechnischer, wirtschaftlicher oder rechtlicher Natur sein wie die Einschränkungen in der Bebaubarkeit eines Grundstücks, vorhandene Nutzungsrechte von Nachbarn, alternative Finanzierungsmodelle.
In dieser Phase sollten alle für die Planung notwendigen Informationen gesammelt und gewertet werden (z.B. alternative Analysen für eine Industrieansiedlung nach Standortkriterien wie Größe, Bodenqualität, Erschließung, Ver-und Entsorgung, Preis).
Außerdem empfiehlt sich bereits in dieser Phase die Benennung und Einbeziehung von *Sonderfachleuten*.

☐ **Planungsphase**
Die Planungsphase gliedert sich in *vier Schritte*:
– *Grundlagenermittlung* mit Vorstudie
– *Vorentwurf* mit Kostenschätzung
– *Entwurf* mit Bauantrag und Kostenberechnung
– *Werk- und Ausführungsplanung*.

Die Organisation der Planungsphasen beinhaltet außerdem drei *Hauptziele* (Parameter):
– qualitätsvolle Planungsleistung (Entwurf, Ausführungszeichnungen, Baubeschreibungen, etc.)
– Kosten (Kostenplanung und -kontrolle)
– Termine (Terminplanung und -kontrolle).

☐ **Ausführungsphase**
Die Ausführungphase gliedert sich in:
– *Bauablaufplanung*
– *Ausschreibung, Vergabe*, Verträge
– *Ausführung* und deren Überwachung
– *Abrechnung und Übergabe*.

☐ **Nutzungsphase**
Die Nutzungsphase gliedert sich in:
– Kontrolle der Gebrauchsfähigkeit
– Beseitigung von verschleißbedingten Schäden
– Facility Management.

☐ **Endphase**
Die letzte Phase eines Projekts schließt folgende Kriterien mit ein:
– Abriß und Entsorgung
– Wiederverwertbarkeit der Baumaterialien
– Umbau-oder Erweiterungsmaßnahmen
– Veränderung der Funktion.

Da aus der Beendigung eines Bauprojekts wiederum ein neues Projekt entstehen kann, sei es durch Neubau, Umbau oder Erweiterung, kann die erste Phase gleichzeitig die vorangegangene letzte Phase beinhalten.

■ **8.4 Planungsbeteiligte** [*1]
Die Planungsaufgaben im Industriebau nehmen an Komplexität und Projektgröße ständig zu. Dies erfordert die Beteiligung einer Vielzahl von Disziplinen am Planungsprozeß. Um eine erfolgreiche Abwicklung von Bauvorhaben zu gewährleisten, sollten die Aufgaben und Ziele der Planungsbeteiligten früh geklärt und dokumentiert werden.

☐ Bauherr

Der Bauherr ist im vertragsrechtlichen Sinne der Besteller beziehungsweise der Auftraggeber.
Grundsätzlich gilt zu unterscheiden:

der *öffentliche Bauherr*
(Bauherr der öffentlichen Hand):
- kommunale Bauherren (Gemeinde, Stadt, Kreis)
- Länder der Bundesrepublik Deutschland
- Bundesrepublik Deutschland
- übernationale Bauherren (EU, UNO).

der *private Bauherr* (nichtöffentlicher Bauherr):
- natürliche Person(en)
- Gesellschaft des bürgerlichen Rechts (GBR)
- Personengesellschaft (OHG, KG)
- Kapitalgesellschaft (GmbH, AG)
- Vereine, Genossenschaften.

Mit Ausnahme der natürlichen Personen handelt es sich bei allen beschriebenen Bauherren um *juristische Personen*.
Unabhängig von der Organisationsform muß der Status des Bauherrrn und seiner Vertreter in Bezug auf folgende *Aufgaben* erkennbar sein:
- Unterschriftsberechtigung
- Leitungs-bzw. Weisungsbefugnis
- Haftung
- Mittelbereitstellung
- Vertreterfunktion
- Beraterfunktion.

Dem Bauherrn obliegt die Pflicht, zur ordnungsgemäßen Realisierung eines genehmigungspflichtigen Projekts die entsprechenden Planer- und Fachplaner, sowie die ausführenden Unternehmer zu beauftragen. Über gesetzliche Bestimmungen hinaus sind von ihm *weitere Aufgaben* wahrzunehmen:
- Festlegen der Projektumfangs
- Bereitstellung aller für die Planung und Ausführung erforderlichen Unterlagen und Informationen
- Kontrolle der Umsetzung der Projektziele
- Mengen-und termingerechte Mittelbereitstellung.

Da der Bauherr diese Aufgaben oftmals nicht vollständig bewältigen kann, werden Tätigkeiten wie Betriebsplanung, Aufstellen eines Raumprogramms, Wirtschaftlichkeitsberechnung, Aufstellen, Fortschreiben und Überwachen von Kosten, Finanzierungs-,Termin- und Kapazitätsplänen häufig an *Projektsteuerer* deligiert.

Die Ziele, die ein Bauherr verfolgt, hängen unter anderem davon ab, ob er selbst das Bauvorhaben nutzt oder es von Dritten nutzen läßt.
Für den Planer spielen folgende *Ziele* eine entscheidende Rolle:
- *Funktionale Ziele*:
  Raumbedarf, Sicht-und Wegebeziehungen, Raumklima, Belichtung, etc.
- *Gestalterische Ziele*:
  Form, Proportion, Farbe, Oberflächen, Materialien von Hülle und Innenraum
- *Kostenziele*:
  Grundstückskosten, Baukosten, Baunutzungskosten, ggf. Finanzierungsmöglichkeiten
- *Terminziele*:
  frühster Beginn, spätestes Ende bzw. Beginn der Nutzung
- *Gewährleistungsziele*:
  Haftung bei Planungsfehlern oder Bauschäden.

☐ Architekt

Abgesehen von seiner eigentlichen Aufgabe, dem Planen von Gebäuden, beinhaltet die Tätigkeit des Architekten folgende Aufgaben gegenüber dem Bauherrn/Auftraggeber:

Berater und Treuhänder
Als fachlicher Berater hat der Architekt den Bauherrn vor Schäden zu schützen. Reichen seine fachlichen Kenntnisse nicht aus, muß er mit Einverständnis des Bauherrn die entsprechenden Fachleute hinzuziehen, um ein mängelfreies Werk zu gewährleisten. Seine treuhänderische Tätigkeit beinhaltet auch eine möglichst kostengünstige Erstellung des Bauwerks.

Erfüllungsgehilfe
Während der Architekt als Treuhänder und Berater des Bauherrn selbstständig ist, wird er gleichzeitig – als Mitarbeiter des Bauherrn– als dessen »Erfüllungsgehilfe« angesehen (mitwirkendes Verschulden; § 254 BGB).

Vertreter
Der Architekt als Vertreter des Bauherrn vergibt »im Namen, Auftrag und Rechnung des Bauherrn« Bauleistungen, die durch die Unterschrift des Bauherrn rechtsgültig vollzogen werden. Die Vertreterbefugnis des Architekten reicht nur soweit, wie dies im Architektenvertrag bestimmt worden ist.

Über diese nach dem *Bundesgesetzbuch (BGB) geltenden*

PLANUNGSBETEILIGTE 203

Projektsteuerung Planungsphasen	Organisation und Dokumentation	Qualitäten und Quantitäten	Kosten und Finanzierung	Termine und Kapazitäten
Bedarfsermittlung Durchführbarkeitsuntersuchung	- Klärung der Projektziel und Zielkonflikte - Prüfung der Genehmigungsfähigkeit - Mitwirkung bei der Auswahl der Fachplaner - Mitwirkung bei der Vertragsgestaltung - Mitwirkung beim Abschluß von Versicherungen mit Risikoabwägung - Information des Auftraggebers und Dokumentation	- Klärung der Aufgabenstellung - Mitwirkung bei der Erstellung eines Bauprogramms - Klärung der Grundstückssituation - Mitwirkung bei der Erstellung des Raumprogramms - Mitwirkung bei der Erstellung des Funktionsdiagrammes - Mitwirkung bei der Festlegung der Soll-Qualitäten	- Mitwirkung bei der Erstellung eines Kostenrahmens - Mitwirkung bei der Erstellung des Finanzierungskonzeptes - Mitwirkung bei der Erstellung des Konzeptes für die Rentabilität	- Mitwirkung bei der Erstellung eines Globalkonzeptes für die Soll-Termine - Mitwirkung bei der Erstellung des Terminplanes für Planung (Planung der Planung)
Vor- und Entwurfsplanung	- Fortschreibung der Projektziele und Zielkonflikte - Mitwirkung bei der Leistungsabgrenzung der Fachplaner - Koordination der Planer - Kontakte zu Nachbarn, Behörden und Planungsbetroffenen - Mitwirkung bei der Vertragsgestaltung - Information des Auftraggebers und Dokumentation	- Mitwirkung bei der Fortschreibung der Bedarfsermittlung - Mitwirkung bei der Fortschreibung der Soll-Qualitäten - Mitwirkung bei der Erstellung eines Raumbuchs - Mitwirkung beim Bemusterungs- und Besichtigungsverfahren	- Mitwirkung bei der Erstellung der Kostenschätzung und Kostenberechnung - Mitwirkung bei der Führung des Baubuches (lfd. Kosten) - Mitwirkung bei der Erstellung eines Finanzierungsplanes - Mitwirkung bei der Erstellung einer Rentabilitätsberechnung	- Mitwirkung bei der Fortschreibung der Soll-Termine für die Planung und Ausführung - Erstellung von Einzelterminplänen für Planung und Ermittlung der erforderlichen Planungskapazität
Genehmigungs- und Ausführungsplanung	- Fortschreibung der Projektziele und Zielkonflikte - Koordination der Planer - Fortschreibung der Kontakte zu Nachbarn, Behörden und Planungsbetroffenen - Verhandlungen mit den Genehmigungsbehörden - Information des Auftraggebers und Dokumentation	- Mitwirkung bei der Fortschreibung der Bedarfsermittlung - Mitwirkung bei der Fortschreibung der Soll-Qualitäten - Mitwirkung bei der Fortschreibung des Raumbuchs - Mitwirkung beim Bemusterungs- und Besichtigungsverfahren	- Mitwirkung bei der Fortschreibung der Sollkosten als Kostenberechnung nach Grob- und Bauelementen - Mitwirkung bei der Fortschreibung des Finanzierungsplanes - Mitwirkung bei der Ermittlung der Baunutzungskosten - Mitwirkung bei der Fortschreibung der Rentabilitätsberechnung	- Mitwirkung bei der Fortschreibung der Soll-Termine für Planung und Ausführung - Erstellung von Einzelterminplänen für Planung und Mitwirkung bei der Erstellung von Einzelterminplänen für die Ausführung - Mitwirkung bei der Ermittlung der Ausführungskapazitäten (Ausführungsfirmen)
Ausschreibung und Vergabe	- Fortschreibung der Projektziele und Zielkonflikte - Koordination der Planer und Mitwirkung bei der Koordination der ausführenden Firmen - Fortschreibung der Kontakte zu Nachbarn, Behörden und Planungsbetroffenen - Mitwirkung bei der Vertragsgestaltung - Information des Auftraggebers und Dokumentation	- Mitwirkung bei der Fortschreibung der Soll-Qualitäten - Mitwirkung bei der Fortschreibung des Raumbuchs - Mitwirkung beim Aufstellen von Checklisten für die Ausschreibung - Mitwirkung beim Erstellen der Ausschreibungsunterlagen - Mitwirkung beim Bemusterungs- und Besichtigungsverfahren	- Mitwirkung bei der Fortschreibung der Sollkosten als Kostenanschlag - Mitwirkung bei der Erstellung eines Preisspiegels mit Kostenalternativen - Mitwirkung bei der Erstellung von Vergabevorschlägen - Mitwirkung bei der Fortschreibung des Baubuches - Mitwirkung bei der Fortschreibung des Finanzierungsplanes und der Rentabilitätsberechnung	- Mitwirkung bei der Fortschreibung der Soll-Termine für die Ausführung - Mitwirkung bei der Festlegung von Fertigstellungsterminen (auch Zwischenterminen)
Bauausführung und Inbetriebnahme	- Fortschreibung der Projektziele und Zielkonflikte - Koordination der Planer und Mitwirkung bei der Koordination der ausführenden Firmen - Fortschreibung der Kontakte zu Nachbarn, Behörden und Planungsbetroffenen - Mitwirkung bei der Vertragsgestaltung - Mitwirkung bei den Abnahmen (VOB, LBO) - Information des Auftraggebers und Dokumentation	- Mitwirkung beim Fortschreiben der Soll-Qualitäten und Erstellung von Checklisten für die Ausschreibung - Mitwirkung beim Soll-/Ist-Vergleich der geplanten und ausgeführten Qualitäten - Überprüfung der Bestandspläne auf Vollständigkeit - Mitwirkung bei der Abnahme und Übergabe der technischen Systeme	- Mitwirkung bei der Fortschreibung der Sollkosten - Mitwirkung bei der Fortschreibung des Baubuches - Mitwirkung bei der Erstellung des Soll-Ist-Kosten-Vergleiches (gewerkebezogene Abrechnung nach DIN 276) - Mitwirkung beim Abschlußbericht über Kosten, Finanzierung und Rentabilität	- Mitwirkung bei der Festlegung der Inbetriebnahme- und des Einweihungstermins - Mitwirkung bei der Terminierung der Sicherheitsleistungen - Mitwirkung bei der Terminierung der Mängelbeseitigung - Mitwirkung bei der Festlegung der Konventionalstrafen - Abschlußbericht über die Termin- und Kapazitätsplanung

*236 Leistungsbild der Projektsteuerung *1*

INDUSTRIEBAUPLANUNG

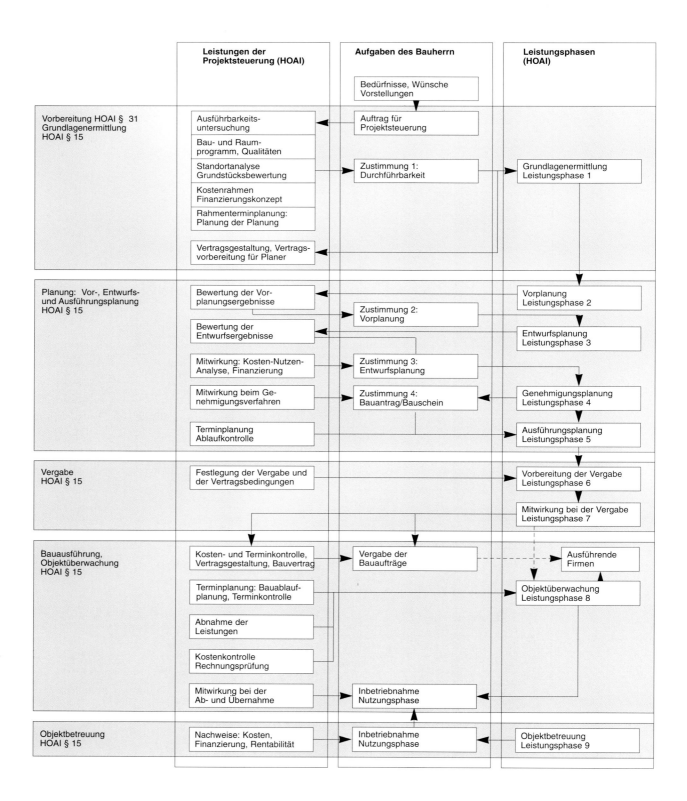

237 Projektsteuerung im Planungsablauf, *1

Pflichten hinaus erfordert die Tätigkeit des Architekten die Einhaltung weiterer unterschiedlicher *Gesetzesgrundlagen*:
– Architekt nach Architektenkammer (Bauvorlageberechtigung)
– Architekt nach Länderbauordnungen (z.B. HBO)
– Architekt nach Leistungsphasen, z.B. entwerfender Architekt gemäß HOAI, Leistungsphase 1-5
– Architekt der Baudurchführungsplanung gemäß HOAI Leistungsphase 6-9
– Architekt als Bauleiter gemäß HOAI Leistungsphase 8 und 9.

☐ **Projektsteuerer**

Die Projektsteuerung umfaßt nach dem Leistungsbild der HOAI § 31 folgende *Aufgaben*:
1. Klärung der Aufgabenstellung, Erstellung und Koordinierung des Programms für das Gesamtprojekt
2. Klärung der Voraussetzungen für den Einsatz von Planern und anderen an der Planung fachlich Beteiligten (Projektbeteiligte)
3. Aufstellung und Überwachung von Organisations-Termin- und Zahlungsplänen, bezogen auf Projekt und Projektbeteiligte
4. Koordinierung und Kontrolle der Projektbeteiligten mit Ausnahme der ausführenden Firmen
5. Vorbereitung und Betreuung der Beteiligung von Planungsbetroffenen
6. Fortschreibung der Planungsziele und Klärung von Zielkonflikten
7. laufende Information des Auftraggebers über die Projektabwicklung und rechtzeitiges Herbeiführen von Entscheidungen des Auftraggebers
8. Koordinierung und Kontrolle der Bearbeitung von Finanzierungs-, Förderungs- und Genehmigungsverfahren.

Die folgenden beiden Grafiken beschreiben das Leistungsbild des Projektsteuerers in Abhängigkeit zu den jeweiligen Planungs-und Ausführungsphasen (Abb. 236 und 237).

☐ **Fachplaner** (Leistungsbereiche gemäß HOAI)

Die gestiegene Komplexität von Bauvorhaben erfordert zunehmend den Einsatz von *Spezialisten*.
Dies gilt besonders für den Industriebau.
Je nach Schwierigkeitsgrad des Projekts erweitert sich die Zahl der notwendigen Fachplaner.
Die meisten Fachingenieure decken allerdings mehrere, meist voneinander abhängige Bereiche gleichzeitig ab (z.B. Heizung, Lüftung, Sanitär), wobei jeder Leistungsbereich in der HOAI beschrieben und entsprechend honoriert wird.
Die Tätigkeit der Fachingenieure ist nicht in jedem Fall eine *planerische Leistung*, sondern kann auch in Form eines *beratenden Gutachtens* erfolgen.
Die wichtigsten *Sonderfachleute und ihre Aufgaben* sind nachstehend aufgeführt:
– Vermessung
– Statik
– Entwässerung
– Heizungs-, Lüftungs- und Klimaanlagen
– Gas- und Wasserversorgung
– Stromversorgung (Stark- bzw. Schwachstrom)
– Bodenmechanik
– Gartengestaltung.

Abbildung 237 vermittelt einen Überblick über die Fachbereiche der Bauplanung.

☐ **Gutachter** (aussagende Organe)

Bevor bestimmte planerische Maßnahmen ergriffen werden, kann die Einbeziehung von Gutachtern erforderlich werden. Da ihre Tätigkeit als *Dienstleistung* gilt, erfolgt eine Beauftragung in Form von *Dienstverträgen* mit den entsprechenden rechtlichen Bindungen. Ihr Einsatzgebiet umfaßt die bereits genannten Bereiche der Fachplanung. Nach der HOAI §§ 33+34 sind die Honorare frei verhandelbar.

☐ **Behörden** (prüfende und aussagende Stellen)

Die Erteilung einer Baugenehmigung durch die örtliche Bauaufsichtsbehörde (Bauschein) erfordert Aussagen oder gutachterliche Stellungnahmen von verschiedenen Behörden (Abb.238).
Darüber hinaus muß im Planungsablauf oftmals eine Abstimmung mit *nichtbehördlichen Institutionen* erfolgen. Zu diesen zählen:
– *Energieversorgungsunternehmen* (Versorgung mit Strom, Gas, Wasser, Fernwärme, etc.)
– *Berufsgenossenschaften* (Abwendung von Unfallgefahren, Sicherheitsmaßnahmen, Betriebsüberwachung, Arbeitsplatzgestaltung)
– *Bundesbahn* (Gleisanschluß, Verkehrsgerüst, Bahnbauten, Versand und Zustellung)
– *Bundespost* (Telefon-und Telefaxanschluß, Funk, Versand und Zustellung Brief-und Frachtpost)
– *Versicherungen* (Risiken und Prämien in Abhängigkeit von Betrieb, Produkt, Bauweise und Baumaterialien).

Sonderfachleute	Allgemeines Aufgabengebiet bzw. Aussagen über
Statik	Nachweis der Standsicherheit, konstruktive Ausbildung, wirtschaftliche Baukonstruktion, Schalungspläne, Bewehrungspläne, Überwachung der Ausführung in technischer Hinsicht
Heizungsanlagen	Wärmebedarfsberechnung, Wärmeerzeugungsanlagen, Wärmeversorgungsanlagen, Fernleitungen, Brennstoffvorratslager, Heizungsinstallationen
Lüftungs- und Klimaanlagen	Wärmebedarfsberechnung, Lüftungsanlagen, Klimaanlagen, Kälteerzeugungsanlagen
Entwässerung	Hydraulische Berechnungen, Grundstücksentwässerung, Aufbereiten und Abführen gewerblicher Abwässer, Hebe- und Rückhalteanlagen
Gas- und Wasserversorgung	Bedarfsermittlung, Gas- und Wasserversorgungsanlagen, Pressluftversorgungsanlagen
Starkstrom	Fernleitungen, Stromerzeugungsanlagen, Umspann- und Schaltanlagen, Beleuchtung, Kraftstromversorgungsanlagen, Erdung
Schwachstrom	Fernleitungen, Stromerzeugungsanlagen, Nachrichtentechnik, Datenerfassung, Datenverarbeitung, Schalt- und Regelanlagen
Maschinelle Anlagen	Förderanlagen und Fördermittel, Hebezeuge, Produktionsmaschinen, allgemeine Maschinen
Korrosionsschutz	Anstriche und Verzinkung, korrosionsschutzgerechte Konstruktion
Bauphysik	Wärmeschutz, Dampfdiffusion, Abdichtung, physikalisches Verhalten von Baustoffen
Akustik	Bau-Akustik, Raum-Akustik, Schutz vor Lärmstörungen
Gartengestaltung	Garten- und Wegebau
Organisation	Betriebsablauf, Verwaltungsorganisation, Einrichtung, Raumprogramm
Spezialtechnik	Spezielle Betriebseinrichtungen, Sonderräume für Forschungszwecke u.ä.
Vertragsgestaltung	Verträge mit Fachleuten, Verträge mit ausführenden Firmen
Einrichtung	Büros, Labors, Betrieb, Rechenanlagen, Sozialanlagen, Geräte
Termine	Terminpläne für Planung/Ausführung/Betriebsablauf

238   Planungs- und Ausführungsbeteiligte: Sonderfachleute [*1]

■ 8.4.1 Zusammenarbeit

Im Industriebau ist, aufgrund der komplexen Abhängigkeiten (u.a. der notwendigen Koordinierung der Bauplanung mit der Betriebsplanung), der Vielzahl der erforderlichen Planungsbeteiligten und der Größe der Projekte eine entsprechende Planungsorganisation erforderlich.

Der Bedarf an *organisatorischen Regelungen* entsteht aus drei Gesichtspunkten:
– Projektstrukturierung
  (Gliederung der Aufgabenbereiche nach planerischer Zuständigkeit und erstellungsmäßiger Zusammengehörigkeit)
– Aufbauorganisation

(Teambildung und Regelung der Zusammenarbeit innerhalb und außerhalb des Teams)
- Ablauforganisation
(Regelung der Reihenfolge und der zeitlichen Abfolge der Arbeiten).

☐ »Projektbezogene« Organisation

Es ist eine Grundanforderung, daß in allen oben genannten Bereichen eine »*projektbezogene*« Organisation angewendet wird und die Prioritäten nach den jeweils geltenden unternehmerischen Zielsetzungen und Aufgabenstellungen gesetzt werden.

☐ Planungsteam

Die zweite Grundanforderung betrifft die Zusammenfassung aller Planungsbeteiligten in einem Planungsteam unter Führung eines *Projektleiters*.
Hierdurch wird:
- eine bessere Koordination der vielfältigen Abhängigkeiten gewährleistet
- die Koordinierung der Bauplanung mit der Betriebsplanung verbessert (hierbei stehen die Gliederungen der Aufgaben und Zuständigkeiten und die Zuordnung und Koordinierung der Arbeitsschritte mit den nacheinanderfolgenden Planungsphasen im Vordergrund).

☐ Projektorganisation und Projektleitung

Der Ruf nach verbesserter Planungssystematik hat zu neuen Methoden, Hilfsmitteln und Organisationsformen geführt, die unter dem Begriff *Projektmanagement* bekannt geworden sind.
Damit der Architekt auch in Zukunft diesen Aufgabenbereich, im Sinne eines Gesamtprojektleiters, erfüllen kann sind entsprechende Kenntnissen über Planungssystematik und die anderen Bereiche der Planung erforderlich.
Aufgrund der speziellen Gegebenheiten und Anforderungen bei Fabrikprojekten, gestalten sich die Aufgaben und organisatorischen Zuständigkeiten der bautechnischen Fachleute, insbesondere des Architekten anders, als dies bei Bauprojekten im allgemeinen üblich ist.
Checkliste 1 informiert über die Aufgaben der Bauplanung bei Fabrikplanungsprojekten, über ihre Abgrenzung und die Zusammenarbeit mit den sonstigen Planungsbereichen im Rahmen der Teamarbeit –> siehe 8.11, Checkliste 1.

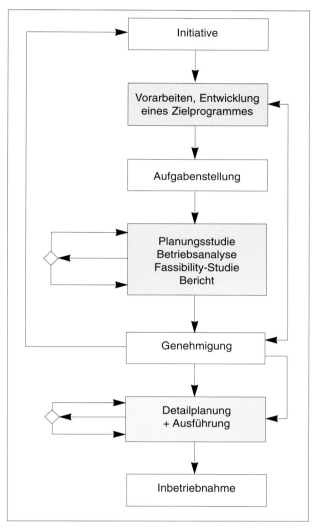

239   Phasen der Fabrikplanung

8.5   Informationsfluß

Zur Gestaltung des Informationsflusses wurden bereits wesentliche Aussagen in Kapitel 5.6. gemacht. Sie sind von der Betriebsplanung auf die Abwicklung eines Bauvorhabens und die Organisation des Informationsflusses zwischen den Planungsbeteiligten übertragbar.

☐ Informationsplanung

Die *Grundregel* jeglicher Informationsplanung ist, die richtige Information, zum richtigen Zeitpunkt an den richtigen Empfänger zu senden.
Hierzu empfiehlt sich die Einschaltung eines *Koordinators*. Er muß die Informationen aller Beteiligten verste-

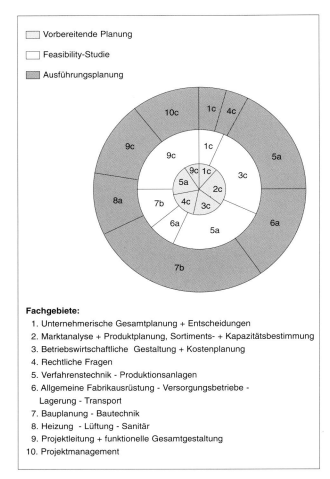

240 Unterteilung der Fabrikplanung nach Fachgebieten

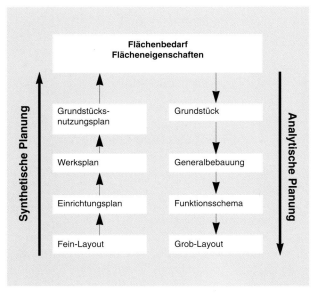

241 Vorgehensweisen bei der Fabrikplanung

hen, um entsprechende Zuordnungen vornehmen zu können.

Der Koordinator hat die Pflicht, für jede einzelne Planungsstufe den Informationsfluß zu planen und Terminpläne für den Ablauf zu erstellen. Er muß auch entscheiden, ob neu gewonnene Erkenntnisse oder Umstände während des Ablaufs einzubeziehen sind und wen er darüber informieren muß.

Je umfangreicher das Bauvorhaben ist, um so häufiger muß der Informationsstand aller Planungsbeteiligten überprüft werden. Deshalb empfiehlt sich eine regelmäßige Abstimmung in Form von Besprechungen mit nachfolgender Dokumentation. Diese können entsprechend der Leistungsphasen oder in gleichmäßigen Zeitabschnitten (jour-fix) erfolgen.

8.6 Ablauf der Bauplanung

Wie bereits erwähnt wird die Bauplanung bei Industriebauprojekten als ein *Teilbereich eines Fabrikplanungsprojekts* gesehen.

Im Folgenden sollen daher die Planungsphasen eines Fabrikplanungsprojektes in Bezug auf ihre Relevanz für die Bauplanung kurz erläutert werden.

Es ist sinnvoll wenn die Fachleute der Bauplanung bereits zu einem möglichst frühen Zeitpunkt eines Fabrikplanungsprojektes mit in die Planung einbezogen werden, da hier Entscheidungen von großer Tragweite und Kostenrelevanz getroffen werden.

Es geht im Folgenden auch um das Verständnis und die Klärung von Begriffen, wie sie von Seiten der Fabrikplanung verwendet werden (Abb.239 bis Abb.243).

☐ **Zielkonzept**

In der Phase des Zielkonzepts stehen die unternehmerischen, marketingmäßigen, produktionsbezogenen und ökologischen Belange im Mittelpunkt der Betrachtung.

Bautechnische Aspekte spielen in der Regel eine untergeordnete Rolle, da in dieser frühen Planungsphase der Fabrikplanung noch keine konkreten Angaben und bauliche Anforderungen bestehen.

In der Regel können die Basisdaten und betrieblichen Anforderungen an das Bauwerk auch nicht direkt vom Zielkonzept des Gesamtprojektes abgeleitet werden.

☐ **Konzeptplanung**

In der Phase der Konzeptplanung stehen die betriebstechnischen und ökonomischen Aspekte im Vordergrund.

Im Rahmen der Konzeptplanung werden die betrieblichen Anforderungen ermittelt.
Meist werden bei der Konzeptplanung mehrere Alternativen erarbeitet und nach Auswahl der zu verwirklichenden Lösung, aus betrieblicher Sicht, detailliert.

☐ **Ausführungsplanung**

Die Ausführungsplanung bei Fabrikplanungsprojekten umfaßt somit neben der Bauplanung die Anlagen- und Betriebmittelsplanung, die Personalplanung und die Materialflußplanung.
Sie ist in zwei *Phasen* gegliedert:
– Bereichsplanung
– Detailplanung.

Mit fortschreitendem Planungsgrad der Fabrikplanung nehmen die Auswirkungen auf die Bauplanung zu.
Erst nach Auswahl der auszuführenden Lösungsvariante (im Rahmen der Konzeptplanung) läßt sich die Aufgabenstellung für die Bauplanung soweit konkretisieren, daß mit der eigentlichen Bauplanung begonnen werden kann.
Dies erfolgt in der einleitenden Phase der Ausführungsplanung, im Rahmen der Bereichsplanung, durch die Ausarbeitung der »*Gebäudespezifikation*«.
Sie wird in enger Zusammenarbeit zwischen Projektingenieuren und Baufachleuten erarbeitet.
Dabei werden die Anforderungen und Rahmenbedingungen für die Bauplanung von den Ergebnissen der Anlagen- und Betriebsplanung abgeleitet.

■ **8.6.1 Grundlagen der Bauplanung**

Der Bauplanung sollten folgende Grundlagen zur Verfügung stehen:

☐ **Von Seiten der Fabrikplanung**
– *Die Planungsergebnisse der Betriebsplanung*

– *Die Aufgabenstellung für die Bauplanung.*
Die Aufgabenstellung wird systemtheoretisch in der frühen Phase der Ausführungsplanung von Fabrikplanungsprojekten erarbeitet und dient der Fixierung der Planungsziele.
Häufig existiert jedoch in der Praxis keine eindeutig formulierte Aufgabenstellung.
Es ist dann sinnvoll (auch zur Reduktion unnötigen Planungsaufwandes), in Zusammenarbeit mit dem Bauherrn und unter Einbezug der betroffenen Fachleute, die Planungsziele im Vorfeld der Bauplanung so genau wie möglich festzulegen.

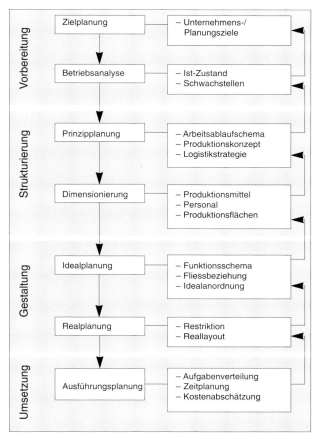

242 Phasen und Schritte eines systematischen Planungsablaufes der Fabrikplanung

– *Die Gebäudespezifikation*
Die Gebäudespezifikation ist ein Anforderungskatalog an die Raumplanung.
In ihr werden alle betrieblichen Anforderungen, Informationen und Hinweise, die bei der bautechnischen Gestaltung berücksichtigt werden sollen, schriftlich und/oder zeichnerisch zusammengefaßt.
Die Gebäudespezifikation dient somit der oft vielfältigen und anspruchsvollen Koordination zwischen Betriebsplanung und Bauplanung. Sie wird meist von Seiten der Betriebsplanung teilweise in Zusammenarbeit mit Unternehmensberatern erarbeitet.
Der Architekt sollte auf eine sorgfältige Ausarbeitung der Gebäudespezifikation Wert legen, um unnötigen Planungaufwand zu vermeiden und um gestaltungsrelevante Anforderungen möglichst frühzeitig bei der Planung berücksichtigen zu können.
Die Ausarbeitung der Gebäudespezifikation wird vorzugsweise in mehreren Stufen vorgenommen.

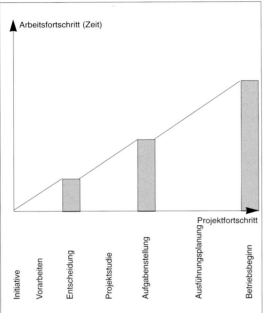

243 Planungsaufgaben bei Frabrikplanungsprojekten

Beispielsweise bei Projekten, die mehrere Baukörper umfassen oder baulich und nutzungsmäßig aus unterschiedlichen Teilbereichen bestehen, empfiehlt es sich die Gebäudespezifikation je Bauwerk beziehungsweise Bereich zu erstellen.

Aufgrund der engen Verknüpfung zwischen Betriebsplanung und Bauplanung, ist es sinnvoll die Gebäudespezifikation frühzeitig in Form einer *vorläufigen Gebäudespezifikation* auszuarbeiten.

Sie besteht meist aus zwei *Teilen*:
– bautechnischer Teil
– haustechnischer Teil.

In einer späteren Planungsphase muß dann eine *detaillierte Gebäudespezifikation* vorgenommen werden.
Auch hier empfiehlt sich die Unterteilung in einen bautechnischen und haustechnischen Teil.
Sie bilden die Grundlage für die fachtechnische Detailplanung:
– Ausarbeitung der Bauentwürfe und Bauprojekte (Architekt, Bauingenieur)
– Ausarbeitung der Dispositionspläne und Dimensionierung der einzelnen Systeme der haustechnischen Ausrüstung.

Bei der Ausarbeitung der Gebäudespezifikation sind die »*Muß-Faktoren*« (z.B. Arbeitsstätten-Richtlinien) und »*Wunsch-Faktoren*« deutlich voneinander zu unterscheiden und entsprechend der ihnen zugeordneten Prioritäten in die Bauplanung einzubeziehen.

Checkliste 2 vermittelt einige Anregungen zur Strukturierung der Gebäudespezifikation (Abb.244) –>siehe Kap.8.11.

☐ **Allgemeine Grundlagen der Bauplanung**

Allgemeine Grundlagen der Bauplanung sind:
– allgemeine Vorschriften
– gesetzliche Bestimmungen
– Anforderungen der aktuellen Förderprogramme.

Die wichtigsten Basisinformationen, Einflußfaktoren und Rahmenbedingungen, die bei der Festlegung der baulichen Gesamtkonzeption zu berücksichtigen sind, enthält Checkliste 3 –>siehe Kap.8.11

8.7   Bauausführung (Realisierung)

Auf die Phase der Ausführungsplanung folgt die Phase der Bauausführung (Realisation).
In der Realität findet häufig eine Überschneidung beider Phasen statt.

So wird beispielsweise mit den baulichen Vorarbeiten und dem Rohbau in der Regel in einem Planungsstadium begonnen, in dem die Detailfragen des Ausbaus noch nicht gänzlich geklärt sind.

Diese Vorgehensweise erfordert einerseits eine Phasenbildung in der Ausführungsplanung (Grobabstimmung) und andererseits eine laufende Koordinierung der Einzelheiten (Feinabstimmung), sowohl in technischer als auch in terminlicher Hinsicht.

Die Abstimmung und ständige Koordinierung zwischen betrieblicher und bautechnischer Planung gehören zu den wichtigsten Anforderungen der Ausführungsplanung.

Für die Phase der Bauausführung gilt dies sowohl in fachlicher als auch in terminlicher Hinsicht, da die verschiedenen Arbeiten der Detailplanung und Realisierung teilweise zeitlich parallel ausgeführt werden.

Aus der Sicht der Bauausführung empfiehlt es sich, bei komplexen Fabrikprojekten folgende *Phasenbildung* vorzunehmen:

– *Einrichten der Baustelle*

Zur Einrichten der Baustelle zählen zum Beispiel Erschließung, Straße und Telefon.

– *Vorbereitende Bauarbeiten*

Vorbereitende Bauarbeiten sind Arbeiten, die vor Abschluß der Rohbauplanung stattfinden können (evtl. aufgrund von Teilgenehmigungen) und spätestens bis Rohbaubeginn abzuschließen sind, beispielsweise Baugrundvorbereitung und vorgezogene Bauarbeiten.

– *Rohbauarbeiten*

Mit den Rohbauarbeiten müssen Montagearbeiten, die parallel mit den Rohbauarbeiten stattfinden müssen wie Leitungsverlegungen, Einbau von großen Betriebsmitteln koordiniert, geplant und durchgeführt werden.

– *Grobmontage und Ausbau Teil 1*

Während der Grobmontage muß die Ausführung der Ausbauarbeiten stattfinden, die für den Beginn der Feinmontage erforderlich sind.

– *Feinmontage und Ausbau Teil 2*

Die Feinmontage beinhaltet die Ausführung der Ausbauarbeiten, die während der Grobmontage nicht durchgeführt werden konnten (oder sollten) und die für den Probebetrieb notwendig sind.

Planungsphase	Bauliche Gestaltung	Haustechnik, Infrastruktur – Heizung, Lüftung, Beleuchtung – Ver- und Entsorgungssysteme
System- und Strukturplanung, Dimensionierung – Aufgabenstellung – Hauptabmessungen der Schlüsselmaschinen – Maschinen- und Apparateliste – Personalbedarfsplan – Gliederung der Betriebsbereiche – Betriebsbedingungen	– Allgemeine Rahmenbedingungen – Angabe der Geschoßebenen bzw. der Unterkellerung – Erforderliche Gruben, Dachaufbauten – Spezialfundamente für Betriebsmittel – Anordnung auf dem Grundstück – Erforderliche Verbindungen zu anderen Bereichen – Einzuhaltende Abstände	– Installierte Leistung der Betriebsmittel – Großverbraucher, spezielle Betriebsmittel – Erforderliche Ver- und Entsorgungssysteme – Schichtbetrieb, Spitzenbelastung usw. – Erforderliche Anschlußleistung – Besondere Sicherheitsvorkehrungen (Katastrophenschutz usw.)
Globalplanung – Flächen- und Raumplanung – Layout und Bodenbelastung – Arealnutzungsplan (Masterplan)	– Nutzfläche, Hauptmaße, Nutzhöhe – Unterteilung, Raumform – Stützenteilung, Kranbahnen, Nutzlast – Bodenbelastung, Punktbelastungen (fixe, bewegliche) – Verkehrswege, Torgrößen, Türen – Transportwege – Fenster und Oberlichter – Tragfähigkeit der Stützen und Dachkonstruktion – Brandschnitte und Fluchtwege – Leitungstrassen, Aussparungen, Durchbrüche, Bodenkanäle	– Lage der Hauptverbraucher – Anordnung der Zentralanlagen – Unterteilung der Versorgungsbereiche, Unterverteilungen – Layout der Hauptleitungsnetze – Spezielle Anforderungen (Klimatisierung usw.)
Bereichsplanung – Produktionsbereiche – Hilfs- und Nebenbereiche – Ver- und Entsorgung (Hauptleitungs-Layout) – Haustechnische Ausrüstung – Sonstiges	– Transportwege, Treppen, Aufzüge usw. – Bodenbelag (rutschfest, ölfest, säurefest, staubfrei usw.) – Tragfähigkeit und Schutzart der Wände – Korrosionsschutz – Anforderungen an die Arbeitsplätze – Anforderungen an die Produktionsbereiche – Dynamische Belastungen – Lärmquellen, akustische Belastung	– Raumblätter – Anforderungen an Heizung und Lüftung – Angabe der Wärmequellen – Anforderungen an allgemeine Beleuchtung – Anforderungen an Ver- und Entsorgungsanschlüsse – Raumbelegung, erforderliche Konditionierung und Klimatisierung – Anforderungen an Sozialbereiche
Weitere Angaben – Vorgesehene Ausbaustufen – Spätere Nutzungsart In der Gebäudespezifikation sind lediglich grundsätzliche Forderungen und Richtwerte enthalten.	– Mögliche Alternativen Die Detailangaben werden im Laufe der Ausführungsplanung im Einvernehmen mit dem Architekten und Bauingenieur festgelegt.	Angaben für Anschlußleitungen und sonstige gestalterische Details werden im Rahmen der Ausführungsplanung bestimmt.

244   Anforderungskatalog für Industriebauten

– *Finalarbeiten*

Zu den Finalarbeiten zählen:
– die Fertigstellung der Bauarbeiten
– Prüfung, Justierung und Betriebsproben der Anlagen
– Abnahmeprüfung der Bauten, Anlagen und Installationen.

– *Inbetriebnahme und Nacharbeiten*

Parallel zu der Bauabrechnung und der Erstellung der Revisionspläne erfolgt die Inbetriebnahme und eventuell vorhandene Nacharbeiten.

8.8 Projektdokumentation

Als *Dokumentation* bezeichnet man in der Bauwirtschaft die systematische Zusammenstellung der zeichnerischen, schriftlichen und rechnerischen Ergebnisse eines Bauprojektes vor, während und nach erbrachter Teil- und/oder Gesamtleistung.

Dabei soll nicht nur allen Planungs- und Ausführungsbeteiligten die Erkennbarkeit der auszutauschenden

Informationen ermöglicht werden, sondern auch im Falle von Rechtsstreitigkeiten eine Nachprüfbarkeit gewährleistet sein. Dies erfordert schon zu Beginn der Planung eine Festlegung von bestimmten Standards, wie der Frage, wann welche Dokumentationsform eingesetzt werden soll.

☐ **Dokumentationsformen**

Alle Vorgänge, die zur erfolgreichen Abwicklung eines Bauprojekts erforderlich sind, bedürfen bestimmter *Dokumentationsformen*.
Zu den üblichen *Dokumentationsformen* gehören:
– Verträge und Leistungsabgrenzung
– Organisationsplanung
– Entwurfs-und Ausführungsplanung
– Qualitätsstandard
– Kostenermittlung und Kontrolle
– Termin-und Kapazitätsplanung
– Ausführung.

☐ **Dokumentationsträger**

Die Dokumentationsträger unterscheiden sich inhaltlich nicht von Informationsträgern. Lediglich der festzulegende rechtliche Status differiert. Jeder Beteiligte muß, meist durch seine Unterschrift, die Urheberschaft seiner Informationen belegen und damit die »Eindeutigkeit« herstellen.
Zu den am häufigsten verwendeten rechtlich anerkannten *Dokumentationsträgern* zählen:
– Zeichnungen
– Berechnungen
– Briefe/ Schriftstücke
– Kopien und Telefaxschreiben
– EDV -Träger.

☐ **Dokumentationszeitpunkt**

Je nach Projektphase variiert die Dokumentationsform und der Dokumentationsträger:

Verträge und Leistungsabgrenzung
– Schriftform
– EDV
– handschriftliche Aufzeichnungen.

Organisationsplanung
– Beschreibung
– Akten-und Telefonnotizen
– Kopien-und Telefaxschreiben
– Tabellen
– Diagramme
– EDV
– Formblätter
– Checklisten.

Entwurfs-und Ausführungsplanung
– Zeichnungen
– CAD
– Modelle
– Photographien
– schriftliche Anmerkungen
– Massenberechnungen

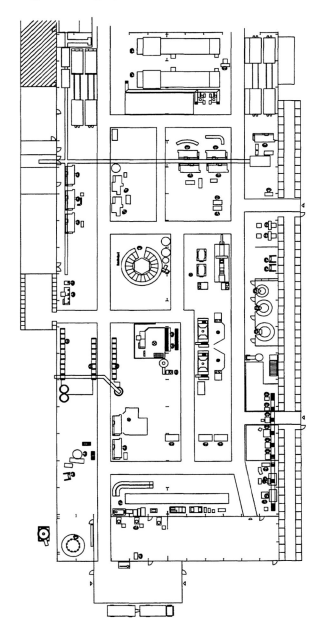

245 *Maschinenaufstellung*

– Formblätter.

Qualitätsstandard
– Beschreibung
– Materialbemusterung
– Photographien.

Kostenermittlung
– Berechnungen
– Checklisten
– Formblätter
– EDV.

Termin- und Kapazitätsplanung
– Diagramme
– Netzpläne
– Tabellen
– EDV.

Ausführung
– Leistungsbeschreibung
– Technische Vorschriften
– Bautagebuch
– Formblätter.

8.8.1 Planungsinstrumente

Entsprechend der Planungsstufen – Vorplanung, Bebauungsplanung, Ausführungsplanung, Werkplanung, Detailplanung unterscheidet man folgende Planungsinstrumente:
– Flächennutzungsplanung
– Generalbebauungsplanung
– Bereichsplanung
– Einrichtungsplanung (Abb.245)
– Installationsplanung (Abb.246 und Abb.247).

8.9 Gesetze und Vorschriften

Im Folgenden soll ein Überblick über die wichtigsten Gesetze und planungsrechtlichen Grundlagen, die in Deutschland beim Bau von Gewerbe- und Industrieanlagen zu berücksichtigen sind gegeben werden:

☐ **Bundesgesetze und Verordnungen**
– Bundesbaugesetz
– Baunutzungsverordnung (BauNVo)
– Baugesetzbuch (BauGB)
– Bürgerliches Gesetzbuch (BGB)
– Bundesimmissionsschutzgesetz (BImSchG)
– Chemikaliengesetz (CHG)

1 Grenzverlauf
2. Höhenmaß (Vermessung)
3. Straße und Zufahrt, Parkplätze
4. Gleisanlage
5. Kanalisation
6. Wasser
7. Gas
8. Strom
9. Telefon
10. Hauptleitungstrasse
11. Klima
12. Sanitärraume
13. Trafo
14. Wasseraufbereitung, Wasserverteilung
15. Preßluft, Vacuum
16. Heizung
17. Entstaubung

246   Erschließung und Infrastruktur

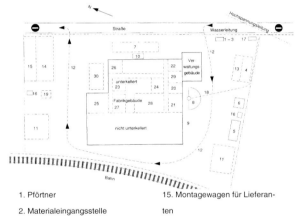

1. Pförtner
2. Materialeingangsstelle
3. Erste Hilfe
4. Projektbüro
5. Baracke des Bauunternehmens
6. Baumaterialmagazin
7. Abstellplatz für Baumaterial
8. Betonmischer, Kiesdepot
9. Baukran Nr. 1
10. Baukran Nr. 2
11. Depot für Aushubmaterial
12. Zu- und Ausfahrt
13. Parkplätze für Besucher
14. Parkplätze für Mitarbeiter
15. Montagewagen für Lieferanten
16. WC
17. Trafostation für Baustrom
18. Wasseranschluß für Bauwasser
19. Abfallsammelstelle
20. Bauschlosser
21. Schreiner
22. Maler
23. Bodenleger
24. Sanitär
25 Techn. Rohrleitung
26. Heizung
27. Elektro

247   Baustellenplan - Beispiel

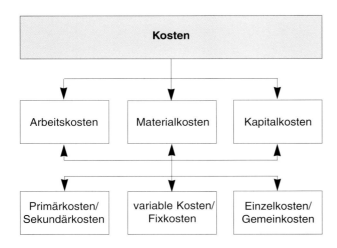

248 Kostenarten

249 Kostenverteilung für die Projektdauer

- Energieeinsparungsgesetz (EnEG)
- Gerätesicherheitsgesetz (GSiG)
- Strafgesetzbuch (StGB)
- Strahlenschutzverordnung (StSchV)
- Wärmeschutzverordnung (WärmeschutzV)
- Wasserhaushaltsgesetz (WHG).

☐ **Gesetze und Verordnungen der Länder**
- Abfallbeseitigungsgesetz (AbfG)
- Abwasserabgabengesetz (AbwAG)
- Arbeitssicherheitsgesetz (ASiG)
- Arbeitsstoffverordnung (ArbStoffV)
- Landesbauordnungen (LBO) mit zugeordneten Baunutzungsverordnung, Durchführungsverordnungen (Garagenverordnung).

☐ **Gemeindevorschriften**
- Bebauungspläne und Satzungen.

☐ **Normen, Richtlinien und Vorschriften**
- Arbeitsstättenverordnung (ArbStättV) und Arbeitsstättenrichtlinien (ArbStättR)
 –> siehe Kap.8.11, Checkliste 4
- DIN-Normen (z.B. DIN-Normenheft Nr.100 und 101 über Arbeitsstätten-Richtlinien)
- Handelsgesetzbuch (HGB)
- Technische Anleitung zum Schutz gegen Lärm (TA-Lärm)
- Technische Anleitung zur Reinhaltung der Luft (TA-Luft)
- Unfallverhütungsvorschriften der gewerblichen Berufsgenossenschaften (UVV)
- VDE-Richtlinien
- VDI-Richtlinien.

8.10 Kosten [*1]

Da der Höhe der Kosten bei Bauprojekten häufig am meisten Aufmerksamkeit geschenkt wird, kommt einer umfassenden Kostenbetrachtung sowohl für die *Erstellung* als auch während des *Nutzungszeitraums* besondere Bedeutung zu.

Dabei entsteht das Problem, daß die kostengünstigste Lösung nicht automatisch die wirtschaftlich beste Lösung sein muß. Ziel muß es daher sein, durch planungs-ökonomische Methoden wie *Kosten-Nutzen-Analysen* oder Vergleiche von *Kostenkennwerten* schon in frühen Planungsphasen eine Vielzahl von Alternativen zu erarbeiten.

Unter der Prämisse einer ganzheitlichen Betrachtungsweise müssen die Auswirkungen auf die Qualität des Objekts sowie dessen Erstellungs- und Nutzungsdauer miteinander verglichen werden.

Unter *Kosten* versteht man die Aufwendungen an Gütern und Dienstleistungen, die automatisch bei jeder wirtschaftlichen Tätigkeit entstehen. Dies gilt sowohl für den privaten Haushalt wie für Produktions- und Dienstleistungsbetriebe.

☐ **Kostenarten**
Innerhalb des Sammelbegriffs unterteilen sich Kosten in unterschiedliche *Kostenarten* (Abb.248):
- Arbeitskosten (z.B. Löhne, Gehälter, Honorare)
- Materialkosten (z.B. Rohstoffe, Halbzeuge)
- Kapitalkosten (z.B. Maschinen, Miete).

Weiter unterscheidet man in:
- Primäre Kosten
 Leistungen, die von Fremdfirmen bezogen werden

wie Strom, Rohstoffe
- Sekundäre Kosten
innerbetrieblich anfallende Kosten; z.B. selbst ausgeführte Reparaturen, Verwaltungskosten
- Einzelkosten
Kosten, die ausschließlich bei der Herstellung eines einzelnen Produkts entstehen und damit auch direkt auf dieses umgelegt werden können
- Gemeinkosten
Kosten, die einem bestimmten Erzeugnis nicht direkt zugerechnet werden können. Sie werden auf die gesamte Produktion umgelegt, z.B. Verwaltungskosten
- fixe Kosten
Kosten, die leistungs- und produktionsunabhängig sind wie Gebäudeinstandhaltungskosten, Heiz-kosten
- variable Kosten
Kosten, die produktions- und leistungsabhängig sind, z.B. Löhne, Gehälter, Rohstoffe.

☐ **Kosten von Hochbauten**

Bezogen auf Bauprojekte lassen sich diese Kostenarten wiederum in drei Hauptgruppen zusammenfassen, die jedoch zu unterschiedlichen Zeitpunkten entstehen und andauern (Abb.249):
- Baukosten
Kosten, die durch die Erstellung eines Gebäudes entstehen
- Investitionskosten
Kosten, die durch die Mittelbereitstellung während und nach der Erstellung eines Gebäudes entstehen;
- Baunutzungskosten
Kosten, die durch die Nutzung des Gebäudes von seiner Erstellung bis zu seinem Abriß entstehen.

☐ **Gebäudekosten – Einflußfaktoren**

Die entstehenden Kosten eines Bauvorhabens können je nach Unterschiedlichkeit der Einflußfaktoren variieren. Der Bauherr (oder Bauherrenvertreter/Projektmanager) muß deshalb zu Beginn des Projekts die Prioritäten der Einflußfaktoren bestimmen, um eine Grundlage für weitere Kostenermittlungen zu erhalten (Abb.250).

■ **8.10.1 Kostenermittlungsmethoden**

Die Benennung der zu erwartenden Kosten bildet das Hauptkriterium für die Frage, ob der Bauherr sein Bauvorhaben realisieren möchte. Deshalb müssen die erforderlichen Kostenermittlungsmethoden mit größter Sorgfalt durchgeführt werden,

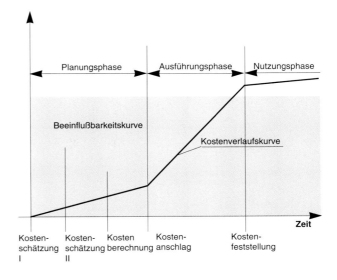

250   Einflußfaktoren auf Gebäudekosten

251   Abweichung bei stufenweiser Kostenermittlung

INDUSTRIEBAUPLANUNG

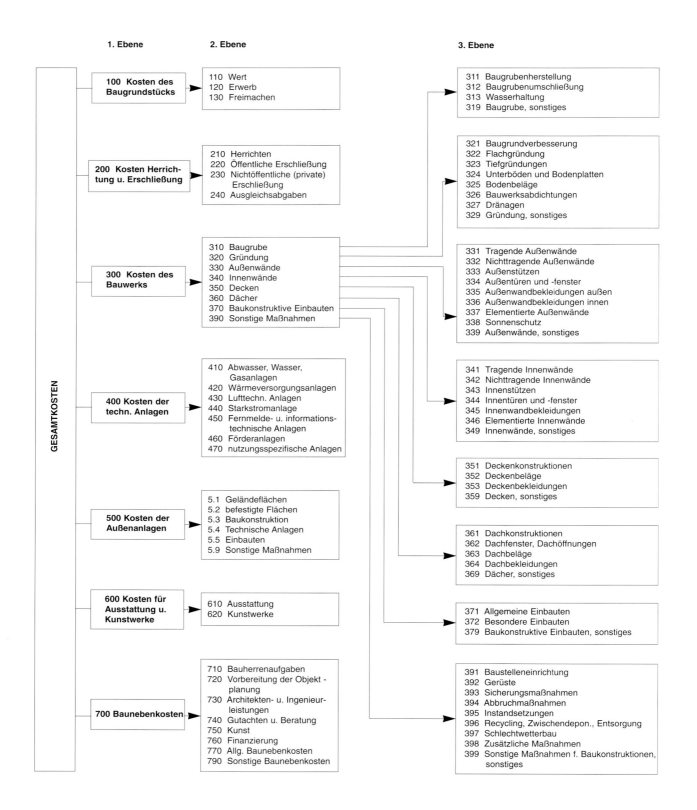

Gliederung der Gesamtkosten nach DIN 276 mit 3 Ebenen nur für Kostengruppe 3

da sich jeder Bauherr an die anfangs genannte Bausumme halten wird.

□ **Ermittlung von Kostenkennwerten**
Empirische Methode
Die Abrechnungswerte aus realisierten Projekten (geordnet nach Gebäudetypen) sowie von abgeschlossenen Lieferungen von Gegenständen (Möbel, Geräte, etc.) werden vom Planer im Rahmen der Projektdokumentation (LV 9 HOAI) errechnet, zusammengestellt und verfahrensmäßig festgelegten *Kostenkennwerten* zugeordnet.

Diese Vorgehensweise birgt zwar den Nachteil, daß sie zeitlich nicht aktuell erfolgt, stellt jedoch für einen Zeitraum von mehreren Jahren Bauwerte und Preise für Einzelleistungen und -lieferungen (Erfahrungswerte) in einer Bandbreite dar, deren qualitativer Inhalt und Vergleichbarkeit vom Benutzer, der gleichzeitig der Ersteller ist, am besten eingeschätzt werden kann. Dabei gilt: Je größer die Anzahl der ausgeführten Projekte, um so sicherer die Kostenprognose.

Öffentliche Auftraggeber und Spezialinstitute verwenden die Erfahrungswerte ihrer realisierten Projekte als Grundlage für die Überprüfung der Wirtschaftlichkeit eines geplanten Projekts in Form von *Kostenrichtwerten*, also Verhältniszahlen von Kosten zu verschiedenen Bezugsgrößen wie m², m³ oder Nutzeinheiten.

Datenbank
Da büroeigene Daten oftmals nicht umfangreich genug sind, um alle zukünftigen Projektdaten kostenmäßig zu erfassen, kommen die Kostendaten kommerzieller Datenanbieter und des Statistischen Bundesamtes beziehungsweise der statistischen Landesämter zum Einsatz, die unter anderem nach folgender Differenzierung aufgebaut sind:
– Bautypen (z.B. Wohnbauten, Schulen)
– Konstruktionssysteme (z.B. Mauerwerk, Stahlskelett)
– Baustoffe (unterteilt in Lohn- und Materialkosten)
– Gewerke (prozentualer Anteil an Gesamtkosten).

Auch hier werden *Kostenrichtwerte* durch Quotienten aus DM zu Einheit, Fläche, Volumen oder Stück ausgedrückt. Darüber hinaus werden die Daten durch Relationen zu den Gesamtbaukosten in %-Angaben vervollständigt. Die Definition der Volumen und Flächen nach festgelegten Regeln wie der DIN 277 schafft erst die Voraussetzung für eine Vergleichbarkeit von Kenndaten und damit die Möglichkeit zu einer Kosten- oder Wirtschaftlichkeitsaussage.

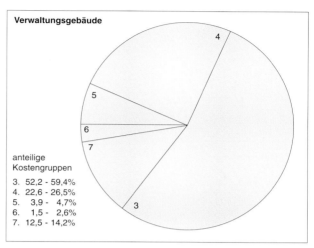

253   Kostenverteilung ohne Grundstück und Erschließung

Bauindex
Der index (lat.),»Anzeiger«, bildet in der Statistik eine Messzahl zur Isolierung von Preis- und Mengenänderungen. Bei *Preis-Indizes* geht man von einem konstanten Güterschema aus und ermittelt, wie sich die Preise dieser Güter oder Leistungen entwickeln. Mit dem Bauindex stellt man fest, wie sich die Kosten (Preise) gegenüber dem Basisjahr in den darauffolgenden Jahren entwickelt haben, das heißt es handelt sich hierbei immer um eine vergangenheitsorientierte Betrachtungsweise.

Die Kostenermittlungsstufen für Grundstücks-, Bau- und Planungsleistungen (Kostenschätzung, Kostenberechnung, etc.) sind immer gegenwarts- beziehungsweise zukunftsorientiert.

□ **Kostenermittlung nach DIN 276**
Zeitgleich zum Planungs- und Ausführungsablauf erfolgt eine stufenweise Kostenüberwachung, die für den Hochbaubereich in der DIN 276, beziehungsweise in der II. Berechnungsverordnung für öffentlich geförderten Wohnungsbau festgelegt ist. Die DIN 276 vom Juni 1993 gliedert sich in folgende vier Hauptbereiche:
DIN 276 Teil 1 : Anwendungsbereich
DIN 276 Teil 2 : Begriffe
DIN 276 Teil 3 : Kostenermittlung
DIN 276 Teil 4 : Kostengliederung.

Kostenermittlungen haben zum Zweck, die zu erwartenden Kosten als Grundlage für Planungs- und Aus-

KG	Alten-, Studenten-, Behinderten-Wohnheime	Schulen	Verwaltungs-bauten
3	52%	56,9%	57%
4	24,1%	20,5%	23,74%
5	4,47%	6,8%	4,7%
6	3,55%	2,4%	1,64%
7	15,47%	12,4%	12,88%

254   Kostenverteilung bei öffentlichen Bauten

führungsentscheidungen möglichst treffend vorauszuberechnen beziehungsweise entstandene Kosten in ihrer tatsächlichen Höhe festzustellen. Sie sind in ihrer Genauigkeit abhängig von den zur Verfügung stehenden Angaben und vom jeweiligen Stand der Planung beziehungsweise von den Abrechnungsunterlagen. Im Folgenden werden die Inhalte der vier Bereiche erläutert.

Teil 1 der DIN 276 legt ihre Anwendung wie bei Herstellung, Umbau, Modernisierung und ihre Abgrenzung zur DIN 18960 (Baunutzungskosten) fest. Dabei gilt es zu beachten, daß diese Ermittlungen auf der Grundlage von Ergebnissen der Bauplanung durchgeführt werden. Sie gilt nicht für Kostenermittlungen auf der Grundlage von Bedarfsangaben (Kostenrahmen).

Teil 2 definiert alle verwendeten Begriffe.

Teil 3 (Kostenermittlung) unterteilt die entstehenden Kosten in vier Abschnitte, die entsprechend dem Planungs- und Baufortschritt aufgegliedert werden:
– Kostenschätzung
– Kostenberechnung
– Kostenanschlag
– Kostenfeststellung.
Außerdem werden in diesem Teil die formellen Grundlagen (Darstellung, Vollständigkeit, Umsatzsteuer, etc.) sowie Besonderheiten bei der Kostenermittlung (z.B. bei Eigenleistung) aufgelistet. Nach der Auffassung des Gesetzgebers bildet der Entwurf und damit die Kostenberechnung das Kernstück des Planungsprozesses, da meist spätestens zu diesem Zeitpunkt eine Entscheidung für oder gegen das Projekt fällt und es durch die nachfolgende Baugenehmigungsplanung auch einen öffentlichen Charakter erhält.
In der Praxis hat sich gezeigt, daß die Einflußnahme auf die Kostenentwicklung bei fortschreitendem Planungs- und Bauablauf sowie sprunghaft ansteigende Kosten in der Ausführungsphase exponentiell abnimmt, das heißt wirkungsvolle Kostenkorrekturen können nur in frühem Stadium, also bei der Vorbereitung und der Planung eines Projekts vorgenommen werden (Abb.251).

Teil 4 (Kostengliederung) erfaßt alle entstehenden Kosten und unterscheidet zwei Formen:
a. Kostengliederung in 3 Ebenen
b. Kostengliederung nach Gewerken.

Bei der Kostengliederung in 3 Ebenen werden alle Kosten für ein Bauvorhaben in Hauptgruppen erfasst und von Ebene zu Ebene differenziert. Die entstehenden Gesamtkosten setzen sich aus folgenden 7 Hauptgruppen zusammen:

1. Grundstück
2. Erschließung
3. Bauwerk - Baukonstruktion
4. Bauwerk - Technische Anlagen
5. Außenanlagen
6. Ausstattung und Kunstwerke
7. Baunebenkosten.

In der Kostengruppe 3 erfolgt eine Differenzierung in Untergruppen immer im Hinblick auf Flächen oder Volumen von Bauteilen bzw. Bauelementen (Abb.252). Eine ausschließlich ausführungsorientierte Gliederung der Kosten empfiehlt sich bei Modernisierungs- und Umbaumaßnahmen, da das Bauwerk in seiner Substanz bereits vorhanden ist beziehungsweise eventuelle Rückbau-und Entsorgungsleistungen bei den jeweiligen Leistungsbereichen anfallen. Als Grundlage hierfür können das *Standardleistungsbuch für Bauleistungen* (StLB) oder auch gewerkeorientierte Strukturen wie die *Verdingungsordnung für Bauleistungen* (VOB Teil C) verwendet werden.

Je nach Projektart können Kosten entweder von der 1. Ebene bis zur 3. Ebene nach Bauteilen beziehungsweise Bauelementen oder in Gewerken beziehungsweise Vergabeeinheiten geordnet werden, wenn bereits zu einem frühen Zeitpunkt ausreichende Informationen über das Bauvorhaben vorliegen und diese mit projektspezifischen Kenndaten verglichen werden können.

Entsprechend kann eine Detaillierung der einzelnen Kostengruppen nach technischen oder herstellungsbedingten Gesichtspunkten erforderlich werden.

Kostenschätzung

Die Kostenschätzung dient der überschlägigen Ermittlung der Gesamtbaukosten und bildet eine vorläufige Grundlage für etwaige Finanzierungsentscheidungen.

Grundlagen der Kostenschätzung sind:
– Bedarfsangaben wie Flächen (Bruttogeschoßflächen, Nutzflächen), Rauminhalte oder Nutzeinheiten (Arbeitsplätze), Grundstückskennwerte und Erschließungsangaben
– Planunterlagen (gemäß HOAI: zur Vorplanung), zeichnerische Darstellungen und Erläuterungen
– Kostenrichtwerte (DM/qm, DM/Nutzeinheit, DM/cbm).

In der Kostenschätzung wird das Bauvorhaben als geschlossene Einheit betrachtet (Abb.253). Die einzelnen Kostengruppen werden je nach Art des Bauvorhabens, höchstens bis zur 1. Ebene der Kostengliederung, berücksichtigt. Die Kosten der Kostengruppe 1 werden meist über DM/qm-Werte mit Prozentanteilen ermittelt, die Kosten der Kostengruppe 2, 3, 4 und 5 errechnen sich über DM/qm(BGF), DM/cbm (BRI) oder Pauschalwerte und die Kostengruppen 6 und 7 werden als Pauschal-

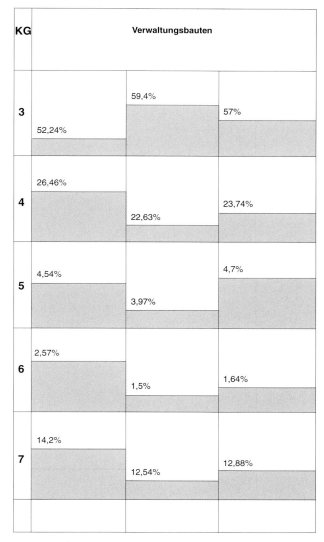

255 Kostenverteilung bei Verwaltungsbauten mit unterschiedlichem Ausführungsstandard

werte oder Prozentanteile der anrechenbaren Kosten angesetzt.

Kostenberechnung

Die Kostenberechnung ermöglicht eine Ermittlung der angenäherten Gesamtkosten und schafft zum einen die Voraussetzung für die Entscheidung, ob das Bauvorhaben wie geplant durchgeführt werden kann und zum anderen ob die erforderlichen Finanzierungsvarianten ausreichen.

Grundlagen sind:
– genaue Bedarfsangaben, z.B. detailliertes Raumprogramm (qm, cbm, Rasterflächeneinheiten) oder Nutzungsbedingungen (Raumnutzung, Betriebstechnik,

INDUSTRIEBAUPLANUNG

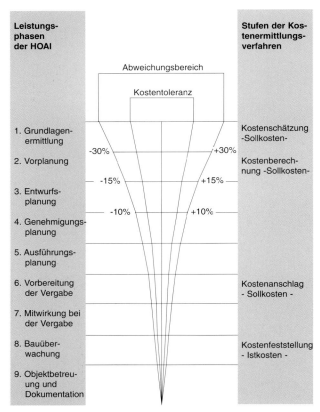

256   Kostenverlauf nach Leistungsphasen

Außenanlagen)
– Planunterlagen, z.B. durchgearbeitete Entwurfszeichnungen (nach HOAI: zur Entwurfsplanung) und ggf. auch Detailpläne mehrfach wiederkehren der Raumgruppen
– Ausführliche Erläuterungen, z.B. eingehende Be schreibungen aller Einzelheiten, die aus Zeichnun gen und Berechnungsunterlagen nicht zu ersehen, aber für die Beurteilung der Kosten relevant sind.

In der Kostenberechnung werden alle Kosten je nach Art des Bauvorhabens innerhalb einer Kostengruppe bis zur Ebene 2 der Kostenermittlung erfaßt und differenziert. Man ermittelt sie meist aus der Multiplikation von Einheitspreisen der Einzelleistungen oder Sachwerte mit der Fläche, dem Volumen oder der Stückzahl des jeweiligen Elements. In der Kostengruppe 3 und 4 wird bereits eine bauteil- und anlagenspezifische Unterteilung vorgenommen.
Diese Differenzierung erscheint deshalb sinnvoll, da sich aus den Nutzungsarten der verschiedenen Projekte bereits deutliche Unterschiede in dem zu erwartenden Installationsaufwand abzeichnen (Abb.254). So liegt der prozentuale Kostenanteil der Kostengruppe 4 (Technische Anlagen) bei Verwaltungsbauten um bis zu 10 % höher als bei Wohnbauten, dagegen sind die Kostenanteile bei letztgenannten für Außenanlagen deutlich niedriger. Ähnlich verhält es sich bei den Kosten für Ausstattung (Kostengruppe 6) und Nebenkosten (Kostengruppe 7).
Noch interessanter gestaltet sich diese Untersuchung beim Vergleich eines einzelnen Gebäudetyps mit unterschiedlichem Ausführungsstandard (Abb.255). Innerhalb des Kostenspektrums für ein Verwaltungsgebäude variieren die Kostenanteile abhängig vom Planungs- und Installationsaufwand. Ein Bürogebäude, das aufgrund seiner Besonderheit hinsichtlich Größe oder Höhe eine Sprinkleranlage oder eine Klimaanlage benötigt, erzeugt deutlich höhere Kosten als ein Gebäude mit vergleichbarem Programm, bei dem normal zu öffnende Fenster oder ausreichende Brandschutzmaßnahmen durch Fluchtwegesysteme oder ähnliches vorgesehen sind.

Kostenanschlag

Der Kostenanschlag dient der Ermittlung der tatsächlich zu erwartenden Kosten durch die Zusammenstellung von Angeboten, Eigenberechnungen für das Bauvorhaben, das Honorar, die anfallenden Gebühren sowie für das Baugrundstück und die Erschließung. Der Kostenanschlag kann auch ein Hilfsmittel zur Kostenkontrolle werden, um nach Abschluß der Ausführungsplanung die Übereinstimmung der veranschlagten Kosten mit den in der vorausgegangenen Kostenberechnung ermittelten Kosten zu überprüfen.
Grundlagen hierfür sind:
– genaue Bedarfsangaben
 z.B. Standsicherheitsnachweis, Wärmeschutz, Installation und Betriebstechnik u.a.m., einschließlich aller Massenberechnungen und Kostenansätze von Angeboten
– Planunterlagen
 (nach HOAI: zur Vergabe), z.B. die endgültigen und vollständigen Ausführungs-, Detail- und Konstruktionszeichnungen im Maßstab 1:50 bis 1:1
– Erläuterungen
 (nach HOAI: zur Bauausführung), z.B. Hinweise, die zum Verständnis der in den Planungs- und Berechnungsunterlagen enthaltenen Einzelheiten und Absichten nötig sind, ggf. auch Abweichungen von früheren Plänen und Beschreibungen, Angaben über

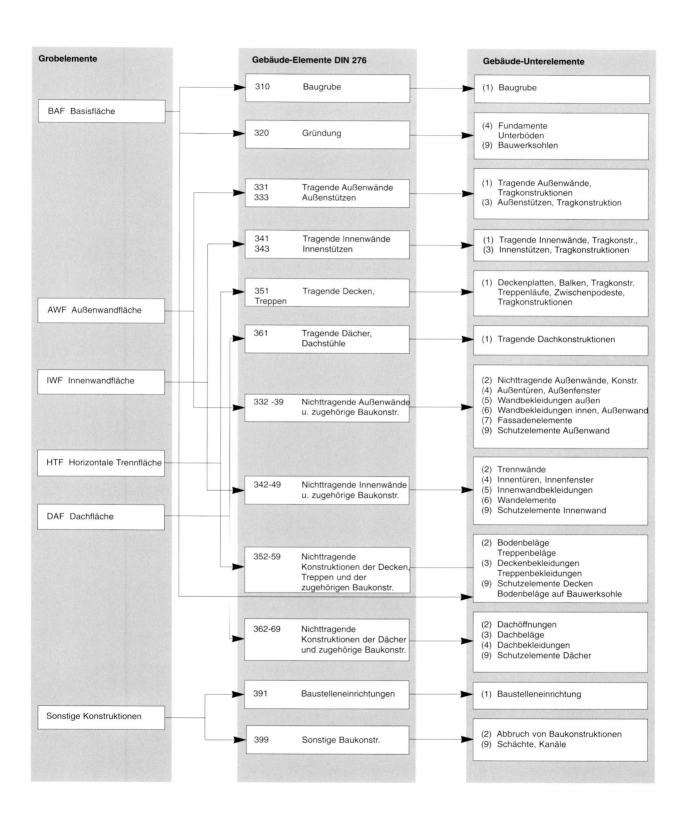

222 INDUSTRIEBAUPLANUNG

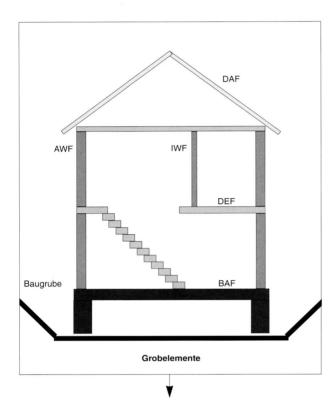

Grobelemente

↓

Elemente

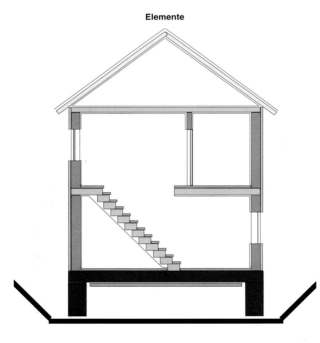

BAF	Basisflächen
AWF	Außenwandflächen
IWF	Innenwandflächen
DEF	Deckenflächen
DAF	Dachflächen

Kostengruppen nach DIN 276

310	Baugrube
311	Baugrubenherstellung
312	Baugrubenumschließung
313	Wasserhaltung
319	Baugrube, sonstiges
320	Gründung/Basisfläche
321	Baugrundverbesserung
322	Tiefgründungen
323	Flachgründungen
324	Unterböden und Bodenplatten
325	Bodenbeläge
326	Bauwerksabdichtungen
327	Dränagen
329	Gründung, sonstiges
330	Außenwände
331	Tragende Außenwände
332	Nichttragende Außenwände
333	Außenstützen
334	Außentüren und -fenster
335	Außenwandbekleidungen
336	Außenwandbekleidungen innen
337	Elementierte Außenwände
338	Sonnenschutz
339	Außenwände, sonstiges
340	Innenwände
341	Tragende Innenwände
342	Nichttragende Innenwände
343	Innenstützen
344	Innentüren und -fenster
345	Innenwandbekleidungen
346	Elementierte Innenwände
349	Innenwände, sonstiges
350	Decken
351	Deckenkonstruktionen
352	Deckenbeläge
353	Deckenbekleidungen
359	Decken, sonstiges
360	Dächer
361	Dachkonstruktionen
362	Dachfenster, Dachöffnungen
363	Dachbeläge
364	Dachbekleidungen
369	Dächer, sonstiges
370	Baukonstruktive Einbauten
371	Allgemeine Einbauten
372	Besondere Einbauten
379	Baukonstruktive Einbauten, sonstiges

258 Grobelemente - Elemente nach DIN 276/BKB

vorgesehene Herstellungs- und Konstruktionsmethoden, Terminplanung und -überwachung, Finanzierungsraten, sonstige finanzwirtschaftliche Angaben, ggf. auch Kosten der Folgearbeiten, der Bewirtschaftung und des Betriebs.

Im Kostenanschlag werden alle Leistungen und ihre Leistungspositionen beschrieben und innerhalb der Kostengruppen, soweit möglich, in der Reihenfolge des Herstellungsvorgangs geordnet. Dabei können die Gesamtkosten entweder bis in die 3.Ebene der Kostengliederung, das heißt nach Bauteilen beziehungsweise Bauelementen oder nach Teilleistungen im Sinne der VOB Teil C: »Allgemeine Technische Vorschriften für Bauleistungen« (ATV) gegliedert und zusammengefaßt werden. Letzteres wird notwendig, um überhaupt Angebote von ausführenden Firmen zu erhalten.

Der Kostenanschlag bildet damit die Schnittstelle zwischen der entwurfsbezogenen Kostenbetrachtung nach Bauteilen beziehungsweise Bauelementen und der ausführungsorientierten Kostenbetrachtung nach Gewerken. Je nach Art des Bauvorhabens kann sich diese Schnittstelle nach vorne, also zur Kostenberechnung oder nach hinten bis zur Kostenfeststellung verschieben.

Kostenfeststellung

Die Kostenfeststellung ermöglicht den Nachweis der tatsächlich entstandenen Kosten und schafft die Voraussetzung für Vergleiche und Dokumentationen.
Grundlage hierfür sind:
– Nachweise (nach HOAI: bei Objektüberwachung), z.B. geprüfte Schlußrechnungen, Kostenbelege, Eigenleistungen
– Planunterlagen, z.B. Ausführungszeichnungen (Baubestandspläne)
– Fertigstellungsbericht, z.B. die Bestätigung, daß Planung und Ausführung übereinstimmen; Begründung und Beschreibung von Änderungen oder nachträglichen bzw. zusätzlichen Leistungen gegenüber dem Kostenanschlag.

Bei der Kostenfeststellung werden alle durch Baubuch, Haushaltsüberwachungsliste und anderes nachgewiesenen und durch Abrechnungsunterlagen belegte Kosten bis zur 2. Ebene der Kostengliederung geordnet beziehungsweise zusammengefaßt.
Die Dokumentation der Kosten eines Bauwerks (nach HOAI: zur Objektbetreuung) für etwaige neue Projekte oder Baukostendatenbanken erfordert eine differenziertere Kostengliederung bis in die 3.Ebene beziehungsweise die Umrechnung von gewerkebezogenen Kostendaten in bauteilbezogene Kostendaten. Im Folgenden werden diese beiden Kostenermittlungsmethoden näher untersucht.

☐ **Kostenermittlung nach Gebäudeelementen**

Anders als beim Kauf eines Gebrauchsgegenstandes stehen zu dem Zeitpunkt der Entscheidung, ob ein Bauvorhaben durchgeführt wird oder nicht, die zu erwartenden Kosten häufig noch nicht fest, da sich im Laufe der Planung und Ausführung die Projektziele und Bedingungen ändern können.

Die Angaben über die zu erwartenden Kosten unterliegen deshalb im Anfangsstadium einer relativ großen Streuung, die sich erst im Laufe der Planungsphase, im ungünstigsten Fall erst beim Kostenanschlag verringert, beziehungsweise sich überhaupt erst realistisch abzeichnet (Abb.256).

Ziel muß es daher sein, durch detaillierte Vorgaben Kostendaten im frühen Planungsstadium zu erstellen und Toleranzen gering zu halten.

Die Kostengruppen 3 und 4 der Kostengliederung nach DIN 276 bilden den größten Anteil der entstehenden Kosten, sieht man von den Grundstücks- und Erschließungskosten einmal ab, die je nach Lage, Qualität und Übernahmemodalität (Kauf oder Pacht) stark variieren.

Da die DIN 276 für die Kostenschätzung die Erfassung der Bauwerkskosten lediglich nach DM/qm (BGF) der DM/cbm vorsieht, entsteht bereits zu diesem Zeitpunkt ein erheblicher Unsicherheitsfaktor, denn das Volumen oder die Summe der Bruttogrundrißflächen allein sagt nichts über Organisationsqualität und Ausnutzung, das Konstruktionssystem und den Ausbaustandard aus.

Das Ziel der Kostenermittlung nach Gebäudeelementen besteht deshalb in der differenzierten Erfassung der Kosten aller raumbildenden Elemente eines geplanten Bauvorhabens, um sie mit Kostendaten aus realisierten Gebäuden vergleichen zu können. Dies setzt allerdings voraus, daß eine Vergleichbarkeit hinsichtlich der Funktion, der Größe und des Ausführungs- und Ausstattungsstandards gegeben ist.

Grobelemente

Eine erste Annäherung an die tatsächlich zu erwartenden Kosten bietet die Unterteilung des Bau-

Architektenleistung	Kostenaussage	Honorar
Leistungsphase 1 Grundlagenermittlung 3%		
Leistungsphase 2 Vorplanung 7%	Kostenschätzung nach DIN 276	
Leistungsphase 3 Entwurfsplanung 11%	Kostenberechnung nach DIN 276	
Leistungsphase 4 Genehmigungsplanung 6%		Honorarabrechnung Leistungsphasen 1-4 27%
Leistungsphase 5 Ausführungsplanung 25%		
Leistungsphase 6 Vorbereitung der Vergabe 10%		
Leistungsphase 7 Mitwirkung bei der Vergabe 4%	Kostenanschlag nach DIN 276	
Leistungsphase 8 Objektüberwachung 31%	gewerkebezogene Abrechnung nach VOB	Honorarabrechnung Leistungsphasen 5-8 70%
Leistungsphase 9 Objektbetreuung und Dokumentation 3%	Kostendokumentation nach DIN 276	Honorarabrechnung Leistungsphasen 5-8 70%

259   Kostenermittlung in der HOAI *1

werks nach dem in folgende Grobelemente (Abb.257, 258):
– Kellersohle oder Basisfläche (BAF)
– Außenwandfläche (AWF)
– Innenwandfläche (IWF)
– Deckenfläche oder horizontale Trennfläche (HTF)
– Dachfläche (DAF).

Da Gebäude mit Keller zuerst umfangreichere Erdarbeiten als Baumaßnahme erfordern, sind diese Kosten als eigenständiger Teil mit der Bezeichnung Baugrube zusammengefaßt und in m³/BRI ausgedrückt.
Die Ermittlung der Flächen erfolgt sinnvollerweise nach der DIN 277 in m²/BGF, sodaß sich die entstehenden Kostenkenndaten in DM/m² BGF ausdrücken lassen.
Eine Zuordnung der Kosten für technische Anlagen auf diese Grobelemente erscheint aufgrund der zahlreichen Systemmöglichkeiten (z.B. Fußbodenheizung oder Plattenheizkörper an Wänden) als nicht sinnvoll. Hier bietet sich statt dessen eine differenziertere Kostenbetrachtung der einzelnen Installationsgruppen (z.B. Abwasser-, Wasser-, Gasanlagen, Elektroversorgung oder Lüftungstechnik) an, die sich auf die Nettogrundrißfläche (NGF) oder den prozentualen Anteil an den gesamten Baukosten bezieht. In der DIN 277 Teil 3 wird dieser Wert als NGF anteilig/versorgt beschrieben. So können die Kosten (z.B. einer Sprinkleranlage) für die tatsächlich abzudeckende Fläche in DM/m² NGF ausgedrückt werden.

Gebäudeelemente
Ein weiteres Gliederungsprinzip beruht auf der Unterscheidung zwischen Rohbau und Ausbau. Da auch hier die Gebäudeteile im Erdreich einer besonderen Betrachtung bedürfen, werden sie gesondert aufgeführt:
a. Gründungsart
b. Tragende Konstruktion
c. Nichttragende Konstruktion.

Gebäude-Unterelemente
Weiterführend zu den bereits genannten Methoden wird mit der Unterelementen-Methode der konstruktive oder materialbedingte Aufbau der Bauelemente näher beschrieben.
Hierzu zählen Angaben über die:
– Unterscheidung in Stützen, Wände, Öffnungen
– Fassadenelemente/Wand- und Dachaufbauten
– Fußbodenbeläge und Deckenbekleidungen.

KOSTEN 225

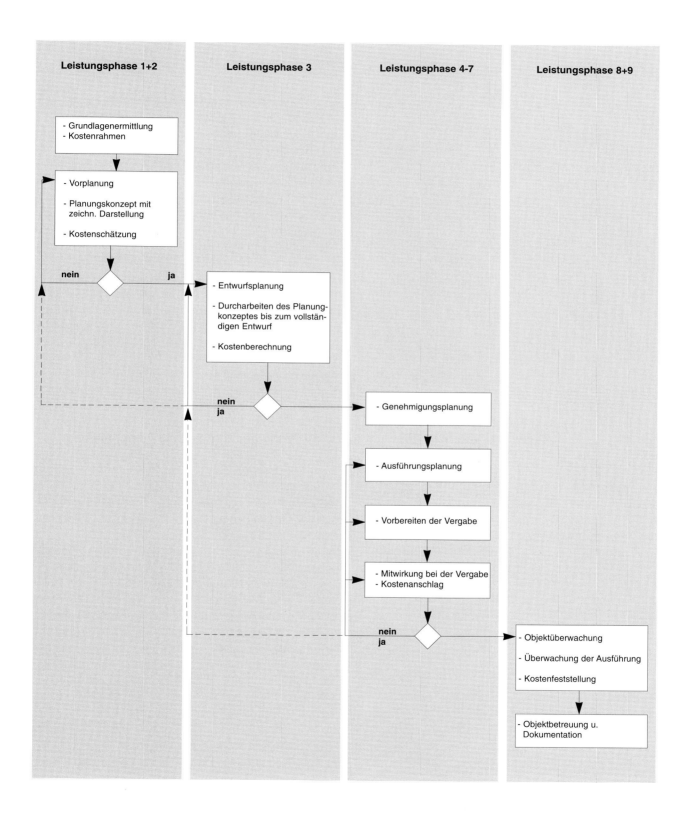

260 *Einbindung der Kostenermittlungsarten in die Objektplanung nach HOAI* *1

INDUSTRIEBAUPLANUNG

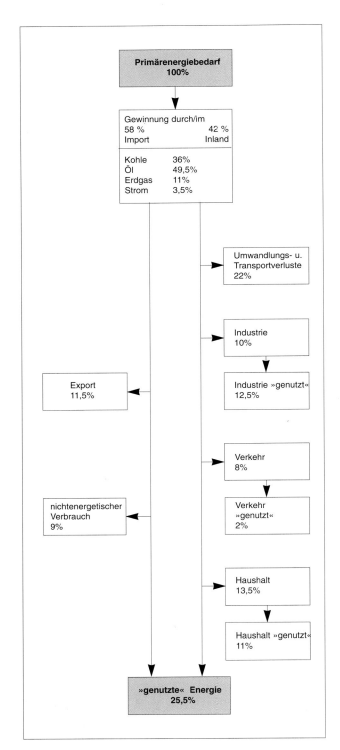

261 Energieflußschema für die Bundesrepublik Deutschland *1

Die beiden letztgenannten Gliederungsarten sind in der 3.Ebene der DIN 276 zusammengefaßt.

☐ **Gewerkebezogene Kostenermittlung**

Wie bereits erwähnt, bietet die DIN 276 neben der bauteilbezogenen Kostenermittlung die Möglichkeit einer Kostenerfassung auf der Grundlage von Leistungsteilen oder Gewerken. Bei Gewerken handelt es sich um sinnvoll abgegrenzte Bauleistungen für Rohbau- und Ausbaumaßnahmen. Eine Übersicht über die gebräuchlichsten Gewerke bietet das (StLb), das in vorformulierten Texten die einzelnen Bestandteile und Richtlinien der Leistung auf der Basis der VOB Teil C, »Allgemeine Technische Vorschriften«, beschreibt.
Im Verlauf einer Planung wird die Umstellung der Kostenermittlung von Bauelementebenen auf Gewerke spätestens beim Kostenanschlag erforderlich, um überhaupt die zu erwartenden Kosten in Form von Angeboten zu bekommen. Eine gewerkebezogene Kostenermittlung kann bereits in einem früheren Stadium der Planung erfolgen wie bei der Beteiligung von Generalunternehmern oder bei Modernisierungsmaßnahmen an bestehenden Gebäuden.

☐ **Fertigungsbezogene Kostenermittlung**

Im Zuge wachsender Industrialisierung kommen vorgefertigte Bauteile und Bausysteme in Verbundbauweise immer häufiger zur Anwendung. Die Möglichkeiten des Einsatzes von komplexen Fertigteilen beeinflußt auch die dafür entstehenden Kosten entscheidend.
Hierbei wird die Idee der Kostenermittlung nach Grobbeziehungsweise Unterelementen konsequent weiterentwickelt, was zu einer Zusammenlegung von Fertigungseinheiten führt (z.B. Sanitätseinheit mit kompletter Innenausstattung, großformatige Außenwandelemente). Voraussetzung dafür ist allerdings, daß die anbietenden Firmen technisch in der Lage sind, die meist sehr unterschiedlichen Gewerke auszuführen. Der Vorteil liegt ohne Zweifel in der höheren Kostensicherheit für den Bauherrn, wenn auch der höhere Planungsaufwand berücksichtigt werden muß.

☐ **Kostenermittlung in der HOAI**

Die Ermittlung der entstehenden Kosten nach DIN 276 gilt gemäß HOAI als Grundleistung, die der einzelnen Planungs-und Ausführungsphasen entsprechend durchgeführt wird (Abb.259):
– Kostenschätzung: zur Vorplanung

- Kostenberechnung: zur Entwurfsplanung
- Kostenanschlag: zur Vergabe
- Kostenfeststellung: zur Objektbetreuung.

Darüber hinaus sieht die HOAI verschiedene *besondere Leistungen* in den jeweiligen Planungsstufen vor, die bei großen Bauvorhaben immer häufiger in Anspruch genommen werden.
Zu den *besonderen Leistungen* zählen:
- Aufstellen eines Finanzierungsplans
- Mitwirkung bei der Kreditbeschaffung
- Analyse von Planungsalternativen und Wertung mit Kostenuntersuchungen (Optimierung)
- Wirtschaftlichkeitsberechnung
- Aufstellen einer Bauwerks- und Betriebskosten-Nutzen-Analyse zur Vorplanung
- Kostenberechnung durch Aufstellen von Mengengerüsten und Bauelementkatalog zur Entwurfsplanung
- Aufstellen von vergleichenden Kostenübersichten und Aufstellen, Prüfen und Werten von Preisspiegeln zur Vorbereitung und Mitwirkung bei der Vergabe
- Ausstellen, Überwachen und Fortschreiben von Zahlungsplänen und differenzierten Kostenplänen zur Objektüberwachung
- Überprüfen der Bauwerks- und Betriebskosten-Nutzen-Analyse.

Die eben beschriebenen Kostenermittlungen bilden nicht nur sinnvolle Abschnitte für die Rechnungsstellung der Planungshonorare, sondern geben Bauherren wie Planern die Möglichkeit, umfassend Einblick in die Kostenstruktur zu nehmen und gegebenenfalls Maßnahmen zur Veränderung vorzunehmen (Abb.260).
Für alle Kostenermittlungsphasen gilt, daß Fehlberechnungen oder nichtberücksichtigte Kosten haftungsrechtliche Folgen haben können.

■ 8.10.2 Baunutzungskosten

Die Baunutzungskosten (DIN 18960) umfassen alle bei Gebäuden, den dazugehörenden baulichen Anlagen und deren Grundstücken unmittelbar entstehende regelmäßig oder unregelmäßig wiederkehrende Kosten vom Beginn der Nutzbarkeit des Gebäudes bis zum Zeitpunkt seiner Beseitigung.
Baunutzungskosten beziehen sich immer auf eine selbstständige wirtschaftliche Einheit. Sie umfassen neben den Kosten für die baurechtlichen und funkti-

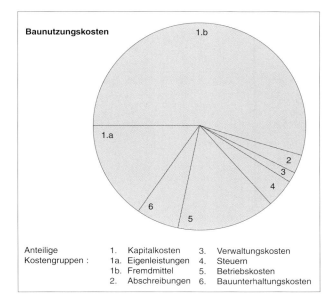

262   Beispiel einer Zuordnung der Baunutzungskosten nach DIN 18 960 *1

Größe der Gemeinden (Einw.)	Gesamtbedarf (1/E und Tag)
unter 2.000	75
2.000 bis 10.000	95
10.000 bis 50.000	110
50.000 bis 200.000	125
über 100.000	140

263 a   *Wasserbedarf entsprechend Gemeindegröße* *1

Art der Gebäude	Bedarf (1/E und Tag)
Einfamilien - Reihenhäuser	80 - 100
Einfamilien - Einzelhäuser	100 - 200
Mehrfamilienhäuser	100 - 120
Häuser mit Komfortwohnungen	200 - 400

263 b   *Wasserbedarf entsprechend Nutzungsart* *1

Verwendung	Bedarf (1/E und Tag)
Trinken und Kochen	3 - 6
Wäsche waschen	20 - 40
Geschirrspülen	4 - 6
Raumreinigen	3 - 10
Körperpflege (ohne Baden)	10 - 15
Baden, Duschen	20 - 40
WC-Benutzung	20 - 40

263 c   *Wasserbedarf entsprechend Zweckbestimmung* *1

$$\text{Gesamtjahresbenutzungsstunden} = \frac{\text{Jahresstromverbrauch}}{\text{Anschlußwert} \times \text{Gleichzeitigkeitsfaktor}}$$

Stromverbraucherquelle	Gleichzeitigkeitsfaktor
Beleuchtung	0,7 bis 0,9
Heizung, Umwälzpumpen	1,0
Lüftung, Klima	0,7
Personenaufzüge	0,2 bis 1,0
Küche	0,3
Warmwasserbereitung	0,3
Steckdosen	0,1

264 Gleichzeitigkeitsfaktor

Bauwerksteile (Erstkosten, jeweils 100 %)	BUK in %
Mauerwerk, Beton, Stahlbeton	10
Betonwerkstein und Naturfliesen	20
Fliesen	20
Innenputz	32
Außenwandverkleidung	32
Stahlbauteile	48
Holzwerk	48
Türen	80
Estrich und Bodenbelag	100
Außenputz	130
Verglasung	144
Elektrische Installation, Antennen und Blitzschutz	160
Dacheindeckung	170
Fenster	200
Heizung und Lüftung	200
Dachentwässerung und Blechabdeckung	240
Aufzüge	260
Sanitäre Installation	265
Anstriche	600

265 Anfallende Bauunterhaltungskosten (BUK) in % der Bauteilerstellungskosten bei 80-jähriger Nutzungsdauer

onsbedingten Flächen auch die Kosten für alle haustechnischen Einrichtungen wie Heizung, Lüftung, Warmwasserbereitung sowie Personen- und Lastenaufzüge, Müllbeseitigungsanlagen. Zu den Kosten für betriebstechnische Anlagen sind die Kostenanteile hinzuzurechnen, welche zur Sicherung angemessener Aufenthaltsbedingungen für die vorgesehene Nutzung der Gebäude und Außenanlagen dient (Abb.261).
Obwohl die DIN 18960 eine Aufschlüsselung in 6 Kostengruppen vorsieht (Abb.262), lassen sich die Baunutzungskosten nach ihrem Aufwand grob in folgende übergeordnete Kostengruppen unterteilen:
– Kapitalkosten und Steuern (Kostengruppe 1-4)
– Betriebskosten (Kostengruppe 5)
– Bauunterhaltungskosten (Kostengruppe 6)

☐ **Kapitalkosten und Steuern**

In der DIN 18960 werden Kapitalkosten und Steuern eingeteilt in:

KG 1: Kapitalkosten

Grundsätzlich sind hierbei zu unterscheiden:
– *Fremdmittel*
Zinsen für Fremdmittel und vergleichbare Kosten, bestehend aus: Darlehenszinsen, Leistungen aus Rentenschulden, Leistungen aus Grunddienstbarkeiten auf fremden Grundstücken, soweit sie mit dem Gebäude in unmittelbarem Zusammenhang stehen, Erbbauzinsen; sonstige Kosten für Fremdmittel wie zum Beispiel laufende Verwaltungskosten und Leistungen aus Bürgschaften.

– *Eigenleistungen*
Eigenkapitalzinsen und Zinsen für den Wert anderer Eigenleistungen wie zum Beispiel Arbeitsleistungen, eingebrachte Baustoffe, vorhandenes Grundstück oder Bauteile.

KG 2: Abschreibung

Verbrauchsbedingte Wertminderung der Gebäude, Anlagen und Einrichtungen.

KG 3: Verwaltungskosten

Fremd- und Eigenleistungen für Gebäude- und Grundstücksverwaltung.

KG 4: Steuern

Steuern für Gebäude und Grundstücke, wie Grundsteuern.
Veranschlagungsverfahren:
– Feststellung des Einheitswertes nach dem Bewertungsgesetz
– Erlaß des Grundsteuermeßbescheides durch das zuständige Finanzamt unter Anwendung des Steuersatzes; Steuermeßzahlung auf den Einheitswert – Steuermeßbetrag (steuerlicher Grundbetrag)
– die Gemeinden setzen jährlich die Erhebungssätze fest
– Grundsteuerbescheid Grundsteuer = bundesrechtlich geregelte Gemeindesteuer: Höhe nach Bewertung der Grundstücke = Einheitswert.
An den Einheitswert wird die Steuermeßzahl (Steuersatz) angelegt und so der Steuermeßbetrag ermittelt. Durch Mulitiplizieren mit dem Hebesatz der Gemeinden ergibt sich der Steuerbetrag.

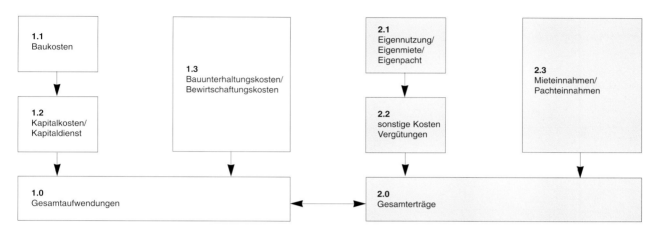

*266 Gegenüberstellung Aufwendungen / Erträge *¹*

☐ **Betriebskosten** (Kostengruppe 5)

Den zweiten Hauptbereich der Baunutzungskosten bilden die Betriebskosten, die in der DIN 18960 unter der Kostengruppe 5 (KG 5) zusammengefaßt sind. Hierin sind die Kosten für diejenigen Maßnahmen enthalten, die für die Sicherung der Bedingungen für die vorgesehene Nutzung der Gebäude und Außenanlagen erforderlich sind.

Zu diesen *Maßnahmen* zählen:
– das Gebäude sauber zu halten
– die für einen Menschen notwendige hygienische Ver- und Entsorgung zu gewährleisten
– ein dem Menschen zuträgliches Raumklima zu unterhalten
– die für die Nutzung erforderliche Beleuchtung sicherzustellen
– die innerhalb und außerhalb des Gebäudes notwendige Verkehrssicherheit (in horizontaler und vertikaler Richtung) zu gewährleisten.

Diese geforderten Aufenthaltsbedingungen werden vorwiegend von haustechnischen Anlagen sichergestellt, für deren Bedienung, Wartung und Beaufsichtigung ein gewisser Anteil an Betriebskosten angerechnet wird.

Man unterscheidet in folgende *Untergruppen*:

a. Gebäudereinigung (KG 5.1)

Innenreinigung
wie für Fußböden, Inneneinrichtung, Vorhänge, Sanitärobjekte oder Arbeitsplätze.

Fensterreinigung
Bei der Fensterreinigung muß nach Zugänglichkeit (von innen, von innen und/oder außen) und Fensterzusatzelementen (z.B. Sonnenschutz außen) unterschieden werden.

Fassadenreinigung
abhängig von der Fassadengliederung, dem Fassadenbaustoff, dem regionalen oder örtlichen Verschmutzungsgrad und gegebenenfalls vorhandener Fassadenreinigungsanlagen.

b. Abwasser und Wasserversorgung (KG 5.2)

– *Abwasser*

Abwasser wird kostenmäßig nach Schmutz- und Regenwasser getrennt. Grundsätzlich wird angenommen, daß der Frischwasseranteil wieder als Schmutzwasser fortgeleitet wird; daher wird die gleiche Menge Schmutzwasser wie Frischwasser in Rechnung gestellt. Nach dem Abwasserabgabegesetz werden Schadeinheitsaufschläge nach dem Verursacherprinzip (nach Schadklasse, häusliche Abwasser-Schadeinheit je Einwohner und Jahr) berechnet (Abb.263a). Die Gemeinden und Kommunen verfahren jedoch bei der Berechnung unterschiedlich, das heißt sie erheben entweder gemeinsame oder getrennte Gebühren für Schutz- und Regenwasser nach dem Kostendeckungsprinzip.

– *Wasser*

Der Wasserbedarf beträgt in Deutschland rund 130 l Wasser/Einwohner/Tag. Dieser Wert variiert je nach Gemeindegröße, Gebäudeart und Zweckbestimmung (Abb.263b, 263c).

c. Wärme und Kälte (KG 5.3)

Hierzu gehören alle Heizstoffe, auch Fernwärme- und Fernkälte, die zur Erzeugung von Raum-, Lüftungs- und Wirtschaftswärme und -kälte erforderlich sind (darin enthalten sind auch die Kosten für Wasser, Abwasser und Strom zur Erzeugung von Wärme und Kälte in zusammenhängenden Systemen).
Der Primärenergiebedarf wird nach der Verrechnungseinheit von einer Steinkohleneinheit (1 SKE = 1 kg Steinkohle mit einem Heizwert von 7.000 kcal) berechnet (Abb.264).

d. Strom (KG 5.4)

Hierzu gehört der Gesamtverbrauch an Strom, außer dem zur Erzeugung von Wärme und Kälte genannten Anteil der Kostengruppe 5.3.
Neben dem Stromverbrauch der Beleuchtungsanlagen (nach Beleuchtungsstärke und Brenndauer) und der elektrotechnischen Ausstattung sind die lüftungstechnischen Anlagen und Aufzüge ein wesentlicher Faktor für den Stromverbrauch. Der Anschlußwert ist daher nicht gleich dem Verbrauchswert, da ein Gleichzeitigkeitsfaktor berücksichtigt werden muß.

e. Bedienung (KG 5.5)

Je nach Nutzung und Installationsgrad fallen für betriebstechnische Anlagen Bedienungskosten an (z.B. Hausmeistertätigkeit für Heizungsregulierung).

f. Wartung und Inspektion (KG 5.6)

Wie bei den Bedienungskosten sind die Kosten für Wartung und Inspektion vom Installationsgrad und der Nutzung des Gebäudes abhängig.

g. Verkehrs- und Grünflächen (KG 5.7)

Verkehrsflächen wie Bürgersteige, Zufahrten, Parkplätze werden in regelmäßigen Abständen gereinigt. Im Winter muß die für die Verkehrssicherheit erforderliche Schneeräumung für diese Bereiche erfolgen. Grünflächen mit ihren Bepflanzungen bedürfen der ständigen Pflege mit jahreszeitlich unterschiedlicher Intensität.

h. Sonstiges (KG 5.8)

– *Abfallbeseitigung*
Durchschnittlich fallen in Deutschland circa 250 kg hausmüllähnliche Abfälle pro Einwohner und Jahr an. Da die Abfallbeseitigung nach dem Kostendeckungsprinzip (d.h. ohne Gewinnanteil) abgerechnet wird, sind die Kosten für die Sammlung und Beseitigung der Abfälle nach Art der Organisation und der Kippgebühren unterschiedlich.

– *Schornsteinreinigung*
Nach dem Schornsteinfegergesetz von 1969 wird die Reinigung öffentlich-rechtlich betrieben. Die Länder bestimmen durch Rechtsverordnung, welche Gebühren und Auslagen der Bezirksschornsteinfegermeister erhebt.

– *Versicherungen von Gebäuden und Grundstücken*
Hierzu gehören die Prämien für Sach- und Haftpflicht-Versicherungen, sowohl für freiwillige als auch für Pflichtversicherungen bei privatrechtlichen oder öffentlich-rechtlichen Versicherungsträgern. Versicherungsarten: Versicherung gegen Feuer, Unwetter- oder Wasserschäden, Glasbruchversicherungen, Maschinenversicherungen, Haftpflichtversicherungen für Gebäude und Grundstücke sowie für bestimmte Einrichtungen (z.B. Aufzüge).

☐ Bauunterhaltungskosten

In der DIN 18960 werden die Bauunterhaltungskosten unter der Kostengruppe 6 zusammengefaßt. Zu ihnen zählen die Gesamtheit der Maßnahmen zur Bewahrung und Wiederherstellung des Sollzustandes von Gebäuden und dazugehörenden Anlagen, jedoch ohne Kostengruppen 5.6 und 5.7.
Unter der Kostengruppe Bauunterhaltung sind keine Kosten für Nutzungsänderungen anzusetzen, jedoch Kosten für eine technische Verbesserung gegenüber dem ursprünglichen Zustand (Modernisierungsarbeiten). Außerdem gehören hierzu die Ersatzbeschaffung für zerstörte, beschädigte oder in Verlust geratene Anlagenteile sowie die Schönheitsreparaturen zur Bewahrung des Sollzustandes der Gebäude und der sonstigen Anlagen.
Der Kostenaufwand für die Erstellung eines Gebäudes muß im Zusammenhang mit seiner Lebensdauer gesehen werden. Bei einer angenommenen Lebensdauer von 80 Jahren kommt den erforderlichen Bauunterhaltungskosten eine besondere Bedeutung zu, da sie, abhängig von der Gebäudequalität, die Gesamtkosten in hohem Maße beeinflussen.
Den höchsten Aufwand in der Bauunterhaltung erfordert die Haustechnik, was sowohl mit dem hohen Verschleiß als auch mit steigenden Anforderungen begründet werden kann. Noch stärker laufen diese Kostenanteile bei Gebäuden mit extrem hoher technischer Ausstattung auseinander.

Doch nicht nur die einzelnen Bauwerke variieren in ihren erforderlichen Bauunterhaltungskosten. Die Beanspruchung der einzelnen Bauelemente beziehungsweise Bauteile führt zu unterschiedlicher Lebensdauer beziehungsweise zu häufigen oder seltenen Bauunterhaltungsmaßnahmen (Abb.265). Grundsätzlich kann davon ausgegangen werden, daß Bauteile oder -elemente, die eine hohe mechanische Beanspruchung erfahren, den höchsten Abnutzungsgrad aufweisen und damit die kürzeste Lebensdauer haben.

■ 8.10.3 Wirtschaftlichkeitsberechnung

Bei einer Wirtschaftlichkeitsberechnung im Bauwesen handelt es sich häufig um eine Investitionsrechnung, bei der die gesamten Aufwendungen für Erstellung und Betrieb eines Bauvorhabens mit den voraussichtlich zu erzielenden Erträgen verglichen werden.
Wenn öffentliche Mittel für Projekte bereitgestellt werden, liegen sogar gesetzliche Regelungen über die Notwendigkeit der Erstellung vor.
Weiterhin prüfen Kreditgeber in der Regel anhand einer Wirtschaftlichkeitsberechnung ihr Risiko bei der Finanzierung größerer Bauvorhaben, beziehungsweise ob der Schuldner in der Lage ist, die zur Verfügung gestellten Geldmittel einschließlich Zinsen in der vereinbarten Frist zurückzuzahlen. Nach der HOAI zählt die Erstellung einer Wirtschaftlichkeitsberechnung zu den besonderen Leistungen, stellt jedoch im Zuge kostenbewußterer Planungsanforderungen einen immer wichtiger werdenden Leistungsbereich dar.

☐ Aufwendungen und Erträge

Voraussetzung für die Erstellung einer Wirtschaftlichkeitsberechnung ist die Zusammenstellung aller Aufwendungen wie der Baukosten, der Baunutzungskosten und der Finanzierungskosten. Dem gegenübergestellt werden die (zu erwartenden) Erträge aus Pacht- und/oder Mieteinnahmen, die in Geldwert umgesetzte Eigennutzung und sonstige Vergütungen oder Steuervorteile (Abb.266).
Ziel dieser Berechnung ist die Bestimmung einer monatlichen Belastung beziehungsweise eines monatlichen Ertrages unter Festlegung eines Gesamtzeitraumes, der sich in der Regel nach der Finanzierungsdauer, den steuerlichen Abschreibungen und dem Nutzwert richtet.

8.11 Checklisten

☐ Checkliste 1
Aufgaben der Bauplanung bei Fabrikprojekten

1. Aufgaben der Bauplanung bei Fabrikplanungsprojekten
(aus: Aggteleky, Bela : Fabrikplanung; Bd. 3; S.514)

A. Allgemeines

– Die Aufgaben der Bauplanung beschränken sich bei Fabrikprojekten auf die fachlichen Aspekte der Bauplanung. Architekt, Bauingenieur und Fachingenieure der Haustechnik haben diese Aufgaben in enger Zusammenarbeit mit den sonstigen Spezialisten der Fabrikplanung (Technologie, allgemeine und spezielle Fabrikausrüstung, etc.) zu erbringen.

– Die sonst üblichen Funktionen des Architekten, wie Leitung und Koordinierung des Gesamtprojektes oder Wahrnehmung der diversen organisatorischen und administrativen Aufgaben des Projektmanagements, werden vom Projektleiter des Gesamtprojektes bzw. von den hierfür eingesetzten Sachbearbeitern der Projektmanagement-Bereiche betreut.

– Die Sachbearbeiter der Planung haben durch gegenseitige Abstimmung der Arbeiten, durch Information und Konsultation die Projektleitung auch die sonstigen Sachbearbeiter zu unterstützen.

– Die konkrete Abgrenzung der Zuständigkeitsbereiche und das Reglement für die Zusammenarbeit erfolgen jeweils durch die »Regelung der Projektabwicklung«.

– Die Sachbearbeiter der Fachgebiete sind dem Projektleiter direkt zugeordnet und haben Konsultation und Information unter sich direkt wahrzunehmen. Kontakte außerhalb des Projektteams erfolgen prinzipiell direkt durch den Projektleiter oder nach seiner Anweisung.

– Sachbearbeiter sind verantwortlich für alle Belange ihrer Fachgebiete einschließlich Koordinierung und eventuelle Unterlassungen.

B. Aufgaben in der Phase der Konzeptplanung

– Entgegennahme der vorliegenden Ergebnisse (Zwischenergebnisse) der nutzungsbezogenen Konzeptplanung wie Flächen- und Raumprogramm, engere Auswahl der Layout-Alternativen, vorläufige Gebäudespezifikation und Anforderungskataloge. Studium der Unterlagen.

– Einholen und Ermittlung zusätzlicher Informationen über Standort, Grundstück, Bauordnung, behördliche Auflagen, Erschließungsmöglichkeiten (sofern noch nicht vorhanden).

– Erarbeitung von Baukonzept-Varianten aufgrund der Unterlagen.

– Vorschläge zur Eingliederung in den Gesamtbebauungsplan oder Weiterentwicklung dieses Plans (sofern erforderlich).

– Berechnung des Brutto-Bauvolumens und der Brutto-Bauflächen, Ermittlung des erforderlichen Budgetrahmens mit Abweichung je Alternative.

– Durchführung einer überschlägigen Kosten-/Nutzen-Analyse der Bauwerke.

– Vorverhandlungen mit den Behörden, Umweltverträglichkeitsprüfung, Ermittlung der ökologischen und erschließungsmäßigen Rahmenbedin-

gungen
- Ausarbeitung der Entscheidungsgrundlagen für die Auswahl der zu realisierenden Lösungsalternative, Anfertigung von hierfür erforderlichen zeichnerischen Darstellungen aufgrund der vorliegenden Layout-Entwürfe

C. Aufgaben im Rahmen der vorbereitenden Phase der Ausführungsplanung

- Entwurfsplanung aufgrund der zur Ausführung ausgewählten Lösungsalternative bei Berücksichtigung der Bestimmungen der Aufgabenstellung
- Mitwirkung bei der Ermittlung der Anforderungen der Ver- und Entsorgungssysteme und der haustechnischen Ausrüstung, ferner ihrer Anforderungen an die Bautechnik Mitwirkung bei der Ausarbeitung der Gebäudespezifikation für Bau- und Haustechnik
- Durcharbeiten des Baukonzeptes in gestalterischer, funktioneller, bautechnischer, bauphysikalischer, wirtschaftlicher und energiewirtschaftlicher sowie ökologischer Hinsicht
- Erstellung des Architektenplans und Abstimmung mit den sonstigen Planungsbereichen, Vorlage zur internen Genehmigung
- Genehmigungsplanung: Erarbeiten der erforderlichen Unterlagen für das behördliche Genehmigungsverfahren, vorbereitende Konsultationen
- Ausarbeitung einer verfeinerten Kostenschätzung auf Basis der Bauelemente und Erstellung der verfeinerten Kosten-/Nutzen-Analyse, verbunden mit der überschlägigen Ermittlung der Baunutzungskosten
- Mitwirkung beim behördlichen Genehmigungsprozeß
- Vorarbeiten der Bauausführung: Ablaufpläne, Baugrunduntersuchung, Konsultationen, Baustellenplan usw.
- Vorbereitende Bauarbeiten wie Abbruch, Vermessung, Entwässerung, Erschließung und Erdbewegungsarbeiten
- Rohbauplanung und Ausschreibung der Rohbauarbeiten
- Vorgezogene Rohbauarbeiten, Spezialfundation.

D. Detailplanung und Rohbauarbeiten

- Ausarbeitung der detaillierten Baupläne in bautechnischer und haustechnischer Hinsicht
- Abstimmung der Detailpläne mit den sonstigen Bereichen der Planungsarbeiten
- Ausarbeitung der Ausschreibungsunterlagen (Baubeschrieb, Massenermittlung, Leistungsverzeichnisse usw.)
- Mitwirkung beim Einholen und Auswerten der Angebote, Verhandlungen mit den Anbietern
- Mitwirkung bei den Vergabeverhandlungen und bei der Ausarbeitung der Verträge und Aufträge
- Kontrolle der Taglohnarbeiten

E. Bauüberwachung, örtliche Bauleitung und Abschlußarbeiten

- Koordinierung der Arbeiten mit den sonstigen Bereichen des Projektes
- Überwachung und Prüfung der Leistungen, Feststellung der Mängel, Anordnung und Leitung der Maßnahmen zur Mängelbehebung
- Mitwirkung bei den Abnahmeprüfungen und der Endabrechnung
- Wahrnehmung der Garantiefristen zur Überprüfung der Leistungen, Leitung der erforderlichen Arbeiten zur Behebung der Mängel
- Vorbereitung und Mitwirkung bei den behördlichen Abnahmeprüfungen
- Mitwirkung bei der Abnahme, Inbetriebsetzung und den Nacharbeiten.

☐ **Checkliste 2**
Strukturierung der Gebäudespezifikationen
2. Strukturierung der Gebäudespezifikation
(aus: Aggteleky, Bela : Fabrikplanung; Bd. 3; S.475)

A. Allgemeine Informationen

- Zweck, Nutzungsart
- Standort und Größe
- Flächen- und Raumprogramm
- Anzahl Beschäftigte je Bereich, Schichtbetrieb, etc.
- Hinweis auf spezielle Gegebenheiten und Anforderungen
- Vorgesehene Layout-Alternativen, Brandabschnitte
- Belastungsplan und Hauptleitungslayout
- Vorgesehene Ausbaustufen und Erweiterungsmöglichkeiten
- Einschlägige behördliche Stellungnahmen.

B. Tragkonstruktion

- Unterkellerung, Fundation und Bodenbelastung
- Anforderungen an die Stützenteilung und Hallenhöhe/Nutzhöhe
- Angaben zur Anordnung der Festpunktbereiche (Treppenhäuser, Aufzüge, Schächte, Naßzellen, Großpressen, etc.)
- Größe und Nutzlast der Aufzüge
- Brandmauern und tragende Wände
- Spezielle Belastungen (Punktbelastungen, Kranbahnen, dynamische Belastungen)
- Schwingungsisolation
- Ver- und entsorgungsmäßige Erschließung
- Festlegung der vorzusehenden Ausbaumöglichkeiten
- Anforderungen an die Tragfähigkeit der Dachkonstruktionen und erforderliche Dachaufbauten
- Fassade und spezielle Gebäudeisolierungen
- Anforderungen an Fenster, Außentüren und Tore.

C. Den Ausbau beeinflussende Anforderungen

- Zwischenwände und Wandbeläge (zerstörbare, versetzbare, etc.)
- Innere Türen, Tore und Transportwege (lichte Weiten)
- Deckengestaltung (abgehängte Decken)
- Leitungstrassen (inkl. Lüftungskanäle, Kabeltrassen und Schächte)
- Bodenbeläge, Bodenbeschaffenheit
- Oberlichter und Sonnenschutz
- Kleinfundamente und Bodenkanäle
- Anforderungen an die Reinhaltung.

D. Anforderungen an die haustechnische Ausrüstung

- Wärmeerzeugung und Wärmeverteilung
- Klimatechnische Anforderungen (Lufttemperatur, -feuchtigkeit und -reinheit je nach Bereich, zulässige Luftbewegung)
- Anforderungen an Be- und Entlüftungseinrichtungen
- Kälteanlagen
- Anforderungen an die Akustik und Lärmbekämpfung, Angaben über Geräuschquellen
- Anforderungen an die allgemeine Beleuchtung (Beleuchtungsstärke, Kontrast, Farbgebung, etc.)
- Schwachstromausrüstung (Telefon, Gegensprechanlage, Signal- und Alarmanlagen, Uhren, etc.)

E. Anforderungen an die Sozialbereiche

- Angaben zur Auslegung der Umkleideräume und sanitären Ausrüstung
- Anforderungen an Pausenräume und Sanitätsräume
- Verpflegung (Kantine, Küche)

☐ Checkliste 3
Grundlagen zur Bestimmung des Baukonzeptes

3. Grundlagen zur Bestimmung des Baukonzeptes
(aus: Aggteleky Bela : Fabrikplanung; Bd.2; S.654/655)

A. Betrieblich-funktionelle Gestaltung

Hier geht es um die Ergebnisse der Struktur- und Globalplanung als Anforderung für die bauliche Gestaltung.
- Aufgabenstellung, Nutzungsart
- Flächenprogramm
- Groblayout
- Raumprogramm
- Infrastruktur (Ver- und Entsorgung)

B. Anordnung im Gelände

Hier wird das Rahmenkonzept des Generalbebauungsplanes auf das konkrete Baukonzept übertragen.
- Die Festlegung des Zonenplanes
- Die Angaben des Gesamtbebauungsplanes
- Das Konzept der Erschließung und Infrastruktur
- Die einschlägigen Bestimmungen der örtlich geltenden Bauordnung, Dienstbarkeiten und sonstigen behördlichen Auflagen.

C. Bautechnische Gestaltung

Hier geht es um die Fragen der Systemwahl, Materialauswahl, Konstruktion und Ausführung aus verschiedenen Gesichtspunkten.
- Betriebliche Funktionstüchtigkeit, allgemeine bautechnische und bauphysikalische Tüchtigkeit
- Optimaler Gebäudetyp, Dachkonstruktion, Fundation und Fassaden
- Konzeptionelle Festlegung der Ausbauarbeiten
- Örtliche Gegebenheiten, bestehende Bauten, Bodenbeschaffenheit.

D. Ökonomische Aspekte

Orientierung nach dem Investitionsbudget
- Optimierung der Investitionen und deren Abstufung
- Energiewirtschaftliche Optimierung
- Instandhaltungskosten

E. Sonstige Aspekte

- Behördliche Vorschriften
- Unfall- und Schadensverhütung
- Brandschutz- und Katastrophenverhütung
- Flexibilität, Ausbau und Anpassungsfähigkeit
- Architektonische und optische Gesamtgestaltung
- Terminliche Rahmenbedingungen für die Realisierung.

Hinzu kommen die Anforderungen und Hinweise der Gebäudespezifikation.

☐ Checkliste 4
Die wichtigsten Richtlinien der Arbeitsstättenplanung

4. Wichtige Richtlinien der Arbeitsstättenplanung
(aus: Aggteleky, Bela: Fabrikplanung; Bd. 3; S.480)

Vorbemerkung: Arbeitsstätten sind im Sinne der Fabrikplanung
- Arbeitsräume in Gebäuden einschließlich Ausbildungsstätten
- Arbeitsplätze auf dem Betriebsgelände im Freien
- Baustellen

Zu Arbeitsstätten gehören:
- Verkehrswege
- Lager-, Maschinen- und Nebenräume
- Sozialräume: Pausen-, Bereitschafts-, Liegeräume, etc.
- Sanitärräume: Umkleide-, Wasch- und Toilettenräume
- Sanitätsräume

ferner die dazugehörenden Einrichtungen.

A. Allgemeine Anforderungen an Räume und Einrichtungen

- Lüftung: Gesundheitlich zuträgliche Atemluft
- Raumtemperatur: Gesundheitlich zuträgliche Raumtemperatur (Büro mindestens +20°C, Werkstätte +12 bis +19°C je nach körperlicher Bewegung)
- Beleuchtung: Sichtverbindung nach außen; Ausnahmen betriebstechnische Gründe, Verkaufsräume, Gaststätten und Arbeitsräume über 2000 m². Lichtschalter selbstleuchtend: Stärke der Beleuchtung ist nach Sehaufgabe zu richten. Minimum 15 Lux. Sicherheitsbeleuchtung, wenn Unfallgefahr beim Ausfallen der allgemeinen Beleuchtung besteht.
- Fußboden, Wände, Decken und Dächer: Keine Stolperstellen; rutschhemmend mit Wärmedämmung. Angabe der zulässigen Bodenbelastung. Leichte Reinigungsmöglichkeit für Wände und Decken. Bruchsicherer Werkstoff oder Abschirmung für Glaswände.
- Fenster, Oberlichter: Keine Behinderung der Bewegungsfreiheit durch of-

fene Fenster. Abschirmung gegen Sonneneinstrahlung.
- Türen, Tore: Leichtes Öffnen und Schließen. Trennung des Fußgängerverkehrs vom Fahrzeugverkehr. Pendeltüren aus durchsichtigem Material. Kennzeichnung der Rettungswege.
- Kraftbetätigte Türen und Tore: Quetsch- und schersicher. Sofortiger Stillstand bei Ausfall der Energieversorgung. Gefahrloses Schließen der Brandschutztüren bei Energieausfall.
- Arbeitsplätze und Verkehrswege sind vor Absturzgefahr zu schützen.
- Gegen Entstehungsbrände sind Feuerlöscheinrichtungen zu montieren. Automatische Feuerlöscher sind mit Warneinrichtungen auszurüsten.
- Gase, Dämpfe, Nebel, Stäube sind an ihrem Entstehungsort abzusaugen und zu beseitigen.
- Lärm: Zulässiges Maximum bei geistigen Tätigkeiten 55 dB (A), bei überwiegend mechanischer Bürotätigkeit 70 dB (A), bei sonstiger Tätigkeit 85 dB (A). Pausen und Sanitätsräume 55 dB (A).
- Sonstige Einwirkungen: Minimale Schwingungen, elektrostatische Aufladung, gesundheitlich zuträgliche Gerüche, Zugluft, Wärmestrahlung etc.
- Verkehrswege: Sicherheitsabstand an beiden Seiten mindestens 0,5 m, bei Türen und Toren 1,0 m. In Lagerräumen über 1000 m² sind die Verkehrswege zu markieren. Ausreichende allgemeine Beleuchtung.
- Fahrtreppen, Fahrsteige: Keine Quetsch- und Scherstellen, leicht zugängliche Notabschalteinrichtung. Keine selbstständige Neueinschaltung.
- Rettungswege: Gut gekennzeichnet, mit kurzem Weg ins Freie führend.
- Steigleiter, Steigeisengänge: Über 5 m Länge mit Schutzeinrichtung gegen Abstürze. In maximal 10 m Abständen Ruhebühnen.
- Laderampen: Mindestens 0,8 m breit, bei über 20 m Länge an beiden Enden ein Abgang. Rampen über 1 m Höhe mit Schutz gegen Absturz ausrüsten. Rampen neben Gleisen so bauen, daß sich unter der Rampe eine Fluchtstelle befindet.

B. Spezielle Anforderungen an bestimmte Räume

1. Arbeitsräume: Mindestens 8 m² groß
- Minimale Lichthöhe: bis 50 m² 2.5 m, bis 99 m² 2,75 m; ab 100 m² 3,0 m; über 2000 m² 3,25 m
- Minimaler Luftraum: Bei sitzender Tätigkeit 12 m³ / Person, bei überwiegend nichtsitzender Tätigkeit 15 m³ / Person, bei schwerer körperlicher Arbeit 18 m³ / Person
- Bewegungsfläche am Arbeitsplatz: Mindestens 1,5 m²
- Ausstattung: Unfallsichere Sitzgelegenheit mit Rückenlehne, Abfallbehälter (bei leicht entzündlichen Abfällen aus nicht brennbarem Material)

2. Arbeitsplätze mit erhöhter Unfallgefahr: Einrichtung zum Herbeirufen von Hilfspersonal im Gefahrenfall

3. Pausenräume: für mehr als 10 Arbeitnehmer
- Mindestfläche 6 m² oder 1,0 m² / Person
- Ausrüstung: Tische, Stühle mit Rückenlehne, Kleiderhaken, Abfallbehälter, Trinkwasser, evtl. Anwärmegerät für Speise.

4. Bereitschaftsräume, Liegeräume, Bewegungsräume nach speziellen Vorschriften

5. Sanitärräume: Umkleideräume getrennt nach Geschlecht. Freie Bodenfläche mindestens 6 m² oder 0,5 m² / Kleiderablage. Mindest-Raumhöhe bis 30 m² 2,3 m, darüber 2,5 m

6. Waschräume (wenn erforderlich): Mindestens 4 m² groß. Lichthöhe bis 30 m² 2,3 m, darüber 2,5 m. Ausrüstung mit fließendem Kalt- und Warmwasser

7. Toilettenräume: Erforderlich über 5 Arbeitnehmer (getrennt nach Geschlecht). Sie liegen in unmittelbarer Nähe von Pausen-, Umkleide- und Waschräumen.

8. Sanitätsräume: Erforderlich bei mehr als 1000 Arbeitnehmern oder bei erhöhter Unfallgefahr bei über 100 Arbeitnehmern. Für Krankentrage leicht zugänglich, gut gekennzeichnet.

9. Erste-Hilfe-Einrichtungen: Gut gekennzeichnet, leicht zugänglich. Material trocken, kühl und sauber aufbewahren.

10. Baracken, Tragluftbauten. Nicht für dauernde Nutzung. Mindesthöhe 2,3 m.

C. Arbeitsplätze auf dem Betriebsgelände im Freien

Sie sind so herzurichten, daß sich bei jeder Witterung die Arbeitnehmer sicher bewegen können.
Sonst sinngemäß wie A/B. Bei nicht nur vorübergehender Tätigkeit ist der Arbeitsplatz vom 1.11. bis 31.3. zu beheizen (bei weniger als +16°C).

D. Anforderungen an Baustellen

- Bei jeder Witterung sichere Arbeitsbedingungen. Genügend geschützt, beleuchtet, gegen Abstürze und herabstürzende Gegenstände gesichert. Kein unerträglicher Lärm, Gase, Dampf, Schwingungen etc. In geschlossenen Räumen gute Lüftung, kurze Fluchtwege, ausreichende Feuerlöscheinrichtungen.
- Tagesunterkünfte (nur wenn mehr als vier Arbeitnehmer länger als eine Woche beschäftigt werden): Lichthöhe 2,3 m, freie Bodenfläche 0,75 m²/ Person, Raumtemperatur +21°C; beim Eingang ein Windfang. Ausrüstung mit Tischen, Stühlen, Kleiderhaken, Abfallbehältern, Beleuchtung und Trinkwasser. Es können Baustellenwagen oder Räume in vorhandenen Gebäuden verwendet werden.
- Weitere Einrichtungen auf Baustellen: Aufwärmemöglichkeit von Speisen, abschließbare Schränke, möglichst fließendes Kalt- und Warmwasser.
- Waschräume, wenn mehr als 10 Personen und länger als zwei Wochen an einer Baustelle arbeiten;

[*1] Die hier abgedruckten Textpassagen wurden erstmals veröffentlicht in dem Buch:
Führer, Hans Jakob; Grief, Marc: Gebäudemanagement für Architekten und Ingenieure; Fachgebiet Entwerfen, Industrialisiertes Bauen, Planung von Industriebauten; TH Darmstadt 1997

Bibliographie

1. Geschichte

Aicher, Otl
    Gegenarchitektur; in : Ackermann,Kurt : Industriebau;
    Stuttgart 1985; S.216 f

Ackermann, Kurt/ Kaag, Werner
    Ausstellungskatalog – Industriebau; Stuttgart 1984

Banham, Reyner
    Maschinenästhetik; in : Arch +;Heft 93; Aachen
    Febr.1988; S.48 ff

Behne, Adolf
    1923 – Der moderne Zweckbau;
    in : Bauwelt Fundamente, Nr.10; Berlin, Frankfurt M.,
    Wien 1964

Breuer, Gerda
    Arts & Crafts; Ausstellungskatalog; Darmstadt 1994

Durth, Werner
    Deutsche Architekten, Biographische Verflechtungen
    1900-1970; Braunschweig 1986

Gauchel, Jupp
    Intelligent Buildings; in : Bauwelt; Heft 22; 1990; S.1106 ff

Gropius, Walter
    Künstlerischer Fabrikbau; in : Werkbund-Jahrbuch 1913

Hahn, Ekhart
    Zur Zukunft der Städte ; in: Stadtbauwelt 82; 1984; S.126 ff

Hartung, G.
    Glas und Eisenkonstruktionen des 19. Jahrhunderts in
    Großbritannien;
    Seminarumdruck, THD – Günther Behnisch, WS 1974/75

Henckel, Dietrich; u.a.
    Informationstechnologie und die Zukunft der Städte;
    in: Bauwelt; Stadtbauwelt 82; 1984; S.140 ff

Kilian, Hans-Ulrich
    Historismus im Industriebau; in: Ackermann,Kurt:
    Industriebau; Stuttgart 1985; S.30 ff

Kinder, Hermann/ Hilgemann, Werner
    Deutscher Taschenbuch Verlag (dtv)
    Atlas zur Weltgeschichte, Band 1 und 2.;
    München/ Köln 1979

Kuhnert, Nikolaus/ u.a.
    Das Verschwinden der Architektur; in : Arch +; Heft 95; Aachen
    Aug.1988; S.78 ff

Lorenz, Peter
    Gewerbebau – Industriebau; 2. Aufl.;
    Leinfelden-Echterdingen 1991

Posener, Julius
–   Anfänge des Funktionalismus von Arts and Crafts zum Deutschen Werkbund
    in : Bauwelt Fundamente, Nr. 11; Berlin, Frankfurt M.,
    Wien 1964
–   Eisenkonstruktion: von der Colebrook-dale-Brücke zum
    Crystal Palace; in: Arch+, Heft 48; Aachen; S.56 f
–   Die Architektur und das Eisen; Ebda.; S.62 f;
–   Citoyens-Bourgeois-Proletarier; in: Arch +; Heft 63/64; Aachen
    Juli 1982; S.6 f;
–   Utopische Gemeinschaften; Ebda.; S.14 ff
–   Friedrich Engels Krtik; Ebda.; S.22 ff
–   Arbeitersiedlungen der Unternehmer; Ebda.; S.28 ff
–   Ingenieur-Architektur der Jahrhundert-Mitte; Ebda.; S.66 ff
–   Die großen Hallen; Ebda.; S.71 ff
–   Das Problem des Stils im 19.Jahrhundert; Ebda.; S.79 ff

Reiß-Schmidt, Stephan
    Zur Lage, Stadt und Arbeit;
    in: Bauwelt; Stadtbauwelt 94; 1987; S.861 ff

Schäche, Wolfgang
    Von der Werkstatt zum Produktionsinstrument;
    in: Bauwelt; Heft 24; 1987; S.862 f

Schulitz, Helmut C.
    High-Tech Low-Tech;
    in: Bauwelt; Heft 1/2; 1988; S.36 ff

Sereny, Gitta
    Das Ringen mit der Wahrheit, Albert Speer und das
    deutsche Drama; München 1995

Speer, Albert: Erinnerungen; Frankfurt a.M./ Berlin 1996

2. Produkt

Aggteleky, Bela
    Fabrikplanung; Band 1; 2. Aufl.; München, Wien 1987
    Fabrikplanung; Band 2; 2. Aufl.; München, Wien 1990
    Fabrikplanung; Band 3; München, Wien 1990

Baaken, Thomas
    Markt, in: Dieterle, W./Winckler, E.:Gründungsplanung und
    Gründungsfinanzierung, 2.Aufl., München 1995

Balzer/ Greipl/ Laumer
    Marketing-Lexikon, München 1971

Corsten, Hans
    Lexikon der Betriebswirtschaftslehre; 2. Aufl.; München,
    Wien 1993

Deutsches Patentamt
    Merkblatt: Wie melde ich eine Marke an

Dolezalek, Carl Martin; Warnecke, Hans -Jürgen
    Planung von Fabrikanlagen; 2. Aufl.; Berlin, New York 1981

Hopfenbeck, Waldemar
    Allgemeine Betriebswirtschafts- und Managementlehre;
    7. Aufl.; Landsberg am Lech 1993

Kotler Philip/ Gery Armstrong
    Marketing – eine Einführung, Service Fachverlag,
    Wien 1988

Lehder, Günter/ Uhlig, Dieter
    Betriebsstättenplanung: Grundlagen, Methoden und Inhalte
    1.Aufl.; Filderstadt 1998

Meffert, Herbert
    Marketing, 3.Aufl, Betriebswirtschaftlicher Verlag
    Dr.Th.Gabler, Wiesbaden 1978

Meier,Cordula
    Die ästhetische Gestalt des Seriellen am Ende des
    20.Jahrhunderts; in: Kunstforum; Bd.130; Ruppichteroth
    Mai - Juli 1995; S.144 ff

Nagtegaal, Heinz
    Grundlagen des Marketing, Betriebswirtschaftlicher Verlag
    Dr.Th.Gabler, Wiesbaden 1972

Ober. M.:
    Fabrikplanung; Umdruck Fachbereich Holz der FH
    Rosenheim

Olfert, Klaus/ Rahn Horst Joachim
    Einführung in die Betriebswirtschaftslehre; 3.Aufl.,
    Ludwigshafen 1995

Schmitt-Grohe, J.
    Produktinnovation – Verfahren und Organisation der
    Neuproduktplanung; Band 3 der Schriftenreihe
    »Unternehmensführung und Marketing«, Hrsg.: Meffert,
    Wiesbaden 1972

Statistisches Jahrbuch für die Bundesrepublik Deutschland
    Statistisches Bundesamt; Wiesbaden 1995

Stürmer, Ulrich
    Entwicklung und Vermarktung eines Produktes;
    Diplomarbeit FH Rosenheim 1998

Weis, Christian
    Marketing, in: Klaus Olfert (Hrsg):
    Kompentium der prakt. Betriebswirtschaft,
    10. Aufl., Kiel, Ludwigshafen (Rhein) 1997

Wiendahl, H.-P. Prof. Dr.
–   Vorlesungsunterlagen: Fabrikplanung; Institut für Fabrikanlagen (IFA), Universität Hannover; FAP 01
–   Betriebsorganisation für Ingenieure,
    3. Aufl., München/ Wien 1989

3. Menschliche Arbeit

Aggteleky, Bela
–   Fabrikplanung; Band 2, 2. Aufl., München, Wien 1990
–   Fabrikplanung; Band 3, München, Wien 1990

Ast, Günter
    Verordnung über Arbeitsstätten; Textausgabe mit amtlicher
    Begründung und Arbeitsstättenrichtlinien; 11. Auflage;
    Köln 1990

Bäck, W.
> Strahlenschutzrecht; Deutscher Fachschriftenverlag Braun; Wiesbaden, Mainz

Bundesanstalt für Arbeitsschutz (Hrsg.)
> Lärmbekämpfung, Schriftenreihe der Bundesanstalt für Arbeitsschutz; Nr. Fa 8, Bremerhaven 1993

Corsten, Hans
> Lexikon der Betriebswirtschaftslehre; 2. Aufl.; München, Wien 1993

DIN-Blätter
> DIN 33400

Dolezalek, Carl Martin/ Warnecke, Hans -Jürgen
> Planung von Fabrikanlagen; 2. Aufl.; Berlin, New York 1981

Fasold, W./ Sonntag, E./ Winkler,H.
> Bauphysikalische Entwurfslehre – Bau- und Raumakustik; Berlin 1987

Fricke, Werner
> Jahrbuch Arbeit und Technik 1996; Verlag Dietz; Bonn 1996

Frieling, Heinrich
> Licht und Farbe am Arbeitsplatz; Bad Wörishofen 1982
> Das Gesetz der Farbe; Göttingen 1968; Neuaufl. 1978

Führer, Hansjakob Prof./ Karle, Peter
> Arbeitsblätter Industriebau; Band 1;
> Fachgebiet Entwerfen, Industrialisiertes Bauen, Planung von Industriebauten; TH Darmstadt 1988 / 89

– Umdruck Ergonomie; Bd. 1 - 3;
> Fachgebiet Entwerfen, Industrialisiertes Bauen, Planung von Industriebauten; TH Darmstadt 1994

Ganslandt, Rüdiger/ Hofmann, Harald
> Handbuch der Lichttechnik;1.Aufl.; Lüdenscheid 1992

Goethe, Johann Wolfgang von
> Farbenlehre; Bd.1-5; 5.Aufl.; Stuttgart 1992

Grandjean, E. Prof. Dr.
> Physiologische Arbeitsgestaltung; 4.Aufl; Thun 1991

Heller, Eva
> Wie Farben wirken; Rowohlt Verlag; Reinbek HBG

Institut für angewandte Arbeitswissenschaft (Hrsg.)
> Lärm und Vibrationen am Arbeitsplatz. Meßtechnisches Taschenbuch für den Betriebspraktiker, Köln 1994

Kaulbars, U.
> Vibration am Arbeitsplatz; TÜV-Rheinland; Köln 1994

Lehder, Günter/ Uhlig, Dieter
> Betriebsstättenplanung: Grundlagen, Methoden und Inhalte 1.Aufl.; Filderstadt 1998

Melzig-Thiel,R./ Kinne,L.
> Schwingungsschutz am Arbeitsplatz. Technische Lösungen. Bundesanstalt für Arbeitsschutz und Arbeitsmedizin, Dortmund 1997

Murrell, K.F.H.
> Ergonomie; 1.Aufl.; Düsseldorf, Wien 1971

Ober. M.
> Fabrikplanung; Umdruck Fachbereich Holz der FH Rosenheim

REFA - Verband für Arbeitsstudien und Betriebsorganisation e.V.:
> Methodenlehre der Betriebsorganisation:
> – Anforderungsermittlung (Arbeitsbewertung);
>   2.Aufl.; München 1991;
> – Arbeitspädagogik;
>   3.Aufl.; München 1991;
> – Arbeitsgestaltung in der Produktion;
>   2.Aufl.; München 1993;
> – Grundlagen der Arbeitsgestaltung;
>   2.Aufl.; München 1993

Rohmert,W.
– Umdruck zur Vorlesung Arbeitswissenschaft I; Institut für Arbeitswissenschaft der THD; 18.Aufl.; Darmstadt 1989
– Umdruck zur Vorlesung Arbeitswissenschaft II; Institut für Arbeitswissenschaft der THD; 15.Aufl.; Darmstadt 1988

Schirmer, W. (Hrsg.)
> Technischer Lärmschutz; Düsseldorf; VDI; 1996

Schmidtke, Heinz
– Ergonomie; Bd.1 und 2; München,Wien 1974
– Ergonomie, 3. Aufl.; München, Wien 1993

Statistisches Jahrbuch für die Bundesrepublick Deutschland
> Statistisches Bundesamt; Wiesbaden 1995

Volk, Wilfried
> Architektur und Farbe; Fachgebiet für Zeichnen, Malen und Grafik der THD; Darmstadt

Votteler, Arno
> Lebensraum Büro; Ideen für eine neue Bürowelt; Institut für Innenarchitktur und Möbeldesign Stuttgart, 1992

Wiendahl, H.-P. Prof. Dr.
> Vorlesungsunterlagen: Fabrikplanung; Institut für Fabrikanlagen (IFA), Universität Hannover, FAP 01 , FAP 09

Zeitschriften

Beck, Ulrich
> Kapitalismus ohne Arbeit
> in: Der Spiegel; Heft 20 / 1996; S.140 f

4. Betriebsmittel

Aggteleky, Bela
– Fabrikplanung; Band 2; 2. Aufl.; München, Wien 1990
– Fabrikplanung; Band 3; München, Wien 1990

Corsten, Hans
> Lexikon der Betriebswirtschaftslehre; 2. Aufl.; München, Wien 1993

Dolezalek, Carl Martin/ Warnecke, Hans -Jürgen
> Planung von Fabrikanlagen; 2. Aufl.; Berlin, New York 1981

Führer, Hans Jakob/ Karle, Peter
> Arbeitsblätter Industriebau; Bd.1;
> Fachgebiet Entwerfen, Industrialisiertes Bauen, Planung von Industriebauten der THD; Darmstadt 1988/89

Hopfenbeck, Waldemar
> Allgemeine Betriebswirtschafts- und Managementlehre; 7. Aufl.; Landsberg am Lech 1993

Lehder, Günter/ Uhlig, Dieter
> Betriebsstättenplanung: Grundlagen, Methoden und Inhalte 1.Aufl.; Filderstadt 1998

Ober. M.
> Fabrikplanung; Umdruck Fachbereich Holz der FH Rosenheim

Statistisches Jahrbuch für die Bundesrepublick Deutschland
> Statistisches Bundesamt; Wiesbaden 1995

Verlagsgesellschaft W.E. Weinmann mbH
> Gefahrstoffverordnung mit Chemikaliengesetz; Filderstadt 1987

Wiendahl, H.-P. Prof. Dr.
– Vorlesungsunterlagen: Fabrikplanung; Institut für Fabrikanlagen (IFA), Universität Hannover; FAP 03 und 06
– Analyse und Neuordnung der Fabrik; CIM-Fachmann Berlin,Heidelberg, New York 1990

Zeitschriften

Beck, Ulrich
> Kapitalismus ohne Arbeit
> in: Der Spiegel; Heft 20 / 1996; S.140 f

5. Prozeßgestaltung

Aggteleky, Bela
– Fabrikplanung; Band 1; 2. Aufl.; München, Wien 1990
– Fabrikplanung; Band 2; 2. Aufl.; München, Wien 1990
– Fabrikplanung; Band 3; München, Wien 1990

Corsten, Hans
> Lexikon der Betriebswirtschaftslehre; 2. Aufl.; München, Wien 1993

Dolezalek, Carl Martin/ Warnecke, Hans -Jürgen
> Planung von Fabrikanlagen; 2. Aufl.; Berlin, New York 1981

Hopfenbeck, Waldemar
    Allgemeine Betriebswirtschafts- und Managementlehre;
    7. Aufl.; Landsberg am Lech 1993

Kettner, Hans/ u.a
    Leitfaden der systematischen Fabrikplanung; München,
    Wien 1984

Lehder, Günter/ Uhlig, Dieter
    Betriebsstättenplanung: Grundlagen, Methoden und Inhalte
    1.Aufl.; Filderstadt 1998

Ober. M.
    Fabrikplanung; Umdruck Fachbereich Holz der FH
    Rosenheim

Wiendahl, H.-P. Prof. Dr.
- Vorlesungsunterlagen: Fabrikplanung; Institut für Fabrik-
    anlagen (IFA), Universität Hannover; FAP 02 und FAP 06
- Analyse und Neuordnung der Fabrik; CIM-Fachmann
    Berlin, Heidelberg, New York 1990

6. Produktion

Aggteleky, Bela
    Fabrikplanung; Band 2, 2. Aufl.,München, Wien 1990

Dolezalek, Carl Martin/ Warnecke, Hans - Jürgen
    Planung von Fabrikanlagen; 2. Aufl., Berlin, New York, 1981

Ober. M.
    Fabrikplanung; Fachbereich Holz der FH Rosenheim

Schulitz, H. C.
    Industriearchitektur in Europa; Constructec-Preis 1994;
    Berlin 1994

Wiendahl, H.-P. Prof. Dr.
    Analyse und Neuordnung der Fabrik; Berlin 1991
- Vorlesungsunterlagen: Fabrikplanung; Institut für Fabrik-
    anlagen (IFA), Universität Hannover
    FAP 02, FAP 03, FAP 06

Wildemann, H.
    Die modulare Fabrik; München 1989

Zeitschriften

1. Architecture + Urbanism, September 1995; S. 84-99
2. Bauwelt 27, 1993; S. 1462-1469
3. Baumeister 11, 1992; S. 30-33
4. Baumeister 1, 1993; S. 30-33
5. Baumeister Sonderheft «Fassaden», April 1992; S. 27-31
6. Werk, Bauen + Wohnen 10, 1994; S. 26-29

7. Lagerung und Transport

Ackermann, Kurt
    Industriebau; Stuttgart 1984

Aggteleky, Bela
- Fabrikplanung; Band 2, 2. Aufl., München, Wien 1990
- Fabrikplanung; Band 3, München, Wien 1990

Corsten, Hans
    Lexikon der Betriebswirtschaftslehre; München 1993

DIN-Blätter
    Paletten,Behälter,Container

DIN -Taschenbuch Nr. 44
    Fördertechnik 1, Normen über Krane und Hebezeuge;
    Berlin 1985

Dolezalek, Carl Martin/ Warnecke, Hans-Jürgen
    Planung von Fabrikanlagen; 2. Aufl., Berlin, New York, 1981

Führer, Hansjakob/ Karle, Peter
    Arbeitsblätter Industriebau; Band 1;
    Fachgebiet Entwerfen, Industrialisiertes Bauen, Planung von
    Industriebauten; TH Darmstadt 1988 / 89

Franke, G.
    Betriebsbücher 28 Flurförderzeuge; München 1966

Herzog & De Meuron
    Ausstellungskatalog; Architekturmuseum Basel 1988

International Airline Publikations with IATA
    The Air Cargo Tariff; Amsterdam 1997

Jünemann, Reinhard
- Materialfluß und Logistik: systematische Grundlagen mit
    Praxisbeispielen, Berlin 1989
- Trends in Materialflußsystemen
    Planung, Betrieb, Beispiele; Hrsg: Deutsche Gesellschaft für
    Logistik/ Köln 1991
- Logistikstrukturen im Wandel, Tagungsband zu den 13.ten
    Dortmunder Gesprächen, November 1995, Dortmund 1995

Kettner Hans/ Schmidt Jürgen/ Hans-Robert Greim
    Leitfaden der systematischen Fabrikgestaltung;
    München, Wien 1984

Kurth, E.
    Fördertechnik: Unstetigförderer 2; Berlin 1985

Lehder, Günter/ Uhlig, Dieter
    Betriebsstättenplanung: Grundlagen, Methoden und Inhalte
    1.Aufl.; Filderstadt 1998

Lorenz, Peter
    Gewerbebau – Industriebau; 2. Aufl.;
    Leinfelden-Echterdingen 1991

Meyercordt, W.
    Flurförder-Fibel; Mainz 1972

Ober. M.
    Fabrikplanung; Fachbereich Holz der FH Rosenheim

Pajer, G/ Kurth, H./ Kurth, F.
    Stetigförderer 1; 5.Aufl.; Berlin 1988

Pajer, G/ Scheffler, M./ Gräbner, P/ Kurth, F.
    Unstetigförderer 1; 5.Aufl.; Berlin 1989

Schäche, Wolfgang
    Von der Werkstatt zum Produktionsinstrument
    in : Bauwelt; Heft 24; 1987; S.862 f

Scheffler, M.; Dresig, H.; Kurth, F.
    Unstetigförderer 2; 4.Aufl.; Berlin 1985

Scheffler, Martin
    Grundlagen der Fördertechnik: Elemente und Triebwerke,
    Braunschweig, Wiesbaden 1994

Scheffler, Martin/ Kurth, F
    Grundlagen der Fördertechnik, 7.Aufl.; Berlin 1987

Schramm, Werner:
    Lager und Speicher für Stück- und Schüttgüter,
    Flüssigkeiten und Gase, Wiesbaden, Berlin 1965

Sommer, Degenhard/ Weißer, Lutz/ Holletscheck, Bernhard
    Architektur für die Arbeitswelt;
    Neue Bauten für Industrie und Gewerbe in Österreich
    Basel, Berlin, Boston 1995

VDI-Berichte
- 507 Flurförderzeuge; VDI-Verlag; Düsseldorf 1984
- 585 Flurförderzeuge; VDI-Verlag; Düsseldorf 1986

Wiendahl, H.-P. Prof. Dr.
    Vorlesungsunterlagen: Fabrikplanung; Institut für Fabrik-
    anlagen (IFA), Universität Hannover
    FAP 02, FAP 04, FAP 05

Zahn, M.
    Navigation fahrerloser Transportsysteme mit Bildverarbeitung;
    in: Industriebau, Heft 1/ 1988

Zillich, E.
    Fördertechnik; Band 3; Düsseldorf 1973

Zeitschriften

1. Bauwelt 1/2, 1996; S. 31 f.
2. Baumeister 5, 1992; S. 40-47
3. Baumeister 10, 1995; S. 32-35
4. El Croquis 60, 1993; S. 84-93

8. Industriebauplanung

Aggteleky, Bela
- Fabrikplanung; Band.1; München,Wien 1987
- Fabrikplanung; Band 2, 2. Aufl., München, Wien 1990
- Fabrikplanung; Band 3, München, Wien 1990

Ast, Günter
    Verordnung über Arbeitsstätten; Textausgabe mit amtlicher
    Begründung und Arbeitsstättenrichtlinien; 11. Auflage;
    Köln 1990

Bildnachweis

DIN -Taschenbuch Nr. 44
    Fördertechnik 1, Normen über Krane und Hebezeuge;
    Berlin 1985
Dolezalek, Carl Martin; Warnecke, Hans -Jürgen
    Planung von Fabrikanlagen; 2. Aufl., Berlin, New York, 1981
Führer, Hansjakob; Karle, Peter:
    Arbeitsblätter Industriebau; Band 1;
    Fachgebiet Entwerfen, Industrialisiertes Bauen, Planung von
    Industriebauten; TH Darmstadt 1988 / 89
–   Bauplanung für Architekten, PM / AVA, 3. Aufl.
    Fachgebiet Entwerfen, Industrialisiertes Bauen, Planung von
    Industriebauten; TH Darmstadt 1993
Führer, Hansjakob; Grief, Marc:
    Gebäudemanagement für Architekten und Ingenieure;
    Fachgebiet Entwerfen, Industrialisiertes Bauen, Planung von
    Industriebauten; TH Darmstadt 1997
Lorenz, Peter
    Gewerbebau – Industriebau;
    2.Aufl.; Leinfelden-Echterdingen 1993
Ober. M.
    Fabrikplanung; Umdruck Fachbereich Holz der FH
    Rosenheim
Wiendahl, H.-P. Prof. Dr.
    Vorlesungsunterlagen: Fabrikplanung; Institut für Fabrik-
    anlagen (IFA), Universität Hannover
    FAP 01, FAP 09

1. Geschichte

1	Posener, Julius: Friedrich Engels Kritik; in: Arch +; Heft 63/64; S.27
2	Ebda., S.27
3	Ebda., S.25
4	Ebda., S.26
5	Posener, Julius: Citoyens- Bourgeois - Proletarier; in: Arch +; Heft 63/64; S.13
6	Ackermann, Kurt / Kaag, Werner : Ausstellungskatalog – Industriebau; Stuttgart 1984; S.19
7	Posener, Julius: Eisenkonstruktion: von der Colebrook-dale-Brücke zum Crystal Palace; in: Arch+, Heft 69/70; S.56
8	Ackermann, Kaag: Industriebau, a.a.O.; S.17
9	Ebda.; S.18
10	Ebda.; S.146
11	Ebda.; S.145
12	Ebda.; S.21/22
13	Ebda.; S.232
14	Ebda.; S.232
15	Ebda.; S.27 f.
16	Ebda.; S.31
17	Ebda., S.32/33
18	Ebda., S.24
19	Breuer, Gerda: Arts & Crafts; Darmstadt 1994; S.77
20	Posener, Julius: Citoyens-Bourgeois ; a.a.O.; S.11
21	Ackermann, Kaag: Industriebau, a.a.O.; S.50/51
22	Ebda., S.60/61
23	Ebda., S.62
24	Toni Garnier: Une Cite`Industrielle, 1917
25	Ackermann, Kaag: Industriebau, a.a.O., S.52
26	Ebda., S.53/54
27	Ebda., S.68/69
28	Ebda., S.57
29	Ebda., S.58
30	Bundesautobahn; NS-Architektur; TUD; FB 15; Durth
31	Reichskanzlei Berlin; Alfred Speer; TUD; FB 15; Durth
32	Rimpl: Ein dt. Flugzeugwerk, Berlin; TUD; FB 15; Durth
33	Ackermann, Kaag: Industriebau, a.a.O., S.73
34	Ebda., S.72
35	Ebda., S.74
36	Ebda., S.149
37	Ebda., S.80
38	Ebda., S.75
39	Ebda., S.79
40	Ebda., S.78
41	Ebda., S.77
42a	Ebda., S.97
42b	Ebda., S.97
43	Ebda., S.103
44	Ebda., S.84
45	Ebda., S.96
46	Ebda., S.94
47	Ebda., S.108
48	Ebda., S.95
49	Ebda., S.102 f.
50	Lorenz, Peter: Gewerbebau – Industriebau; 2. Aufl.; Leinfelden-Echterdingen 1991; S.142
51	Ebda., S.24
52	Ebda.,S. 227

2. Produkt

53	Weis, Christian: Marketing, in: Klaus Olfert (Hrsg): Kompentium der prakt. Betriebswirtschaft, 10. Aufl., Ludwigshafen 1997, S.174
54	Bedürfnispyramide von Maslow
55	Wiendahl, H.-P. Prof. Dr.: Vorlesungsunterlagen: Fabrikplanung; Institut für Fabrikanlagen (IFA), Universität Hannover; FAP 01; Abb. 2 ; S.9
56	Aggteleky, Bela: Fabrikplanung; Band 1; 2. Aufl.; München, Wien 1987; S.112, Abb.2.1

57	Wiendahl, H.-P. Prof. Dr.: Vorlesungsunterlagen; a.a.O; FAP 01,Bild 25; S.23	110	Wiendahl: Vorlesungsunterlagen,a.a.O.,FAP 08;S.24; Abb. 23
58	Ebda.; FAP 01; Bild 3 ; S.10	111	FG Führer, TUD
59	Meier,Cordula: Die ästhetische Gestalt des Seriellen am Ende des 20.Jahrhunderts; in: Kunstforum; Bd.130; Ruppichteroth Mai - Juli 1995; S.154	112	Ebda., FAP 08; S. 22; Abb.19
		113	Ebda., FAP 08; S. 22; Abb. 20
		114	Lehder, Günter: Betriebsstättenplanung, 1.Aufl. Filderstadt 1998; S.135; Abb. 4.32
60	Weis: Marketing, a.a.O.; S.189	115	Ebda., S. 134; Abb 4.12
61	Dolezalek, Carl Martin / Warnecke, Hans-Jürgen: Planung von Fabrikanlagen; 2. Aufl.; Berlin, New York 1981; S.14, Abb.2.1	116	Ebda., S. 132; Abb.4.10
		117	Ebda.,FAP 08; S. 23; Abb. 21

4. Betriebsmittel

62	Lehder, G./ Uhlig, Dieter: Betriebsstättenplanung; 1.Aufl.; Filderstadt 1998, S.29
63	Corsten, Hans: Lexikon der Betriebswirtschaftslehre; 2. Aufl.; München,Wien 1993; S.562
64	Aggteleky, a.a.O.,Band 1; S.125, Abb. 2.9
65	Corsten: Lexikon der Betriebswirtschaftslehre; a.a.O.; S.564
66	Weis: Marketing, a.a.O.; S.23
67	Weis: Marketing, a.a.O.; S.24
68	Meffert, Herbert: Marketing, 3.Aufl., Wiesbaden 1978, S.154
69	Olfert, K./ Rahn H. J.: Einführung in die Betriebswirtschaftslehre; 3.Aufl., Ludwigshafen 1995, S. 244
70	Weis: Marketing, a.a.O; S.196
71	Wiendahl:Vorlesungsunterlagen,a.a.O.,FAP 01;Abb.10; S. 13
72	Weis: Marketing, a.a.O; S.189
73	Ebda.; S.193
74	Aggteleky, a.a.O., Band 1; S.247, Abb. 4.4
75	Ebda., Band 2, S.261, Abb.9.12
76	Ebda., Band 2, S.252, Abb. 9.9
77	Ebda., Band 2, S.48, Abb. 7.12
78	Ebda., Band 2, S.50, Abb.7.14
79	Corsten, a.a.O., S.731
80	Wiendahl: Vorlesungsunterlagen, a.a.O., FAP 01; Bild 26; S.24
81	Hopfenbeck, Waldemar: Allgemeine Betriebswirtschafts- und Managementlehre; 7. Aufl.; Landsberg am Lech 1993; S.1001, Abb.341
82	grüner Punkt, Umweltlogo FG Führer, TUD
83	Ebda.,S.1004, Abb. 344

118	Anforderungen an Betriebsmittel		
119	Anforderungen der Betriebsmittel		
120	Wiendahl, H.-P. Prof. Dr.: Analyse und Neuordnung der Fabrik; CIM-Fachmann Berlin,Heidelberg,New York 1990, S. 25, Abb.4.10		
121	Aggteleky, Bela: Fabrikplanung; Band 2; 2. Aufl.; München, Wien 1990; Band 3, S.659, Abb.22.3		
122	Aggteleky, a.a.O., Band 1; S.57, Abb. 7.19		
123	Dolezalek, Carl Martin / Warnecke, Hans-Jürgen: Planung von Fabrikanlagen; 2. Aufl.; Berlin, New York 198, S.144, Abb.7.7		
124	Dolezalek/ Warnecke, a.a.O., S.146, Abb.7.10		
125	Aggteleky, a.a.O.,Band 2, S.52, Abb. 7.15		
126	Dolezalek/ Warnecke, a.a.O., S.150, Abb.7.14		
127	Aggteleky, a.a.O.,Band 2, S.59, Abb. 7.21		
128	Ebda.; Band 2, S.58, Abb. 7.20		
129	FG Führer,TUD		
130	Ebda.; Band 2, S.456, Abb. 11.7		
131	Wiendahl, H.-P. Prof. Dr.:Vorlesungsunterlagen: Fabrik planung; Institut für Fabrikanlagen (IFA), Universität Hannover; FAP 03; S.29,Abb.19		
132	Ebda., FAP 03; S.29,Abb.20		
133	Wiendahl: Analyse und Neuordnung der Fabrik, a.a.O., S. 10, Abb.2.9		
134	Wiendahl: Vorlesungsunterlagen, a.a.O., FAP 03; S.30,Abb.21		
135	Ebda., FAP 03; S.30,Abb.22		
136	Aggteleky, a.a.O.,Band 2, S.451, Abb. 11.6		
137	Ober. M.: Fabrikplanung; Umdruck Fachbereich Holz; FH Rosenheim; S.4-10; 4-11; 4-12		

3. Menschliche Arbeit

84	Wiendahl, H.-P. Prof. Dr.: Vorlesungsunterlagen: Fabrikplanung, FAP 08; S. 12; Abb. 1
85	Lehder, G.; Uhlig, Dieter: Betriebsstättenplanung; 1.Aufl.; Filderstadt 1998, S.26
86	FG Führer, TUD
87	REFA - Methodenlehre der Betriebsorganisation: Arbeitsgestaltung in der Produktion; S. 214; Bild 89
88	Ebda., S. 38; Bild 4
89	Aggteleky, a.a.O., Band 3; S. 666; Abb. 22.6
90	Ebda., Band 3; S. 667; Abb. 22.7
91	Grandjean, E. Prof. Dr.: Physiologische Arbeitsgestaltung; S. 65; Abb. 44
92	Wiendahl: Vorlesungsunterlagen, FAP 01; a. a.O.;S. 12; Abb. 7
93	Ebda., FAP 08; S. 13; Abb. 4
94	Ebda., FAP 08; S. 24; Abb. 24
95	Corsten, Hans: Lexikon der Betriebswirtschaftslehre; 2. Aufl.; München,Wien 1993; S.542
96	Wiendahl: Vorlesungsunterlagen, FAP 08; S. 14; Abb. 5
97	Ebda., FAP 08; S. 16; Abb. 10
98	Ebda., FAP 08; S. 17; Abb. 11
99	Aggteleky, a.a.O., Band 2; S. 72; Abb. 7.31
100	Ebda., Band 2; S. 69; Abb. 7.29
101	Grandjean, a.a.O., S. 117; Abb. 82
102	Wiendahl: Vorlesungsunterlagen, a.a.O.,FAP 08; Abb. 28-30
103	Führer, Hans Jakob Prof.: Umdruck Ergonomie Bd. 2; S. 8
104	Ebda.; S. 8
105	Aggteleky, a.a.O., Band 3; S. 487; Abb. 20.6
106	Neufert,
107	Wiendahl: Vorlesungsunterlagen, a.a.O.,FAP 08; S. 21; Abb.18
108	Führer, Hans Jakob Prof.: Umdruck Ergonomie Bd. 2; S. 14
109	Aggteleky, a.a.O., Band 3; S. 488; Abb. 20.7

5. Prozeßgestaltung

138	Deutsche Bauzeitung (db);123. Jahrg.; Heft 10; Okt.1989; S.31
139	Corsten, Hans: Lexikon der Betriebswirtschaftslehre; 2. Aufl.; München,Wien 1993; S.2
140	Ebda., S.3
141	Flexibilitätsoptimierung–Produktivitätsoptimierung, FG Führer TUD
142	Wiendahl, H.-P. Prof. Dr.:Vorlesungsunterlagen: Fabrik planung; Institut für Fabrikanlagen (IFA), Universität Hannover; FAP 02; S.10,Abb.4
143	Wiendahl:Vorlesungsunterlagen,a.a.O.,FAP 02; S.15,Abb.14
144	Kettner, Hans,u.a: Leitfaden der systematischen Fabrik- planung; München,Wien 1984; S.93; Abb. 4.1
145	Corsten, a.a.O., S.9, Abb.1
146	Ebda.,S.156; Abb. 3
147	Deutsche Bauzeitung (db);127. Jahrg.; Heft 1; Jan.1993;S.1
148	Corsten, a.a.O., S.5; Abb.2
149	Deutsche Bauzeitung (db);125. Jahrg.; Heft 3; März 1991; S.61
150	Deutsche Bauzeitung (db);127. Jahrg.; Heft 1; Jan.1993; S.47
151	Dolezalek, Carl Martin; Warnecke, Hans -Jürgen: Planung von Fabrikanlagen; 2. Aufl.; Berlin, New York 1981; S.79, Abb.6.1
152	Ebda., S.91, Abb.6.3
153	Ebda., S.100, Abb.6.10
154	Ebda., S.102, Abb.6.12
155	Ebda., S.102/103, Abb.6.14

156	Ebda., S.102/103, Abb.6.15	212	Ebda.; S. 221
157	Ebda., S.104, Abb.6.16	213	Kettner/ Schmidt/ Greim; a.a.O., S.306, Abb. 11.22
158	Deutsche Bauzeitung (db);123. Jahrg.; Heft 10; Oktober 1989; S.30	214	Wiendahl: Vorlesungsunterlagen, a.a.O., FAP 05, S.31 f., Abb. 23 und 24
159	Dolezalek/Warnecke, a.a.O.,S.89, Abb.6.2	215	Ebda., FAP 05, S. 33-35 , Bild 25-27
160	Informationsarten, FG Führer TUD	216	Ebda.,FAP 04, S. 25, Abb. 26
161	Koordination von Informationen, FG Führer TUD	217	Schramm, Werner: Lager und Speicher für Stück- und Schüttgüter, Flüssigkeiten und Gase; Wiesbaden/Berlin 1965, S. 24, Abb. 14-15
162	Wiendahl: Vorlesungsunterlagen, a.a.O., FAP 02; S.16, Abb.16		
163	Ebda., FAP 02; S.9,Abb.1	218	Ebda., S. 26, Abb. 40-45
164	Deutsche Bauzeitung (db);127. Jahrg.; Heft 1; Jan.1993;S.59	219	Ebda., S. 27, Abb.57
165	Deutsche Bauzeitung (db);127. Jahrg.; Heft 1; Jan.1993;S.63	220	Ebda., S. 27, Abb.52
166	Deutsche Bauzeitung (db);125. Jahrg.; Heft 3; Mrz.1991;S.84	221	Ebda., S. 27, Abb.54
167	Deutsche Bauzeitung (db);123. Jahrg.; Heft 10; Okt.1989; S.29	222	Ebda., S. 27, Abb.56
		223	Ebda.,FAP 02, S.19, Abb.21
168	Wiendahl: Vorlesungsunterlagen, a.a.O.,FAP 02; S.16,Abb.15	224	Dolezalek/ Warnecke, a.a.O., S. 106, Bild 6.17
		225	Wiendahl, H.-P. Prof. Dr.: Vorlesungsunterlagen, Fabrikplanung; Institut für Fabrikanlagen (IFA), Universität Hannover; FAP 05, S.36 ff, Abb. 28-30

6. Produktion

169	Kettner/Schmidt/ Greim: Leitfaden der systematischen Fabrikgestaltung, S.196, Abb 8.1	226	Ebda., FAP 05, S.39ff,Abb. 31-33
		227	Ebda., FAP 05, S.30, Abb. 21
170	Wiendahl, H.-P. Prof. Dr.: Vorlesungsunterlagen: Fabrikplanung; FAP 06, S. 20, Abb. 8	228	Ebda , FAP 05, S. 29, Abb. 19
		229	Ebda., FAP 05, S. 29, Abb. 20
171	FG Führer,TUD	230	Ebda., FAP 05, S. 30, Abb. 22

8. Industriebauplanung

172	FG Führer,TUD	231	Lehder, Günter/ Uhlig, Dieter: Betriebsstättenplanung: 1.Aufl.; Filderstadt 1998, 2.Aufl.; München 1993, S.53 f, Tab.3.1
173	FG Führer, TUD		
174	FG Führer, TUD		
175	Dolezalek, C. M.; Warnecke, H.-J.: Planung von Fabrikanlagen; 2. Aufl., Berlin, New York, 1981; S. 137, Bild 7.3	232	Aggteleky, Bela: Fabrikplanung; Band 3; S.479; Abb. 20.5
		233	Lorenz, Peter: Gewerbebau-Industriebau; S.17; Abb. 2.2.3/3
176	Ebda., S. 140, Bild 7.5	234	Wiendahl, H.-P. Prof. Dr.: Vorlesungsunterlagen: Fabrikplanung, FAP 01; S.16 ;Abb.15
177	Kettner/Schmidt/ Greim; a.a.O., S.208, Abb 8.12		
178	Kettner/Schmidt/ Greim; a.a.O., S.207, Abb 8.11	235	Projektablauf, FH Führer TUD
179	Dolezalek/ Warnecke, a.a.O., S. 139, Bild 7.4	236	Projektsteuerung, FH Führer TUD
180	Kettner/Schmidt/ Greim; a.a.O., S.221, Abb 8.30	237	Projektsteuerung im Planungsablauf
181	Wiendahl: Vorlesungsunterlagen;a.a.O.,FAP 03, S.25,Abb. 11	238	Führer, Hans Jakob/ Grief, Marc Gebäudemanagement für Architekten und Ingenieure; Fachgebiet Entwerfen,Industrialisiertes Bauen, Planung von Industriebauten der THD; Darmstadt 1997, S.27, Abb.10
182	Dolezalek/ Warnecke, a.a.O., S. 133, Bild 7.1		
183	Wiendahl: Vorlesungsunterlagen,a.a.O., FAP 02,S. 17, Abb. 17		
184	Aggteleky, Bela: Fabrikplanung; Band 2, 2. Aufl.,München, Wien 1990; S. 588, Abb. 12.38	239	Aggteleky: Fabrikplanung;a.a.O.,Band.1;S. 37/38;Abb.1.5 / 1.6
		240	Ebda.,Band.1; S. 40; Abb.1.7
185	Kettner/Schmidt/ Greim; a.a.O., S.228, Abb 9.3	241	Wiendahl: Vorlesungsunterlagen, a.a.O.,FAP 01;S.20, Abb. 20
186	Wiendahl: Vorlesungsunterlagen;FAP 06, S.23, Abb. 15	242	Ebda.,FAP 01; S.17 ,Abb.16;
187	Dolezalek/ Warnecke, a.a.O., S. 162, Tabelle 7.3	243	Aggteleky: Fabrikplanung; a.a.O.,Band 1; S. 33; Abb 1.3
188	Ebda., S. 163, Bild 7.19. und Tabelle 7.4	244	Ebda.,Band.3; S.470
189	Wiendahl: Vorlesungsunterlagen,a.a.O.,FAP 06,S.24,Abb. 16	245	Wiendahl: Vorlesungsunterlagen,a.a.O.,FAP 01; S.22; Abb.23
190	Ebda., FAP 06, Abb. 17	246	Aggteleky: Fabrikplanung; a.a.O., Band 2; S.635; Abb.12.57
191	Ebda., FAP 06, S. 30, Abb. 25	247	Ebda.,Band 3; S.546; Abb.20.22
192	Wiendahl: Vorlesungsunterlagen,a.a.O.,FAP 06,S.31,Abb. 26	248	Führer, H.J./ Grief, M.:Gebäudemanagement,S.77; Abb.48
193	Ebda., FAP 06, S. 30, Abb. 25	249	Ebda.,S.78 ; Abb.49
194	Ebda., FAP 06, S. 30, Abb. 25	250	Ebda.,S.78 ; Abb.50
195	Schulitz: Constructa-Preis 1994; a.a.O., S. 77	251	Ebda.,S.80 ; Abb.51
196	Ebda., S. 81	252	Ebda.,S.81 ; Abb.52
		253	Ebda.,S.82 ; Abb.53

7. Lagerung und Transport

		254	Ebda.,S.83 ; Abb.55
197	Ackermann, Kurt; Industriebau; Stuttgart, 1984, S. 109	255	Ebda.,S.84 ; Abb.56
198	Ebda.	256	Ebda.,S.85 ; Abb.57
199	Wiendahl, H.-P. Prof. Dr.: Vorlesungsunterlagen: Fabrikplanung, FAP 05, S.16, Abb. 1	257	Ebda.,S.87 ; Abb.58
		258	Ebda.,S.88 ; Abb.59
200	Ebda., FAP 05, S. 17,Abb. 3	259	Ebda.,S.89 ; Abb.60
201	Ebda.,FAP 05,S.19, Abb. 6	260	Ebda.,S.90 ; Abb.61
202	Ebda., FAP 05, S. 21,Abb. 8	261	Ebda.,S.91 ; Abb.63
203	Bauwelt, 1/2 1996, S. 31 f.	262	Ebda.,S.92 ; Abb.64
204	Dolezalek, C. M.; Warnecke, H.-J.: Planung von Fabrikanlagen; 2. Aufl., Berlin, New York, 1981; S. 189, Bild 8.3	263	Ebda.,S.93 ; Abb.65
		264	Ebda.,S.94 ; Abb.67
205	Baumeister 10, 1995; S. 34	265	Ebda.,S.95 ; Abb.70
206	Ebda., S. 32	266	Ebda.,S.100 ; Abb.75
207	Wiendahl: Vorlesungsunterlagen, a.a.O.,FAP 05,S.22,Abb. 10		
208	Baumeister 5, 1992; S. 42 f.		
209	Ebda., S. 42		
210	Ebda., S. 43		
211	Lorenz, Peter: Gewerbebau – Industriebau; Leinfelden-Echterdingen, 1991; S. 221		